10
18

12, AVENUE D'ITALIE. PARIS XIIIe

TRUMAN CAPOTE

UN PLAISIR TROP BREF

Lettres

Édité par Gerald Clarke

Traduit de l'américain
par Jacques TOURNIER

INÉDIT

10/18

Titre original :
Too Brief a Treat

Traduction publiée avec l'accord de The Random House Publishing Group, un département de Random House, Inc.

ISBN 978-2-264-04367-2

Les équipes de 10/18 et d'Univers Poche dédient cette publication à la mémoire de Pauline de Margerie qui, avant de nous quitter, nous a fait le beau cadeau de ce livre.

Pour Truman et Jack,
fidèles à eux-mêmes,
au soleil et parmi les ombres

« Quel plaisir trop bref que votre lettre… »

à Robert Linscott
6 mai 1949

« Monsieur – Pourquoi ne répondez-vous pas à ma lettre ? Je n'en écris que pour avoir le plaisir d'en recevoir en échange. Veuillez considérer que c'est donnant donnant. »

à John Malcolm Brinnin
15 juillet 1950

INTRODUCTION

Truman Capote écrivait à ses amis comme il leur parlait, en toute franchise et liberté, dans un langage sans fioritures. Quand on a commencé à publier des correspondances d'écrivains, Samuel Johnson a déclaré : « J'y mets le moins possible de moi-même. » Cette réserve frileuse est l'exact contraire de Truman Capote. Il mettait tout de lui-même dans ses lettres – ses blessures, ses plaisirs, ses succès, ses échecs. Jamais il n'a l'air de penser qu'elles seront peut-être publiées un jour ou l'autre. « À détruire !!! » griffonne-t-il, alors qu'il n'a que vingt et un ans, en marge d'une lettre pleine de commérages. Mais il croyait si peu à cet impératif qu'il conseille *sotto voce* : « après l'avoir fait lire à Barbara ».

De son vrai nom Truman Persons, il devient Truman Capote (prononcez : Capoti-e) lorsque ses parents divorcent et que son beau-père, Joe Capote, l'adopte légalement. La première lettre de ce recueil, écrite à son vrai père, Arch Persons, à l'automne 1936, quand Truman a onze ou douze ans, revendique cette nouvelle identité : « Je te serais reconnaissant de ne plus m'appeler que Truman Capote, car tout le monde désormais me connaît sous ce nom-là. »

L'ensemble des lettres qu'on va lire constitue une sorte d'autobiographie. Au début, le très jeune Capote, d'une exubérance et d'une pétulance enfantines, qui, dans les mois qui ont suivi la Seconde Guerre mondiale, saute à pieds joints dans les eaux bouillonnantes du milieu littéraire new-yorkais. Puis le Capote à peine assagi des années cinquante, vivant la plupart du temps en Europe avec Jack Dunphy, son compagnon depuis 1948, et se partageant lui-même entre pièces de théâtre, scénarios de films, œuvres de fiction et expériences journalistiques.

Vient ensuite le Capote du début des années soixante, profondément engagé dans un long travail d'enquête, écrivant son livre le plus déroutant et le plus traumatisant : *De sang-froid*, histoire d'une famille de quatre personnes assassinées dans une région du Kansas, et des deux hommes – Perry Smith et Dick Hickock – auteurs de ces assassinats. Événement littéraire de la décennie, *De sang-froid* mêle aux techniques narratives de la fiction le réalisme factuel de la non-fiction, et impose à jamais une forme de non-fiction populaire. Grâce au succès du livre, à l'avidité des caméras de télévision, et au scintillement de sa propre personnalité, Capote sera pendant plusieurs années l'écrivain le plus célèbre d'Amérique, et sans doute d'une grande partie du monde entier.

Apparaît enfin le Capote des années soixante-dix, début quatre-vingt – il meurt en 1984 –, déçu tant par sa carrière que par sa vie personnelle, de plus en plus dépendant, et beaucoup trop ouvertement, de l'alcool et des drogues. Les lettres se résument alors à presque rien, télégrammes, cartes postales, et le livre se termine sur le télégramme que Capote envoie de New York à Dunphy, qui, comme chaque année, passait l'hiver en Suisse : « Tu me manques. Ai besoin de toi. Télégraphie quelle date aurai droit t'espérer. À toi. Truman. » (On trouvera en fin de volume une chronologie de Truman Capote.)

Entre les premières lettres et cet ultime télégramme éploré, le lecteur va plonger dans un univers de réjouissances et de plaisirs. Capote ne se préoccupe jamais du

« grand art épistolaire » – pour citer de nouveau Samuel Johnson. Il s'y livre avec naturel. Lui, qui polissait et repolissait la moindre phrase parue sous sa signature, traquant parfois pendant des heures le mot juste, écrivait ses lettres à la diable, comme s'il craignait toujours de rater la dernière levée. « Ce mot en toute hâte, écrit-il à l'un de ses amis. La poste ferme dans dix minutes. » Résultat : ses lettres ont une spontanéité qui manque souvent à la correspondance de beaucoup d'écrivains, plus attentifs et circonspects. « Quel plaisir trop bref que votre lettre », écrit-il à un ami – et c'est l'exacte définition des siennes. Elles procurent vraiment « un plaisir trop bref ». Aussi vivantes de nos jours qu'au moment où elles ont été écrites, il en émane un tel feu qu'on est obligé de les lire sans en sauter une ligne.

Capote adorait les commérages – en colporter autant qu'en écouter. « Envoyez-moi encore une de ces lettres pleines de vos merveilleux commérages, écrit-il au même correspondant. J'ai l'impression qu'on est ensemble à boire un martini. » « Écris-moi, ordonne-t-il à un autre, et réponds à toutes les questions ci-dessus. » Vivant le plus souvent en Europe pendant les années cinquante, l'agitation fiévreuse de Manhattan lui manquait. « New York en automne – crois-moi, c'est là qu'il faut être. » Et il se faisait cajoleur, enjôleur, suppliant, pour qu'on lui envoie des nouvelles. « Salut ! Pourquoi n'écris-tu pas ? » demande-t-il à un ami. Et à un autre : « Oh ! doux ami, oh ! tendre cœur, écris-moi, car ton ami qui t'aime ne cesse de penser à toi. »

Pour égayer ses journées et obliger ses correspondants les plus paresseux à lui écrire, il avait inventé un jeu : le CLI – Chaîne de Liaisons Internationales. « On dresse une liste de noms, explique-t-il à un ami, en s'arrangeant pour que chacun de ceux qui y figurent ait eu une liaison avec celle ou celui qui le précède. Le jeu consiste à avancer le plus loin possible pour aboutir au plus ahurissant. » Les combinaisons étaient infinies. Sa chaîne favorite la plus ahurissante permettait, en partant de Cab Calloway, d'arriver à Adolf Hitler. Selon ses propres calculs, on ne trouvait que trois personnes entre le jazzman le plus célèbre des États-Unis et l'incarnation du Mal absolu.

Qu'il s'adresse aux hommes ou aux femmes, Capote possédait un vocabulaire de mots tendres prodigieusement inventif, évoluant de « mon doux », « mon chéri », « ma beauté », à « mon précieux petit bébé », « mon agneau d'amour », « enivrant magnolia », « divine merveille ». Un lecteur mal informé pourrait croire qu'il avait eu une liaison avec la plupart de ses correspondants. La vérité est moins pittoresque mais nettement plus intéressante. Comme tout enfant en manque d'affection, il aimait ses amis sans réserve, le leur répétait constamment, attendait d'eux la même générosité. « J'éprouve aujourd'hui un grand amour pour toi, écrit-il à Andrew Lyndon, un homme pour qui il n'a jamais eu la moindre attirance sexuelle. Je pense à toi depuis que je suis réveillé. Quel dommage que ce soit dimanche. J'aurais pu espérer une lettre de toi. » Comment résister à de telles effusions ?

Ses ennemis prétendent qu'il avait une langue de vipère, aussi meurtrière qu'un poignard d'assassin. Mais il ne leur écrivait pas. Il n'écrivait qu'à ses amis et, du début à la fin, se comportait envers eux comme une sorte de saint, se réjouissant de leur moindre succès, les consolant dans leurs moments de dépression, leur offrant son aide, son argent, même lorsqu'il en avait très peu. Mais il ne pardonnait jamais à ceux qui le trahissaient. Au début des années cinquante, il a tendu la main et offert son appui à William Goyen, un jeune écrivain texan qui habitait New York. Vingt-cinq ans plus tard, pour célébrer l'anniversaire de la parution du premier roman de son mari, la femme de Goyen écrivit à Capote pour lui demander une présentation louangeuse. Il lui conseilla de relire les critiques dédaigneuses, acerbes même, que Goyen avait consacrées à *Petit Déjeuner chez Tiffany*.

Peut-être alors comprendrait-elle à quel point sa démarche était ridicule. « J'ai été plein d'attentions et de gentillesse pour lui au début de sa carrière. Sa réaction (exactement celle qu'il a eue envers Katherine Anne Porter ou son ancien amant Stephen Spender) a été le symbole même de la trahison. »

Ami affectueux, potinier insatiable, esprit étincelant – Capote a été tout cela. Mais aussi, presque jusqu'à la fin, écrivain de la plus haute ambition, se consacrant à l'écriture avec une rigueur spartiate. « Être un artiste aujourd'hui est un véritable acte de foi, écrit-il à l'un de ses amis. On ne doit rien en attendre en retour que la satisfaction qu'apporte l'art lui-même. » Il n'avait pas vingt-six ans lorsqu'il écrit cette phrase, mais rêvait déjà de rejoindre la cohorte sacrée des Flaubert, Proust, Joyce et Faulkner. « Ah ! ces dernières pages ! écrit-il à Robert Linscott, son conseiller littéraire chez Random House, très peu de temps avant de terminer son premier roman, *Les Domaines hantés*. Je tire chaque mot de mon sang. » Robert Linscott a été, de son côté, un conseiller idéal pour ce jeune écrivain hypersensible, l'encourageant chaleureusement, mais gardant un œil critique quand il le jugeait nécessaire. Capote est fou de joie lorsqu'il reçoit ses compliments pour les premiers chapitres de son deuxième roman : *La Harpe d'herbes* (« Merveille, merveille, merveille ! »). Mais il est dévasté quand Linscott lui avoue que la fin le déçoit (« Que vous trouviez la fin de mon roman ratée m'est une douleur insupportable »). En vérité, il était pour lui-même le meilleur des critiques, aussi lucide sur son travail que sur celui de ses amis. Dans une lettre à William Shawn, l'éditeur du *New Yorker*, il parle d'un texte qu'il est en train d'écrire : *La Fille de la Révolution russe*, dont il pense en définitive qu'il manque du rythme nécessaire et qu'il doit le retravailler. Il finit par y renoncer. « J'ai cessé de croire en ce texte, écrit-il, ou plutôt en ma capacité de le mener à bien. »

Tout écrivain, qu'il soit débutant ou professionnellement reconnu, peut tirer de cette correspondance un enseignement ou une source d'inspiration. Mais je pense qu'un non-écrivain peut aussi y trouver profit.

« Une lettre dont le seul but est de transmettre une information ou de faire plaisir à son destinataire n'est pas une vraie lettre, a écrit Lytton Strachey. Une vraie lettre peut atteindre ces deux objectifs par surcroît, mais sa fonction première est d'exprimer la personnalité de celui qui l'écrit. » Les lettres qu'on va lire prouvent la justesse de cette remarque. Elles transmettent des informations – et en très grand nombre – et elles ont souvent le désir de plaire. Mais elles expriment avant tout, de la seule façon qui soit exprimable, une personnalité si flamboyante et si généreuse qu'elle défie les lois connues de la pesanteur humaine.

Gerald CLARKE
Bridgehampton, N.Y.
1er avril 2004

PRÉCISIONS

À de très rares exceptions près, que j'ai toujours signalées, j'ai présenté les lettres de Truman Capote telles qu'il les avait écrites, sans rien modifier ni raccourcir. À mon avis, si on présente une lettre, elle doit garder son intégralité. Les quelques ellipses ou parenthèses sont de lui, non de moi. Je crois pouvoir me vanter d'être un expert pour déchiffrer l'écriture de Capote. Mais dans certains passages sa calligraphie m'a dérouté. À d'autres moments, la mauvaise qualité de la photocopie rendait plusieurs mots incompréhensibles. Même si je crois avoir compris ce qu'il voulait dire, j'ai inscrit « illisible » entre crochets. Il oubliait souvent de dater ses lettres. Quand l'enveloppe portant le cachet de la poste manquait, je me suis appuyé sur des faits qu'elle évoquait pour en préciser l'époque du mieux que j'ai pu. J'ai indiqué au bas de chaque lettre à qui elle appartient, un collectionneur ou une bibliothèque. Mais j'ai parfois publié une lettre sans en connaître l'origine. J'ai alors précisé : « collection inconnue ». Précision dont je me suis également servi quand la personne de qui je la tenais était morte ou l'avait donnée à quelqu'un d'autre, ou quand elle avait été vendue aux enchères, l'acquéreur étant anonyme.

G. CLARKE

1924-1948

LES ANNÉES D'EXUBÉRANCE :

Merlin l'Enchanteur en Alabama
et Puck à New York

La vie de Truman Capote commence dans une sombre atmosphère. Lorsqu'il vient au monde, le 30 septembre 1924 à La Nouvelle-Orléans, le mariage de ses parents n'est plus qu'une façade. Sa mère, Lillie Mae, une beauté de province, mène sa vie de son côté, son père, Arch Persons, rêveur désarmant mais irresponsable, mène la sienne. Truman est confié aux mêmes parents qui ont élevé sa mère orpheline : trois cousines vieilles filles et leur frère célibataire, qui vivent à Monroeville, petit bourg de l'Alabama. Ils s'occupent parfaitement de lui, mais d'être abandonné si jeune par son père et sa mère ouvre en lui une profonde blessure qui ne se fermera jamais.

Petit de taille – « Je suis grand comme un fusil de chasse, et je fais autant de bruit », disait-il de lui-même –, Truman a suffisamment d'esprit et d'imagination pour devenir le centre de l'attention générale. « Un Merlin l'enchanteur de poche », ainsi l'a décrit Harper Lee, sa meilleure amie d'enfance, dans son roman semi-autobiographique : *Ne tirez pas sur l'oiseau moqueur.* En 1932, sa mère, qui a changé son prénom trop provincial de Lillie Mae en celui, plus sophistiqué, de Nina, et qui s'est remariée avec un Cubain nommé Joe Capote, l'emmène vivre avec elle à New York. Beau-père très indulgent, ayant une bonne situation à Wall Street, Joe

Capote l'adopte légalement en 1932, et Truman Persons devient Truman Capote.

En 1936, les Capote quittent Manhattan pour une luxueuse résidence de grande banlieue, à Greenwich, Connecticut. Ils habitent un quartier de rues ombragées et de belles maisons style Tudor. Déjà en Alabama, Truman avait exprimé le désir de devenir écrivain. C'est au collège de Greenwich qu'il rencontre ce dont rêve tout apprenti écrivain, un professeur qui le comprend et l'encourage, Catherine Wood. Il rencontre également une amie de cœur, Phoebe Pierce, ravissante jeune fille raffinée qui veut être poète. On ne trouvera dans ce recueil qu'une seule lettre qui lui soit adressée – il la surnommait tendrement : « mon petit diable de Phoebe » – mais il parle souvent d'elle lorsqu'il écrit à d'autres.

Trois ans plus tard, les Capote regagnent New York et s'installent 1060 Park Avenue. Une fois diplômé d'un collège privé du West Side, Truman est embauché par le *New Yorker*, mais uniquement comme grouillot. Le *New Yorker*, dont les goûts sont assez collet monté, trouve en effet ses nouvelles beaucoup trop audacieuses. À l'époque, ce sont les magazines féminins qui recherchent les textes les plus avant-gardistes, et ce talent, devant lequel le *New Yorker* renâcle, est très vite détecté par deux remarquables directeurs littéraires, Mary Louise Aswell de *Harper's Bazaar*, et George Davis de *Mademoiselle*. Ils se disputent les nouvelles de Capote et, dans les mois qui suivent la Seconde Guerre mondiale, Truman, âgé de vingt ans et quelques, devient une denrée précieuse sur le marché littéraire.

En famille, les choses commencent à se gâter. Nina Capote est devenue alcoolique et, quand elle ne s'emporte pas contre les infidélités de son mari, elle s'en prend à l'homosexualité de son fils. Travailler à Park Avenue étant pratiquement impossible, Truman, en 1946, trouve un refuge provisoire à Yaddo, vaste propriété au nord de l'État de New York, qui accueille des artistes et des écrivains. L'un d'eux qui s'y trouvait cet été-là a comparé Truman à l'Ariel de Shakespeare, mais il était tout autant Puck, qui sème le désordre par goût du plaisir et de l'inattendu. Yaddo était célèbre pour ses intrigues amoureuses. Capote en a connu deux. La première avec Howard Doughty, un historien marié d'une grande séduction, la seconde avec Newton Arvin, l'un des meilleurs amis de Doughty et son amant occasionnel. Doughty, qui est resté son ami, n'a été qu'une passade pour Capote. Mais il a réellement aimé Arvin, professeur de lettres au Smith College de Northampton (Massachusetts), réservé aux jeunes filles.

Ils formaient un couple improbable. À vingt-deux ans, Capote faisait beaucoup plus jeune que son âge. Arvin, à quarante-six ans, en paraissait beaucoup plus, très effacé d'allure, chauve, portant lunettes. Leurs tempéraments étaient également opposés. Capote avait beaucoup de mal à réfréner son exubérance. Arvin se sentait mal à l'aise dès qu'il quittait sa retraite de Northampton. Mais il était très courageux dans ses écrits, et contrairement à bien des professeurs de lettres, c'était un très bon écrivain, un critique au jugement infaillible et un monument d'érudition. Leur couple va tenir deux ans. Capote passera chaque week-end à Northampton, et Arvin offrira à son jeune compagnon l'éducation qu'il n'a pas eue à l'université. « Arvin, aimait à dire Capote, a été mon Harvard. »

En semaine, Capote s'enchante de la vie new-yorkaise. Le cercle de ses amis s'agrandit chaque mois. Le centre de ce cercle est Leo Lerman, critique littéraire d'une extrême finesse, dont les soirées attirent chaque dimanche tout ce qui compte à Manhattan – romanciers, dramaturges, éditeurs, stars de cinéma. D'autres cercles se forment autour des deux directeurs littéraires des magazines qui le publient : Mary Louise Aswell d'*Harper's Bazaar* qu'il vénère, et George Davis de *Mademoiselle*, homme inquiétant, rival d'Oscar Wilde en matière d'épigramme. Quand Capote publie son premier roman : *Les Domaines hantés*, il demande à Davis ce qu'il en pense. « J'imagine, répond Davis, qu'il fallait que quelqu'un écrive la version homo d'*Huckleberry Finn.* »

Quand il rend visite à Bennett Cerf, le directeur de Random House, et à sa femme Phyllis, dans l'East Side, Capote découvre une société plus traditionnelle. Il devient, là encore, le centre de l'attention, raconte des histoires, colporte des potins. Parmi ceux qui ont compté pour lui dans ces années d'après-guerre, on trouve Donald Windham et Andrew Lyndon, deux écrivains débutants de Géorgie, et John Malcolm Brinnin, un poète, professeur d'université, qui dirigera plus tard le Centre de poésie de Manhattan, dans la 92e Rue.

La publication des *Domaines hantés* au cours de l'hiver 1948 apporte à Capote une reconnaissance nationale – à cette époque, les Américains prenaient la littérature beaucoup plus au sérieux qu'aujourd'hui. Quelques mois plus tard, il s'embarque pour l'Europe où, ce qui n'a rien de surprenant, il va rencontrer les plus grands écrivains anglais et français. À son retour, il s'aperçoit qu'il ne supporte plus la retraite quasi monacale d'Arvin. Arvin, de son côté, qui s'est engagé dans une aventure clandestine avec Andrew Lyndon pendant l'absence de Capote, est soulagé de rendre sa liberté à son trop exubérant et souvent fatigant amant. Ils resteront grands amis jusqu'à la mort d'Arvin en 1963. Capote commence à chercher un nouveau compagnon.

Il le trouve en octobre 1948. Jack Dunphy, son aîné de dix ans, est un homme au physique athlétique – il a été danseur à la création d'*Oklahoma* –, très beau, mais assez bourru. Il dit toujours franchement ce qu'il pense, tant à Capote qu'aux autres. Il est également écrivain – et bon écrivain : un roman déjà publié, un autre en cours d'écriture, des projets de théâtre. L'amour cette fois s'enracine et Dunphy restera la fidèle lumière de Capote jusqu'à la fin de sa vie.

À ARCH PERSONS

[St John's Military Academy]
[Ossining, N.Y.]
[Sans doute automne 1936]

Comme tu le sais, mon nom a été changé de Persons en Capote, et je te serais reconnaissant de ne plus m'appeler que Truman Capote, car tout le monde désormais me connaît sous ce nom-là.

[Collection Gerald Clarke]

À THOMAS FLANAGAN

[*Camarade de collège dont il avait dit du mal*]
[Greenwich, Connecticut]
[1939-1941]

Je reconnais solennellement par la présente que toutes les déclarations que j'ai pu faire concernant Thomas Flanagan, ou ce dont je l'ai accusé, n'étaient de ma part que calomnies et mensonges.

Truman Capote

[Collection Edmond Miller]

À CATHERINE WOOD

[*Professeur du collège de Greenwich qui l'a encouragé à écrire*]
[Monroeville, Alabama]
[26 juillet 1941]

Chère Miss Wood,

J'ai passé trois semaines à La Nouvelle-Orléans et n'ai regagné Monroeville que la nuit dernière. J'ai été très heureusement surpris d'y trouver votre si gentil mot. Ce que vous m'apprenez de votre père m'attriste beaucoup et j'espère qu'il se rétablit.

J'ai ramassé du matériau ici et là, certain assez intéressant. J'ai très peu écrit, mais pris quantité de notes et tenté de rendre fidèlement compte de certains éléments dont je me servirai plus tard, (ceci était censé être un point mais ma machine à écrire a dérapé).

Allez-vous rendre visite à Miss Marjorie Pierce ? Je vous le souhaite, car la région qu'elle habite dans le Maine semble si calme et reposante – si joliment boisée.

Puisque j'étais dans le Sud, j'ai voyagé un peu partout. La semaine dernière, à Natchez, Mississippi, j'ai pique-niqué dans un endroit vraiment spectaculaire qui dominait le fleuve.

La mère de Teddy m'a écrit une longue lettre pour m'apprendre ce qu'il faisait. Vous connaissez Teddy. Même si sa propre vie était en jeu, il n'écrirait à personne. Sa mère me dit qu'il a reçu une lettre de vous et me charge de vous donner le maximum de nouvelles de cet exquis chérubin à la crinière corbeau.

1 – Il a trouvé du travail à la Cie de taxis de Greenwich et se fait 15 dollars par semaine.

2 – Il a gagné 130 000 dollars [*sic*] au dîner dansant du club Maidstone, avec lesquels il va s'offrir des leçons de pilotage.

3 – Sa mère est désespérée !

4 – Ils viennent d'emménager dans leur nouvelle maison : l'adresse est 179 Park Avenue, Greenwich.

5 – Ils sont absolument ravis et enchantés par Teddy qui semble s'améliorer nettement. ON RÊVE !

P.-S. Il a eu dix-sept ans samedi dernier.

J'ai retrouvé les Russes avec une vraie passion ! J'ai enfin fini *Guerre et paix*. J'ai également lu *Point et contrepoint* d'Huxley. C'est très, très mal écrit – moins mal écrit qu'incompréhensible. Mais ça vous apprend jusqu'où peut aller la sophistication ultra-moderne.

Je me suis enfoncé jusqu'au cœur des marais de Pearl River, en Louisiane. Ça m'a pris trois jours. C'était comme se trouver dans une jungle, mais nettement plus dangereux. Ces marais sont habités par des Cajuns (j'espère que l'orthographe est bonne) et c'est tellement sauvage que quelques-uns de leurs enfants n'avaient jamais vu de Blancs ! Vraiment passionnant comme expérience et j'ai récolté toute une série de matériaux et de fleurs sauvages – même un bébé alligator que je vous enverrai contre remboursement si vous le désirez. Dans le genre petit monstre, c'est la perfection.

Je suis vraiment confus de cette procrastination à répondre, mais sincèrement, c'était inévitable. Écrivez-moi, je vous en prie, maintenant que j'ai regagné les rivages de cette antique civilisation où les gens pensent que si vous ne dites pas « Moi j'avoir pas », c'est que vous avoir pas la tête d'aplomb, et où la grammaire permet la double négation.

Écrivez-moi.

Meilleures pensées.

Affection.

Truman

[Collection New York Public Library]

À CATHERINE WOOD

Hotel Frances
Monroe, Louisiane
[Août 1942]
[*Longue lettre dont il manque la première page*]

… Ouichita – prononcez : Oua-tchi-ta.

J'espère que ce ne sera pas trop indigeste pour votre estomac et celui de Miss Pierce.

Ils ont ici la plus merveilleuse vie qui soit le long de la rivière – cette rivière Ouichita qui se jette dans le Mississippi et qui est vraiment très belle. Je l'ai remontée sur plus de 157 miles dans une maison flottante, ce qui m'a pris une semaine et demie. Je vais écrire une nouvelle sur les gens qui vivent (je veux dire qui vivent *réellement*) sur ce genre de maisons flottantes et qui se nourrissent de leur pêche.

Vous savez sans doute que je ne retournerai pas au collège de Greenwich cet automne, car nous avons loué un appartement à New York. Mais je reviendrai souvent à Greenwich pour vous voir. Phoebe va passer elle aussi l'hiver à New York. S'il y a une chambre d'amis dans votre nouvelle maison, vous pouvez m'inviter pour un week-end (assez impertinent, non ?).

J'espère que vous déchiffrerez mes pattes de mouche. Moi, je n'y parviens pas.

[Collection inconnue]

À ELIZABETH AMES

Truman Capote
1060 Park Avenue
New York
23 janvier 1946

à
Mrs Elizabeth Ames
Directrice de Yaddo
Saratoga Springs, N.Y.

Chère Mrs Ames,

J'aimerais savoir s'il me serait possible de séjourner à Yaddo cet été, car je travaille à un livre, un premier roman, que j'espère terminer à l'automne. Ce livre doit être publié par Random House. Mon éditeur est Robert N. Linscott. Mes nouvelles ont paru dans *Harper's Bazaar*, *Mademoiselle*, *Story*, *Prairie Schooner*, et d'autres revues moins importantes. J'ai vingt et un ans, originaire du Sud, vivant actuellement à New York. J'ai été employé un temps au *New Yorker*, puis j'ai lu des manuscrits pour un producteur de films, et j'ai enfin tenu une chronique mensuelle dans un magazine où je résumais quelques vieilles histoires démodées. Grâce à mon éditeur, je peux enfin me consacrer à l'écriture.

Plusieurs de mes amis, qui ont séjourné à Yaddo, me disent que je m'y sentirais très heureux. Je vous remercie donc à l'avance de l'attention que vous voudrez bien accorder à cette lettre.

Sincèrement vôtre,
Truman Capote

[Collection New York Public Library]

À ROBERT LINSCOTT

Yaddo
Saratoga Springs, N.Y.
Mai 1946

Cher Bob,

Suis arrivé, suis installé, commence doucement à mourir de froid. Mes doigts ne sont plus que crayons de glace. Cela dit, je crois vraiment que c'est l'endroit idéal, jusqu'ici du moins. Je m'y trouve en excellente compagnie. Nous avons en ce moment Agnes Smedley, Carson McCullers, Howard Doughty (très séduisant), Leo Lerman (très sur ses gardes), Ralph Bates, Marguerite Young, et, débarquée ce matin, sainte Katherine Anne Porter.

Je suis logé au manoir (il y a des chauves-souris dans certaines chambres, et Leo garde sa lampe allumée toute la nuit, car le vent souffle à faire peur, les portes claquent, et l'on entend au haut des tours les petits piaulements larmoyants des chauves-souris, sans blague !). Mon studio est immense, une ancienne grange aménagée, avec une vieille carriole qui trône dans le grenier. Je pense constamment au rickshaw fantôme de Rudyard Kipling, ce qui est plutôt déroutant. J'y suis en ce moment, dans cet atelier, et vous n'imaginez pas le froid qu'il y fait. Il est pourtant équipé d'un superbe fourneau ventru, mais je ne sais pas comment fonctionne ce foutu appareil. Bien qu'il ne soit que dix heures du matin, je crois que je vais me chauffer le gosier avec une lampée de whisky. J'ai une vue superbe sur les montagnes, et des parterres de renoncules fleurissent devant ma porte.

Barbara Lawrence m'a téléphoné avant mon départ et m'a parlé du merveilleux déjeuner qu'elle venait d'avoir avec vous. J'aurai fini ma nouvelle aujourd'hui ou demain. Je la laisserai reposer deux semaines environ et je reviendrai aux *Domaines hantés*, avant de taper le manuscrit. Bien entendu, je vous enverrai un double.

Navré de cette lettre à mourir d'ennui, mais je ne suis pas encore assez acclimaté pour papoter davantage. Essaierai faire mieux prochaine fois...

À vous,

t

[Collection Columbia University Library]

À MARY LOUISE ASWELL

[Yaddo]
[Saratoga Springs, N.Y.]
[Mai 1946]

À détruire !!! (après l'avoir fait lire à Barbara)

Marylou, mon ange,

Je savais que c'était trop beau pour durer : j'ai des ennuis, et tout est la faute de Leo.

Selon Mrs Ames, Howard Doughty et moi « passons notre temps à le persécuter ». Figure-toi que Leo a une sainte horreur des serpents. Il exige que je l'accompagne chaque jour quand il va du manoir à son studio ; mais il en fait un tel drame que ça frise le ridicule et les autres sont persuadés qu'il plaisante plus ou moins. Hier donc, Howard vient déjeuner chez moi. En partant, il marche sur un serpent qui se trouvait sur ma pelouse et le ramasse. Leo, qui était sur le pas de sa porte, de l'autre côté de l'allée, le voit faire et se met à hurler : « Vous êtes deux vicieux ! Vous êtes deux salauds ! », puis il claque sa porte, tire ses rideaux, et se réfugie sous son bureau où il passe l'après-midi, complètement terrifié. Nous n'avions pas du tout l'intention de lui faire peur, mais deux employés qui portaient du bois à brûler dans les studios ont tout vu et se sont empressés d'alerter Mrs Ames, qui nous a immédiatement gratifiés d'une « note bleue » (ici, tous les messages sont envoyés sur « note bleue ») affirmant que Mr Lerman s'était trouvé gravement indisposé par nos incessantes persécutions (celles d'Howard et les miennes). J'espère que ça va très vite se calmer, mais c'est tellement absurde ! Leo est désolé bien sûr de nous avoir fourrés dans ce pétrin. Howard a répondu une lettre parfaite, mettant exactement les choses au point (on se sentait comme deux chenapans pris en flagrant délit, ce qui agace Howard, qui a quarante-deux ans et qui est professeur à Harvard). À part ça, tout va bien.

Comment se porte « la maisonnée » ? Tu as mal lu : ce n'est pas Perry mais Terry, Terry Murray. Je n'ai pas ENCORE fini ma nouvelle, mais la finirai cette semaine. Je t'ai parlé dans l'une de mes lettres de Marguerite Young. Chérie, il est en train de se passer quelque chose d'incroyable. Je meurs d'envie de te le raconter mais j'ai trop peur de le mettre par écrit. Je te téléphonerai peut-être un de ces jours. As-tu avec toi Pidgy, ta suave petite fille, et ton charmant fils Duncan ? Il faudrait que j'écrive de nouveau à Barbara, mais elle n'a pas répondu à ma lettre. Montre-lui celle-ci. A-t-elle déjà rencontré Terry ?

Si Carson ne t'a pas encore écrit, c'est qu'elle était couchée. Elle va un peu mieux et se lèvera peut-être aujourd'hui. J'ai avalé un Seconal la nuit dernière, ce qui a provoqué une telle crise de vertiges que j'aperçois à peine ma machine à écrire. Hier soir, nous avons dansé pendant des heures, Katherine Anne Porter et moi. Elle doit friser la soixantaine, mais oh ! là là ! vraie championne de la danse du ventre. Elle se donne des allures de belle du Sud dans les seize ans. Tellement écervelée qu'on a du mal à croire qu'elle sache écrire. Pour moi, c'est une petite débutante new-yorkaise. Comme elle trouve que je suis un danseur émérite, il a fallu que j'enchaîne toutes les danses avec elle – véritable chemin de Croix, car elle n'a pas la moindre notion du pas de danse le plus élémentaire. J'adore Agnes Smedley. Merveilleuse personne. Mais de tous ceux qui sont ici, mon préféré c'est Howard Doughty.

Oh ! ma précieuse Marylou, comme je t'aime et comme j'aime Barbara, et comme j'espère que vous m'aimez toutes les deux – vous m'êtes si chères, vous me manquez tellement, que c'en est une vraie douleur.

t

Ci-joint, accepte ces violettes. Je sais qu'elles seront fanées quand tu les recevras, mais souviens-toi qu'elles ont été ravissantes, et c'est dans cette intention-là que je te les envoie, tendre Marylou chérie.

[Collection Famille Aswell]

À MARY LOUISE ASWELL

[Yaddo]
[Saratoga Springs, N.Y.]
[18 mai 1946]

Marylou bien-aimée,

Une nouvelle lettre adorable de toi, ma chérie. Ici, c'est gris, froid, pluvieux, mais ces mots si tendres que tu m'écris donnent brusquement à tout une gaieté magique. C'est vraiment un endroit bizarrement hanté. Leo a tellement peur qu'il garde sa lampe allumée toute la nuit, et l'autre soir, il m'a supplié de le laisser se réfugier dans ma chambre : il s'est balancé jusqu'à l'aube dans un vieux rocking-chair. Moi, je n'ai peur de rien, sauf des chauves-souris quand elles entrent chez moi. Je ne peux pas supporter les petits piaulements larmoyants qu'elles poussent en tournant dans le noir. J'ai abandonné mon studio et me suis installé dans l'une des tours du manoir. On y accède par un mystérieux escalier en pierre, et l'on prétend que le fantôme d'une Espagnole qui aurait été l'amie de Mrs Trask y a élu domicile, ce qui empêche Leo de s'en approcher. Son ami Richard Hunter affirme l'avoir aperçue pendant son séjour à Yaddo mais je n'avais pas encore emménagé. Demande-lui de t'en parler. Il en a pratiquement perdu la tête.

Oh ! chérie, je crois qu'il vaudrait mieux oublier la maison. Dommage.

J'ai enfin terminé ma nouvelle. Le Département d'État vient de faire traduire *Miriam* en allemand pour son usage personnel. Drôle de choix, s'il s'agit de réhabiliter la littérature.

Quand viens-tu ? Oh ! je t'en prie, t'en prie, t'en prie. Et Barbara ? Que lui arrive-t-il ? C'est la plus horrible créature qui soit au monde. Pas un mot ! Rien ! Je m'inquiète terriblement pour elle, et comme elle sait à quel point je l'aime, c'est vraiment cruel de sa part de me causer tant d'inquiétude. Elle a le poignet un peu paresseux pour écrire des lettres, d'accord, mais quand même, elle exagère.

J'aurais tant de choses à t'écrire, ma belle chérie, mais je préfère attendre que tu sois là. Peux-tu imaginer à quel point tu me manques ? Si oui, tu as du génie. Dis à Gladys de ne pas s'angoisser. Je ne serai sans doute pas là pour son concert, mais je sais que ce sera superbe, je penserai beaucoup à elle, et je lui souhaite un vrai triomphe. Oh ! Marylou, Marylou, Marylou,

Je t'aime beaucoup, vraiment beaucoup
Comme un fou, un fou, un vrai fou

t

[Collection Famille Aswell]

À LEO LERMAN

[Yaddo]
[Saratoga Springs, N.Y.]
[Juin 1946]

Leo, téléphone à ma mère : Atwater 9-3319

Dis-lui que je vais bien – parle-lui de ma tour ravissante – demande-lui si je peux acheter une raquette de tennis – si quelqu'un a téléphoné – qu'elle m'envoie des sous-vêtements – dis-lui que je l'aime – et dis-lui qu'elle m'écrive.

Truman

[Collection Columbia University Library]

À LEO LERMAN

[Yaddo]
[Saratoga Springs, N.Y.]
[28 juin 1946]

Cher Leo,

Tu n'échapperas pas aux notes bleues. Celle-ci simplement pour te dire à quel point tu me manques et à quel point je me sens seul. Marguerite Young vient de partir dans un superbe cabriolet chocolat. Elle portait ses fameux pantalons et cet absurde chapeau blanc avec les disques miroitants. Arrivée avec, elle s'en va avec. Ce qui prouve simplement ceci : cette fille a le souci des apparences. L'homme qui l'accompagnait, Towner, est la plus terrifiante folle que tu aies jamais vue. Newton, pratiquement mort de travail, passe ses journées au lit avec ses livres. Reçu un mot de George Cole me demandant s'il pouvait faire un dessin de moi, ce qui m'a d'autant plus touché qu'il a affirmé à plusieurs reprises qu'il détestait faire des portraits. J'ai donc posé pour lui et le résultat est l'une des choses les plus saisissantes que j'aie vues. Merveilleux de ressemblance, mais il s'en dégage une étrange violence pathologique à couper le souffle. Tout le monde le trouve très beau, mais j'ai du mal à me regarder très longtemps. Je l'emporterai car il me l'a offert, et tu pourras le voir. Nous (Newton et moi) comptons partir d'ici le 20 et passer deux semaines dans le New Hampshire, du côté des îles Shoals. Puis je regagnerai New York. Comme j'ai repris mon roman, je n'ai pas l'intention de participer plus longtemps à la vie sociale de Yaddo. Newton t'envoie ses meilleures pensées et moi, bien sûr, toute mon affection.

t

Affection aussi au charmant Richard : un bécot, un bisou, un bras autour du cou.

Cette enveloppe et ce timbre m'ont été donnés par Newton.

[Collection Columbia University Library]

À HOWARD DOUGHTY

[Yaddo]
[Saratoga Springs, N.Y.]
[Juin ou juillet 1946]

Cher Howard,

Ta lettre ! Ah ! quelle merveille dont je te remercie ! Tu as bien fait d'attendre d'être à Albany pour te faire couper les cheveux. Je les aimais tels qu'ils étaient.

Ici, aucun séisme à signaler. Hier, Elizabeth Ames a donné une soirée. Tout le monde, Elizabeth la première, était en grande forme. Titubant légèrement pour rentrer chez elle, Esther Rolick s'est heurtée à George Vincent et s'est écriée : « Vous, je vous ai vu torse nu l'an dernier, et, Seigneur Dieu, c'était quelque chose ! » Ce qui a complètement chamboulé nos invités d'honneur (les Slade, les Willison, et consorts). Leo, qui a déjeuné avec Elizabeth, m'avait supplié de venir le chercher (serpents, tu te souviens...) et je l'ai trouvé assis sur la pelouse, E.A. légèrement penchée vers lui, lisant les imprécations de la Bible, et Leo protestant faiblement : « Vous ne croyez donc pas à la Bonté suprême ? » Ces deux-là ont l'air de s'entendre de mieux en mieux. Tu as tort, cher Howard, d'être si sévère envers elle. C'est une femme assez ignorante, sans plus, et Dieu sait si on peut passer sur ce genre de chose. Elle vient de m'envoyer une note : « Je suis en train d'organiser une soirée féerique. Auriez-vous la gentillesse de rester jusqu'au 30 juillet ? » Je n'ai encore ni répondu ni décidé. Newton est merveilleux, et je l'aime, mais je ne veux pas en parler dans cette lettre. Il y aurait trop à dire.

J'ai eu Carson, hier, au téléphone. Elle m'a appelé vers cinq heures. J'étais en train de prendre un bain à l'étage au-dessus, et je suis descendu comme une flèche dans un état de panique absolue. Elle m'a annoncé qu'elle partait vendredi pour Fire Island, qu'elle se sentait très bien, et qu'elle n'avait rien à ajouter, sinon, bien sûr : « Toute ma tendresse au cher Howard. » J'y ajoute à mon tour : un bécot, un bisou, un bras autour du cou.

t

P.-S. Pense à moi jeudi et souhaite-moi bonne chance. Tu me manques.

[Collection inconnue]

À LEO LERMAN

[Yaddo]
[Saratoga Springs, N.Y.]
[9 juillet 1946]

Leo, bien cher enfant,

Enfin ! Une lettre ! Alors que je désespérais, et, en plus, une si tendre lettre ! Je suis tellement content que tu aimes Phoebe, c'est une fille remarquable, extrêmement douée. Nous avons été amoureux l'un de l'autre pendant un certain temps, et je continue de l'aimer, un peu différemment sans doute, mais comme nous nous connaissons depuis si longtemps, et de façon si intime (comme on dit), j'imagine qu'il existe encore une profonde entente entre nous, bien qu'il me soit si difficile d'y répondre. Oui, parfaitement, George Cole et moi, nous sommes amis, et bons amis, et je me sens vraiment honteux d'avoir mis si longtemps à reconnaître ses indéniables qualités. Il est généreux, et charmant, et fidèle, et intelligent, et Dieu du ciel, qu'entends-tu par porter un jugement... Moi ? Bien sûr que non, très cher, tout ce qui peut rendre Richard heureux, et te rendre heureux, toi, c'est merveilleux pour moi à 100 %, car je vous aime tous les deux, je vous suis tout dévoué, et j'aime beaucoup George également. Je suis sûr que tu sauras trouver un exutoire à ce dont il a si désespérément besoin, et tout ça est très simple, très normal, c'est du moins l'impression que j'ai.

Newton va très bien. Je lui ai transmis tes amitiés, dont il te remercie en t'envoyant les siennes. Je l'aime, bien sûr, et là encore, c'est très simple, très normal, sans problème. Il est beaucoup trop bon pour moi, trop attentif, trop prévenant. Je suis profondément heureux d'être à même de l'apprécier, de comprendre à quel point c'est un être rare, d'une si délicate perfection. Existe-t-il au monde quelqu'un de plus sensible ? Aujourd'hui, à notre époque, une telle sensibilité est une sorte d'anachronisme. N'as-tu jamais, en parcourant le solitaire et fascinant domaine de l'adolescence, jamais, sans t'y attendre, aperçu quelque chose, un ciel nuageux, un oiseau sauvage, un paysage, si admirable que la terreur t'a envahi jusqu'à la moelle des os ? Et n'as-tu pas été effrayé, terriblement effrayé, à l'idée que le mouvement le plus infime, une feuille, disons, agitée par le vent, suffirait à troubler cette perfection ? Voilà pour moi ce qu'est, ou devrait être, l'amour : vivre dans cet effroi sublime.

Marylou et Barbara sont venues me voir. Nous avons passé des instants d'une rare harmonie. E.A. s'est montrée parfaite envers elles, les a invitées à dîner, et a donné une soirée à Pine Garde. Jerre Mangione en a également donné une, et moi de mon côté, dans ma tour. Je crois qu'elles ont été heureuses et que ça leur a fait grand bien. Marylou est un ange. Elle ressemble un peu à Newton : trop bonne pour être vraie. George a fait un autre portrait de moi, un vrai miracle, car je ne suis pas facile à dessiner. Marylou va l'envoyer au *Harper's Bazaar* avec un petit article sur George.

Howard est revenu hier. C'est vraiment un garçon adorable, EXTRÊMEMENT compréhensif, et tu lui manques beaucoup. Il n'est pas sûr de supporter Yaddo sans toi. Tu devrais lui écrire, car il n'est pas du genre à faire le premier pas. Tu devrais vraiment le faire sans attendre. Je suis enchanté d'apprendre que tu as accepté de déjeuner avec ma mère. Est-ce fait ? Ça s'est passé comment ? Raconte-moi. Je travaille à mon livre. Ça a été et c'est encore difficile de le reprendre, mais tout va s'arranger. Tu me manques, bien cher Leo, et je suis impatient de te voir. Nous partons d'ici le 25, Newton et moi, pour passer une semaine quelque part avant mon retour. Toute mon affection, tendre Leo que j'aime.

t

[Collection Columbia University Library]

À MARY LOUISE ASWELL

[45 Prospect Street]
[Northampton, Massachusetts]
[31 juillet 1946]

Chérie,

J'ai reçu ta lettre ce matin et je suis navré que tu n'aies pas su où me joindre. J'aurais dû te téléphoner quand je suis rentré à New York, mais je n'avais qu'une demi-heure pour sauter dans le train qui m'a conduit ici.

Ne t'inquiète pas pour l'argent, ma toute douce. Je comprends très bien, et je sais que tu n'y es pour rien, et je n'aurais jamais dû te le réclamer, mais ce voyage à La Nouvelle-Orléans m'a coûté incroyablement cher, pour des raisons que je t'expliquerai plus tard, et je mets ma tête à couper que je vais être perdant dans cette histoire, ce qui est d'une cruelle ironie car je n'ai jamais autant travaillé de ma vie – je suis pratiquement mort de fatigue et j'ai été obligé de voir un médecin – mais je ne me plains pas car cette curieuse expérience est très « enrichissante » – comme on dit – et j'aime beaucoup Henri Cartier-Bresson.

[Harper's Bazaar *leur avait commandé un reportage sur La Nouvelle-Orléans.*]

En ce qui concerne les corrections de ma nouvelle, d'accord, parce que c'est toi, chérie : qu'il mette la main sur la bouche du garçon. J'en parlerai à Pearl.

Je passe ici de merveilleux moments avec Newton. Il doit donner une importante conférence sur la littérature américaine contemporaine, et ça te fera un article magnifique, non ? Il t'envoie ses amitiés, et de mon côté j'envoie les miennes, les plus tendres, à l'exquise Marylou, ma toute douce. Bécots aussi à la suave Pidgy et à Duncan. Passez de bons moments ensemble. Je vous aime tellement, tellement, tous les trois.

T.

P.-S. Écris-moi, si tu peux. Je serai rentré vendredi au 1060 Park Avenue.

[Collection Famille Aswell]

À MARY LOUISE ASWELL

[1060 Park Avenue]
[New York]
[4 août 1946]

Chérie,

Passes-tu de merveilleux moments ? Et Dunny, et ma petite fiancée préférée, comment vont-ils ? Je suis terriblement jaloux, chérie, car tu dois être au bord de la mer, ou tout près, et j'ai un tel désir d'océan… Cela fait des années que je n'ai pas respiré d'embruns, que je ne me suis pas roulé dans les vagues.

Il se passe quelque chose d'affreux avec l'espacement de cette machine à écrire. Souffrons ensemble !

J'ai passé un horrible moment à La Nouvelle-Orléans. Jamais je n'ai autant travaillé de ma vie, et j'espère que ça n'arrivera plus, et je vois très clairement que je vais perdre de l'argent pour ce petit contrat, car ça m'a coûté une fortune… pour des raisons que je ne peux pas te donner ici. *Harper's Bazaar* se conduit très mal avec moi, mais, par pitié, ne t'en inquiète pas, c'est en dehors de ton secteur, et tout s'arrangera peut-être quand j'irai discuter avec eux, ce que je n'ai pas encore fait. Figure-toi qu'ils m'ont envoyé une facture pour le prix de mon billet de chemin de fer… un comble, non ? La seule chose que Pearl m'ait dite, c'est qu'ils veulent brusquement publier ce reportage dans le numéro d'octobre et renvoyer ma nouvelle [*L'Épervier sans tête*] aux calendes grecques ! Ça me rend dingue, car l'une des raisons qui m'ont poussé à abandonner mon roman pour écrire cette nouvelle, la principale même, c'est que je n'en ai pas publié depuis près d'un an. Pour moi, c'est essentiel, et ils sont tenus, tenus, tenus, de la publier en octobre. De toute façon, je ne leur ai pas encore remis le reportage sur La Nouvelle-Orléans, et je crois que je vais le garder jusqu'au moment où il sera trop tard – je ne le leur donnerai d'ailleurs que s'ils me paient ce qu'ils me doivent. Mais, je le répète, ne te mets pas martel en ta ravissante petite tête pour ces fadaises, ce ne sont pas tes affaires. Pearl est adorable. Tu as vraiment de la chance de travailler avec elle et elle est en complète adoration devant toi. Chère Marylou, tout le monde t'adore ! J'en suis atrocement jaloux, parce que je t'aime plus que n'importe qui au monde, et les gens passent leur temps à me dire qu'ils t'aiment sans avoir l'air de comprendre que tu m'appartiens et que je t'aime mieux que n'importe qui au monde... Oh ! chérie, je commence à dérailler – parce que j'ai un peu bu, et que j'essaie de penser à trop de choses en même temps.

J'ai passé de merveilleux moments avec Newton à Northampton. Je l'aime avec plus de tendresse, plus de sincérité, que je ne saurais le dire. C'est l'être le plus aimable, et le plus doux, que j'ai rencontré. J'ai dîné avec Marguerite Young, encore une de tes fans passionnées, et pris un petit déjeuner l'autre jour avec Leo. Malgré tous ses défauts, crois-moi, Leo est quelqu'un de gentil et d'aimable. Je n'ai qu'entraperçu Barbara, mais j'irai la voir la semaine prochaine. Carson est à Nantucket, invitée par Tennessee Williams, et elle s'y trouve merveilleusement bien. Elle retarde le plus longtemps possible son périple en Europe. Je suis sûr qu'elle n'ira jamais.

Marylou, ma si tendre, je ne saurai jamais te dire ce que tu représentes pour moi, mais tu es l'une de ces créatures, si rares en ce monde, que j'aime du plus profond de mon cœur, et je souhaite sincèrement que tu passes d'aussi longues et merveilleuses vacances que possible, mais reviens, chérie, reviens vite... parce que je ne supporte pas d'être privé de toi si longtemps.

T.

[Collection Famille Aswell]

À JOHN MALCOLM BRINNIN

[1060 Park Avenue]
[New York]
[début août 1946]

Mille mercis, cher Malcolm, pour ta lettre d'une telle drôlerie et mille excuses d'y répondre si tard, mais, comme tu peux l'imaginer, tout a été assez chaotique et infernal. Mon voyage à La Nouvelle-Orléans ne m'a rapporté que deux choses : des ampoules et un affaissement de la voûte plantaire. Oh ! il a eu malgré tout des côtés amusants, car nous avons tout photographié, depuis les vestiges des vieilles demeures aristocratiques de la Louisiane, jusqu'aux cellules d'un asile d'aliénés. Vraiment, de superbes photographies. J'espère que mon reportage ne sera pas trop indigne d'elles. J'ai heureusement passé une semaine à Northampton avec Newton et l'intelligence newtonienne a pansé la plupart de mes blessures. Il t'aime beaucoup, ce dont je lui suis très reconnaissant, car je souhaite que vous deveniez amis, et tu ne rencontreras personne, Malcolm, capable de mieux apprécier tes qualités.

J'ai dîné hier soir chez Marguerite Young, et il s'est passé quelque chose d'assez curieux. Ses voisins donnaient une soirée. Le maître de maison (j'ai oublié son nom) nous a aimablement invités à venir boire un verre. Marguerite semblait hésitante. On a fini par accepter, et devine qui était là ? Howard Moss et Anky Larrabee. Adorables avec moi, et ils me plaisent beaucoup. Anky n'a absolument rien du monstre que quelqu'un m'avait décrit, c'est une fille extrêmement drôle à mon avis, légèrement folle peut-être, mais charmante, et Howard est exquis. La soirée elle-même, duraille ! Marguerite m'a fait si rapidement déguerpir que j'ai à peine eu le temps d'échanger trois phrases avec Howard, mais j'aimerais le faire un jour.

Désolé que tu n'aies pas eu droit à mon ancien studio, mais si personne ne l'occupe, essaie de profiter de la terrasse. Tu me manques, Malcolm. Écris-moi, je t'en prie, et tâchons de nous voir bientôt... je t'en prie également.

Amitiés

T

[Collection University of Delaware Library]

À MARY LOUISE ASWELL

[1060 Park Avenue]
[New York]
[10 août 1946]

Tendre amie,

Ton adorable lettre m'arrive ce matin, tendre Marylou, et j'espère que tu recevras ma réponse avant ton départ pour Clinton. C'est sûrement très beau, Bear Island. J'ai toujours été fasciné par les îles, et j'aimerais beaucoup un jour ou l'autre aller dans le Maine, sur la côte de préférence, où des montagnes d'eau glacée doivent s'abattre à grand fracas sur le rivage, et rebondir contre de sinistres falaises, comme on dit qu'elles le font dans les romans à suspense.

Que cette procédure de divorce te laisse un sentiment d'échec, je peux le comprendre, mais j'estime que c'est une fausse interprétation ; je me permets même de dire que c'est un pas dans la bonne direction, car après tout, chérie, n'as-tu pas été souvent bien malheureuse pendant cette période de ta vie ? Tu as deux enfants adorables, et ils seront toujours à toi, et personne ne pourra te les prendre ; ils ont la sécurité d'être aimés, et c'est cette sécurité-là dont les enfants ont le plus grand besoin. J'en sais quelque chose. Ils auront toujours, sur tous les plans, une beaucoup plus grande sécurité que celle que j'ai connue. Je comprends malgré tout ce sentiment d'échec. C'est un piège dangereux, fondé sur toutes sortes de fausses analyses personnelles. Newton connaît très bien ce genre de choses. Il a vécu huit ans avec une femme qui a passé chaque jour de sa vie à le persuader de sa complète nullité et qui a fini par y parvenir. Chère Marylou, comment les gens peuvent-ils être aussi insensibles ? De tous les êtres humains que je connais, vous êtes, Newton et toi, les plus parfaits, car vous êtes tellement solides l'un et l'autre, tellement tendres et tellement beaux. Newton a véritablement connu l'enfer, et cru qu'il ne pourrait jamais refaire surface. Il a longtemps vécu sans aucun espoir d'aucune sorte et pourtant il en a, et il vit actuellement les plus beaux moments de sa vie. Il se sent complètement lui-même sur tous les plans, et heureux. Je ne crois pas, chérie, que ton moral ait jamais été aussi bas que le sien, et tu as encore tellement de choses à vivre. Ces merveilleux enfants, j'y reviens, Marylou, qui t'appartiennent et que tu gardes… et tu verras que les problèmes pratiques se résoudront d'eux-mêmes. C'est étrange, mais ces problèmes-là ne m'ont jamais inquiété, car j'ai une certaine lucidité (je suis quelqu'un de profondément intuitif) et je sais qu'ils s'arrangeront beaucoup mieux et beaucoup plus facilement que tu ne le crains.

J'ai bu un verre l'autre soir avec Pearl. C'est quelqu'un d'adorable, beaucoup plus brillante, je crois, que son frère, dont je trouve le travail agaçant. J'ai dîné avec Marguerite, et nous avons parlé de toi, de l'amour que nous avons pour toi (qui ne t'aimerait ?). Barbara semble terriblement occupée, mais en bonne forme, et Leo est parti pour une quinzaine de jours. Je suis allé au *Harper's Bazaar* avec Henri Cartier-Bresson. Il a montré ses photographies de La Nouvelle-Orléans à Frances McFadden qui était pâmée d'admiration. Elles sont superbes, et j'espère que mon reportage aura droit à la moitié de cette admiration. Je dois le remettre la semaine prochaine. McFadden est parfaite. Je comprends pourquoi tu l'aimes tant.

Les cours que Newton donne au Wesleyan sont si merveilleux que ses étudiants se sentent au septième ciel, c'est du moins ce que m'écrit George Cole. Je dois le rejoindre à Northampton la semaine prochaine. J'aimerais tellement que vous deveniez de GRANDS amis, car vous êtes pour moi les deux êtres les plus précieux au monde. Ceci inclut absolument TOUT LE MONDE.

*Mille tendresses**[1]

T

[Collection Famille Aswell]

À JOHN MALCOLM BRINNIN

[New York]
[Mi-août 1946]

Bien cher Malcolm,

Quel peu rapide, oserai-je dire, mais charmant correspondant tu fais. Quelle lettre, *chéri**, incroyablement suggestive, effleurant constamment la crête de révélations

1. Les mots ou expressions en italique suivis d'un astérisque sont en français dans le texte original.

essentielles (quel est le problème avec Henrietta ?) et laissant toujours entrapercevoir les plus atroces situations. Tu as parfaitement raison, d'ailleurs, je ne pense que rarement à Yaddo, ce qui est assez bizarre, vu le GRAND intérêt que je porte à tout ce qui est intrigues, cabales, etc., mais ces temps-là sont révolus. Je suis complètement enlisé dans le chaos de ma propre existence. Tu es un garçon fort avisé, Malcolm, de te tenir en dehors de New York. Ce n'est pas du tout un endroit pour toi. Pour moi pas davantage. J'ai bien peur de ne pas avoir la cuirasse de dérision nécessaire pour affronter ce dragon monstrueux dans son antre. Il semble ici que tout ce que tu dis, ou plus exactement tout ce que tu ne dis pas, soit aussitôt répété. Qui est ton ami ? Qui ne l'est pas ? Rien n'est jamais rien, quelque chose jamais quelque chose, et tout est différent de ce dont il a l'air. Kafka, je pense, aurait adoré New York.

Je suis tombé plusieurs fois sur Anky et Howard, dans plusieurs endroits, notamment chez Barbara, et ils ont dû me trouver bien grossier ce soir-là, mais je me sentais d'humeur cauchemardesque, et j'avais raison, car je me suis réveillé le lendemain avec une forte fièvre, le pied gauche enflé comme un ballon : gravement infecté pour une raison que le médecin n'a pas su décrypter. C'est arrivé, voilà tout. Je suis resté couché, souffrant atrocement, ma machine à écrire sur les genoux, obligé d'avaler des drogues à base de soufre qui me donnaient par moments des vertiges, mais j'ai travaillé à mon reportage sur La Nouvelle-Orléans, et à un article pour une revue française assez snobinarde, *Art et Style* – article où je suis censé démentir l'opinion française selon laquelle il n'existe pas d'autres écrivains américains que Faulkner, Steinbeck, Dashiell Hammett et Hemingway. J'y parle de toi, figure-toi. Tu es « le célèbre jeune poète dont l'œuvre a éveillé un intérêt international ». Jouissif, non ? Par ici les 25 dollars de pourboire, je vous prie.

Malcolm, il y a quelque chose que je voulais t'écrire à part, mais pourquoi ne pas le mettre dans cette lettre ? En novembre, Nicole, la sœur de Cartier-Bresson, doit venir à New York. C'est une poétesse extrêmement douée. Son recueil, *Le Double Départ*, a obtenu l'an dernier le prix Paul-Valéry. Je l'ai lu. C'est très beau. Elle a vingt-deux ans, un physique agréable (si j'en juge par les photographies) et elle voudrait donner des conférences sur la jeune poésie française dans plusieurs universités. Elle l'a déjà fait à Vienne, en Suisse et en Espagne, je crois. Si l'université de Vassar était intéressée, ce que je pense, tu pourrais peut-être arranger quelque chose. Cartier-Bresson voudrait programmer cette tournée de conférences avant son arrivée, car elle restera peu de temps. Lionel Trilling, à qui j'en ai parlé, et Newton seraient d'accord. Peut-être pourrais-tu l'être ? Dis-le-moi.

Oui, Cartier a fait quelques portraits de moi (très étranges, je dois dire, mais comme photographies évidemment superbes). S'il m'avait donné des tirages, je t'en aurais envoyé un, mais il a tout vendu, ce qui veut dire que je ne peux pas en avoir tant qu'ils ne sont pas publiés.

D'après ce que j'ai pu comprendre, George Davis est extrêmement monté contre moi (je ne sais qui lui aurait dit que j'avais dit...). J'ai tellement d'affection pour lui que je n'essaierai pas de tirer ça au clair, ça risquerait de tout compliquer. Dommage quand même.

Je compte aller voir Newton ce week-end, à condition que mon pied aille mieux. Je viens de lui écrire en lui répétant tous tes commérages, ce qui va l'enchanter.

Excuse-moi, Malcolm, mais les vertiges reprennent. Écris-moi. Tu me manques. Affection de

T

P.-S. *Harper's Bazaar* m'apprend qu'ils viennent de recevoir un magnifique poème. Et de qui ? De notre Malcolm !

[Collection University of Delaware Library]

À MARY LOUISE ASWELL

[1060 Park Avenue]
[New York]
[Probablement au cours de la semaine du
12 août 1946]

Ma chérie,

J'espère que cette lettre te parviendra à Clinton, et que tu y passes d'agréables moments avec tes vieux amis. Mrs Saunders a été tellement charmante le soir où je l'ai rencontrée (au *Russian Tea Room*, t'en souviens-tu ?) et je suis sûr qu'elle prend le plus grand soin de toi, ma précieuse.

Newton m'écrit qu'il t'a envoyé un mot il y a quelques jours. L'as-tu reçu ? Je passe le week-end avec lui à Northampton et tu imagines que nous allons beaucoup parler de toi, car nous t'aimons beaucoup tous les deux, et moi plus que n'importe qui. Mettez-vous bien ça en tête, jeune demoiselle, et ne dispensez pas trop généreusement vos affections autour de vous.

Je viens de porter mon reportage au *Bazaar* et j'ai l'impression qu'ils sont très satisfaits ; et j'ai plus ou moins réglé mes problèmes financiers, donc tout est calme sur le front des troupes. J'ajoute que Frances McFadden pense qu'ils publieront quand même ma nouvelle en octobre. J'ai passé quelques minutes avec la charmante Pearl et avec Barbara, accablées toutes les deux de boulot, boulot, boulot, mais apparemment en bonne forme.

Carson, comme j'ai dû te l'écrire, a été voir Tennessee Williams à Nantucket où elle a écrit une adaptation théâtrale de *Frankie Adams*. Je ne l'ai jamais vue si florissante. Elle m'a chargé de toutes ses amitiés pour toi et souhaite te voir à ton retour.

J'ai appris par Marguerite qu'Eudora Welty venait s'installer à New York en septembre. Newton me supplie de téléphoner d'urgence à Helen Eustis [autre rédactrice d'*Harper's Bazaar*] pour convenir d'un déjeuner, mais je suis maladroit pour ce genre de choses et je pense qu'à ton retour tu pourras organiser un dîner pour nous trois.

Leo est absent de New York mais il revient la semaine prochaine. Je l'aime vraiment beaucoup. Et je suis honteux de ne pas avoir vu tout de suite, réellement vu, à quel point c'était un beau personnage. Samedi dernier, je suis allé dans le Connecticut avec les Trilling (tellement drôle, la façon dont c'est arrivé. Leo m'avait montré leur photographie, et je faisais la queue au guichet de la gare, et qui attend derrière moi ? Mais c'est, etc. Je me suis donc présenté, quelle audace !, et nous avons passé un très bon moment ensemble). Ils m'ont beaucoup séduit.

Marylou, ma précieuse, tu me manques tant, et je t'aime tant. Un bécot, un bisou, un bras autour du cou.

T

[Collection Famille Aswell]

À LEO LERMAN

[Northampton]
[16 août 1946]

Bien cher Leo,

Alors, ces vacances ? Merveilleuses, j'espère ?

J'attends Newton qui revient du Wesleyan. J'en profite pour t'adresser ce mot de « bienvenue chez nous ». Et surtout pour te dire que j'ai trouvé superbe ta critique du livre d'Anna Kavan. Très beau travail, Leo. Je suis fier de toi.

J'ai remis mon reportage sur La Nouvelle-Orléans au *Bazaar*. Ils ont l'air satisfaits. Je serai sans doute revenu à New York avant toi – appelle-moi quand tu rentres –, on aura des quantités de choses à se raconter et je te montrerai l'« article ».

Il m'est arrivé une histoire assez drôle. Le samedi de ton départ, j'ai été faire une petite virée dans le Connecticut et qui faisait la queue au guichet derrière moi ? Les Trilling. Je les ai reconnus grâce aux photographies que tu m'avais montrées. Je me suis donc présenté et j'ai eu raison car ils sont charmants. Ils allaient à Westport et nous avons voyagé ensemble. Je les aime vraiment beaucoup, mais je n'étais pas dans ma meilleure forme pour diverses raisons, et j'ai dû leur faire une assez fâcheuse impression. Ils t'aiment, mon très cher – moi aussi.

T

[Collection Columbia University Library]

À MARY LOUISE ASWELL

[Northampton]
[17 septembre 1946]

Chérie,

Juste un mot pour te dire que j'ai reçu ta précieuse lettre, et c'est assez drôle, je t'ai écrit le même jour et tu as dû recevoir la mienne lundi, toi aussi – si elle est arrivée, car je ne me souvenais plus des initiales de Mrs Saunders.

Le temps est superbe, comme souvent en automne, et je prie pour que ça se prolonge. Les critiques que m'a valu le prix O. Henry m'ont été bien douces, plus que douces, m'ont tourné la tête. Le *Times*, par exemple, estime que ma nouvelle [*Miriam*] est « aussi inoubliable que tout ce qu'on a publié depuis Henry James » et le *Post* parle de « chef-d'œuvre », et plus encore. Un triple ban pour l'équipe que nous formons ! Et le jury, dans sa présentation, estime que *Un arbre de nuit* est meilleur que *Miriam* (ce qui est exact) et n'en finit pas de s'extasier.

Attendons qu'ils lisent *L'Épervier sans tête*. Ils n'ont encore rien vu !

Newton a passé le week-end dernier à New York et, oh ! quels moments merveilleux nous avons partagés, et comme nous avons parlé de toi... Nous avons dîné avec Biddy, avec Barbara également, nous avons été voir *Henry V*, et nous avons déjeuné avec Marguerite et Leo... et ce qui nous manquait par-dessus tout, c'était toi. Newton doit revenir vendredi. Pourquoi, oh ! pourquoi n'es-tu pas là ? Nous verrons Carson samedi. Chérie, douce, précieuse Marylou, je t'aime de tout mon être.

T

[Collection Famille Aswell]

À HOWARD DOUGHTY

[New York]
[30 septembre 1946]

Cher Howard,

Je voulais t'écrire plus tôt mais je suis resté couché toute la semaine avec la grippe, et je me serais volontiers reposé plus longtemps mais c'est aujourd'hui mon anniversaire et je ne peux absolument pas annuler les festivités prévues : déjeuner au *Ritz*, pas moins, cocktail au *St. Regis*, pas moins, soirée chez Mrs Aswell. Je me recoucherai une semaine pour récupérer.

Une lettre de Malcolm m'apprend qu'il est en route pour Yaddo. Y as-tu passé un agréable séjour ? Je l'espère.

Esther Rolick est arrivée l'autre jour, suant et soufflant, et m'a apporté une énorme sculpture, en m'expliquant qu'elle passait le week-end à La Nouvelle-Orléans. *Bazaar* a publié dans son numéro de septembre un long chapitre du roman de Marguerite, mais je ne pense pas que tu l'aies lu. Newton a eu droit à une excellente critique d'Orwell dans le dernier *Partisan*. D'après ce que j'ai compris, Carson a abandonné sa pièce, ce qui est une honte, car ce qu'elle m'en avait lu était vraiment parfait. Leo traverse une période d'activité délirante, il court partout comme un poulet à qui on a tranché la tête, et sonne chez vous à des heures indues, deux heures du matin et davantage.

Sois franc, Howard. Es-tu en colère contre moi ? Ou fâché ? Tes lettres ne sont plus rien que de petits verbiages sans humour, et les « affections » que tu m'envoyais autrefois se sont peu à peu abaissées vers des « amitiés », puis « amicalement », pour s'achever sur « bien à toi ». Si je t'ai fait du tort en quoi que ce soit, j'aimerais en être informé. De toute façon, toute l'affection de

T

[Collection inconnue]

À MARY LOUISE ASWELL

[Northampton, Massachusetts]
[Octobre 1946]

Chère petite sœur,

Comme c'était gentil, et si exactement toi, de m'envoyer ce télégramme en ce jour angoissant de mon anniversaire. Je suis si heureux que tu aimes mon reportage sur La Nouvelle-Orléans – rien ne pouvait me faire plus plaisir.

Il fait si beau, ici, le temps : du cristal. Les montagnes qui encerclent la ville sont d'un bleu-vert étincelant, avec çà et là des touches d'automne marron glacé. Un immense pommier portant d'énormes pommes pousse devant la fenêtre. Mis à part les feuilles mortes qu'on brûle, je ne connais rien de plus nostalgique que l'odeur d'une pomme mûre en octobre.

Je travaille beaucoup et réfléchis sereinement. Je suis si heureux avec Newton. Il est si bon envers moi, et pour moi. Il travaille actuellement, sinon il t'aurait envoyé un petit mot d'amitié, comme tu l'as fait (ce qui l'a profondément touché) – mais, chère petite sœur, il me charge de toute son affection pour toi, et j'y joins la mienne.

Ton petit frère,

T

P.-S. Assure mon autre sœur de toute mon amitié, ainsi que la douce Pearl.

[Collection Famille Aswell]

À JOHN MALCOLM BRINNIN

[1060 Park Avenue]
[New York]
[Octobre ou novembre 1946]

Malcolm, mon bichon,

Tu écris des lettres adorables et celle de ce matin m'a procuré un ravissement sans fin. Comme j'embarque demain pour la maison des morts, je ne pouvais pas rêver meilleur adieu. Raison de cet embarquement ? Mes globules rouges se repaissent de mes globules blancs avec la voracité d'une leucémie, mais l'issue, rassure-toi, en est moins fatale. L'une des origines de cette maladie vient de mes amygdales. Aussi va-t-on les sacrifier. Rien d'autre à faire, sinon, que d'avaler divers médicaments saumâtres et tuants. De toute façon, je ne resterai que quelques jours à l'hôpital car la suite du traitement peut se faire n'importe où – et cette éternelle fatigue mise à part, il n'y a rien de dangereux à redouter. Dieu merci, ça ne va plus durer bien longtemps, et je me sentirai sacrément soulagé, car je ne pouvais plus travailler (c'est ça qui m'a réellement rendu malade), ce genre de malaise empêchant toute activité.

Je ne crois finalement pas que Newton donnera une conférence à New York – il est trop occupé. Il travaille très dur, tu sais, étant tellement consciencieux – mais il arrive le samedi 23 novembre. Si tu es là, on peut dîner ensemble. Quant à Elizabeth Ames, non, je ne pense pas que ces insinuations soient fondées. C'est simplement quelqu'un de très paresseux. Elle est actuellement à New York et m'a demandé de lui téléphoner, mais avec tous mes problèmes je n'en ai pas eu le temps. Elle m'a parlé du dimanche que vous avez passé ensemble et du plaisir qu'elle y a pris malgré sa forte fièvre. Puisqu'on parle de fièvre, je me suis offert une quinzaine de jours à près de 40°, et le petit Truman, qui déteste le gaspillage, a bien entendu pris des tonnes de notes sur la merveilleuse distorsion des images.

Non, le reportage sur La Nouvelle-Orléans n'a pas encore paru. Samedi, peut-être. Le malheureux *Bazaar* a de gros ennuis avec ses imprimeurs et son numéro d'octobre ne sortira qu'en novembre.

Sinistre, le couple McCarthy-Bowden. Tu n'as rien à voir avec eux, Malcolm. Absolument rien. Ils représentent ce que je hais le plus. Si ce genre de personnages étaient au moins honnêtes envers eux-mêmes. Ils appartiennent à cette race proliférante : les cœurs de glace. Si tu t'interdis, comme ils le font, la plus petite émotion, une parcelle de ton être même se corrompt lentement chaque jour. Aussi malsains que soient ses dons, Mary en a, c'est évident. Mais Bowden ? Comment s'arrange-t-il, à ton avis, pour se trouver des excuses à lui-même ? Crois-moi, pourtant. Je suis sûr que ce type cache en lui une pointe de tendresse ; sûr qu'il a souffert dans son enfance. L'étrange, c'est que ses qualités se sont toutes dégradées, sont devenues négatives. Désolé pour ce sermon. Pardonne-moi.

Si tu écris à Howard, envoie-lui toute mon affection, après en avoir gardé la plus grande partie pour toi.

T

[Collection University of Delaware Library]

À JOHN MALCOLM BRINNIN

[1060 Park Avenue]
[New York]
[Fin novembre 1946]

Salut, cher Malcolm ! Pourquoi ne m'as-tu pas écrit ? Tu devrais comprendre que dans l'état précaire où je suis, j'ai besoin du soutien de tous mes amis. Mais peut-être ignores-tu cet état précaire ? Suffisamment précaire en tout cas pour me conduire à l'hôpital. Mercredi. Envoie orchidées et pincée d'affection.

Anky est venue me voir hier. Nous avons passé un adorable après-midi à boire et à manger du poulet frit, moi confortablement calé dans mon lit, elle lovée à mes pieds, la tête posée sur un coussin de soie bleu lavande. Merveilleuse fille, cette Anky. Je l'aime vraiment beaucoup. Je me suis rarement senti aussi chaleureusement à l'aise avec quelqu'un.

Comme tu dois le savoir, Howard Doughty était à New York le week-end dernier, mais je ne l'ai pas vu : j'étais à Northampton. Il a téléphoné là-bas, je lui ai parlé et il m'a paru plein d'entrain. J'ai appris d'autre part une très bonne nouvelle : les éditions Men of Letters veulent publier sa biographie de Parkman. Sans doute le petit coup de pouce dont il avait besoin.

As-tu lu les critiques du livre d'Anaïs Nin [*Miroirs dans le jardin*] ? Pour le *Times* : « feuilleton surréaliste à l'eau de rose ». Ça mérite mieux, à mon avis, mais pas beaucoup plus. Le procès de Wilson s'est ouvert hier. Newton avait été prié de témoigner, mais il n'a pas pu se déplacer.

T'ai-je dit, je ne m'en souviens plus, à quel point je trouvais Bill Read charmant ?

Leo Lerman donne une très élégante réception cet après-midi en l'honneur de Carson, et malgré ma profonde fatigue, j'y ferai une brève apparition. Je distribuerai tes amitiés à la ronde.

Nous nous sommes rabibochés, George Davis et moi. Il s'est montré très gentil et m'a même offert un disque de Gieseking. Il vient d'emménager avec Bob Lowry (tu connais, je crois) dans un très agréable « petit nid ».

Je commence à penser que tu as raison pour le ballet. Je l'ai vu la semaine dernière et c'était affligeant, un mélange de music-hall burlesque à la Minsky et de musique en boucle genre Muzak. Je n'y retournerai sûrement pas.

Amitiés aux jeunes vassariennes, et à toi.

T

P.-S. Pourrais-tu trouver le temps d'écrire une longue lettre à Newton, car il a été et continue d'être tellement accablé de travail que ton inimitable décontraction lui ferait un bien fou. Mais aucune allusion à mon hospitalisation. Merci, cher M.

[Collection University of Delaware Library]

À JOHN MALCOLM BRINNIN

17 Clifton Place
Brooklyn 5, N.Y.
[Fin novembre 1946]

Cher Malcolm,

Ta lettre est si tendre, si aimable. Pardonne-moi de ne pas t'avoir répondu plus tôt, mais je suis retourné à l'hôpital (celui de Northampton), pour différentes infections, cette fois. J'ai vu Howard, comme tu le sais. Il est venu en voiture jusqu'à Northampton, avec le critique

Granville Hicks, et j'ai été ravi de le trouver aussi heureux et en aussi bonne forme.

Comme tu peux le voir, j'ai changé d'adresse et j'ai emménagé dans une obscure ruelle, au fin fond de Brooklyn… pour différentes raisons. Je voulais avant tout m'éloigner de cette atmosphère fiévreuse, constamment au bord de la crise de nerfs, pour travailler en paix. J'en étais arrivé à un tel degré de fatigue nerveuse que je pouvais à peine tenir une cigarette, et mon travail s'en ressentait. J'ai trouvé ici une splendide sérénité victorienne, dans une maison qui appartient à deux vieilles ladies légèrement toquées. J'ai un (très relativement) charmant salon et une petite chambre assez lumineuse. Je suis impatient de t'y voir. Il y a le téléphone : Main 2-7070, mais vu les circonstances, ne le donne à personne, ni à ma famille (même ma mère l'ignore), ni à mes amis. Il faut que je joigne Anky. Envoie-moi son adresse. Quoi d'autre ? Newton va bien. Il a prononcé l'autre soir une magnifique conférence au Smith College, et *Bazaar* en a acheté le texte. Il passe le week-end prochain à New York.

Si cher Malcolm, j'espère que tu vas bien. J'aimerais tant te voir, tu me manques. La prochaine fois que tu viens à N.Y., essaie de me réserver un large morceau de ton temps. D'ici là écris-moi. Toute mon affection, très cher.

T

[Collection University of Delaware Library]

À JOHN MALCOLM BRINNIN

[1060 Park Avenue]
[New York]
[Décembre 1946]

Cher Malcolm,

Grand merci pour ta lettre, elle m'a beaucoup amusé – et a légèrement dégourdi la température de cette journée glaciale. Je suis sincèrement heureux que tu aies passé avec Howard un si bon week-end. Mais, cher enfant, comment fais-tu pour satisfaire pendant une aussi longue période cinq personnes aussi affamées ?

Grand merci également de penser tant de bien de mon *Épervier sans tête*. Que tu aimes vraiment cette nouvelle me met en joie. J'en ai une autre qui va paraître dans *Atlantic* [*Une dernière porte est close*] dont je suis un peu plus satisfait.

J'ai dîné l'autre soir avec Aaron Copland. Il me demande d'écrire un livret d'opéra. Je ne me sens pas du tout qualifié. Toi, est-ce que ça t'intéresse ?

Oui, j'aimerais vraiment me libérer de tous ces obstacles et me « réconcilier » avec mon travail. Hélas, ils s'amoncellent. Ça te semblera peut-être un peu théâtral, mais je me demande si je serai capable de survivre à l'hiver. Tout ce que j'entreprends se retourne contre moi. Je suis parfaitement incapable de vivre seul. Il y a trop de problèmes qui me dépassent, et je n'ai personne vers qui me tourner. Personne. Newton, pauvre chéri, n'a jamais réussi à les affronter, même s'il a essayé, même s'il le voulait. Mes amis sont adorables, et feraient n'importe quoi pour moi. Malheureusement, ce ne peut être que momentané. Oh ! Malcolm, cher Malcolm, pardonne-moi ces jérémiades. J'ai honte de pleurnicher ainsi. J'espère avoir un peu plus de chance l'an prochain.

Je pars vendredi pour Northampton et serai de retour le mardi suivant. Écris-moi un mot, je t'en prie, si tu viens à N.Y. Toute mon affection.

T

P.-S. Je viens de lire *The Wound and the Weather* d'Howard Moss. Ce n'est pas particulièrement éblouissant, mais incontestablement agréable à lire, et trois ou quatre de ses poèmes sont proches de la perfection. Je pense que son second livre m'intéressera davantage.

[Collection University of Delaware Library]

À HOWARD DOUGHTY

17 Clifton Place
Brooklyn 5, N.Y.
18 décembre 1946

Cher Howard,

Il y a si longtemps que je ne sais rien de toi. Peut-être suis-je ton débiteur en matière de correspondance, mais je n'en suis pas sûr. De toute façon, je n'obéis jamais à ce genre de calcul. J'écris quand l'envie m'en prend, voilà tout.

Comme tu le sais, j'ai emménagé à Brooklyn, dans une vieille demeure victorienne, dont l'ameublement a sans doute été suggéré à mes propriétaires par la lecture assidue des romans de gare de Mrs Belloc-Lowndes. C'est agréable malgré tout, silencieux, bien chauffé, et tellement reposant après ce qu'il m'est arrivé d'appeler absurdement « ma propre reprise en main ». Malcolm est venu m'y voir, il t'a sans doute décrit l'endroit. Je pense rester jusqu'en mai – si je ne trouve rien de mieux d'ici là, bien sûr.

J'ai fait un autre séjour dans un autre hôpital, depuis que nous nous sommes vus à Northampton. Je commence à en avoir par-dessus la tête de ces mystérieuses indispositions.

Nous avons pris un verre ou deux, Elizabeth Ames et moi, l'autre jour. En dehors de Yaddo, c'est quelqu'un de très fréquentable. Elle m'a dit que tu travaillais beaucoup et c'est une bonne nouvelle. À propos de travail, Newton a vraiment dépassé la mesure et je crains qu'il n'ait trop tiré sur la corde. Je vais le voir samedi et resterai avec lui jusqu'à Noël. J'ai passé chaque jour de la semaine dernière à lui acheter des cadeaux et j'espère avoir bien choisi : un porte-document doublé de cuir bleu avec ses initiales, une paire de très beaux candélabres anciens teintés de mercure, le nouveau livre sur Daumier, un enregistrement de la soprano Maggie Teyte, et un coffret de disques sélectionnés. Comment vais-je transporter tout ça à Northampton, Seigneur Dieu ?

J'ai dîné la semaine dernière avec Cyril Connolly. Il est gras, lointain, mais aimable, et il va publier une nouvelle dans *Horizon.*

As-tu vu la photographie de Malcolm dans le dernier *Bazaar* ? Excellente.

Lionel Trilling vient de terminer son roman. Je ne l'ai pas lu mais quelqu'un m'a dit que ce n'était pas très bon. Une lettre de Carson m'apprend qu'elle a été malade mais qu'elle adore Paris. Elle va s'installer dans la maison d'Edita Morris, située à environ trente kilomètres en banlieue. Quoi d'autre ? Je dois écrire le livret d'un éventuel opéra d'Aaron Copland. Du moins, il me l'a demandé. Je n'y ai pas encore réfléchi. J'ai terminé une nouvelle pour *Atlantic.* Le texte de la conférence que Newton a prononcée en novembre va être publié par *Harper's Bazaar.* C'est superbe.

Cher Howard, en même temps que mes amitiés, cette lettre te présente mes meilleurs vœux de Nouvel An.

T

[Collection inconnue]

À JOHN MALCOLM BRINNIN

[17 Clifton Place]
[Brooklyn]
Dimanche
[2 février 1947]

Cher Malcolm,

J'ignore tout de toi depuis <u>si</u> longtemps. J'espère que ça ne veut pas dire que tu es malade. Pour moi, mes divers malaises ont pratiquement disparu, ce dont je leur suis, inutile de le dire, infiniment reconnaissant.

J'habite toujours Brooklyn – de loin en loin – assez rarement en fait. Mes parents partent cette semaine pour Cuba et je vais regagner Park Avenue pour quelques semaines. Appelle-moi là si tu es à N.Y. : ATwater 9-3319, ce qui m'amène à cette question : pourquoi ne pas faire spécialement le voyage ? Il y a si longtemps que nous n'avons pas dévoré nos amis à belles dents. Tu pourrais occuper la chambre voisine (en toute sécurité, promis, juré). Newton sera là le week-end prochain. Nous devons aller voir *Androclès*, et j'organise une petite soirée en son honneur, juste Henri et Eli, Marylou et Barbara, Aaron Copland et son ami Victor : n'as-tu pas envie d'être le neuvième ? Courte soirée, rassure-toi : 5 h 30 – 7 h, dimanche, le 9. Auquel cas, tu pourrais assister à la première d'Henri, mardi soir.

Ta photographie-avec-parapluie dans *Mademoiselle* : incroyablement réussie. Il y a une photographie très malsaine de moi dans *Vogue* de février. J'en ai vraiment assez de ces images genre toxicomane, qui doivent avoir un certain attrait, je suppose, mais après tout ne me ressemblent en rien. Quoique... Qui sait ? Dans le même numéro, une photographie de ton amie Valerie Bettis.

J'apprends par une lettre de Howard que tu t'apprêtes à partir pour Yaddo. Alors, bonne chance. As-tu l'intention d'y passer une partie de l'été ?

Sachant ta prédilection pour le cinéma, permets-moi de t'engager chaleureusement à ne rater à aucun prix *Les Enfants du paradis*, qui sort cette semaine. Et évite à tout prix *Les Plus Belles Années de notre vie*, sirupeuse, larmoyante et ridicule niaiserie.

J'aurais encore mille choses à t'écrire, mais il est tard, et j'ai un rendez-vous. Envoie des nouvelles. D'ici là, toute mon affection.

T

[Collection University of Delaware Library]

À ROBERT LINSCOTT

[Sans doute mai 1947]

Cher Bob,

Merci pour votre lettre, merci de tout cœur, je suis heureux que vous aimiez ma nouvelle. Elle n'est pas parfaite, j'en suis conscient, bien sûr, mais pour autant que je peux en juger, j'ai atteint quatre-vingts pour cent de ce que j'espérais, et c'est le maximum qu'on ait le droit de demander à un texte aussi délicat. Il n'a évidemment pas la densité que je souhaitais, mais le caractère plus ou moins poétique du matériau employé ne permet pas de parvenir à l'acuité d'un diamant. Il lui fallait un objectif plus tamisé, une approche plus suggestive. J'espère qu'elle aura un certain succès, je veux dire : j'espère que quelques lecteurs parviendront à sentir et comprendre ce que j'ai cherché à y mettre, car je ne veux à aucun prix être taxé d'escroquerie ; j'entends par escroquerie : faire perdre son temps au lecteur. La raison pour laquelle *Mademoiselle* l'a refusée (ce dont je remercie Dieu !) est complexe et très personnelle : j'ai eu un violent affrontement avec George Davis au cours duquel il m'a traité de « prima donna » parce que je refusais de couper ce que Mrs Blackwell appelle « les passages choquants ». Il avait appris, d'autre part, de façon assez singulière, que Marylou l'avait lue, ce qu'il estimait également « choquant ». Tout s'est terminé dans l'écœurement et l'amateurisme, genre de choses où je ne veux être mêlé en rien. J'ai eu très peur, comme vous le savez, qu'ils la publient quand même, ce qui aurait été une catastrophe et, l'un dans l'autre, je me réjouis du résultat. J'espère que Marylou n'aura pas d'ennuis de son côté, je veux dire : j'espère que sa rédaction ne refusera pas qu'elle l'achète. Je l'ignore encore. J'espère également que Rita

Smith aura compris la leçon, car c'est elle la vraie coupable, avec les meilleures intentions du monde, bien sûr, et je l'aime beaucoup pour son honnêteté, mais elle a parfois d'étranges notions de ce que représente l'honnêteté. Je pense qu'elle a enfin compris qu'elle avait commis une erreur. J'aurais préféré que vous lisiez cette nouvelle en toute tranquillité d'esprit.

J'ai repris mon roman, et c'est vraiment tout ce que j'aime, et je viens d'en écrire deux pages, et oh ! Bob, je veux que ce livre soit très beau, parce qu'il me paraît essentiel, aujourd'hui plus que jamais, qu'un écrivain cherche à très bien écrire, le monde a perdu la tête, l'art seul est sain d'esprit, et une fois dispersées, une à une, les ruines des anciennes civilisations, la preuve est faite qu'il ne demeure que les poèmes, les tableaux, les sculptures et les livres.

Les gens de *Life* sont venus la semaine dernière. Ils m'ont beaucoup photographié. J'espère qu'il y aura quelques clichés réussis, même s'ils n'en publient jamais qu'un seul, et encore. Cher Bob, je sais que l'envie de m'écrire ne vous démangera pas pendant vos vacances, mais s'il advenait qu'elle vous démangeât, laissez-vous tenter. Vous me manquez.

Fidèlement,

T

[Collection Washington University Libraries]

À JOHN MALCOLM BRINNIN

[1060 Park Avenue]
[New York]
[Mai 1947]

Malcolm, savoureuse friandise,

Je parie que tu as terriblement maigri, avec cette chaleur de là-bas. Il m'a fallu deux mois pour récupérer les kilos que j'avais perdus l'été dernier à La Nouvelle-Orléans. Mais, Dieu ! quelle fascination. Ce que tu as vu, c'est l'Amérique profonde... et dans l'état où tu es, c'est peut-être la dernière chose que tu auras vue ! À propos de « voir », as-tu jeté un œil sur ma scandaleuse photo du dernier *Life* ? Plus jamais, crois-moi. Un vrai travelo !

As-tu reçu ma lettre précédente ?

Comme tu dois le savoir, Howard est à Milton, Massachusetts. Il s'est arrêté à Northampton en chemin pour nous voir, Newton et moi (moi ???). J'ai eu l'impression qu'il était en bonne forme et semblait très heureux. La semaine dernière, Newton m'a emmené à Boston. Je n'y étais jamais allé et j'ai trouvé ça merveilleux. Nous avons fait des quantités de choses, dîné avec F.O. Matthiessen, par exemple, assisté à un spectacle de l'Old Howard (car j'ai toujours été un fanatique du music-hall). Je n'aime pas particulièrement Matthiessen, mais en expliquer les raisons demanderait une analyse proustienne. Je la remets donc à plus tard. Par contre, j'aime bien Harry Levin. Marguerite Young est actuellement à Yaddo. Elle m'écrit qu'il y a beaucoup de gens intéressants et amusants : Robert Lowell, Irwin Edman, Malcolm Cowley, Austin Warren, J. F. Powers. Toi, quand y vas-tu ? Peut-être après tout y es-tu déjà ? Je pars mardi 10 pour Siasconset, mais je ne suis pas sûr de l'adresse. Écris-moi ici, ça suivra, et sois gentil, Malcolm, viens me voir.

Marylou et Barbara vont très bien. Nous parlons souvent de toi. Je n'ai fait aucune nouvelle connaissance, à part Christopher Isherwood que je vois souvent ces temps-ci, et qui me plaît, bien qu'il me déconcerte. Les cours de Smith College sont terminés et Newton ressuscite. Je ne l'ai jamais vu en aussi bonne forme. Écris-lui au moins une petite carte. Il t'apprécie tellement.

Dis à Henri que j'ai essayé un nombre incroyable de fois de joindre Ely. Elle s'est absentée pour le week-end. Je suppose qu'elle va rentrer en fin d'après-midi et j'essaierai encore une fois. Fais-lui mes amitiés. Vont-ils à Yaddo, eux aussi ?

Je suis vraiment très près de terminer mon livre. C'est une tension terrifiante et l'idée d'un échec possible m'angoisse à mort. Seigneur Dieu, après tout ce travail, tout ce temps passé ! Mais j'ai conscience malgré tout d'avoir été placé dans une position injuste, et que je n'avais pas à supporter une pareille tension. Mais, bon...

Tu me manques terriblement, Malcolm. Écris-moi.

Toute mon affection,

T

[Collection University of Delaware Library]

À ROBERT LINSCOTT

[Île de Nantucket]
[Fin juillet 1947]

Cher Bob,

Oh ! merci pour la lettre ! Dans cette île coupée du monde, l'arrivée du courrier est le seul événement de la journée.

Je suis un moins que rien, c'est vrai, de ne pas vous avoir encore envoyé mon manuscrit, mais oh ! ces dernières pages ! Je tire chaque mot de mon sang, sans comprendre ce qui m'arrive, surtout depuis que j'ai pris l'exacte conscience du but que je voulais atteindre. Ces cinq ou six dernières pages mises à part, le livre est terminé depuis deux semaines. Resteront quelques corrections à apporter ici et là, sur l'ensemble du manuscrit, j'entends.

Quoi qu'il en soit, je suis pratiquement sûr d'avoir terminé ce week-end. Je l'enverrai à mon agent Marian Ives qui vous le transmettra immédiatement. Peut-être serez-vous de retour à New York.

Christopher Isherwood était là la semaine dernière et nous avons passé un excellent moment ensemble. Je suis sûr qu'il vous plaira. Comme il doit voir Mina Curtiss en août, vous aurez l'occasion de le rencontrer. Je me souviens brusquement que je n'ai pas rendu à Elaine Shaplen le livre que je lui avais emprunté. C'est si difficile de poster quelque chose ici. Dites-lui qu'elle ne s'inquiète pas.

L'éditeur anglais John Lane m'offre 150 livres d'à-valoir pour mon roman. Faut-il accepter ? Peut-être serait-il préférable d'attendre, car j'ai sept propositions différentes, une notamment de Cyril Connolly qui veut désormais publier des romans.

Vous me manquez, Bob. Croyez-moi !

À vous,

T

[Collection Columbia University Library]

À LEO LERMAN ET COMPAGNIE

Sunset Towers
8358 Sunset Bd
Hollywood, Californie
8 décembre 1947

Chers cousins par alliance,

Je suis fou d'horreur, mes chéris. Quand je reviendrai, si jamais je reviens, je prendrai chacun d'entre vous par ses jolies menottes et lui ferai jurer de ne jamais, jamais, poser un pied dans ce comté de Los Angeles. Quel trou ! Je suis logé dans un hôtel très tape-à-l'œil, les *Sunset Towers*, qui, si j'en crois le gratin local, est le lieu de tous les scandales. C'est essentiellement un hôtel pour femmes entretenues – et, chéris, vous seriez stupéfaits de voir ce qu'on se donne la peine d'entretenir en Californie ! Je pars heureusement mercredi pour la Vallée de la

Mort avec le photographe Hoyningen-Huene, et je chercherai autre chose en revenant.

Il vaut beaucoup mieux une Mort à Venise qu'une Vie à Hollywood. À propos, Katherine Anne Porter va s'installer à Venice. Lors de la prochaine réunion du club des Têtes de Chat, le président Lerman accepterait-il de mettre aux voix une motion visant à modifier notre Attitude Conventionnelle vis-à-vis de Miss Porter ? Elle s'est montrée absolument adorable avec moi, en toute sincérité, et, qui plus est, la dernière fois que j'ai été malade, c'est-à-dire samedi, elle m'a offert de la gelée de pied de veau et un bouquet de camélias. Cela mis à part, tout va bien. Florence Homolka, amie d'Aswell-la-Pionnière, a donné hier un dîner en mon honneur tout à fait charmant, à ceci près que j'étais assis à côté d'un *raté** (comme dirait Frances McFadden), un petit bonhomme qui n'a cessé de me couver de l'œil comme s'il fomentait quelque diabolique et obscur dessein. Il se trouve que c'était le romancier allemand Lion Feuchtwanger, alors que je l'avais pris pour le dramaturge autrichien Franz Werfel, et je me suis permis de lui demander où il avait puisé l'inspiration d'aussi merveilleux ouvrages que *Les Quarante Jours de Musa Dagh* ou *Le Chant de Bernadette* ! J'ai dîné chez les Chaplin – vendredi, je crois –, expérience assez vipérine. Et j'ai passé un après-midi réellement délicieux avec [le poète] Walter Conrad Arensberg, un homme absolument charmant. Mes bien chers cousins Lerman et Lyndon perdraient la tête devant lui, sa maison, sa collection de tableaux. Mais je réserve cet inventaire des Gens et Lieux pour la prochaine réunion du club des Têtes de Chat.

Il m'est arrivé quelque chose d'horrible : en sortant de ma douche, j'ai posé le pied sur un radiateur électrique, qui l'a complètement calciné. Blague à part j'ai dû aller voir un médecin et je marche avec une béquille.

En partant d'ici, j'irai quand même faire un petit tour à San Francisco, et je serai au comble du bonheur de vous retrouver pour Noël. En attendant ce jour béni, laissez vos lampes allumées devant vos fenêtres, chères petites têtes de chat, et sachez que je vous aime un à un et tous en bloc. Un million de bisous, *mille tendresses** de votre lointain

T

[*Petit dessin représentant un chat en smoking, qui tient une badine d'une main, une cigarette de l'autre, et a des étoiles au-dessus de la tête.*]

À l'attention du Cousin B – j'ai rendez-vous avec Miss Parsons et Miss Hepburn – toutes les deux mardi prochain.

[Collection Columbia University Library]

À CAROL ET WILLIAM SAROYAN

1060 Park Avenue
New York, N.Y.
26 décembre 1947

Salut, Carol et Bill. Comme vous voyez, je suis repassé à l'est des Rocheuses, et j'y affronte, oh ! mes amis, un blizzard aussi violent que celui de 1883, qui hurle sous mes fenêtres. Il neige depuis deux jours et je caresse de temps en temps l'idée de me suspendre autour du cou un tonnelet de rhum pour porter secours aux désespérés.

Merveilleuse, notre soirée à San Francisco. Je devrais tenir un journal. Quel plaisir ce serait de relire plus tard le récit d'une pareille soirée. Elle reste à jamais gravée parmi mes plus beaux souvenirs.

Je suis heureux d'apprendre que *Don't Go Away Mad* (superbe titre, à propos) est terminé. Quel soulagement pour vous deux, j'en suis sûr. Je souhaite que l'année nouvelle nous apporte à tous un public de plus en plus passionné.

Je vous ai envoyé mon roman. Dites-moi ce que vous en pensez, en bien ou en mal, peu importe. Sachez que je pense à vous et que j'attends votre prochain passage à New York.

Fidèlement,

Truman

[Collection inconnue]

À LEO LERMAN

[Hôtel La Citadelle]
[Port-au-Prince, Haïti]
[Février 1948]

Bien cher Leo,

Je ne t'ai pas écrit plus tôt parce que je n'ai rencontré Richard Hunter qu'hier soir. Il est venu boire un cocktail et dîner. C'était très agréable. Nous étions sur la magnifique terrasse de ce magnifique hôtel et nous avons longuement parlé au clair de lune. Aux environs de minuit, Richard s'est enfoncé dans la montagne pour regagner cet étrange hôtel *Excelsior*, qui disparaît sous les bougainvilliers. Assez difficile de te rapporter notre conversation. Avant tout, il m'a paru assez changé. Sur un certain plan, il a bien meilleure apparence, mince, bronzé, physiquement épanoui. Je crois qu'il est réellement seul pour la première fois de sa vie, et qu'il fait de très grands efforts pour se forger une échelle personnelle de valeurs. Mais il est obsédé par la situation, qui a été l'unique sujet de notre discussion. Il parle de toi avec une tendresse déchirante et je suis convaincu qu'il t'aime plus que n'importe qui, n'importe quoi au monde. Et il « sait » à quoi s'en tenir vis-à-vis d'Howard Rothschild. Il sait et reconnaît qu'il ne peut rien en attendre sinon la destruction. Quand il rentrera aux environs du 1er mars, il aimerait voyager avec toi, peut-être en Europe, dans un endroit où tu pourras écrire ton livre et il veillera sur toi. Howard garde en attendant une sorte d'*idée fixe**, sexuelle, et voici ce qui se passe : il bombarde Richard de télégrammes, de lettres, d'appels longue distance, ce qui a fini par agacer la mère de Richard et au plus haut point Richard lui-même. En vérité, je crois que Richard le méprise – à la façon dont un renard peut mépriser les poulardes d'une basse-cour. Et son ego, qui est assez fragile, semble y puiser un aliment empoisonné. Je ne remets pas du tout en cause la sagesse de tes réticences, c'était ce qu'il y avait de plus sage à faire, car elles mettaient en relief la stupidité d'Howard. Mais il se trouve que l'Howard en question a téléphoné aujourd'hui pour annoncer qu'il avait réservé sa place et serait là le 16.

Ce qui ne m'inquiète pas ; Howard, à mon avis, tend lui-même le cou pour le *coup de grâce**, et Richard lui pardonne parce qu'il doit partir pour l'Europe et qu'ils ne se verront plus. En toute franchise, si j'étais toi, je réserverais mon jugement jusqu'au retour de Richard. S'il fait ensuite ce qu'il dit vouloir faire, tu pourrais y trouver une vraie satisfaction et pardonner toute cette histoire.

Haïti est le premier endroit qui, depuis de nombreuses années, éveille en moi une sorte d'excitation. Il faut absolument que tu y viennes. Je te donnerai tous les détails lors d'une rencontre au *Café de Flore*.

T'ai-je jamais dit que je t'aimais, mon cher petit bambin ? Crois-moi, je t'aime vraiment beaucoup. Oh ! Myrt, *mille tendresses**, et un million de baisers de ta

Marge

[*Myrt, la mère, et Marge, sa fille, étaient les héroïnes d'un célèbre feuilleton radiophonique*.]

P.-S. C'est la Saint-Valentin. Richard adore les petits cœurs parfumés à la menthe. Écris-moi pour me donner tes instructions.

Ton Haïtien agent secret

[Collection Columbia University Library]

À ELIZABETH AMES

1060 Park Avenue
New York, N.Y.
2 mars 1948

Chère Elizabeth,

Votre lettre m'apporte une grande joie. Je suis si heureux que vous aimiez mon livre, car vous avez été l'une des premières à me soutenir financièrement, et je sais la dette que j'ai envers vous et envers votre équipe. Vous avez été si bonne pour moi, Elizabeth. Et Newton. Je ne sais pas ce que j'aurais fait sans lui. Vous voyez donc tout ce que je dois à Yaddo.

J'aimerais vous envoyer de mes bonnes nouvelles, et je peux le faire d'une certaine façon, car je suis rempli d'espoir et de courage. Mais vous savez que je n'étais pas en très bonne santé l'an dernier, et je continue à avoir des moments de grande dépression. Peut-être vais-je entrer dans une période plus florissante.

Chère Elizabeth, l'une de mes jeunes amies, écrivain, aimerait séjourner à Yaddo, et elle le mérite vraiment. Elle s'appelle Patricia Highsmith, 353, 56e Rue Est, New York. Elle a un grand talent. La moindre de ses nouvelles le prouve avec plus d'évidence que chez certains que je connais. En plus, elle est charmante, d'une parfaite éducation, et je suis sûr qu'elle vous plaira beaucoup. Elle travaille actuellement à un roman et a besoin de ce que seul Yaddo peut apporter. Je lui ai conseillé de vous écrire. Si vous croyez pouvoir vous y intéresser, ce serait magnifique.

J'aimerais vraiment vous voir. Vous êtes si apaisante, si compréhensive, et j'ai des quantités de choses à vous dire la prochaine fois que vous viendrez à New York.

Sachez de toute façon que je pense à vous, et acceptez tous les bonheurs que je vous souhaite.

Affectueusement,
Truman

[Collection New York Public Library]

À LEO LERMAN

[Paris]
[8 juin 1948]

Myrt, ma bien chère mère,

C'est merveilleux!* Chaque matin pourtant, en me réveillant, j'ai une bouffée de nostalgie, et je me demande si l'autre héroïne de notre feuilleton préféré est bien réveillée, et pourquoi elle ne m'écrit pas. Mais je ne crois pas avoir le droit de pointer vers elle un doigt accusateur, car ma vie n'a été qu'une débauche de DÉBAUCHES et l'idée de te raconter en détail toutes mes activités me déprime à mort. Quelque chose pourtant devrait t'intéresser : j'ai beaucoup vu en Angleterre le professeur d'Oxford Lord David Cecil. N'est-ce pas quelqu'un que tu aimes infiniment ? Il est adorable, et il rêve de venir en Amérique si une université l'invitait, Columbia par-dessus tout. Chicago le lui a proposé, mais il refuse. Pourquoi n'en parlerais-tu pas à Lionel Trilling ? J'ai été terriblement heureux en Angleterre, mais très cher, oh ! quel endroit sinistre ! Paris par contre est d'une beauté à perdre la tête et pour la première fois de ma vie je me sens totalement reposé. Je dors comme un enfant, je mange comme un goinfre, et ça me fait le plus grand bien. J'ai d'ailleurs recommencé à travailler. Quitter l'Amérique est la meilleure chose que je pouvais faire, à condition d'agir sagement désormais. Impossible de te décrire le soulagement que j'éprouve à me sentir si loin de toutes ces tensions qui m'ont rendu si malheureux ces dernière années. S'il n'y avait pas Newton, et toi, et mes amis, je ne reviendrais pas. Je ne dis pas que tout est mieux ici, mais moi, je me sens mieux, c'est incontestable. Peut-être est-ce simplement qu'à une si longue distance les choses me sont presque inconnues et cessent de m'émouvoir, car rien, aucun visage d'enfant, aucun timbre de voix, aucun accent, ou l'étrange qualité de la lumière dans les rues, rien ne vient réveiller ma mémoire ni s'y refléter. Comprends-tu ce que j'essaie de dire : quel plaisir délectable de ne plus être harcelé par une désespérante lucidité ?

Il m'est arrivé tant de choses, mon bien cher, mais il se fait tard et je dois retrouver quelqu'un pour dîner. Je quitte Paris le 1er juillet pour Rome et Capri. Écris-moi quand même aux bons soins de l'American Express. J'essaierai d'ici là de t'écrire une lettre plus croustillante. Je t'aime vraiment, c'est si doux de pouvoir le dire, il y a si peu de gens en qui ça éveille quelque chose.

Bons baisers de Paris

t

[Collection Columbia University Library]

À MARY LOUISE ASWELL

Paris
15 juin 1948

Bien chère Marylou,

Merci, renoncule *chérie, pour la lettre**. J'étais inquiet, sans nouvelles de toi, mais tu as l'air en très bonne forme, ce qui comble les vœux que je fais pour toi. Rien de spécial depuis ma lettre précédente – sinon que j'ai dîné avec Gide – mais comme je viens tout juste de le raconter au gentleman de Northampton, c'est trop me demander de recommencer ; remettons ça à un après-midi de repos où nous siroterons des cocktails à nous râper la gorge. Paris est plus beau chaque jour, et ma chambre toujours aussi pleine de fleurs. J'irai pourtant faire un tour au Danemark dans les prochaines semaines, sans raison précise. Je crois simplement que ce pays a des chances de me plaire. Je serai sans doute obligé de faire quelques achats avant mon départ : je ne me suis rien offert d'autre qu'un énorme flacon de *Tabac Blond*, fragrance qui laisse les gens raides morts lorsqu'ils me suivent à la trace.

Ma belle chérie, pourrais-tu trouver une place dans ton numéro de janvier pour ma nouvelle *Monsieur Maléfique* ? Comme j'en ai commencé une autre, je n'aurai pas fini *Maléfique* avant fin août – ce qui veut dire que j'espère revenir avec en septembre.

Autre chose : sois gentille de téléphoner à Loren et à Lloyd pour leur dire que je leur ai réservé une chambre au *Pont Royal* pour le 10 juillet. L'hôtel est superbe et je suis sûr qu'ils s'y trouveront très bien.

Je suis content pour Barbara – content, veux-je dire, qu'elle mette à profit ses talents cliniques. Je suis navré qu'elle t'ait quittée, mais vu les circonstances c'est ce qui pouvait arriver de mieux, pour toi en tout cas. J'imagine malgré tout qu'elle doit être très malheureuse car elle t'adorait. Pauvre chérie, je l'aime beaucoup en dépit de sa dernière exhibition dramatique. Ce qui d'une certaine façon annonçait la fin car ses excès étaient devenus trop ostentatoires.

Pearlie Kazin a donc un petit neveu – embrasse-la pour la féliciter. Et comment va mon ange de Phoebe ? Dis-leur que je les aime toutes les deux. J'ai téléphoné hier à Newton. C'était *très** émouvant. Il se plaint de n'avoir aucune nouvelle d'aucune de vous, imagine un peu ! J'espère que vous allez vous voir.

Le crépuscule vient doucement, et Dieu que Paris est beau à cette heure-ci. Une lumière d'iris bleuté flotte à travers les rues, de délicates petites lueurs roses fleurissent du côté de l'Étoile, un groupe d'enfants va et vient sur le quai en chantant *La Vie en rose**. Ce serait pour moi le comble du bonheur si nous étions là tous ensemble.

M'aimes-tu ? Peux-tu imaginer combien
je t'aime
toi ?
t

[Collection Columbia University Library]

À ANDREW LYNDON

Paris
29 juin 1948

Cher petit A.,

Quel crève-cœur : que toi, entre tous, ne m'aies jamais écrit une seule ligne ! C'est vraiment, cher petit, vraiment écœurant de ta part. Newton me dit que Harold et toi cherchez à sous-louer votre appartement. J'en conclus donc que vous en avez trouvé un autre. Si c'est vrai, hourra ! Travailles-tu ? Je t'en prie, cher ange, je le souhaite vivement – même si le ciel m'est témoin que je n'ai pas grand-chose à dire sur ce plan-là – j'ai pourtant l'impression de m'être enfin, enfin, repris en main. Paris est un lieu d'incroyables distractions. Une ville divine. Je serais fou de bonheur si Newton était là, et toi, et Phoebe. J'ai appris à conduire une motocyclette. Je peux donc circuler à toute vitesse. J'ai envie de m'en servir pour aller à Venise, en partant sans doute jeudi. Ce serait presque comme une traversée de l'Atlantique dans une maison flottante, non ? Mais j'hésite, je ne me sens pas très bien cette semaine, et je recule sans cesse mon départ. Hier, je t'ai acheté un cadeau : un grand album de reproductions de Braque édité par Skira. Il y a tant de beaux livres ici. Si tu as la moindre envie, dis-le-moi. J'ai découvert une ravissante petite table pour Harold, mais pourrais-je la rapporter ? Tennessee Williams était ici il y a quinze jours (mort de trouille parce que Pancho lui avait télégraphié qu'il arrivait). Il a passé tout son temps avec Gore Vidal, un monstre à mes yeux, mais T. lui est entièrement dévoué. J'ai dîné avec ton ami Sandy Campbell que j'ai trouvé charmant. Je suppose que tu as entendu parler de *l'affaire** Gide, et de mon arrestation parce que je transportais de l'héroïne, ce qui m'a fait vivre quelques moments fort désagréables. Je te raconterai.

Contrairement à la chère Wendy Hiller dans le film *Je sais où je vais*, je ne sais pas où je vais aller – du moins pas exactement. Je laisserai une adresse à l'American Express qui fera suivre, et je reviendrai ici un peu plus tard. De toute façon et quoi qu'il arrive, je serai rentré à temps pour accompagner Newton à Wellfleet. Écris-moi à Paris. Mes amitiés, cher ange, à partager avec Howard. Un million de bisous,

T

P.-S. Dis à Phoebe qu'elle m'écrive et pour elle aussi un million de bisous.

[*Rien dans le* Journal *de Gide ou les souvenirs de ses proches ne permet de comprendre ce problème d'héroïne.*]

[Collection New York Public Library]

À DONALD WINDHAM

[*Jeune écrivain avec qui il vient de faire un voyage en Italie*]
[Hôtel Pont Royal]
[7, rue de Montalembert]
[Paris]
[3 août 1948]

Savoureuse petite pêche,

Juste un mot très rapide, car je suis dans le chaos le plus complet… c'est-à-dire, préparation pour mon prochain départ. Chéri, nous aurions dû rester à Sirmione. Il fait ici une chaleur de tous les diables et c'est une ville de fantômes, à l'exception de cent millions de solides Américains de la pire espèce, évidemment. Je n'ai pas le temps de te raconter comment s'est passé mon voyage de retour. Non seulement je n'ai pas trouvé de place dans un wagon-lit, mais pas même une place assise avant d'arriver en Suisse. Sans blague, mon joli, je suis resté debout dans une atmosphère surchauffée. Tennessee est là. Il a raté la générale de sa pièce à Londres et nous avons dansé toute la nuit dernière. Sa *Ménagerie de verre* a d'assez mauvaises critiques et il paraît très affecté, ce que j'ai du mal à comprendre, car tout le monde se moque, grands dieux, de ce que peuvent penser les Anglais. En outre, sa mère et son frère ont débarqué ce matin sans crier gare, manifestement très en colère, et je ne l'ai pas revu. Ah ! oui, il s'est toqué d'un garçon rencontré à Rome, qu'il veut emmener à New York avec lui. Une vraie folie à mon sens. Nous voyagerons sans doute sur le même bateau, car j'essaie d'avoir une place sur le *Queen Mary* qui part le 7, et c'est celui qu'il prend lui aussi. J'espère que tu es très heureux, ma petite pêche, et que tu travailles d'arrache-pied. Ce sera un très beau livre, un livre important, vraiment. Termine-le et rentre. En attendant, des monceaux de passion.

t

P.-S. Mon adresse à New York est 1060 Park Avenue.

[Collection Beinecke Library, Yale University]

À DONALD WINDHAM

[New York]
[19 octobre 1948]

Mon agneau,

Merci, doux ami, pour ta carte, et je me sens un moins que rien de ne pas t'avoir écrit plus tôt, mais ah ! j'émerge à peine, après quelques événements assez pénibles, et je suppose que tout va s'arranger. J'ai recommencé à travailler à cette nouvelle écrite à Sirmione et je pense la finir cette semaine. C'est pour moi un vrai grand plaisir de savoir que tu as terminé ton livre. Il est si beau, si émouvant. J'y pense sans arrêt. Mais la recherche d'un éditeur est très importante, mon petit, et je n'ai pas l'intention de te permettre de laisser ce livre s'en aller à vau-l'eau. Il faut qu'il soit publié par une maison de premier plan, catégorie dans laquelle je n'inclus pas Harcourt pour diverses raisons. Je rêve qu'il soit pris par Random House, surtout si Albert Erskine ou Robert Linscott s'occupent de toi. Ils ont demandé à l'agent littéraire Audrey Wood de le lire mais je ne pense pas qu'elle ait encore reçu le manuscrit.

Félicite-moi, mon ange. J'ai gagné le O. Henry Memorial Award, 300 tickets ; aussitôt empochés, je me suis précipité chez Knize pour me faire faire un complet de 400 tickets – juste pour que tu comprennes que je frise la démence. Sandy Campbell a dû t'écrire que j'avais été arrêté parce que j'avais pénétré sans autorisation dans l'appartement de Tennessee, ce qui a enchanté Mr Winchell et quelques autres. C'est une histoire trop compliquée pour que je te l'écrive, mais un jour, devant un martini bien tassé, je te promets une fort distrayante demi-heure.

Ten. a donné hier une soirée incroyablement amusante pour fêter la dernière d'*Été et fumées*, et Marlon Brando y a fait une apparition avec une sorte de combinaison de gymnaste. Sandy était là, arborant une nouvelle couleur de cheveux que je n'aime pas particulièrement. Je l'ai vu deux ou trois fois depuis mon retour. Tu lui manques beaucoup, c'est manifeste. À moi aussi, d'ailleurs – à propos, quand reviens-tu ? Vite, vite, mon tendre cœur. En attendant, toute mon affection.

t

P.-S. Sois gentil, envoie-moi la liste de tes titres.

[Collection Beinecke Library, Yale University]

1949-1959

LES ANNÉES D'AVENTURE

À la découverte du monde

Pendant dix ans, de 1949 à 1959, Truman Capote ne fera que de brefs séjours à New York. Quelques mois après avoir rencontré Jack Dunphy, il s'embarque avec lui, fin février, sur le *Queen Mary*. Ils traversent la France, où Dunphy s'est battu pendant la Seconde Guerre mondiale, gagnent l'Italie et passent plusieurs semaines sur l'île d'Ischia, près de Naples. De là, ils se rendent à Tanger pour un assez long séjour. Rentrés à New York à la fin de l'année, ils s'embarquent de nouveau en avril 1950 et se retrouvent à Taormina, très ancienne ville touristique de Sicile, où ils louent la maison qu'occupait D. H. Lawrence vingt-cinq ans plus tôt.

Après *Les Domaines hantés*, Capote commence un nouveau roman, *La Traversée de l'été*, comédie de mœurs qui se déroule à New York. Décidant finalement que c'était, selon ses propres termes, « ténu, roublard, sans émotion », il l'abandonne pour un sujet plus proche de son cœur, son enfance en Alabama. Ce roman, *La Harpe d'herbes*, dont les personnages évoquent les vieilles cousines qui l'ont élevé à Monroeville, paraît en 1951. À la demande expresse d'Arnold Saint-Subber, producteur de Broadway qui accumule les succès, Capote en écrit l'adaptation théâtrale, mais elle ne s'inscrit pas au palmarès de Saint-Subber. Capote et Dunphy retournent en Italie, où Capote est aussitôt engagé pour sauver deux scénarios de films qui battent de l'aile – un pour De Sica (*Station terminus*), l'autre pour John Huston (*Plus fort que le diable*). Capote lui-même n'aimait guère le premier, joué par Jennifer Jones et Montgomery Clift. Il était par contre très attaché à *Plus fort que le diable*, dont le scénario est presque entièrement de sa main. Interprété par Humphrey Bogart, Jennifer Jones, Gina Lollobrigida et Robert Morley, ce film, un petit bijou d'humour, reste aussi merveilleusement savoureux de nos jours qu'en 1953.

Début 54, Capote regagne New York en toute hâte. Accablée de soucis financiers – Joe Capote, qui venait de perdre sa situation à Wall Street, devait comparaître en justice pour détournement de fonds –, sa mère, Nina, avait avalé un tube entier de somnifères et se trouvait dans le coma. Elle meurt le 4 janvier, à quelques semaines de son quarante-neuvième anniversaire, avant que Capote n'ait eu le temps de la revoir. Aussi profondes qu'aient été leurs divergences, son fils unique, devenu depuis plusieurs mois son principal soutien financier et celui de Joe, est gravement bouleversé. « Elle n'avait pas à le faire, écrit-il à Andrew Lyndon. Elle n'avait pas à mourir. J'avais de l'argent. »

Peu de temps après l'enterrement de sa mère, Capote travaille à une seconde pièce que Saint-Subber l'a convaincu d'écrire : l'adaptation de l'une de ses nouvelles, *La Maison des fleurs*, en comédie musicale. Située à Port-au-Prince, en Haïti, elle met en scène la rivalité de deux mères maquerelles de la ville qui se disputent un couple d'amants ingénus. Capote écrit le livret, Harold Arlen la musique, et ils collaborent pour les chansons. Là encore, Saint-Subber consacre un budget important à cette production qu'il veut de très haute qualité. Là encore, la pièce connaît un relatif insuccès : 165 représentations. La dernière a lieu en mai 1955, et Capote et Dunphy regagnent l'Europe.

Depuis longtemps, Capote réfléchissait à ce que pouvait offrir la non-fiction. Il avait écrit de nombreux articles, essentiellement sur des pays qu'il avait visités. Fin 1955, une occasion se présente qui va lui permettre d'approfondir ses recherches. Pour rompre l'atmosphère de la Guerre froide, une troupe de comédiens noirs est invitée par l'Union soviétique à venir jouer *Porgy and Bess*, l'opéra de Gershwin, à Leningrad et à Moscou. Capote les accompagne. Il écrit *Les muses parlent*, un livre court qu'un critique décrira très justement comme « drôle, féroce, complètement dévastateur ».

Vers la fin de ces dix années, Capote écrit une brillante comédie de mœurs, qui se déroule dans les milieux huppés de New York, et qu'il appelle *Petit Déjeuner chez Tiffany*. Il donne à son héroïne assez farfelue, Holly Golightly, certains traits d'une demi-douzaine de ravissantes beautés qu'il a rencontrées à Manhattan après la guerre. Phoebe Pierce d'abord, son ancien flirt de Greenwich, mais aussi Gloria Vanderbilt, Carol Marcus, Doris Lilly, Anky Larrabee et Oona O'Neill, la fille d'Eugene O'Neill. « C'est l'écrivain le plus parfait de ma génération, dira Norman Mailer après avoir lu le livre. Il écrit d'admirables phrases, mot après mot, cadence après cadence, et je ne vois pas deux virgules à changer dans ce court roman qui va très vite devenir un classique. »

Les lettres qu'écrit Capote dans ces années cinquante ont à peu près les mêmes destinataires que celles des années précédentes. Parmi eux : Leo Lerman, Donald Windham, John Malcolm Brinnin et Andrew Lyndon. Mais d'autres apparaissent : Newton Arvin (s'il existait des lettres d'avant cette date, elles n'ont pas été retrouvées), William Goyen, jeune romancier texan dont il encourage la carrière, Bennett Cerf, le directeur de Random House, et sa femme Phyllis, ainsi que David O. Selznick, le producteur d'*Autant en emporte le vent*, et sa femme Jennifer Jones.

On trouve quelques lettres plus directement professionnelles : à William Shawn, l'éditeur du *New Yorker* (cet hebdomadaire a finalement acheté en 1950 l'un des articles de Capote : *Randonnée en Espagne*, et dans les années qui vont suivre en publiera plusieurs autres) ; à son conseiller littéraire tant admiré, Robert Linscott, moins nombreuses car Capote se consacre de plus en plus au théâtre et au cinéma, et qui cesseront en 1958 quand Linscott prendra sa retraite. Son nouvel ami le plus cher, celui qui va devenir l'un de ses correspondants les plus intéressants, est sans doute Cecil Beaton. Issu à la fois de Harrow et de Cambridge, photographe favori de la famille royale anglaise, célèbre décorateur de théâtre tant à Londres qu'à New York, Beaton adorait Capote autant que Capote l'adorait – beaucoup plus comme deux frères que comme deux amants, malgré les « Cecil, mon très cher » de Capote.

Un lecteur d'aujourd'hui sera sans doute surpris par les fréquentes allusions à la guerre et aux peurs qu'elle éveille chez Capote. « Personne ici n'a l'air de croire que nous sommes peut-être au bord d'une guerre importante », écrit-il de Sicile en juillet 1950, au moment où la Corée du Nord vient d'envahir la Corée du Sud et où les troupes américaines sont chargées de repousser l'invasion communiste. Mais, en dehors de cette Sicile assoupie, nombreux sont ceux qui ont senti que cette guerre était importante, et pendant ces dix années, le conflit entre l'Est et l'Ouest apparaît, en fait, comme une évidente probabilité.

À ANDREW LYNDON

[Hôtel d'Angleterre, Rome]
[18 mars 1949]
Prochaine adresse : Bel Soggiorno
Taormina, Sicile

Toi que j'aime,

Deux adorables lettres de toi m'attendaient ici. Je débarque à peine d'un voyage à Florence que Tennessee Williams nous a fait faire dans sa voiture. Ah ! *mon cher**, quel voyage ! Tennessee perd le manuscrit de sa nouvelle pièce, Frank Merlo se fait arrêter par la police (pour excès de vitesse), et quand enfin nous regagnons Rome, dans un état de fatigue hystérique, nous découvrons qu'un prostitué romain a mis à sac l'appartement de Tennessee et que nous sommes tous menacés d'aller l'identifier en prison ! Avant de nous laisser entraîner dans cette désastreuse équipée florentine, nous venions d'arriver de Venise. Un jeune homme avait tenté de se suicider dans le palazzo de Peggy Guggenheim au moment précis où nous le visitions. Ça n'a pas l'air vrai ! Ici, heureusement, c'est superbe. À couper le souffle. Marian Ives m'a envoyé une liasse de critiques, bonnes pour la plupart, sauf quelques petits scribouillards de province qui poussent des cris d'orfraie.

Savais-tu, très cher, que tu avais pour ami « un enfant débile et tremblant d'effroi » ? Si le *New Yorker* publie un article, envoie-le-moi.

J'en veux terriblement à Random House et à Phoebe. Ils sont complètement stupides, à croire qu'ils ont perdu la tête. Je vais écrire à Linscott. Ce qui se passe avec *Atlantic* est tout aussi absurde. Pourquoi ne pas envoyer ta nouvelle à *Mademoiselle* ? J'aimerais beaucoup lire celle que tu viens de terminer.

Pourrais-tu, bel enfant, m'envoyer quelques magazines genre *Partisan, New Yorker*, etc. Ici, nous n'avons rien à lire. Je sais que ça coûte cher (frais de poste), mais si ça ne dépasse pas dix dollars, sois gentil de le faire, je t'enverrai un chèque. *Life* a-t-il enfin publié les photographies de ta sœur et de ta grand-mère Grover Whelen ?

Étrange, l'histoire de Marylou. Crois-tu que son nouveau mari cherche à l'entraîner vers Sodome ? Elle devrait lui flanquer un grand coup dans les roupettes à ce pompe-zizi et le foutre à la porte.

[*Mary Louise Aswell avait épousé en secondes noces le romancier Fritz Peters. Capote était d'autant plus hostile à ce mariage que Peters lui aurait fait des avances. D'où un long refroidissement dans leur amitié.*]

Jack va bien. Il t'envoie ses amitiés. Une grosse bise de ma part à Harold. Dis-lui que je consens à tout ce qu'il attend de moi, le jour, la nuit et après chaque repas. Je t'aime, bel enfant. J'aime tes grands yeux, et tes longues, longues mèches. Oh ! comme tu me manques !

T

[Collection New York Public Library]

À CECIL BEATON

Pensione di Lustro
Forio d'Ischia
Prov. di Napoli, Italie
25 mars 1949

Cecil, mon très cher,

Au terme d'un voyage pas vraiment *bon** mais malgré tout *voyage**, nous sommes arrivés à Paris dans des humeurs frisquettes et des températures plus frisquettes encore, jetant sur le monde qui nous entourait le regard des sœurs Gish dans les scènes les plus larmoyantes des *Deux Orphelines*. J'ai appelé à deux reprises Broadchalke 211. La première n'a rien donné. La seconde m'a permis d'avoir une aimable et burlesque conversation avec une lady anglaise qui a fini par reconnaître que ce n'était pas la résidence de Mr Beaton. Nous sommes, hélas, partis – vers une Venise de neige, une Florence de pluie, une Rome hors de prix, une Naples d'escrocs – d'où nous avons pris un bateau pour cette île, le contraire de tout ce que nous avions supporté, je dois l'avouer, surprenante et superbe. Nous avons un étage presque entier qui donne sur la mer, le soleil a l'éclat du diamant, et l'on respire partout ces merveilleux parfums du Sud, glycines et citronniers. J'aimerais tellement, mon cher cœur, que vous veniez y passer une grande semaine. Nous nous baignerions toute la journée (il y a des cascades d'eau chaude qui plongent dans la mer) et nous ririons toute la nuit. Imaginez l'exquise allure que vous auriez avec un beau bronzage italien ; ou avec un bel Italien bronzé. On trouve ici une myriade de beautés autochtones. Vous aviez les yeux constellés d'étoiles la nuit où vous avez ouvertement rompu les amarres. Êtes-vous toujours aussi étincelant ? Venez, je vous en prie. J'en serais si heureux. J'écris un livre et le vaniteux dindon que je suis a la prétention d'être heureux – après tout, peut-être le suis-je ? Mais, heureux ou non, vous me manquez, mon doux Cecil, et je meurs d'envie de vous voir. Écrivez-moi, en attendant.

*Mille tendresses**

Truman

[Collection St. John's College, Cambridge University]

À ANDREW LYNDON

Pensione di Lustro
Forio d'Ischia
Naples
28 mars 1949

Chéri,

Ta lettre, la seule que Rome m'ait fait suivre, arrive ce matin – et c'est une joie, même si elle contient cet extrait du magazine qui se présente lui-même comme n'étant pas destiné « à la ménagère de Dubuque ». C'est pourtant le seul lectorat qu'il mérite. Ce que racontent Mmes McCarthy et Diana Trilling m'a beaucoup amusé. Si Diana veut vraiment comprendre d'où vient cette « inquiétante prolifération » d'écrivains pompe-zizi, qu'elle s'asseye devant son miroir et qu'elle se regarde. En ce qui concerne Fritz Peters, veux-tu dire qu'il écrit un troisième roman, ou s'agit-il toujours du deuxième ? Oh ! chéri : La Courte et Joyeuse Vie de Fritz Peters… Je souhaite qu'Hollywood lui envoie un chèque de cinq chiffres, qui lui permettra de se retirer au Nouveau-Mexique et de préserver le bétail des mouches qui l'agacent. D'où tiens-tu ces divins commérages sur Yaddo ? Je suis heureux que la démission de Newton ait été refusée. Si un endroit comme Yaddo existe, c'est justement grâce à des gens comme lui. Si tu les tiens de quelqu'un de Yaddo, il y est sûrement pour quelque chose. A-t-il été à New York ? Je ne sais rien de lui depuis plusieurs semaines.

Ischia est l'endroit le plus beau, le plus étrange et le plus fascinant de tous. Aucun texte ne saurait le décrire, même sur cent pages. Nous habitons un grand appartement qui donne sur la mer. Je suis plus bronzé que jamais, le soleil est brûlant mais les nuits très froides. Il faut trois heures pour se rendre à Naples et le bateau ne fait la navette que trois fois par semaine. Si nous voulons nous perdre dans les plaisirs qu'offre la ville, nous sommes obligés d'y passer la nuit. Naples est un endroit démentiel.

Nous sommes arrivés de Rome dans la voiture de Tennessee. Inutile d'entrer dans les détails (il y faudrait un volume aussi important que l'annuaire téléphonique de Londres), mais j'avais les nerfs tellement à vif que j'aurais étranglé quelqu'un. Ten et Frankie avaient l'intention de venir à Ischia avec nous, mais nous avons eu une si violente altercation à Naples que nous avons embarqué seuls, Jack et moi. Deux jours plus tard, qui vois-je déambuler sur la plage ? Eux, bien sûr. J'en aurais hurlé ! Ils avaient décidé (Dieu du ciel !) d'oublier et de pardonner. Ils sont là, et nous prions sans arrêt pour qu'ils s'en aillent. À très petites doses, je les aime bien, mais impossible, cher enfant, de te décrire la situation. Ils sont collés à nous comme des arapèdes. Frankie n'arrête pas de titiller Ten et j'ai découvert que Ten était un authentique paranoïaque. Surtout, par pitié, n'en dis rien à personne. Je l'ai écrit à Phoebe, mais il est préférable que personne d'autre n'en entende parler.

À part ça, mon enfant, je vais bien – touchons du bois. Nous resterons ici jusqu'à notre départ pour Paris, probablement en juin.

Tu me manques et me manques. Jack te salue bien. Un long bisou pour Harold et des tonnes d'affection pour toi,

T

P.-S. Pourrais-tu aller voir, mon petit, si le Club du Perroquet est vraiment fermé ? J'avais renouvelé mon inscription à l'avance, et ces escrocs, comme de bien entendu…

[Collection New York Public Library]

À ROBERT LINSCOTT

Pensione di Lustro
Forio d'Ischia
Naples, Italie
1er avril 1949

Cher Bob,

Quel endroit étrange, étrangement enchanté : une *encantada* dans la Méditerranée, cette île au large de Naples, très primitive, presque entièrement peuplée de viticulteurs, de chevriers, de Wystan Auden et de la famille de Mussolini. J'ai une très grande chambre qui donne sur la mer. Y travailler est un tel plaisir que j'écris beaucoup. Tennessee a passé toute la semaine avec nous. Il s'en va aujourd'hui. Rien d'autre à faire qu'écrire, lire, et, Dieu en soit remercié, je me sens paisiblement heureux. La liasse de critiques qu'on m'avait envoyée s'est perdue, mais les quelques-unes que j'ai reçues ne sont pas si mauvaises après tout, et finalement, vu de cette île où je vis actuellement, ce genre de choses perd beaucoup de son importance. Est-ce que ça marche ? Le livre, j'entends. Êtes-vous content ou déçu ? Soyez franc avec moi. Je compte beaucoup sur *La Traversée de l'été*. Quand j'y travaille, j'ai l'impression d'être vivant et d'en avoir le droit. Je suis constamment sur les nerfs, ce qui me paraît un bon signe, et je n'aime guère en parler, ce qui en est un autre.

Sans doute prendrez-vous bientôt le chemin de votre ferme – je souhaite que le printemps y soit beau et que vous y passiez des week-ends aussi agréables que vous l'êtes vous-même.

Vous me manquez, Bob. Écrivez-moi.

Tout à vous,

Truman

[Collection Columbia University Library]

À JOHN MALCOLM BRINNIN

Pensione di Lustro
Forio d'Ischia
Naples
19 avril 1949

Cher Malcolm,

Tu as sûrement reçu ma précédente lettre et ta seconde est arrivée hier. Félicitations au nouveau directeur du Centre de poésie. En ce qui concerne ton offre, je la trouve très alléchante et ne demande qu'à accepter – tout dépend de la date. En as-tu une en tête ? Si oui, précise-la-moi.

J'ai en effet envoyé une lettre de félicitations assez hypocrite à Mary Louise Aswell. Et alors ? En quoi cela regarde-t-il Barbara ? Mary Louise m'écrit qu'elle viendra ici en septembre avec son mari.

Bien triste, cette dépression nerveuse de Lowell. J'ai reçu une lettre de Newton qui me détaillait le problème. Il voit assez souvent Burford, en toute innocence, à ce qu'il dit du moins, et c'est probablement vrai. À quoi ressemble ce Burford ? Je n'en ai vu aucune photographie. Et j'aimerais que tu cesses tes ricanements et me parles de Bill. À propos, qu'est-il arrivé au Bill de Boston ? Tu es vraiment laxiste.

As-tu entendu dire quoi que ce soit de mon livre ? C'est vraiment très étrange – personne n'y fait allusion, pas même Linscott dans ses lettres. J'ai l'impression qu'il s'est brusquement dissipé en fumée. Peut-être même n'a-t-il jamais paru ?

Jack est parfait. Bronzage superbe. Il apprend l'art de la navigation. Le week-end dernier, nous avons fait le tour de l'île. As-tu entendu parler de ce garçon, William Goyen ? Sa nouvelle dans *Horizon* de mars, aussi mauvaise qu'elle soit, était fort bien écrite. Tu devrais y jeter un coup d'œil et en parler à l'éditeur Dodd Mead. Toutes mes amitiés.

T

[Collection University of Delaware Library]

À CECIL BEATON

Pensione di Lustro
Forio d'Ischia
Prov. di Napoli
Italie
1er mai 1949

Cecil, mon bien cher,

Ou Beaton, mon enfant,

Quel plaisir que votre lettre malgré cette grippe stupide, mais vous êtes sûrement guéri et prêt à de grandes choses, alors qu'ici je me languis dans un environnement primitif. J'y prolonge malgré tout mon séjour d'un mois, avant de regagner Paris dans cette période si belle de la mi-juin. Peut-être y serez-vous à cette date.

Personnellement, je préfère vous imaginer au milieu de vos vaches et de vos rosiers, plutôt qu'au *Plaza*, ou jouissant des confortables installations sanitaires de Sir Somerset Maugham. Ce serait, de toute façon, un bien meilleur endroit pour y achever votre second acte. Quant à l'absence d'amis aimés, cher cœur, c'est parfois une bénédiction. Surtout si vous essayez de travailler.

Il semblerait que je risque d'être éjecté à distance de mon appartement new-yorkais. Les propriétaires veulent le récupérer pour eux-mêmes. Rien ne pourrait m'être plus contrariant.

La chère Juliet Duff a tout à fait raison : qu'a donc fait pour moi le Théâtre d'Arts ? Le petit Richard Avedon s'est révélé d'une parfaite déloyauté, mais je suis d'une coupable indulgence envers ce gentil garçon.

Peter Watson a-t-il regagné Londres ? Avec ou sans ce petit chiot de Waldemar ?

Wystan Auden vient d'arriver à Forio suivi d'une petite cour d'assez lugubres jeunes gens – dont certains pas si jeunes que ça. Et, Wystan mis à part, pas vraiment fréquentables. Ils gardent heureusement leurs distances. J'ai cru comprendre en outre que l'abomination des abominations, j'entends par là Brian Howard, était sur le point d'apparaître. Il est donc vraisemblable que nous partirons fin mai sans l'ombre d'un regret.

Je me consacre à mon travail avec une extrême assiduité et j'en suis heureux. Jack aussi, qui se trouve être quelqu'un de vraiment surprenant – d'une perspicacité qu'on rencontre rarement et d'une force de caractère qu'on ne rencontre jamais. Il estime que vous avez de très beaux yeux, bien cher Cecil, et ils le sont, si bleus, si tendres, adorables comme vous l'êtes.

Affection, tonnes d'affection de

T

[Collection St. John's College, Cambridge University]

À ANDREW LYNDON

Forio d'Ischia

[2] mai 1949

Andrew chéri,

J'avais comme une prémonition que tu étais parti pour Macon. J'avais donc raison d'une certaine façon puisque quelqu'un était absent : Harold, si j'en crois notre exquise Phoebe, se trouvait en Californie. Qu'a-t-il été y faire ? Embrasse-le pour moi et dis-lui que je suis soulagé de le savoir de retour. Je n'aimais pas l'imaginer dans cette région où tout, jusqu'au café, a comme un goût de fraise melba.

J'ai l'impression que la superbe voix de Lee Wiley a rendu supportable la soirée donnée par Elinor. Phoebe m'apprend que le cousin de Carson, Jordan Massee, est à New York. Comment va-t-il ? Qu'y fait-il ? J'ai eu deux comptes rendus différents de la soirée de Marylou Aswell, l'un de Phoebe, l'autre de Malcolm – qui déborde d'admiration pour vous deux, te trouve charmant et fort intelligent, et trouve Phoebe « d'une merveilleuse subtilité et d'une incroyable séduction ». Pauvre Malcolm. Ses amours se sont émiettées, et il souffre beaucoup.

Bien beau titre pour cette nouvelle que vient d'écrire Phoebe : *Quand tombe la pluie*. Toi, à quoi travailles-tu, enivrant magnolia ? Si tu as une nouvelle terminée, sois gentil de me l'envoyer.

Mon roman ne ressemble plus guère à l'esquisse que je t'avais tracée. J'ai le très net sentiment que mon écriture a mûri (mais peut-être est-ce une illusion) et qu'il est temps pour moi d'affronter de vraies responsabilités ; j'entends par là que pour la première fois je pose les données d'un problème et que j'y apporte une réponse. Après tout, j'ai toujours été partisan d'une certaine forme de style et je ne peux espérer l'imposer qu'en la perfectionnant. Mais le matériau que j'emploie et le point de vue que j'adopte sont radicalement différents de tout ce que j'ai entrepris jusqu'ici. Seigneur Dieu, quel gâchis consternant cela risque de provoquer. Et provoquera peut-être.

J'ai reçu hier une lettre de Newton. Avec sa duplicité coutumière, il s'est arrangé pour glisser au milieu du texte quelques lignes m'informant qu'il dédiera son livre à David Lilienthal. Vu le nombre de fois où il a sous-entendu que cet honneur me reviendrait, je trouve ça assez incroyable. Le changement intervenu dans nos relations n'y est pour rien. Jamais, au grand jamais, il n'a eu l'intention de me le dédier. Peu m'importe, crois-moi, mais c'est si profondément symbolique que je ne parviens pas à l'occulter. Pauvre Newton. C'est un lâche, et qui pis est un lâche modéré. La modération, voilà la clef de son caractère. Je me garde de le mépriser, ce serait absurde ; mais quelle tristesse d'avoir déposé un si profond amour en de si faibles mains – qui n'ont jamais su le saisir et l'ont laissé glisser entre leurs doigts comme de l'eau.

As-tu jeté un œil sur le nouveau livre de John Horne Burns ? Vu *South Pacific* ? *Histoire de détective* ? *Première désillusion*, de Carol Reed ? Projette-t-on *Le Diable au corps** ? Leo t'a-t-il montré la lettre d'Isherwood ? Qu'avait-il à lui dire ? Parle-moi de tout ça. Ici, la vie est tellement repliée sur elle-même. Pour couronner le tout, j'ai cassé mes lunettes et je tâtonne comme un aveugle.

Jack est parfait, aussi savoureux qu'une tarte aux fruits. Il te fait ses amitiés. À Harold aussi. J'ai déjà envoyé un bisou à Harold au début de cette lettre. Cette fois-ci, il y en a des tonnes (ce qui va m'obliger à payer une surtaxe). Je t'aime, mon doux bébé, mon précieux enfant, et dans mes rêves je couronne de guirlandes de fleurs ton charmant minois à perdre la tête.

T

[Collection New York Public Library]

À ROBERT LINSCOTT

Pensione di Lustro
Forio d'Ischia
Prov. di Napoli, Italie
6 mai 1949

Cher Bob,

Quel plaisir trop bref que votre lettre, mais plaisir malgré tout : le seul événement intéressant de nos journées est l'arrivée du courrier. Je suis fou de joie quand le facteur m'apporte quelque chose. Si vous n'avez pas le temps de m'écrire, mettez simplement à la poste une poignée de prospectus.

Mis à part une angoisse perpétuelle et l'état de délabrement dans lequel la cuisine italienne a mis mon estomac, je pense aller bien. Une fois achevé le chapitre auquel je travaille, j'aurai la moitié du roman. Assez bon rythme, non ? Si je termine le premier jet avant mon départ, je ferai la mise au point du manuscrit d'ici le 1er janvier, et vous pourrez le publier en juin – si vous en êtes d'accord, bien sûr. Attendons le résultat. C'est de loin le texte le plus difficile que j'ai jamais tenté de mener à bien.

Les Domaines hantés viennent de paraître en Italie, avec de très bonnes critiques. Savez-vous que le livre a été interdit en Irlande ? Marion m'apprend qu'on a vendu 6 300 exemplaires d'*Un arbre de nuit*. Ni bon ni mauvais, comme chiffre. Peut-être en vendra-t-on encore un peu. J'ai bien aimé ce qu'en a écrit Leslie Fiedler dans *The Nation*.

J'espère que vous allez bien, cher Bob, que votre élégant phonographe vous berce agréablement, et que vous passez d'excellentes vacances dans votre ferme. Je quitterai sans doute Ischia aux environs du 6 juin. D'ici là, écrivez-moi, et faites mes amitiés à Messrs Haas, Cerf et Cummins.

Fidèlement,

Truman

[Collection Columbia University Library]

À DONALD WINDHAM

Pensione di Lustro
Forio d'Ischia
7 mai 1949

Cher D,

Une lettre est une joie toujours nouvelle, donc merci, mon enfant. Merci également pour la coupure de presse, bien que notre vieux compagnon fidèle, le *Daily American* de Rome, nous ait déjà informés d'une partie des faits. Une note de Tennessee Williams y disait qu'il était retenu à Londres en otage. Je n'aurais jamais cru que cette garce de Maria Britneva puisse en être la cause. Peut-être sont-ils déjà mariés ! Beurk...

L'arrivée de Wystan Auden fait planer sur Ischia une atmosphère lugubre. Il est furieux d'y rencontrer quelqu'un d'autre que lui – à croire que l'île lui appartient, et il se conduit de la façon la plus grossière. Les vieilles Tantes de ce genre sont insupportables. Rien, heureusement, ne m'oblige à le voir, et parmi les quelques personnes qui sont ici, certaines sont tout à fait charmantes. L'île commence à furieusement évoquer une version méditerranéenne de Fire Island. J'ai transmis tes amitiés à Jimmy Schuyler ; il t'envoie les siennes, et s'engage à t'écrire dès qu'il se sentira mieux. Il me fait l'effet d'être extrêmement triste. Je l'aime bien, moi aussi, mais Jack, qui déteste la bande de Santa Lucia (et les discours de Chester Kallman), se montre si parfaitement odieux avec eux que nous les voyons très rarement. Oh ! mon cher petit, j'imagine que c'est toujours comme ça sur une île. Ils ont été, la bande de Santa Lucia, j'entends, très désagréables avec Tennessee quand il était ici, ouvertement grossiers même, et Jack ne le leur pardonne pas.

L'attitude de Random House m'écœure. Ce que tu m'apprends de ton livre m'écœure davantage. Qui l'a refusé ? Pat Covici, de chez Viking, est un type très affable, mais assez stupide ; peut-être pourrais-tu trouver une sorte d'entente avec lui, malgré tout.

J'ai un tombereau d'anecdotes concernant Buffie Johnson – essentiellement sur son amant hindou, l'homme le plus laid qu'on ait jamais vu.

J'ai atrocement faim. Va chez Hicks et offre-toi en mon honneur une grande coupe de parfait glacé.

Pourquoi Irene Selznick n'a-t-elle pas gardé Sandy ? Pour conserver intacte la troupe de Chicago ? Ce doit être un vrai soulagement pour Sandy. Au lieu de jouer *Un tramway nommé désir* tout l'été, il pourra se détendre à Cape Cod. Fais-lui mes amitiés, et garde pour toi toute mon affection, mon bien cher.

T

écris !!!

[Collection Beinecke Library, Yale University]

À ANDREW LYNDON

Forio d'Ischia, Italie
8 mai 1949

Cher, cher, cher,

J'éprouve aujourd'hui un grand amour pour toi. Je pense à toi depuis que je suis réveillé. Quel dommage que ce soit dimanche, j'aurais pu espérer une lettre de toi. J'en ai reçu une si gentille au début de la semaine. L'épisode Lottie me donne la nausée – comment peux-tu supporter une telle vulgarité ? Il cherche manifestement à vous brouiller, Howard et toi. Il a essayé la même chose avec Jack et moi. J'estime que tu as parfaitement réagi. Pardonne cette écriture, mon trésor, mais les mouches finiront par me rendre dingue : c'est exactement comme chez moi, à ceci près qu'ici on n'a pas de moustiquaires. Je suis heureux qu'Harold, cet agneau, soit revenu. Je suis prêt à parier qu'il te manquait terriblement. Laissez toutes ces nanas à leurs sinistres dragues. Moi, à tous les coups, je choisis le mariage. Oui, mon ange, j'ai l'impression d'être marié. J'apprends même à faire la cuisine pour mon homme – beaucoup plus doux et merveilleux que je ne l'imaginais –, je lui prépare des gâteaux au chocolat. Il prétend que tu as de beaux yeux, et c'est vrai, mon trésor. Si mes propriétaires m'obligent à déménager (ce que ces salauds sont en train d'essayer de faire), je veux qu'Harold aille à l'appartement et emporte non seulement ses propres affaires mais le chandelier. Quoi qu'il arrive, je veux qu'il ait son chandelier. Je te tiendrai au courant.

La princesse Margaret était hier à Ischia. Nous lui avons jeté des fleurs du haut du balcon. C'était d'un kitsch ! Le soir, j'ai donné un grand bal sur la terrasse, avec lanternes vénitiennes pour venir en aide à la lune, et punch au lacrima christi pour venir en aide à l'humour. Chester Kallman, Jimmy Schuyler et Ralph Pomeroy sont venus, déguisés en drag-queens : je n'aime pas Chester, mais c'était assez drôle.

Embrasse Harold,

et pour toi, bien cher, des milliers de *tendresses**.

T

[Collection New York Public Library]

À PEARL KAZIN

[*Éditrice à* Harper's Bazaar]
Pensione di Lustro
Forio d'Ischia
16 mai 1949

Pearl, ma perle,

Pas très adroite, je sais, cette façon de t'obliger à m'écrire, mais sincèrement, chérie, tu n'imagines pas la reconnaissance que j'en ai. Quand on se trouve coupé du monde comme nous le sommes, l'arrivée du courrier est un événement capital. Il y a bien quelques petites raclures qui atterrissent ici, un certain Mr Pomeroy notamment, jeune homme très ambitieux – sait-il seulement écrire ? Il est parti, mais il en reste quelques autres, des horreurs genre B. V. Winebaum, qui prétend te connaître ; d'où, Seigneur Dieu ? Nous vivons très isolés, Jack et moi, travaillant d'arrache-pied l'un et l'autre. J'ai bien avancé mon roman, et avec un peu de chance j'aurai fini un premier jet avant mon départ. Rien de très amusant à signaler, sinon que j'ai appris à faire des gâteaux – drôle, non ? Jack a attrapé un lapin que nous avons fait cuire en gibelotte. J'avais de mon côté attrapé un adorable petit oiseau, mais il s'est envolé avant que nous ayons trouvé la recette adéquate. Sommes-nous des sadiques ?

Si, comme tu me l'écris, tu es heureuse sans raison, quelle merveille ! C'est la meilleure façon de l'être : calme et indépendante. Toutes les autres formes de bonheur semblent dépendre de quelqu'un d'autre. Mais c'est tellement beau, cette description que tu en fais : on dirait une mouette avec un poisson dans le bec.

Les prix Pulitzer sont aussi scandaleux que d'habitude. Peter Viereck, là, vraiment ! Même chose pour le Guggenheim. Comment continuer à s'y intéresser ? Je viens de découvrir Jane Austen. J'ai bien aimé *Emma*, trouvé *Persuasion* un peu rasoir, et *L'Abbaye de Northanger* m'est tombé des mains. Le roman d'Elizabeth Bowen : *Emmeline* est superbe. Qu'en penses-tu ?

À qui manques-tu, ma Pearl ? À personne autant qu'à Truman.

Qui t'aime, ma Pearl ? Tout le monde, mais particulièrement Capote, également connu comme →

T

P.-S. Écris-moi encore une adorable lettre.

P.-P.-S. Richard Hunter est-il en Europe ?

[Collection Pearl Kazin Bell]

À ANDREW LYNDON

Forio d'Ischia
17 mai 1949

Mon unique et précieux petit enfant,

Deux lettres, l'une après l'autre – quelle joie ! Mais aussi, quelle tristesse, car je risque de ne plus en recevoir avant, oh ! bien longtemps. J'ai adoré cette image de *Look*. J'en ai vraiment reçu une décharge électrique.

Tu devrais obliger tous ces messieurs désespérés à organiser une collecte pour t'offrir un vison. Franchement, l'attitude de Newton est choquante : elle prouve un absolu manque de tact, et si peu d'égards pour toi. Il ne voit pas les gens, voilà tout. Me l'arracher de la tête a été pour moi comme être opéré d'une tumeur au cerveau. Quant à Isherwood, je subodore ce qui ne va pas ; il doit préparer le terrain pour te faire des avances. C'est d'une telle ironie, cette façon dont tournent les choses. Explique-toi mieux, mon enfant. Qui des deux s'est soûlé dans ce bar sinistre et a provoqué une bagarre : Christopher ou son amant Caskey ? Ta phrase est ambiguë. Ce système de quote-part est à hurler ! J'aimerais que tu écrives à Christopher pour qu'on y voie un peu plus clair.

Le couple Massee-Bigelow revient donc à New York. Je pense qu'ils devraient acheter une librairie-discothèque. Franchement, ce serait idéal pour eux. Mais comment les gens trouvent-ils l'argent pour ce genre de choses ? Ça doit représenter dans les 50 000 dollars, j'imagine. Tu cites le nom de Bill Hope. Comment va-t-il ? Tout à fait bien ? Donald m'écrit que tu as rencontré Sandy à la projection du *Diable au corps**. Tu dois savoir qu'il a été viré du *Tramway nommé désir*. Et Donald, le pauvre chéri, est toujours sans éditeur : tout le monde lui renvoie son manuscrit. C'est vraiment grotesque.

Non, Jack n'a pas été empoisonné par mes gâteaux. Hier soir, j'ai préparé des cookies fourrés au chocolat.

Jack avait attrapé un lapin que nous avons cuit en gibelotte ; délicieux. Mais ma vraie vie semble malgré tout entièrement axée sur mon livre : difficile de dire la frontière qui les sépare.

Ton idée de sorcière me paraît pleine de charme et de drôlerie, parfaite pour un magazine à l'époque d'Halloween. Envoie-la-moi sans tarder. J'aimerais aussi connaître le résultat de ton travail sur Miss Jenkins. N'oublie surtout pas la baignoire remplie de salade de pommes de terre.

Une longue lettre de sœur Phoebe – qui paraît aller mieux. J'espère qu'elle a fini son livre. Elle n'en dit rien.

Cet ami de George Davis dont tu parles passe généralement l'été à Shelter Island. Il a l'air d'adorer l'endroit. J'espère que tu pourras y faire un tour. Mais que tu sois obligé d'aller à Macon me navre, surtout en juin, la période la plus étouffante.

Mes poumons ont pratiquement rendu l'âme sous les assauts répétés des cigarettes italiennes à base de foin. Jamais, même si je vivais mille ans, je ne pourrai m'y faire.

Ce Fritz Peters, quelle audace ! *Finistère*, est-ce le titre d'un livre ? J'en tremble d'effroi. Quelqu'un devrait le secouer jusqu'à ce que les dents lui tombent – ce qu'elles feront sans difficulté, crois-moi.

Nous partons d'ici le 6 juin et resterons entre une semaine et dix jours à Paris. Je t'enverrai ma nouvelle adresse dès que je la connaîtrai. Quelque part en Bretagne, je pense. Mais continue de m'écrire aux bons soins de l'American Express, Paris.

Jack te dit : salut ! salut ! et bien des choses à Harold. J'aperçois dans un miroir, à l'autre bout de la pièce, quelqu'un qui te dit qu'il t'aime. Qui, à ton avis ?

C'est :

T

[Collection New York Public Library]

À DONALD WINDHAM

Pensione di Lustro
Forio d'Ischia
[Fin mai ou début juin 1949]

Cher Donny,

J'aurais été ravi, bien sûr, de prendre quelques photographies de baigneurs pour te les envoyer, mais hélas ! il n'y en a aucun. Ces frileux éphèbes italiens ne se mouillent pas le plus petit orteil avant la mi-juillet, et nos propres évolutions natatoires les pétrifient d'horreur.

Nous partons le 14 juin – direction Paris – puis, une semaine ou deux plus tard, quelque part (je pense) en Bretagne. Mais écris-moi ici, que j'aie de tes nouvelles avant mon départ.

Les gens de Whittlesey House passent pour assez sinistres, mais extrêmement riches, et ils ont décidé l'an dernier de se hausser du col. Ils ont donc raflé chez d'autres éditeurs quelques conseillers top-niveau (parmi lesquels E. C. Aswell d'Harpers and Brothers) et ont investi beaucoup d'argent. Qu'en est-il de Vanguard – pauvre mais bonne maison ? Ou de William Sloan Associates – qui, eux, sont vraiment top-niveau ?

Le *Daily American* de Rome de samedi a publié un bref écho annonçant la mort de Thomas Heggen, mais d'une façon si ambiguë que je n'ai pas la moindre notion de ce qui s'est passé. On dirait un suicide. Est-ce le cas ? Ou as-tu d'autres informations ?

Une nouvelle guerre vient d'éclater entre la tribu de Santa Lucia et celle de Di Lustro (la nôtre). Boo Faulkner, de Di Lustro, est devenu la bête noire de Santa Lucia qui l'accuse de surpayer les prostitués : il leur donne 300 lires, alors que les gens de Santa Lucia ne leur en donnent que 200. Te souviens-tu de ceux de Venise, à 100 ?

J'ai en tête une idée de bande dessinée parodiant *Superman* : *Super-queen.* « Est-ce un oiseau ? Est-ce un avion ? Non, c'est Super-queen ! » À propos de super-queen, sais-tu que Paul Bigelow revient s'installer à New York ? Il va ouvrir une bijouterie : préférable de tout mettre en lieu sûr, bien cher.

J'aime ta nouvelle chanson – même si elle n'atteint pas au pathétique de *Don't Speak to Me Before Dark.*

Qu'est devenu Tennessee ? J'ai perdu sa trace. Est-il à Paris ? Les amis de Paul Cadmus sont à Florence et se dirigent vers le sud comme une épidémie de peste.

Bon, mon petit Donny (pourquoi t'appelles-tu toi-même Don ? Ça te va si mal), écris-moi une lettre de deux pages. Amitiés à Sandy (« Le Sucre Candy que tout le monde préfère ») et des tonnes de passion de ta

petite sœur empâtée-de-pasta.

P.-S. Salvatore vient d'être démobilisé.

[Collection Beinecke Library, Yale University]

À ANDREW LYNDON

Forio d'Ischia, Italie
3 juin 1949

Petite sœur chérie,

Quel scandale, cette histoire d'appartement ! Ne crois-tu pas qu'il y a comme une cabale contre toi ? J'espère que tu recevras cette lettre avant ton départ pour Macon – bien que je n'aie rien d'important à te dire. Je suis toujours à Forio, entouré d'ânes et de chèvres. Nous partons le 14. Te souviens-tu de cette étoffe dont je devais t'envoyer un coupon si je la trouvais ? J'ai regardé partout en vain, à Venise et Florence. J'ai quand même dégoté un lainage qui pourrait te faire un costume (je suis en train de rôtir au soleil), mais je ne suis pas sûr qu'il te plaira. Jack s'en est fait faire un très joli complet, mais c'était à Naples, et je n'y retournerai pas. Les escrocs de Naples, ça n'a rien d'une légende. Y as-tu été pendant la guerre ? Incroyable ville. La semaine dernière, nous avons assisté à un « spectacle » dans une « maison », tout ce qu'on peut imaginer en matière de baise, un Arabe doté d'un outil, que tu me croies ou non, mesurant largement plus de trente centimètres, très beau, du reste. Les récents succès de Phoebe m'enchantent. Je suis impatient de lire son roman. Elle m'écrit qu'elle donne une soirée le 3 juin dans son nouvel appartement – aujourd'hui, précisément, et j'espère qu'à cette minute même vous êtes tous en train de vous déchaîner. J'aurais voulu finir mon chapitre avant le départ – mais l'imminence de ce départ m'angoisse. Nous aimerons la Bretagne, j'en suis sûr – du moins si nous trouvons un endroit habitable. Je voudrais louer une maison, c'est ce que nous ferons peut-être. Je ne crois pas une seconde que Newton appelle Leo : sous quelque angle qu'on prenne les choses, ce serait parfaitement illogique, avoue. Nous nous sommes réconciliés, Auden et moi. Il est tout à fait charmant, mais sa « maisonnée » lui fait grand tort. J'ai appris par Phoebe que Nina t'avait invité à une soirée. Tu as accepté, j'espère. Je suis très curieux de savoir quel genre de personnes reçoit ma mère, bien que ce soit facile à deviner. Dis à Phoebe que Doris Lilly m'a écrit une lettre : bla, bla, bla, comme elle le dit elle-même. Qu'en est-il de Richard Hunter – s'est-il embarqué pour l'Europe avec cette « cervelle en mie de pain » de Rothschild ? Une Europe de plus en plus à la mode, ces temps-ci – ce qui m'obligera peut-être à rentrer. Il existe une autre raison, la meilleure de toutes : la femme légitime de Jack est sur le point d'arriver. Ces deux-là s'écrivent comme des forcenés. Mais ne t'inquiète pas – ta petite sœur a de l'énergie à revendre. Si cette chorus girl de bas étage ose poser la main sur Mon Homme, je m'arme d'une pince à épiler et j'arrache tous les poils de son minou. Ce qui me fait penser qu'à mes heures de désœuvrement j'imagine quelques projets commerciaux. L'un d'eux s'intitulerait : Petites Trousses pour Petits Fripons. La petite friponne trouverait par exemple dans la sienne une perruque pubienne pour quand elle jouerait à la grande. Quant aux petits fripons déjà sexuellement orientés, ces sacrés veinards auraient droit à un ensemble de godes, avec collection de capotes anglaises et petit bocal de morpions vivants. J'ai à ce sujet un grave problème : sous quel nom s'en procurer dans une pharmacie parisienne ? Adieu, mon enfant. Je te quitte sur cette note sordide. Amitiés à Harold, qui n'a pas même daigné m'envoyer un petit mot. Tu me manques, mon agneau d'amour, et je t'aime.

*Avec tout mon cœur** (est-ce bien ? Oh !)

T

P.-S. J'ai une autre idée commerciale, celle-là pour une bande dessinée : *Super-Queen*. « Est-ce un oiseau ? Est-ce un avion ? Non, c'est *Super-Queen* ! » Il y a là de quoi gagner de l'or.

[Collection New York Public Library]

À CECIL BEATON

Forio d'Ischia
6 juin 1949

Cecil, mon très cher,

Vous êtes un galapiat de me laisser si longtemps sans nouvelles. Ce silence signifie, j'espère, que vous travaillez comme un damné et que vous avez enfin aplani les difficultés de votre intrigue. Comme vous le voyez, je suis toujours en Italie, empâté de pasta, et je perds chaque minute un peu de ma tendresse pour tout ce qui est italien. Nous partons le 14 et serons à Paris le 17. *Hôtel Pont Royal*, rue du Bac. Je vous donne l'adresse car vous serez peut-être à Paris à ce moment-là. J'ai lu récemment dans *Paris Tribune* que votre grande amie Greta Garbo y était attendue pour le 13, et peut-être viendrez-vous l'y rejoindre. À moins qu'il ne s'agisse d'une fausse information ?

On m'a dit que Waldemar Hansen s'était incrusté de nouveau chez Peter Watson, au 10 Palace Gate. Ha ! Avez-vous remarqué, le nombre de gens qui se suicident – Tom Heggen, Klaus Mann, Owen Davis avaient-ils simplement besoin de repos à votre avis ? À propos de repos, Isherwood m'écrit qu'il vient d'y avoir une assez sinistre rafle à Los Angeles, et trois de ses amis les plus intimes goûtent un repos forcé dans les prisons de l'État : San Quentin ne me paraît pas être l'endroit rêvé pour de reposantes vacances.

J'ai pratiquement écrit un tiers de mon nouveau roman. Pour célébrer l'événement, je me suis offert un magnifique complet en soie sauvage gris clair. Il me donne un air presque présentable.

Vous pouvez constater, tendre ami, à quel point mes nouvelles sont maigrichonnes – mais que pourrais-je vous écrire d'autre, Seigneur Dieu, depuis cette île abandonnée ? Nous y avons passé près de trois mois et nos contacts avec le monde vivant sont lettre morte depuis longtemps. Je ne voulais que vous assurer de mon affection. La voici :

toute mon AFFECTION,
Truman

P.-S. Mieux vaut m'écrire aux bons soins de l'American Express, Paris. Soyez gentil, faites-le.

[Collection St. John's College, Cambridge University]

À CECIL BEATON

British Post Office
Tanger, Maroc
[Juillet 1949]

Cecil, mon bien cher,

Quel déchirement de ne pas vous avoir revu à Paris. Mais, hélas, chaque fois que j'ai appelé ce numéro Littré, vous étiez « *sorti** ». La traversée de l'Espagne a été mortelle. Neuf heures de train pour parcourir 112 kilomètres, une nourriture à vous détraquer l'estomac, mais j'aime Tanger, une ville vraiment merveilleuse. Nous habitons sur La Montagne, à l'hôtel *El Farhar* – que je ne recommanderais à personne, mais on s'en arrange. Votre amie Jessie Green avait loué sa maison à quelqu'un d'autre – et je me pose la question : avez-vous toujours l'intention de venir ? Je l'espère de tout cœur. Nous avons eu quelques aventures – la plus ahurissante entre Grenade et Algésiras, quand tous les voyageurs se sont brusquement couchés par terre en criant : les bandits ! Les balles volaient un peu partout. Mais ces bandits n'étaient qu'un groupe d'Espagnols qui avaient raté le train et le canardaient pour l'obliger à s'arrêter. Un vieillard a été touché à la tête. Charmant pays ! Vous avez certainement vu George Davis. Il m'avait dit qu'il vous rencontrerait en Angleterre. Son ascension n'est-elle pas spectaculaire ? Son nouveau magazine sera sûrement d'un très haut niveau. Il fait un temps superbe, assez frais, les vagues se fracassent contre les rochers, et le ciel est d'une luminosité classique : un très bel Arabe complètement nu se tient debout sur un rocher juste devant moi. Quel plaisir de vous écrire ce petit mot, bien cher Cecil. J'ai l'impression de bavarder avec vous. Savez-vous quelque chose d'un jeune écrivain anglais appelé Angus Wilson ? Il vient de publier un recueil de nouvelles : *The Wrong Set*, que je trouve excellent. Ce qui me fait penser à ceci : oh ! s'il vous plaît, quand vous viendrez, pouvez-vous m'apporter un exemplaire de votre livre *Mon passé royal* ? Envoyez-moi un petit mot, très cher, et dites-moi s'il y a quoi que ce soit que je puisse faire pour vous. Toute mon affection.

T

[Collection St. John's College, Cambridge University]

À ROBERT LINSCOTT

Capote
British Post Office
Tanger
Maroc, Afrique
Juillet 1949

Cher Bob,

Il y a si longtemps que je ne sais rien de vous – plus exactement, si longtemps que vous ne savez rien de moi. Quelqu'un m'écrit qu'il fait une chaleur torride à New York. Mais je ne m'inquiète pas pour vous, car je sais que votre bureau a l'air conditionné. À propos de chaleur, regardez où je me trouve : en Afrique, carrément ! Ne cherchez pas à comprendre ce que j'y fais : je n'en sais rien moi-même. C'est, de toute façon, un endroit agréable à vivre et je reviens à mon roman.

Il a fallu traverser l'Espagne – sinistre pays – pour arriver jusqu'ici, voyage que je ne conseillerai à personne. J'ai passé une semaine à Paris. J'y ai déjeuné avec Fleur Cowles – une amie de Bennett Cerf – qui vient de s'associer à George Davis pour lancer un nouveau magazine, quelque chose genre *Vanity Fair*, et je leur ai promis un texte. Si vous connaissez quelqu'un qui cherche du travail, aiguillez-le vers eux. J'ai cru comprendre qu'ils engageaient du personnel.

Ce petit mot (juste pour vous dire que je suis encore en vie) vous atteindra peut-être au milieu de vos vacances

– auquel cas, reposez-vous bien, cher Bob, et sachez que vous me manquez. À vous,
T

[Collection Columbia University Library]

À ANDREW LYNDON

British Post Office
Tanger, Maroc
Afrique
[6 juillet 1949]

Mon mieux aimé,

Comme j'ai raconté ma traversée de l'Espagne à Phoebe, elle t'en a peut-être parlé. En un mot : mortelle. Un si beau pays, pourtant. Je suis même entré dans un musée : le Prado, bien sûr. Mais je suis fou de l'Afrique : vivre dans la Casbah est exactement ma tasse de thé. Jack en est moins fou que moi. Il trouve assez désagréable de vivre dans un endroit où l'on meurt de peur en se promenant seul dans les rues. Comme c'est une ville internationale, on y trouve les gens les plus équivoques. Des gens extraordinaires. Je n'ai jamais vécu dans un endroit plus excitant. Si vous y veniez, Phoebe et toi, on louerait une maison dans la Casbah et on deviendrait de vrais autochtones. Il y a ici un night-club absolument miraculeux, baptisé *Parade* : la Pierce en perdrait la tête. Les nuits sont très fraîches, mais les journées incroyablement longues et chaudes et vibrantes de moustiques. À l'intérieur des terres, il fait plus de 40 à l'ombre : la chaleur vous brûle les pores. Nous habitons un bungalow sur La Montagne, avec une vue incroyable sur Tanger et son port. Je m'y trouve si bien que je recommence à travailler. Jack regrette Ischia, mais je pense qu'il finira par s'y habituer.

Vu George Davis à Paris. Son projet de nouveau magazine paraît superbe. Phoebe m'écrit que *Bazaar* doit engager une conseillère pour la fiction. Si elle ne sait pas encore de qui il s'agit, moi, je le sais : Marian Ives. Pourquoi Pearl prétend-elle que c'est un secret ? Peut-être désirent-ils que c'en soit un.

Je suis d'une extrême nervosité, car un médecin doit arriver dans dix minutes : 1) pour me vacciner contre le choléra, 2) voir s'il peut faire quelque chose pour mon malheureux estomac en marmelade. Ciel, c'est lui ! (Plus tard) Bon, rien de grave, même si j'ai failli tourner de l'œil en apercevant la seringue. Elle ressemblait à une dent de tigre. Que n'étais-tu là, enivrant magnolia, pour me tenir la main…

Tu me manques, petit oiseau. Ça fait près d'un siècle qu'on est séparés. J'aimerais que tu m'écrives une lettre de 75 pages. Mes amitiés à ton mari. Le mien t'envoie les siennes. Qui t'aime ?

T, bien sûr.

P.-S. J'ai également vu William Saroyan à Paris – dans un tripot où il venait de perdre des milliers de dollars. Il a le cerveau pas plus grand qu'une cartouche de fusil de chasse. M'a dit qu'avec Carol, c'était tombé à l'eau. Seule chose intelligente qu'il m'ait dite.

[Collection New York Public Library]

À CATHERINE WOOD

British Post Office
Tanger, Maroc
Afrique
28 juillet 1949

Très chère Woody,

Par pitié, ne m'insultez pas. Je suis absolument immonde, mais depuis que j'ai quitté l'Italie, aux environs de la mi-juin, je n'ai pas cessé de voyager, une semaine à Paris, puis l'Espagne, que j'ai traversée de haut en bas, en m'arrêtant dans quelques villes – Madrid, Grenade, Séville – et dans de ravissants petits villages. Le pays est superbe, mais c'est une plaie d'y voyager, trop de restrictions, de consignes officielles, d'hommes en uniforme. En fait, tous les hommes sont en uniforme. Ça respire la guerre partout. À Algésiras, la pointe la plus au sud de l'Espagne, je me suis embarqué pour l'Afrique. Je regrette l'Italie, mais c'est si beau, ici, si étrange, que je m'y attache énormément. Je partage un appartement avec Loel Guinness, qui est merveilleusement logé dans la Casbah. C'est extrêmement amusant, et ça promet de l'être davantage la semaine prochaine, car Cecil Beaton doit y venir avec Greta Garbo et y rester jusqu'en septembre. Elle sera alors obligée de regagner Paris pour y tourner *La Duchesse de Langeais*. Je regagnerai peut-être Paris avec eux. Je travaille beaucoup en attendant, et j'ai pratiquement terminé la moitié de mon roman – pas tout à fait la moitié. *Les Domaines hantés* viennent de paraître en France avec une préface de Maurice Edgar Coindreau. Il y parle de vous. Je vous enverrai un exemplaire.

Il fait très chaud ici, une chaleur sèche assez supportable, avec de très belles plages – mais j'avoue que j'y vais rarement.

J'ai acheté deux perroquets : l'un a une tête rose, l'autre une tête dorée. Très charmante compagnie. Ils jacassent, ricanent, se posent sur mon épaule, en redescendent. J'ai également une petite gazelle, rapportée d'une expédition dans l'Atlas. Elle est adorable – et je l'ai baptisée Woody !

Je suppose que Margery est dans le Maine. Envoyez-lui mes meilleures pensées. Et oh ! ma bien chère, tant d'amitiés pour vous.

T

[Collection New York Public Library]

À EDITH SITWELL

Truman Capote
British Post Office
Tanger, Maroc, Afrique du Nord
21 août 1949

Chère Dr Sitwell,

J'avais longtemps nourri l'espoir de me rendre en Angleterre cette année. Il devient hélas ! évident que cela ne se fera pas. Quelle amère déception, car j'étais dans l'attente d'une possible nouvelle rencontre. Après un printemps radieux, véritablement doré, en Italie, je me trouve plus ou moins agréablement installé dans cette ville de va-nu-pieds, Tanger, écrivant un roman d'une main, et m'éventant de l'autre – la chaleur est inimaginable. D'après ce que je sais, l'Angleterre a connu un remarquable été et je suis certain qu'il vous a été agréable.

Sachant pourtant combien cela peut vous créer de désagrément je me risque à vous adresser une prière, à laquelle, pour de nombreuses et compréhensibles raisons, vous vous sentirez peut-être incapable de répondre. Voici : je viens de solliciter une bourse Guggenheim, et je dois accompagner ma demande d'une liste de sept parrains, qui acceptent de certifier par écrit qu'ils ont toute confiance dans les mérites du requérant. Puis-je me permettre de donner votre nom ? Si oui, vous recevrez courant novembre une lettre de la Fondation Guggenheim, vous demandant en toute confidentialité ce que vous pensez de mes qualités d'écrivain. Peut-être estimez-vous que je n'en ai aucune, et je comprendrais que vous repoussiez ma demande. Je vous rends grâce de toute façon de l'attention que vous accorderez à cette lettre.

J'ai lu récemment *Brave and cruel*, admirable livre inspiré. Je me souviens que vous m'en aviez parlé vous-même, et appris en même temps la mort de son auteur, Denton Welch. Quelle terrible perte !

Si Alice [*illisible*] est en Angleterre, et si vous la voyez, puis-je vous demander de lui présenter mes hommages ?

J'espère que vous trouverez un jour le courage d'affronter un nouvel hiver new-yorkais. C'était tellement – oui, tellement réjouissant de vous avoir là.

Croyez-moi respectueusement vôtre.

Truman Capote

[Collection University of Texas, Austin]

À ANDREW LYNDON

Tanger
23 août 1949

Mon enfant chéri,

J'étais si inquiet – et avec raison : tu étais malade. Je suis moi-même plutôt patraque, en grande partie à cause de la nourriture – la cuisine, ici, est abominable. Tout a le goût d'une sucrerie qu'on aurait fait frire dans de l'huile d'olive. C'était hier l'anniversaire de Jack, et nous avons eu une soirée mémorable. Cecil Beaton, qui est là, m'avait aidé à tout organiser. Elle s'est déroulée dans les Grottes d'Hercule. Il y avait du champagne, un orchestre arabe et ça s'est prolongé jusqu'au petit matin. La musique arabe m'enchante. Abu Muhud a remplacé Billie Holiday dans mon cœur. À part ça, tout est terriblement calme. Travail ! Travail ! oh ! Seigneur Dieu ! Ce sera très amusant, je pense, de travailler pour le nouveau magazine de George Davis – qui va s'appeler *Flair*, à propos, pas très attirant, ça ! Tennessee et son assez répugnant Frank Merlo sont en route pour Hollywood. Frankie va peut-être faire une carrière au cinéma, car j'ai cru comprendre qu'on préparait des remakes des vieux films de Lon Chaney. S'ils embauchent Frankie, ils pourront faire des économies de maquillage. As-tu réellement un nouvel appartement ? Quelle nouvelle excitante ! Me suis-je trompé sur Isherwood ? Peut-être, mais je ne sais plus ce que j'ai dit : tu me connais. On m'a raconté que Margaret Mitchell avait été renversée par un chauffeur de taxi ivre ! Peter Watson s'est enfui avec un nouveau partenaire, un Californien à cheveux roux qui avait été l'amant de Waldemar avant qu'il ne rencontre Peter Watson, et que Waldemar avait laissé tomber pour Watson ! Tout cet imbroglio est d'une incroyable ironie. Fais un bisou à Harold, mon enivrant magnolia, et écris-moi, car tu me manques d'une aube à l'autre, et je t'aime comme un vieux colonel du Kentucky aime son *whisky on the rocks*.

T

[Collection New York Public Library]

À ROBERT LINSCOTT

British Post Office
Tanger, Maroc
30 août 1949

Cher Bob,

Peu m'importe la température qu'il peut faire à New York, car ici, de toute façon, il fait deux fois plus chaud. Par contre, je me suis offert une telle ménagerie que je ne suis pas sûr de pouvoir partir – deux perroquets, un chat siamois, et même une petite grenouille, tout à fait apprivoisée, qui saute sur mon bras et en redescend. Malgré la chaleur, les oiseaux, et les animaux, je suis revenu à mon roman et j'en ai écrit au moins les deux tiers – un premier jet, du moins. Certaines pages me plaisent, d'autres moins, évidemment. Je pense arriver à 80 000 mots, donc un peu plus long que prévu, mais le roman a pris un tour très différent, beaucoup plus complexe que ce que j'avais en tête au départ, et le mettre en forme me demande un énorme effort. Je suis impatient de vous le faire lire. Je n'ai pas encore de projet de retour, ce qui devient un problème, mais dès que j'aurai terminé le chapitre auquel je travaille, je commencerai à y penser. Avez-vous reçu ma dernière lettre ? Écrivez-moi, cher Bob.

À vous,
T

[Collection Columbia University Library]

À IRWIN EDMAN

[*Ami de Newton Arvin et professeur à Columbia University*]
British Post Office
Tanger, Maroc
[1er septembre 1949]

Cher Mr Edman,

Je vis depuis trois mois dans cette ville de va-nu-pieds où je m'acharne à écrire un roman. Je vous souhaite un été plus agréable que le mien, mais je ne me plains pas, car l'endroit est vraiment extraordinaire. De mars à juin j'étais à Ischia, ravissante petite île voisine de Capri – le printemps y était superbe. Je m'efforce actuellement de pratiquer ce sport national qui consiste à obtenir une bourse Guggenheim. Accepteriez-vous de m'y aider en m'autorisant à citer votre nom parmi mes parrains ? N'hésitez surtout pas à refuser. Vous pouvez, pour toutes sortes de raisons parfaitement compréhensibles, ne pas vous sentir en mesure de le faire.

Les Arabes ne sont-ils pas incroyables ? Un événement qui a eu lieu voici quelques semaines peut intéresser le philosophe que vous êtes. Quatre Arabes descendaient la rue qui longe mon bungalow. L'un d'eux a brusquement disparu : il venait de tomber dans un puits enfoui sous la végétation. Ses trois amis se sont penchés, ont crié : *miktoub, miktoub* (c'est le destin) et ont continué leur chemin en hochant la tête. Le lendemain, la police a placardé un avis sur le mur. Personne n'a paru se soucier du pauvre homme, noyé depuis longtemps. Ce que je vous raconte est l'absolue vérité.

Meilleures pensées,
Truman Capote

[Collection Columbia University Library]

À ROBERT LINSCOTT

Capote
British Post Office
Tanger, Maroc
12 septembre 1949

Cher Bob,

J'ai prié le bureau des personnes disparues de bien vouloir faire une enquête, et ils savent sûrement désormais ce que vous êtes devenu. Mais votre long silence est peut-être dû à un surcroît de travail. De toute façon, j'ai beaucoup travaillé pour vous. Si tout va bien, vous aurez le manuscrit aux environs du 1er janvier. Et je rentre le mois prochain. Je l'espère, du moins, mais d'ici les réservations sont extrêmement compliquées. Bob, j'ai demandé une bourse Guggenheim. Comme j'ai une assez bonne liste de parrains, je l'obtiendrai peut-être. L'un d'entre eux est E. M. Forster. Il vient de m'écrire en me demandant de lui envoyer mon recueil de nouvelles. Pouvez-vous le faire ? (E. M. Forster, King's College, Cambridge, Angleterre.) Merci de tout cœur. Est-ce l'automne à New York ? C'est la saison que je préfère et je n'ai qu'une envie : m'y retrouver. J'ai également envie de vous voir. J'ai tant de choses à vous raconter – tant de choses bizarres qui me sont arrivées.

À vous, toujours

T

[*La bourse Guggenheim lui a été refusée.*]

[Collection Columbia University Library]

À ANDREW LYNDON

Tanger
15 septembre 1949

Mon précieux enfant,

Aux dernières nouvelles, tu étais encore à Macon, mais tu en es sûrement revenu. As-tu vu l'article de *Time* consacré à *Flair* ? Ça paraît ridicule et je suis très déçu. Je rentre à peine d'une semaine à Xacun, étrange et poétique village dans la chaîne du Rif. J'ai acheté pour Phoebe une ancienne bague mauresque absolument ravissante : une améthyste, entourée d'éclats d'émeraudes, de rubis et de pierres de lune, quelque chose d'énorme, et j'imagine l'effet qu'elle fera sur ses ridicules petites menottes. Et l'appartement ? En as-tu vraiment un nouveau ? Jack s'est infecté un pied, j'ai une rage de dents, à part ça tout va bien. Nous embarquons pour Marseille dans quinze jours. Si le temps est beau, nous nous arrêterons peut-être quelques jours à Aix-en-Provence avant de gagner Paris. Le dernier numéro de *Vogue* français a publié une photographie de Jack, son ancienne femme Joan McCracken et moi, à une soirée : assez scandaleux, non ? Newton a fini son livre, qui obtient un grand succès auprès des gens de lettres. Il n'arrête pas de m'écrire.

Je crois, hélas, avoir encore un faible pour lui. Quand on a aimé quelqu'un aussi profondément, impossible de l'oublier complètement. Mais ne t'inquiète surtout pas. Je ne me laisserai jamais prendre à ce genre de piège. Tu me manques, mon cœur, et oh ! quel bonheur de te revoir bientôt. Toutes mes affections à partager avec le charmant Harold.

T

[Collection New York Public Library]

À ANDREW LYNDON

Paris
1er novembre 1949

Ma friandise,

Paris plus glacial qu'une chatte de nonne. J'ai hâte de retrouver cette bonne vieille chaleur suffocante et brumeuse de New York. Hâte ? Peut-être pas. Quoi qu'il en soit, j'arrive à la fin du mois. Tu es sûrement au courant de ce qui s'est passé entre George Davis *et moi**. Il m'a envoyé le plus odieux des télégrammes. Laver toutes ces couches a dû le rendre hystérique. Je suis de mon côté d'une parfaite innocence. Mais je suis sûr que notre Phoebe travaille pour lui ; elle ne m'écrit plus, hélas. Je me réjouis malgré tout qu'elle ait ce job, c'est sûrement très agréable. J'ai vu le plus beau des films : *Le Troisième Homme*, de Carol Reed, avec Orson Welles, superbe lui aussi – que tu le croies ou non. Il y a un merveilleux thème musical qui revient constamment, joué à la cithare. Jane Bowles nous a rejoints et nous a offert un bébé pékinois, la chose la plus adorable que tu puisses imaginer. Comme il fait trop froid dans ma chambre pour travailler, j'ai pris sur moi de m'installer dans la cuisine de l'hôtel – rien que des folles, à l'exception du « marmiton » qui m'abreuve de cognac, et quand le soir arrive je suis pratiquement ivre mort, d'où fureur de Jack. Assisteras-tu à ma lecture, le 8 décembre ? *Partisan Review* a été suffisamment aimable pour m'apprendre que j'en faisais une. Amitiés à Harold, et écris-moi, mon doux enfant. Tombereau de bisous,

T

[Collection New York Public Library]

À LEO LERMAN

22, rue de l'Université
Paris
15 novembre 1949

Myrt chérie,

Non, petite puce, ta lettre (si tant est que tu m'aies écrit) ne m'est jamais arrivée. Écris-m'en vite une autre, car ta petite copine qui t'aime meurt d'envie d'avoir des nouvelles de sa Myrt. Pas grand-chose à raconter aujourd'hui – ou beaucoup trop, mais je suis incapable de te les écrire : 1) parce que j'ai la grippe, 2) parce que j'ai une dysenterie qui m'a mis à plat. Je suis dans mon lit, entouré de perroquets et de bébés pékinois, ne me demande pas pourquoi, crois-moi simplement sur parole. L'automne a été superbe. Quantités de cheminées qui fument, de feuilles mortes. Chéri, quelqu'un m'a écrit que tu avais accouché. Ça m'a fait un choc : « Leo a accouché de Speed Lamkin. » Ça veut dire quoi ? Speed Lamkin, n'est-ce pas ce garçon appelé Hillyer ? As-tu lu le livre de Paul Bowles : *Un thé au Sahara* ? Terriblement mince, d'accord, mais j'aime assez. J'ai aimé les vingt premières pages du livre de Fritz Peters, le reste est illisible. On parle beaucoup ici d'un jeune écrivain français : Mouloudji, publié par Gallimard, pas encore traduit. Extrêmement intéressant. Tu pourrais être le premier à le publier. J'ai appris que tu étais en bons termes avec *Mademoiselle*. Crois-tu que *Flair* a une chance de plaire ? Il n'y avait rien de bien excitant dans le numéro de lancement. Mes meilleures pensées à Gray. Tu me manques. Amitiés,

*et mille tendresses** (ha ! ha !)

Marge

[Collection Columbia University Library]

À WILLIAM GOYEN

Fontana Vecchia
Taormina, Sicile
5 avril 1950

Cher Bill,

Très long voyage, mais distrayant – vingt et un jours de mer que j'ai bien aimés, même si la plupart des passagers étaient turcs et commençaient chacune de leurs phrases par : « Nous, les Turcs (nous pensons ci et ça)… » Résultat : je me sens en bien meilleure forme et j'ai écrit une nouvelle : *Une guitare en diamant*. J'aimerais beaucoup que tu la lises. Il y a si peu de gens à qui on a envie de faire lire ce qu'on vient d'écrire. Cher Bill, j'espère que ta situation va s'arranger et je suis impatient de savoir que tu es installé et que tu peux travailler. Maintenant que je suis loin, sois gentil, de grâce : apprends-moi le nom que tu refusais de divulguer jusqu'ici. Cela dure-t-il toujours ?

La Sicile est beaucoup plus spectaculaire que je ne l'imaginais. Plus verte, plus escarpée, plus accueillante. J'adore. Dans les cafés, les hommes dansent entre eux au son des guitares et les enfants qui gardent les moutons au milieu des prairies en fleurs jouent de la flûte de Pan.

Nous avons loué les deux derniers étages d'une vieille maison adorable, à vingt minutes à pied de la ville, avec vue sur les montagnes enneigées et sur la mer. C'est incroyablement calme, charmant, bon marché, et nous aimerions beaucoup que tu viennes. Pourquoi pas, Bill ?

Gide vit ici. Il descend chez le coiffeur et y passe l'après-midi à se faire savonner le visage par des petits garçons de dix à douze ans. C'est un charmant vieux monsieur assez fantomatique.

J'ai l'habitude d'écrire de très longues lettres, mais nous avons beaucoup marché aujourd'hui et je suis vanné. J'espère que tu te décideras à venir. Sinon, écris-moi car Nous les Turcs, tu nous manques.

*Mille tendresses**
t'amo
T

[Collection inconnue]

À JOHN MALCOLM BRINNIN

Fontana Vecchia
Taormina, Sicile
7 avril 1950

Mon bien doux,

Tu as été si gentil de venir pour ce dernier soir à New York et je m'en suis voulu car j'aurais préféré te voir seul. Voyage incroyable : vingt et un jours de mer, essentiellement entourés de Turcs qui commençaient toutes leurs phrases par : « Nous, les Turcs (nous pensons ci et ça)... », ce qui explique que je suis plutôt fou de joie d'avoir enfin posé le pied sur cette terre escarpée mais solide de Taormina : c'est d'une beauté à couper le souffle, un incroyable printemps. Tu adorerais être avec nous, j'en suis sûr. Nous avons trouvé la plus adorable maison qui soit, à une vingtaine de minutes à pied de la ville, avec un jardin, deux chambres, deux terrasses, un immense salon, une cuisine, une salle de bains et une vue imprenable sur les montagnes, la neige et la mer, le tout pour 50 dollars par mois, ce qui est très bon marché, non ? Tu devrais vraiment venir. André Gide habite ici. Il passe ses après-midi chez le coiffeur à se faire savonner le visage par des petits garçons de dix à douze ans, ce qui provoque une sorte de scandale – non parce qu'il aime entraîner ces petits garçons chez lui, mais parce qu'il ne les paie que deux cents lires (soit 20 cents). À part lui, c'est, grâce à Dieu, un endroit totalement ignoré du milieu littéraire et de tout autre milieu. Écris-moi, mon agneau, car tu nous manques à Nous les Turcs. Toute mon affection.

t

[Collection University of Delaware Library]

À WILLIAM GOYEN

Fontana Vecchia
Taormina, Sicile
12 avril 1950

Cher Bill,

Que tu sois obligé de vivre dans cet endroit dépravé et d'y rester jusqu'à la mi-juin me hérisse. Je t'interdis cependant d'emménager dans ces monstrueux immeubles de pierre brune de la 65e Rue. Il faut absolument que tu viennes ici. Pour une simple raison : tu y vivrais très bien pour presque rien. Si tu tiens à ta solitude, on pourra te trouver un petit appartement pour disons 20 dollars par mois. Tu pourras partager nos repas aussi souvent que tu voudras. Notre maison est un rêve, la mer divine, nous nageons et faisons du bateau chaque après-midi, la ville est charmante, les gens adorables, la nourriture paradisiaque, le tout pour environ 50 dollars par mois. Que demander de mieux ?

Je travaille le matin, le soir je lis. Connais-tu cette pièce de Christopher Fry : *La dame ne brûlera pas* ? Peut-être l'as-tu vue à Londres ? Je viens de la lire. Il y a des moments d'une extrême beauté. J'attends toujours que Robert Linscott m'envoie ton roman. Rappelle-lui sa promesse. À New York, on ne peut bien écrire que la nuit. J'avais l'habitude de le faire aux mêmes heures que toi. Ce qu'on écrit la nuit est comme traversé d'une sorte d'émotion fiévreuse.

Peux-tu m'expliquer pourquoi la vie était devenue trop compliquée à Mt Kisco ? Et quand et comment Horan part-il pour l'Égypte ? Cette décision me paraît absurde.

[*Mount Kisco est un petit bourg au nord de New York. Gian Carlo Menotti et Samuel Barber y possédaient la villa Capricorne. Goyen était l'ami de Barber et Robert Horan celui de Menotti.*]

J'ai cru comprendre que Carson renonçait à l'Irlande. Est-ce exact ?

Nous avons une jeune fille qui travaille pour nous, charmante, efficace, assez bonne cuisinière. Elle portait tous les jours la même vieille robe minable. Nous lui en avons acheté une neuve. Le lendemain, elle portait toujours la vieille. Nous lui avons demandé pourquoi elle n'avait pas mis l'autre. Oh ! nous a-t-elle répondu, c'était désormais sa robe de cérémonie et elle devait en prendre grand soin.

Peut-être en prend-elle si grand soin dans l'attente de ta venue ? De toute façon, si tu te décides, sache que tu recevras un accueil en fanfare ! Alors, arrange ça.

Tu me manques. Je pense à toi. Tu sais que je t'aime.

T

[Collection inconnue]

À ROBERT LINSCOTT

[*Random House se prépare à publier un recueil de récits de voyages illustrés de photographies, sous le titre :* Couleur locale]

Notez la nouvelle adresse :
Fontana Vecchia
Taormina, Sicile
[7 mai 1950]

Cher Bob,

Votre lettre concernant les épreuves de *Couleur locale* m'est arrivée au moment même où je venais de vous écrire un petit mot concernant les crédits photos. J'ai donc griffonné ma réponse au dos de l'enveloppe, mais vous ne l'avez sans doute pas vue. Ne m'envoyez pas les épreuves. Ça prendrait trop de temps.

Nous avons eu la chance – j'espère du moins que c'en est une – de trouver à nous installer : les deux derniers étages d'une villa à vingt minutes à pied de Taormina, très isolée, beaucoup de pièces et une vue admirable. C'est la maison où D. H. Lawrence a vécu pendant des années. Ça coûte 50 dollars par mois, ce qui est peut-être un peu cher par rapport aux tarifs italiens, mais j'en suis enchanté.

Comme je crois vous l'avoir déjà écrit, Gide vit ici. Je l'aime beaucoup, bien qu'il soit assez fantomatique. À part lui, Dieu merci, l'endroit est ignoré du milieu littéraire et de tout autre milieu.

J'ai l'intention de vous envoyer quelques pages de mon nouveau roman, pour que vous les lisiez, bien sûr, mais aussi pour me rassurer en pensant qu'il en existe une copie ailleurs. Je viens d'envoyer une nouvelle à Marian Ives. J'espère qu'elle vous la montrera. Écrivez-moi une lettre remplie de commérages.

À vous,
t

[Collection Columbia University Library]

À ANDREW LYNDON

Fontana Vecchia
Taormina, Sicile
15 mai 1950

Lumière du monde,

Comme je l'ai écrit à Phoebe, nous habitons une charmante petite villa et tout se passe merveilleusement. Je sais qu'il va faire très chaud, les journées sont déjà brûlantes, mais les nuits sont fraîches et le soir nous faisons du feu dans la cheminée. Vous pourriez donc vous prendre par le bras, Harold et toi, et nous rejoindre, à l'automne peut-être. C'est un endroit idéal pour travailler (à mon avis du moins) et j'ai écrit une autre nouvelle : *Le Marché*. Je suis si heureux d'écrire des nouvelles. C'est ce que je préfère.

Peut-être y a-t-il moins longtemps, mais j'ai l'impression de ne plus rien savoir de toi depuis Naples, et j'attends de tes nouvelles. Nous nous sommes arrêtés quelques jours à Ischia avant d'arriver ici et rien n'y a changé, à ceci près que la petite bande qui entourait Auden s'est disloquée, car le Maître travaille à un scénario d'après l'*Odyssée* (qui serait tourné à Ischia) et on espère qu'Ingrid Bergman en sera la vedette. Oui, mon cher !

La fille de Gide est venue lui tenir compagnie. Elle m'a ébahi : 1) parce qu'elle est aussi laide qu'un poêle à bois, 2) parce qu'elle est beaucoup plus jeune que je l'imaginais, à peine 23 ou 24 ans. Comment croire que cette vieille chèvre y soit pour quelque chose ?

Ton travail avance-t-il ? J'espère que tu vas prendre contact avec Audrey Wood.

Notre terrier Kerry Blue est dévoré de tiques et de puces et nous passons notre temps à leur faire la chasse. Jack est bronzé, en pleine forme : il est capable de descendre à pied jusqu'à la mer et de remonter. J'ai essayé une fois, j'ai cru que mon cœur s'arrêtait. Il vous fait ses amitiés à tous les deux.

Dis à Phoebe que je l'aime. Dis-le également à Harold. Ai-je besoin de te dire quoi que ce soit, à toi ?

T

[Collection New York Public Library]

À CECIL BEATON

Fontana Vecchia
Taormina, Sicile
20 mai 1950

Cecil, mon bien cher,

Quelle adorable lettre, mon ange, et quelle activité ! J'espère que votre secrétaire, Miss Cleghorn, vous épargne les routines les plus ennuyeuses. Les costumes et les décors de *La Seconde Mrs Tanqueray* sont un ravissement. J'aimerais porter la grande cape à doublure orange : il me faut quelque chose de spectaculaire pour déambuler sur la piazza. Qu'allez-vous faire en Bretagne ? Votre place est ici pour vos vacances. J'adore ma maison. Elle est superbe, mais je n'en profite pas vraiment car, grâce à Dieu, j'ai l'impression de travailler sans arrêt. J'ai écrit trois nouvelles, en ai commencé une quatrième. J'ai vendu la première au *New Yorker*, la deuxième à *Bazaar*, et je viens d'envoyer la troisième à mon agent. J'espère commencer très bientôt un nouveau roman. Non, très cher, je n'ai pas lu le roman de Denton Welch et j'en ai très envie car je sais qu'il avait beaucoup de talent et sa mort est une véritable tragédie. Si vous pouviez me l'envoyer, je vous en serais très reconnaissant.

Ce projet de comédie musicale avec Ethel Merman me paraît très attrayant, contrairement à vous, et j'estime que vous devriez accepter, d'autant que vous risquez d'en retirer un joli paquet de dollars. D'un autre côté, si ça compromet en quoi que ce soit la production de votre pièce *Les Jeunes Filles de Gainsborough*, c'est à celle-ci qu'il faut évidemment donner la préférence. Au point où vous en êtes, c'est important qu'elle soit jouée. Vous aurez l'esprit plus libre. Quant à la pièce de Thornton Wilder, je ne l'imaginais pas du tout comme une comédie musicale, mais je me trompe peut-être.

Les nouvelles qui m'arrivent de New York sont sans intérêt. Ceux de mes amis qui ont assisté à la première du film *La Ménagerie de verre* disent que c'est consternant. Que Gertrude Lawrence est pathétique. Tennessee aurait paraît-il demandé qu'on retire son nom de l'affiche. J'ai reçu ce matin une lettre de Jane Bowles. D'après ce que je comprends, elle serait toujours à Paris mais se proposerait d'aller vous voir à Broadchalke, en compagnie d'Oliver Smith – qui doit arriver bientôt. Jane oui, je vous l'envie. Mais l'autre ! D'autant qu'il voyage, paraît-il, avec sa mère (qui est peut-être charmante, après tout).

Vous me dites que David Herbert et son ami vous évoquent Titania et Bottom (lequel serait Titania ? certainement pas David). Moi, ils me font irrésistiblement penser aux deux héros de la bande dessinée : « Mutt-le-petit-gros et Jeff-le-grand-maigre ». Dieu sait s'ils se font du tort l'un à l'autre, mais n'est-il pas naturel après tout que deux animaux de même espèce, reptilienne en l'occurrence, en viennent à s'accoupler ?

Quel plaisir d'apprendre que mes roses fleurissent sur le mur de votre bibliothèque. Interdisez à quiconque d'en cueillir une, s'il vous plaît.

Jack va bien – mais il a été obligé d'aller chez un dentiste et, mon très cher, quand on a affronté un dentiste sicilien, on peut affronter sans trembler un peloton d'exécution.

Vous me manquez 25 heures sur 24, bien cher prince de Broadchalke, et je vous adore comme un vieux colonel du

Kentucky adore son *whisky on the rocks*, ce qui signifie que vous m'êtes infiniment cher et que je vous bénis.

T

Écrivez vite.

[Collection St. John's College, Cambridge University]

À ANDREW LYNDON

Fontana Vecchia
Taormina, Sicile
24 mai 1950

Enivrant magnolia,

Adoré ta lettre, chéri, et merci pour les extraits de presse. Je suis d'accord avec toi : les critiques concernant Newton sont particulièrement idiotes, mais les magazines arrangeront peut-être les choses. Avez-vous passé une bonne soirée ensemble ? J'aurais tant voulu être là, avec vous deux, que j'aime vraiment. Ici, Jack mis à part, je n'aime personne. Grands dieux non, Donald n'habite pas avec nous. Je l'aime beaucoup, mais il est devenu incroyablement prétentieux. Comme dit Jack, quand il se regarde dans une glace il ne se prend pas pour James Boswell, l'humble biographe du grand écrivain Samuel Johnson, mais pour Johnson lui-même. Son ego surdimensionné, qu'une blessure explique peut-être, vous enserre comme une étouffante vigne vierge.

J'aime beaucoup notre maison, et je souhaite tellement te voir arriver avec Harold. Tu pourras écrire ton scénario sur les antibiotiques. La façon dont tu en parles est extrêmement drôle. Tu tiens là, à mon avis, une excellente idée.

Je continue d'écrire des nouvelles. Marian Ives a vendu *Randonnée en Espagne* au *New Yorker*, et *Une guitare en diamant* au *Bazaar*. Demande à Pearl de te la faire lire. J'aimerais vraiment savoir ce que tu en penses. J'ai envoyé une autre nouvelle à Marian : *Le Marché*.

J'organise demain un déjeuner qui promet d'être assez cocasse. Il s'agit de faire se rencontrer deux éminentes personnalités françaises : André Gide et Christian Dior.

Il fait incroyablement chaud, mais la maison est fraîche, les nuits carrément froides. Une jeune fille vient faire le ménage et prépare le déjeuner. Nous nous chargeons nous-mêmes du dîner. À part le gin et les cigarettes (même ici on ne fume que du foin italien, beurk !), nous vivons très économiquement – mais avec quel panache !

Kelly et Jack t'envoient leurs amitiés, ainsi qu'à Harold. Les Halma-Lyndon nous manquent beaucoup. Écris-moi, mon précieux cœur, car ton ami qui t'adore pense constamment à toi. Quantités de bisous.

T

[Collection New York Public Library]

À ANDREW LYNDON

Fontana Vecchia
Taormina, Sicile
15 juin 1950

Tendre-précieux-petit agneau,

Quelle adorable lettre ! Quand je viens juste de t'écrire un mot pour t'engueuler ! Ce que tu m'apprends de Miss Wharton me paraît très encourageant. J'espère qu'il en sortira quelque chose de merveilleux, tu devrais en parler à Audrey Wood. Par contre, ce qui arrive à Phoebe pour sa nouvelle est désolant. Pourvu qu'elle ne se décourage pas. La vérité, c'est qu'elle n'a pas assez écrit – avec les dons qu'elle a, on peut commencer par écrire, sans se donner trop de mal, deux ou trois nouvelles qui ont du succès, mais au-delà, il faut se construire des assises plus solides que ne l'a fait notre Phoebe. J'espère de toutes mes forces qu'elle saura faire fleurir son très extraordinaire talent. Je termine à l'instant le roman de Bill Goyen : *La Maison d'haleine*. Vraiment très beau : enfin un livre à admirer sans réserve. Je suis sûr que tu l'aimeras. À propos, j'ai lu *La dame ne brûlera pas*, que j'ai trouvé superbe. Il commence à faire vraiment chaud ici, mais encore supportable. Non, cette histoire entre Gide et Donald n'est pas vraie. Je lui ai lu à haute voix le passage de ta lettre pour qu'il se sente mal à l'aise, car il a sûrement écrit quelque chose de cet ordre à un ami new-yorkais. Gide est parti il y a deux jours, pour Paris je pense. Donald s'est fait voler tout son argent et une partie de ses affaires par l'un des nombreux inconnus qu'il invite dans sa chambre et qui s'est livré à une razzia. Il a donné à la police le nom de tous les garçons qu'il a reçus. Dieu ! c'est vraiment sordide ! Et les garçons de la ville sont furieux contre lui. Pauvre Sandy, qui va arriver samedi au milieu de tout ce grabuge. Ils fileront sans doute le plus vite possible, et nous aurons enfin l'impression d'avoir Taormina pour nous seuls. Je l'espère. J'aimerais pourtant vous avoir là, Harold et toi. Tu me manques terriblement, mon agneau. Tu sais à quel point tu m'es cher. Embrasse Harold. Jack te remercie des bisous que tu lui envoies.

Je t'aime.

T

[Collection New York Public Library]

À ROBERT LINSCOTT

Fontana Vecchia
Taormina
14 juin 1950

Cher Bob,

En ce qui concerne *Bazaar*, je me sens outragé, atterré. Nous étions simplement convenus que je les créditerais, ce que j'ai <u>très</u> précisément fait dans ma page de remerciements. Surtout, de grâce, ne bougez pas. Je veux dire : ne changez rien aux illustrations de *Couleur locale*, car je viens d'écrire par le même courrier à Frances McFadden qui, je pense, fera le nécessaire. Entre parenthèses, ces photographies de Haïtiens, faites par Bissinger, n'ont jamais paru dans *Bazaar*. Ils ont publié les photographies de Cartier-Bresson prises à La Nouvelle-Orléans, la mouette de Bill Brandt, les images d'Espagne de Bissinger et celle d'un château espagnol de Hoyningen-Huene. Aucun des autres clichés n'a paru nulle part. J'espère de tout cœur qu'on ne sera pas obligé de modifier les illustrations – attendons le résultat de ma lettre. J'ai écrit à Marian pour qu'elle intervienne de son côté.

En ce qui concerne le roman de Goyen, j'ai passé pratiquement la nuit à le lire, et je le trouve très beau, très extraordinaire même. Je sais qu'il va longtemps fleurir et chanter dans ma tête. Quelle parfaite oreille musicale ! Croyez-vous cependant qu'il apprendra à se freiner ? Il ne peut pas continuer à prendre ainsi de tels virages, surtout s'il tient à nous avoir comme passagers. C'est une preuve de vos dons, Bob, et de votre flair, d'avoir soutenu ce livre comme vous l'avez fait. Je vous en estime davantage. « Un artiste, un écrivain à saluer, vient d'écrire *La Maison d'haleine*. Les dons de William Goyen, son intelligence, sa vision, son style, sont des dons qu'on rencontre rarement, et presque jamais en osmose. Vraiment un livre superbe. » Si vous croyez pouvoir vous servir de cette citation, je vous en remercie.

J'espère que vous me pardonnez tous les ennuis que vous cause *Couleur locale*. Écrivez-moi, c'est une telle solitude ici.

À vous, toujours,

T

[Collection Columbia University Library]

À WILLIAM GOYEN

Fontana Vecchia
Taormina, Sicile
14 juin 1950

Cher Bill,

J'espère avoir la force de t'écrire ce que j'ai à t'écrire – mais *La Maison d'haleine*, que je termine à l'instant après l'avoir dévoré toute la nuit, m'a laissé dans un état d'exaltation fiévreuse, l'exaltation que seule peut faire naître la beauté de l'art. J'ai eu le sentiment inexplicable de vivre une expérience d'ordre mystique. Dieu m'en est témoin, Bill, je pleurais, je tremblais, et en tournant la dernière page, j'ai senti un frisson glacé me parcourir le corps. C'est d'une beauté surnaturelle. Même si tu n'écrivais rien d'autre, on te serait à jamais redevable d'un tel tribut offert, véritable trésor pour ceux qui sont encore capables de sentir la subtilité, la sensibilité, l'amour, l'art. Tu es manifestement en état de grâce.

En travaillant avec une intelligence incroyable, tu as vraiment construit une maison d'haleines : celle du vent, qui gronde dans la cheminée ou se glisse de façon si musicale entre les lames des persiennes, celle du narrateur qui hurle ou qui se plaint avec une admirable authenticité. Le mariage noyé de pluie de Christy, conduit avec une telle maîtrise jusqu'à son point culminant, est l'une des plus belles pages de la littérature. Cette maison, tu l'as construite avec ta propre haleine – mais personne désormais, et toi pas plus qu'un autre, ne sera capable de la faire s'effondrer.

Comme je suis fier de te connaître, William Goyen. Quelle parenté avons-nous l'un et l'autre, de toute façon ? Je peux te répondre [*illisible*] : toutes les parentés du monde. Toutes.

Et l'affection de
Truman

[Collection inconnue]

À ANDREW LYNDON

Fontana Vecchia
Taormina, Sicile
20 juin 1950

Mon précieux ami,

Mille mercis, mon ange, d'avoir porté cette photographie à Marian, et à Harold, ce chéri, de l'avoir prise. C'est pour mon éditeur français. Je suis heureux d'apprendre que tu tentes une fois encore ta chance à *Life*. Tu représentes exactement ce dont ils ont besoin. J'espère qu'ils finiront par le comprendre.

*La vie à Taormina est très tranquille**. Sandy vient d'arriver, mais il est, je crois, beaucoup trop déprimé par les preuves évidentes de l'infidélité de Donald pour profiter de la *bella vista*. Comment réagirais-tu si tous les garçons que tu voyais passer dans la rue portaient les chemises ou les cravates que tu avais offertes à ton amant ? Sandy fait contre mauvaise fortune bon cœur ; il n'a pas assez d'imagination, pauvre idiot, pour agir autrement. J'ai cru comprendre qu'ils partaient bientôt, et c'est tant mieux. Ma devise : la Sicile aux Siciliens !

Phoebe est la pire des correspondantes. Peut-être est-ce à moi d'écrire, mais je ne crois pas. De toute façon, où envoyer ma lettre ? Est-elle toujours à Yaddo ?

Tu me parles de Jordan Massee. Est-il revenu à New York pour de bon (ou pour le pire) ? Fais-lui mes amitiés. J'espère qu'il a trouvé du travail. Comment peut-il supporter ce trou-du-cul de Paul Bigelow ?

Tu ne me dis pas si tu as aimé le roman de Goyen. Moi oui, énormément. Linscott me l'a envoyé la semaine dernière. Les cinquante premières pages sont navrantes, mais ensuite, à part quelques passages incompréhensibles, je le trouve remarquable. L'avant-dernier chapitre est de toute beauté.

Je suis si content, mon chéri, que tu aies presque terminé ton scénario d'après Miss Wharton. J'aimerais beaucoup le voir – sur un écran essentiellement.

Devine ce que je suis en train de faire ? Des conserves de tomates et de figues (dans de vieilles bouteilles de gin). Les figues sont tellement savoureuses, ici. Si vous venez nous voir, Harold et toi, en automne ou en hiver, nous nous régalerons ensemble. Je m'oblige à y croire, car vous me manquez beaucoup tous les deux.

Kelly est dévoré par les tiques, les puces et les poux, mais il t'envoie son affection et Jack, qui est plus galopin que jamais, y joint la sienne. Voici la mienne : xxxxxxxxxx. Partage en deux ces millions de baisers et donne-en la moitié à Harold.

À toi,
T

[Collection New York Public Library]

À PHOEBE PIERCE

Fontana Vecchia
Taormina, Sicile
24 juin 1950

Petit diable de Phoebe,

Perchè lei non scrittore a me ? Bei a molte brute, e si non è piasce ! Voilà ce que j'ai à te dire. Sérieusement, petit crapaud, d'où vient ce silence ? Yaddo t'a-t-il arraché la langue ? Quel vent aujourd'hui, Seigneur Dieu, c'est à peine si je peux tenir ce papier. Andrew m'écrit qu'il a aimé ta nouvelle : *Catherine la verte* – très joli titre – et je paierais volontiers quelques dollars de surcharge postale pour la lire. En as-tu écrit d'autres ? Passons aux événements locaux. Donald Windham, qui a passé deux mois ici, s'en va demain, écœuré. Il a été cambriolé deux fois, s'est fait voler tout son argent et la plupart de ses affaires. Comme l'histoire à quelques ramifications cocasses, j'ai un peu de mal à le plaindre. J'aime de plus en plus cet endroit. J'ai commencé à faire des conserves de figues et d'abricots, ce qui n'est peut-être pas, je le reconnais, une activité très virile, mais en tout cas très reposante, et le résultat est délicieux. C'est aujourd'hui la Saint-Jean, la fête de Jack. Nous lui préparons une grande soirée. Les hommes qui travaillent dans les champs de blé doivent venir avec leurs accordéons et on dansera.

Comme tu peux le constater, mes informations sont des plus simplettes. Je travaille à mon roman et viens d'écrire une longue nouvelle : *La Maison des fleurs*, que tu aimeras peut-être. Marian, cette folle, l'a envoyée à *Holiday*, une revue de voyage, sous prétexte qu'elle évoquait « une si joyeuse ambiance haïtienne » !

[Collection Peter Geyer]

À ANDREW LYNDON

Fontana Vecchia
Taormina, Sicile
6 juillet 1950

Mon bébé chéri,

Impossible de travailler ce matin, parce que l'armée est en manœuvres sur la colline, avec coups de feu, etc. Au début, nous avons cru que c'étaient les Russes. Et depuis, nous ne pensons qu'à eux. Personne ici n'a l'air de croire que nous sommes peut-être au bord d'une guerre importante. Ils sont tellement apathiques qu'ils s'en désintéressent. Les nouvelles nous arrivent avec beaucoup de retard, et je n'ai aucune notion de ce qui se passe. Oh ! imaginer l'Amérique en guerre ! J'espère que, cette fois, tu auras la bonne idée de ne pas porter l'uniforme.

Je viens de terminer le livre de Newton – quelle merveille. Je l'ai reçu l'autre jour et je n'avais pas encore eu le temps de le lire jusqu'au bout. Comment s'est passé votre déjeuner ? T'a-t-il parlé de moi ? J'aimerais qu'il rencontre Bill Goyen. Ne crois-tu pas qu'ils pourraient s'apprécier l'un l'autre ? Bill semble aimer les vieux messieurs. Oui, Goyen est un garçon charmant ! Je suis si heureux que vous vous soyez rencontrés. As-tu lu son roman ? Hélas, pauvre Phoebe ! Je crains fort que tes amis ne voient jamais ces exemplaires de *Flair*. Parle-moi de Doris. Je ne savais pas qu'elle était rentrée. Comment a-t-elle trouvé cet appartement ? – comme si je ne le savais pas. Je fais des prières pour Phoebe. Elle devrait se laisser aller complètement – ce qu'elle paraît vouloir faire.

Mes conserves de tomates sont divines, celles d'abricots encore meilleures – mais les figues, plutôt ratées. Il faut bien que toutes ces vieilles bouteilles de gin et de vin servent à quelque chose. Connais-tu une bonne recette de mayonnaise ? Et de tarte au chocolat ?

Je suis constamment agressé au bas du chemin par deux petites filles qui me rendent pratiquement fou. Pourquoi les enfants pensent-ils toujours que je suis un enfant, moi aussi ? J'ai envie de fracasser l'une contre l'autre leurs odieuses petites caboches.

Nous sommes parfaitement équipés pour la pêche sous-marine (harpons, masques), mais je n'ai encore rien pêché. J'ai simplement failli enfoncer mon harpon dans la cuisse de Jack. C'est amusant malgré tout ; j'apprends à connaître la vie sous-marine.

Il fait incroyablement chaud – aucune humidité, juste un implacable, classique soleil grec. J'ai parfois, bien cher, l'impression que je vais succomber.

Donny et Sandy sont partis – tant mieux, car Donny était à deux doigts de se faire lyncher par les prostitués de Taormina qu'il avait dénoncés à la police. Quel grabuge ! J'ai promis de ne pas en parler ; donc, pas un mot toi non plus.

Tu me manques, mon doux cœur. Un gros bisou à Harold. Jack et Kelly t'envoient leurs amitiés. Tu es mon précieux trésor.

T

[Collection New York Public Library]

À DONALD WINDHAM ET SANDY CAMPBELL

Fontana Vecchia
Taormina, Sicile
7 juillet 1950

Cher Donny, et Sandy aussi cher,

J'espère que cette lettre vous atteindra à Palerme avec le reste de votre courrier. Vous serez sûrement ravis d'apprendre que notre vieux Niente du bureau de poste est parti, pour obéir je pense à une rotation du personnel. Il a été remplacé par un jeune homme absolument ravissant qui répond au nom de Mimi. Je lui ai demandé de faire suivre votre courrier. Nous avons reçu votre carte postale de Syracuse, qui m'a l'air d'un endroit charmant. Aimez-vous autant Palerme ?

Il a fait lundi dernier une chaleur à tomber. Sinon, la température s'est radoucie et c'est vraiment merveilleux. Ils viennent d'organiser un service d'autocar pour aller à la plage – et c'est devenu beaucoup plus facile. Nous avons finalement acheté des masques et tout le bazar, et nous apprenons la pêche sous-marine. Analdo en est vert de jalousie. Tout le monde me demande de vos nouvelles et quand je dis que vous êtes partis, ils n'ont qu'une réponse, toujours la même : « *Ritorno, si ?* »

Svedesi part la semaine prochaine (c'est sérieux), suivi par les Cacopardo eux-mêmes. Il a trouvé une place de cuisinier dans un hôtel. Et nous aurons enfin Fontana pour nous seuls.

Pas de nouvelles bien intéressantes. Nos voisins, les fermiers, ont donné un grand bal pour le mariage de leur fille. Il n'y avait pratiquement que les hommes qui dansaient, et j'ai passé un merveilleux moment. Un très vieux guitariste a chanté comme un Walter Huston sicilien.

Ah ! oui, j'oubliais : nous avons eu un loup-garou. Sans blague. Un garçon qui habite de l'autre côté de la ville prétend avoir été attaqué par un loup-garou, et notre servante Graziella nous a affirmé qu'il y avait autrefois des loups-garous à Taormina, ce dont vous êtes sûrement convaincus. Selon l'opinion générale, nous ne risquons plus rien jusqu'à la prochaine pleine lune.

Je fais des tartes au citron meringuées, pratiquement un jour sur deux. Jack pousse des hurlements quand je me dirige vers la cuisine.

J'ai reçu une lettre de Jimmy Schuyler, qui me dit qu'il a lu ton livre trois fois, et qu'il le trouve très beau.

Tu manques beaucoup à Kelly. Il est plus sauvage que jamais. L'autre jour, sur la plage, il a férocement mordu quelqu'un qui n'était autre que ton ami De Bonneville. Résultat, la police exige que nous le tenions en laisse.

Il Mondo vient de publier un article sur André Gide où il est question de toi. C'est du moins ce que prétend Carlo Panarello, l'antiquaire, mais je ne l'ai pas lu.

Nous sommes toujours décidés à rester là – à moins que l'arrivée des Russes nous oblige à fuir. J'espère que tu t'amuses et que tu travailles. Jack vous fait ses amitiés à tous les deux. Sois gentil, mon petit, écris-moi.

D'ici là, toute mon affection.

T

[Collection Beinecke Library, Yale University]

À JOHN MALCOLM BRINNIN

[carte postale]
Fontana Vecchia
Taormina, Sicile
15 juillet 1950

Monsieur,

Pourquoi ne répondez-vous pas à ma lettre ? Je n'en écris que pour avoir le plaisir d'en recevoir en échange. Veuillez considérer que c'est donnant donnant. Nous avons une merveilleuse maison, et nous y serions parfaitement heureux si les journaux n'existaient pas. C'est un endroit idéal pour travailler et j'en profite. As-tu lu le livre de Newton ? C'est un beau livre d'érudit. *Bazaar* a publié une nouvelle de Jack dans son numéro de juillet, mais nous ne l'avons pas reçu. Il t'envoie ses amitiés. J'espère que tu savoures l'été américain, mon bien cher, je sais que c'est ta saison favorite. Moi, je préfère l'hiver. J'aimerais te parler longtemps. Toute mon affection,

T

[Collection University of Delaware Library]

À LEO LERMAN

Fontana Vecchia
Taormina, Sicile
26 juillet 1950

Mon chéri,

Quelle tendre lettre ! Je t'aime moi aussi, pour la simple raison que je t'ai toujours aimé et que je t'aimerai toujours.

Quelle merveille si tu arrivais ici avec Gray. Sérieusement, ne va pas en Argentine. *Perchè ?* Quelqu'un, j'ai oublié qui, m'a écrit que tous les éditeurs de New York étaient à Buenos Aires, même Cynthia Laffoon, dont le portrait que vient de publier le *New Yorker* m'a enchanté. Je plaisante, bien sûr. Comment tournent les choses pour George Davis, etc. ?

D'après ce qu'on me dit, Gladys est une perle. Exactement ce qu'il vous fallait, une bonne cuisinière. Nous en avons une, charmante, mais la cuisine italienne vous empâte assez rapidement. Malgré tout, je n'ai jamais eu aussi bonne mine, très bronzé, presque noir comme un Arabe. Toutes mes dents tombent (littéralement), mais qu'importe ?

Quel plaisir de savoir que tu écris. Je me sentirais plein d'amour pour toi si tu écrivais enfin ce livre sur ta famille – ce serait si triste, si drôle et si tendre. Et j'aimerais tellement voir les nouvelles photos de Gray. Ce qu'il fait est si personnel, d'une si rare qualité.

J'ai lu le roman de William Goyen, où il y a de très beaux passages. L'as-tu ouvert ? Les autres livres qu'on m'a envoyés n'ont aucun intérêt.

Nous avons la Sicile et Taormina pratiquement pour nous seuls. Pas une âme, à part quelques poules et des chiens errants. Mais j'y suis heureux et s'il n'y avait pas toutes ces menaces dont parlent les journaux, je serais même profondément heureux. J'ai l'impression de ne plus dépendre des autres. C'est un grand pas vers la sagesse, je dirais même la liberté. Bien sûr, on a toujours besoin de ses amis, mais les amis ne sont pas les « autres ». Ils sont une part de nous-mêmes. Et tu fais partie de moi, cher Leo, comme Phoebe, malgré ses coquetteries, et quelques autres.

Je travaille très sérieusement. Être un artiste aujourd'hui est un véritable acte de foi. On ne doit rien attendre en retour que la satisfaction qu'apporte l'art lui-même. Je crois avoir toute ma tête désormais et la conscience de ce que j'ai à faire. J'ai écrit quelques nouvelles, dont deux que tu devrais aimer, et j'ai commencé le livre dont j'ai toujours su qu'il était pour moi le seul livre possible. Parce qu'il m'est vraiment personnel. On a toujours tragiquement tendance à mépriser ce qui vous est personnel – comme on est souvent beaucoup plus gentil avec des étrangers qu'avec ses propres amis.

Je pense à toi, mon bien cher, et je t'envoie une aussi grande quantité de bisous qu'il y a de morceaux dans un patchwork. Amitiés à Gray.

*Mille tendresses** (ha ! ha !)

T

Écris-moi.

[Collection Columbia University Library]

À ANDREW LYNDON

[Taormina, Sicile]
[Fin juillet ou début août 1950]

Mia Cara,

Excuse cet horrible morceau de papier (je n'ai rien d'autre sous la main) mais j'ai envie de t'envoyer un petit mot, simplement pour te dire que je t'aime. J'ai adoré ta lettre, mon précieux, et suis si heureux d'entendre parler de cette nouvelle écrite par Phoebe. J'espérais qu'elle m'enverrait une copie, mais elle ne l'a pas fait, bien sûr. J'ai rêvé d'Harold et de toi la nuit dernière, et c'était si tendre. Nous pique-niquions tous les trois, et comme la nourriture venait à manquer, Harold a grimpé dans un arbre et nous a cueilli quelque chose d'inconnu et d'une saveur exquise. Ce qui m'a donné une terrible envie de vous voir tous les deux. J'ai reçu ce matin une lettre de Newton, qui me parle de sa laryngite psychosomatique. Je ne sais pas si Goyen l'a trouvé intéressant – sincèrement, j'en doute.

Peut-être poursuit-il sa relation avec Barber, bien qu'il m'ait juré le contraire. J'ai lu dans les journaux que la conscription était de retour : assure-toi que tu y échappes. Fulco Verdura vient d'arriver, mais nous ne l'aimons guère. Ainsi Paul Bigelow devient producteur ? Parfait. Je crois qu'il est temps qu'arrive la fin du monde. As-tu lu la nouvelle de Jack dans *Bazaar* de juillet ? Peut-être ne l'as-tu pas aimée. Moi, beaucoup. Il est possible que Cecil vienne nous voir et j'en serais charmé, du moment que mon travail n'en est pas perturbé, ce qui serait le cas. Il y a des jours très calmes ici, d'autres pires que tout – c'est aujourd'hui l'un de ceux-là. Avez-vous l'intention, Mr Halma et toi, de prendre des vacances ? Phoebe m'a envoyé le portrait que Perelman a fait de Cynthia Laffoon, c'est tout ce que j'aime. Le *New Yorker* m'envoie les épreuves de mon texte sur l'Espagne. C'est composé et mis en pages comme n'importe quel autre texte sinistre de ce magazine. Poupée chérie, écris à ton pauvre ami, car tu es pour lui un trésor. Amitiés de Jack pour Harold et toi. Toute mon affection, encore et toujours,

*Mille tendresses**, momichon.

T

[Collection New York Public Library]

À DONALD WINDHAM

[carte postale]
Fontana Vecchia
Taormina, Sicile
3 août 1950

Mon agneau,

Grazie pour le cahier de notes. Il est très beau. *Quanto costa, prego ?*

Cecil est arrivé – des nouvelles en pagaille. Il paraît que Lincoln Kirstein vient de s'offrir une dépression nerveuse. Il aurait fini par gifler les gens dans les rues de Londres, entre autres une vieille femme. Cecil dit qu'il a vu Tennessee Williams à Paris : il aurait perdu douze kilos et serait devenu extrêmement séduisant. Crois-tu ça possible ? J'ai reçu une lettre de nos amis photographes, Jared et Margaret French, qui sont au Danemark et vont peut-être venir ici.

J'ai de nouveaux disques. J'aimerais que tu sois là : on danserait. Oui, j'aimerais que tu sois là, point final. Difficile de croire qu'on est en août et que tu es parti depuis si longtemps. Il y aura samedi un concours de beauté pour élire Miss Taormina. Si je gagne, je te télégraphie.

Quand partez-vous pour Sirmione ? Sandy y sera sûrement très heureux. J'espère que l'édition de ta nouvelle se présente bien. Écris-moi une longue lettre. J'en ai tellement assez d'entendre le « Niente » de la poste. Affections pour vous deux, de Jack, de Kelly

et de
Moi

[Collection Beinecke Library, Yale University]

À DONALD WINDHAM

[carte postale]
Fontana Vecchia
Taormina, Sicile
7 août 1950

Donald, mon cœur,

C'est Sylvia Bombaro (la fille de ta logeuse) qui a été élue hier soir Miss Taormina. Ce qui affecte douloureusement mon ego. Tellement écœuré que nous pensons quitter Taormina.

De toute façon, nous préparons notre départ. Je déteste partir, mais ce ne serait pas raisonnable de devenir des résidents définitifs comme l'Anglais Bobby Pratt-Barlow. Nous pensons donc partir pour l'Espagne le 1er octobre et chercher une maison à Majorque. Est-ce que ça te tente ? De toute façon, nous irons à Venise courant septembre – c'est du moins ce que j'aimerais, mais Jack préférerait aller d'abord en Espagne. Oh ! on verra ! Je suis très hésitant. Embrasse Sandy à l'étouffer. Fais-le une seconde fois de la part de Jack, ce qui vous conduira inévitablement au lit tous les deux. Dieu ! ce que j'ose écrire sur une carte postale !

Affections,

T

[Collection Beinecke Library, Yale University]

À ROBERT LINSCOTT

Fontana Vecchia
Taormina, Sicile
19 août 1950

Cher Bob,

J'ai été parfait et je n'ai pas voulu vous ennuyer pendant vos vacances, mais maintenant que vous êtes revenu au bercail, je vais recommencer à vous empoisonner la vie. Pour l'instant, je n'ai aucun motif de vous l'empoisonner. Si, un seul : pouvez-vous m'expédier par avion un exemplaire de *Couleur locale* ? À moins que le livre ne soit pas encore imprimé. Je vais vous envoyer entre 15 et 20 000 mots (deux chapitres) de *La Harpe d'herbes* à la fin du mois. Un véritable enfer de travailler dans cette chaleur incroyable, mais vous aimerez peut-être ce que je vous envoie. Newton m'écrit qu'il a été très heureux de déjeuner avec vous. Je passerai sans doute une quinzaine de jours à Venise aux environs du 20 septembre, mais j'ai l'intention de revenir ici pour continuer à travailler. Ce serait plus prudent sans doute de rentrer aux États-Unis, à cause de toutes ces rumeurs concernant les Russes, mais on travaille si bien ici. Qu'en pensez-vous ? Faites mes amitiés à Goyen. Je lui souhaite toute la chance qui soit au monde. Vous me manquez, Bob.

À vous,

T

[Collection Columbia University Library]

À DONALD WINDHAM

Fontana Vecchia
Taormina
20 août 1950

Cher Donny,

Merci pour *Un mariage sicilien*. Comme tu le sais, Mr Sladen est mon écrivain préféré. Je viens à l'instant de commander à la librairie Gotham, de Manhattan, *Un mariage japonais*. Tu m'as également envoyé par erreur *Sicile, un nouveau séjour pour l'hiver*. Tu souhaites sûrement que je te renvoie ce livre qui coûte assez cher.

Quelqu'un t'a sûrement fait lire le *scandaleux* article de Tennessee Williams paru dans le *Sunday New York Times* du 13 août. Au cas où personne ne l'aurait fait, puis-je me permettre de t'apprendre qu'il est illustré par une caricature de Hirschfeld (l'homme qui couvre la section spectacles), censée représenter l'intérieur d'un café parisien. On t'y voit, toi (remarquablement ressemblant), assis à une table avec Tennessee, alors que moi (dessiné comme un monstrueux nabot) je suis dans les bras d'un Hemingway barbu. Il y a d'autres personnes concernées : Paul Bowles, Janet Flanner, etc. L'article qui accompagne cette caricature, et laisse clairement voir ce que peut être un gentleman aussi cosmopolite et sophistiqué que Tennessee, atteint des sommets de vulgarité. Voici le paragraphe nous concernant : « Je n'ai pas été en Sicile cette année. Truman Capote a déployé sur l'élégante station balnéaire de Taormina son écharpe Bronzini. Il est censé habiter l'ancienne maison de D. H. Lawrence. On m'a dit qu'André Gide était là, lui aussi, et le jeune écrivain Donald Windham, dont le nouveau roman, *The Dog Star*, contient quelques-unes des pages les plus sensibles qu'on puisse lire depuis l'apparition de Carson McCullers, il y a dix ans. » Il fait, bien sûr, un bel éloge de ton roman, mais dans quel contexte ! Le ton général est d'une infinie bassesse. S'il se pointe ici, je l'étrangle avec mon écharpe Bronzini. Pourquoi a-t-il éprouvé le besoin d'écrire ça ? C'est du journalisme de très bas étage. Il a sûrement perdu toute notion des valeurs.

Aucune nouvelle sur le front de Taormina – sinon que De Bonneville a filé en laissant derrière lui 100 000 lires de dettes. L'antiquaire Giovanni Panarello est revenu, profondément bouleversé de ne pas te retrouver. Je pars pour Venise le 20 septembre. J'espère t'y voir. Finalement, je crois que nous n'irons pas en Espagne et que nous reviendrons ici jusqu'à Noël. J'irai peut-être passer une semaine à Paris. J'espère que tu m'as écrit de Sirmione. Une étreinte et un bisou à Butch. Même chose à Sandy. Amitiés de Jack, affection de

T

[Collection Beinecke Library, Yale University]

À ROBERT LINSCOTT

Fontana Vecchia
Taormina, Sicile
22 août 1950

Cher Bob,

Merveilleux de recevoir votre lettre. Je venais tout juste de vous envoyer un petit mot. Ravi d'apprendre que

Couleur locale se présente bien. Je meurs d'envie de voir le livre. Pourtant, sauf si l'un de mes trois exemplaires arrivait par air-mail, je ne serai pas revenu ici avant octobre. Il vaudrait mieux, je crois, envoyer mes autres exemplaires aux photographes ou à ces quelques personnes :

1. Karl Bissinger
   c/o *Flair*
2. Louis Frances
   c/o *Flair*
3. Alexander Lieberman
   c/o *Vogue*
4. Harold Holmes
   919 Troisième Avenue
   N.Y.
5. Newton Arvin
   45 Prospect Street
   Northampton, Mass.
6. Mr et Mrs Charles Chaplin
   1685 Summit Drive
   Beverly Hill, Calif.
7. Christopher Isherwood

Je pense que Isherwood aura peut-être envie d'en parler dans le *New York Times*. Envoyez-le à tout le monde, sauf à Carlos Baker, cet horrible bonhomme de Princeton à qui ils avaient donné mes deux livres précédents.

J'espère que Random House a l'intention de faire de la publicité. L'idée intéressante serait de le présenter comme un livre-cadeau.

Aussitôt terminés ces chapitres de *La Harpe d'herbes*, je respire un peu et je passe quelques jours à Venise aux environs du 15 septembre, mais je crois vous l'avoir déjà dit. Écrivez-moi encore une de ces lettres remplies de vos merveilleux commérages. J'ai l'impression qu'on est ensemble à boire un martini. Comme j'aimerais ça – le martini et vous...

Fidèlement

T

P.-S. Merci pour cette étrange caricature de Hirschfeld. S'il y a un bras que je détesterais sentir autour de ma taille, c'est bien celui d'Hemingway.

[Collection Columbia University Library]

À ROBERT LINSCOTT

Venise
21 septembre 1950

Cher Bob,

Merveille, merveille, merveille, de recevoir votre si chaleureux télégramme et de savoir que vous aimez ces premiers chapitres. J'espère que vous aimerez le livre entier. Je ne pourrai sans doute pas vous envoyer la suite avant un ou deux mois. Marian voulait vendre le premier chapitre sous forme de nouvelle. Je lui ai écrit pour refuser. Je ne veux pas que qui que ce soit (en dehors de la famille) en lise des extraits avant publication. Je vous en prie, Bob, ne montrez rien à personne, d'accord ? J'ai reçu un charmant télégramme de Bennett. Il est vraiment gentil de me l'avoir envoyé.

J'ai bu un verre de champagne lundi soir pour fêter la sortie de *Couleur locale*. C'est un vrai beau livre. On ne pouvait rêver mieux.

Ignorez Cyrilly Abels et sa réclamation. La pauvre ! N'occuper qu'une place subalterne à *Mademoiselle* la rend hystériquement malade. Elle a d'excellentes raisons de se sentir inférieure. Laissez-moi lui régler son compte. Ce genre de travail m'enchante.

Il pleut. Comme si l'eau manquait à Venise. Je regagne la Sicile et ma vie monacale dans cinq ou six jours. Vivre à flanc de montagne me donne l'impression d'être moine.

Viens d'acheter le *New Yorker* avec le portrait d'Hemingway par Lillian Ross – extrêmement amusant. Ce type est complètement cinglé, ma parole !

Vous me manquez. Écrivez-moi. À vous.

T

[Collection Columbia University Library]

À BENNETT CERF

Venise
22 septembre 1950

Cher Bennett,

Quel bonheur de recevoir votre télégramme. Vous êtes si gentil de me l'avoir envoyé et je suis enchanté de savoir que vous avez aimé ces chapitres, Phyllis et vous. J'espère que vous aimerez le livre entier. Je regagne mercredi prochain ma sauvage Sicile, car je suis impatient d'y revenir (au roman). Mais j'ai passé d'excellentes vacances à Venise. C'est si beau, ce moment de l'année.

Couleur locale sera-t-il un succès, à votre avis ? Le livre est superbe, et je tiens à vous en remercier tous. Vous êtes si bons pour moi, et vous savez, j'espère, combien j'y suis sensible. Finalement, je n'ai pas vu votre oncle Herbert Wise. J'espérais qu'il viendrait me voir en Sicile avec votre tante, mais le caractère trop primitif de l'endroit les a sans doute fait reculer. Je suis sûr que vous adoreriez, Phyllis et vous. Si vous aviez envie de passer vos vacances d'hiver ici (la maison est merveilleuse et le climat bien meilleur qu'en Californie ou en Floride), je suis prêt à vous offrir le voyage. Je suis devenu *le Grand Seigneur de Sicile**. On a organisé un concours parmi les écoliers de l'île, à celui qui écrira la plus belle dissertation sur le théâtre grec – et j'ai eu beau dire que je ne savais pas lire l'italien, j'ai été promu président du jury ! La maison déborde de manuscrits, les autorités attendent ma décision, et je suis au bord des larmes. Phyllis m'a parlé de votre (ou vos) maison de Provincetown. Ça paraît fort séduisant. Je vous souhaite un excellent hiver, agrémenté d'un petit voyage en Sicile.

À vous,

T

[*Dans la même enveloppe*]

Chère Phyllis,

J'ai trouvé vos chaussures de gondolier et je vous les envoie par la poste. Ma mère, qui était là ces jours-ci, devait les emporter, mais elle les a oubliées. Je l'ai chargée, de toute façon, d'une petite babiole pour vous. Elle la déposera chez Random House en regagnant New York le mois prochain. Votre lettre m'enchante. J'aimerais tellement vous aider à repeindre vos bicoques. Je ne pense pas revenir à New York cet hiver (quoiqu'on ne sache jamais), mais je pense souvent à vous et vous me manquez. Ce serait si bon de déjeuner ensemble pendant quatre longues heures. Écrivez-moi, chère amie. Amitiés et *mille tendresses**,

T

[Collection Columbia University Library]

À ANDREW LYNDON

Taormina
1er octobre 1950

Chéri,

Reçu ta si tendre lettre à Venise, et aujourd'hui, en arrivant, j'en trouve une autre datée du 10 septembre. Ce que tu m'apprends m'attriste et me bouleverse. Je ne peux pas croire que vous en soyez là. J'ai longuement réfléchi, et malgré ton interdiction, j'ai écrit à Harold, non pour le critiquer (ou toi), mais pour qu'il sache que je ne vois là qu'un immense gâchis. *Allons**.

Écoute-moi, chéri : nous te proposons d'occuper notre appartement de la 76e Rue. Tu peux emménager dès maintenant. Le loyer est de 16 dollars par mois. Téléphone à Robert, le frère de Jack, soit chez lui (Re 7-1085), soit au *Wall Street Journal*, où il travaille, et demande-lui les clefs. Nous ignorons absolument la date de notre retour, mais ce n'est pas pour tout de suite. J'ai proposé l'appartement à Newton, mais il ne s'y plaira pas, surtout dans l'état d'esprit où il est. Il lui faut quelque chose de plus confortable. Peut-être pourras-tu l'aider. Dis-moi sans attendre si tu t'y installes.

Très heureux que tu aies aimé *Couleur locale*. N'ai vu ni entendu la moindre critique. Exactement comme si on l'avait jeté au fond de l'océan. Random House a-t-il fait un peu de publicité ? Ravi de savoir que Doris Lilly a vendu *Comment épouser un millionnaire* ; j'espère que Phoebe l'aidera à finir son livre. J'espère aussi que tes scripts de télévision se présentent bien. Je pense que *L'Homme pétrifié* donnerait quelque chose d'excellent.

Notre virée à Venise et à Rome n'a été qu'une succession de plaisirs, beaucoup de gens à voir, beaucoup de verres à boire, et j'étais exsangue et sans forces en regagnant ma silencieuse Taormina. Mais aussi heureux que je sois d'être rentré, New York me manque, parce que vous y êtes, Phoebe et toi, et tous ceux qui comptent pour moi. Il faut pourtant que je prenne mon courage à deux mains et que je tienne bon pour finir mon livre. Cette montagne solitaire, le vent, l'hiver qui vient – oh ! quelle angoisse, malgré tout.

Espères-tu revoir Harold ? Où en êtes-vous exactement ?

Si Goyen est revenu à New York, fais-lui mes amitiés. Je trouve les critiques de son livre, le peu que j'en ai lu du moins, particulièrement idiotes et sinistres.

Je t'aime, mon chéri, tu es le plus précieux de mes amis, tu es constamment avec moi. Tonnes de bisous.

T

[Collection New York Public Library]

À GRAY FOY ET LEO LERMAN

Fontana Vecchia
Taormina, Sicile
5 octobre 1950

Gray, Leo, mes bien chers,

J'ai adoré vos deux lettres, et j'y réponds en même temps, car les nouvelles, Dieu merci, ne manquent pas, et ce serait absurde de les répéter.

Nous avons passé le mois de septembre à Venise, et c'était merveilleux, exactement ce dont j'avais besoin après ce long travail d'été : oh ! j'ai vraiment travaillé, croyez-moi, avec acharnement, et j'espère que vous en penserez du bien. Merci, cher Gray, d'avoir aimé *La Maison des fleurs*. Enchaînons. Un soir (à Venise) sur qui sommes-nous tombés, se baladant nonchalamment ? Sur Howard Rothschild – ce qui n'a jamais été une vision fascinante, mais que lui est-il donc arrivé ? Avec sa lippe amère, son allure générale, il fait plus que jamais penser à un plaqueminier du Japon. J'ai simplement dit bonsoir, et j'ai poursuivi mon chemin. Autre incident : un soir, au *Harry's Bar*, où il y a toujours tant de monde qu'on ne reconnaît plus sa propre main, un grand diable s'est plié en deux et m'a salué avec effusion. Je ne savais rien de lui, en dehors du fait qu'il était anglais, mais il m'a demandé : « Comment va Leo ? », et j'ai pensé brusquement : ce doit être l'écrivain Henry Green (que j'avais rencontré un soir chez toi, Leo). Je l'ai donc présenté aux gens qui étaient là comme étant Henry Green. Le lendemain, il m'invite à déjeuner et je m'étonne de le voir arriver flanqué d'une créature qu'il ne pouvait qu'avoir ramassée sur un trottoir de Limehouse. Tiens, me suis-je dit, j'ignorais qu'Henry Green était « comme ça ». J'ai commencé à parler livres, etc. Mais l'Henry Green en question semblait très étranger à ce que je disais, ce qui augmentait ma stupeur. Il s'est finalement avéré que ce n'était pas du tout Henry Green. Il s'appelait Peter Wilson. J'en ai été malade.

Êtes-vous au courant de la rupture Andrew-Harold ? Jamais je n'aurais cru Harold capable d'aller jusque-là.

J'avoue, cher Gray, que cette maison où tu vivais à Chicago me paraît prodigieusement sinistre. Quelle tristesse de penser que tu étais là-bas, si loin de l'exquis confort de l'appartement de Leo.

J'aimerais maintenant que vous racliez le fond de vos poches et que vous offriez *Couleur locale* à tout le monde, comme cadeau de Noël. Je crains fort que les ventes ne se limitent qu'à mes seuls amis.

Leo, mon agneau, j'ai très envie de lire ce que tu es en train d'écrire. Ton sujet est si merveilleux. J'espère que ça avance.

Je suis heureux d'être rentré à Fontana Vecchia. C'est angoissant et solitaire, mais j'y suis parfaitement bien. Ils viennent de faire les vendanges, et l'atmosphère respire le doux parfum du vin nouveau. Nous serions si contents que vous soyez là tous les deux. Vous me manquez, mes chéris, et je vous envoie ma plus tendre affection.

T

[Collection Columbia University Library]

À ROBERT LINSCOTT

Taormina, octobre 1950

Grand Chef Blanc,

Je suis enfin rentré, j'ai repris le collier, mais je n'ai pas rejoint tout de suite la maison dans les arbres où vivent mes personnages. Je me débats en effet avec un article promis à *Bazaar* vantant les charmes de ma maison sicilienne (j'ai besoin d'argent, cher Grand Chef).

Ma nouvelle *Une guitare en diamant* paraît dans *Bazaar* de novembre. Soyez gentil de la lire.

Je reçois à l'instant un premier échantillon des critiques de *Couleur locale*, bonnes presque toutes, et, pour une fois du moins, le crachat des grands singes qui se tambourinent la poitrine avec autorité me semble moins venimeux que d'habitude. Dieu me préserve qu'ils me prennent en affection et ne me serrent sur leur cœur. Ce jour-là, je ferais mieux de disparaître. J'espère qu'on en vendra quelques exemplaires. Je me sentirais tellement coupable si Random House était contraint à des réductions de personnel et vous transformait tous en femmes de ménage.

Vos réactions à la lecture de mes premiers chapitres m'ont rendu fou de joie. C'est pour moi un univers plus vrai que tout ce que j'ai écrit jusqu'ici, et probablement que tout ce que j'écrirai par la suite. Mais, aussi nourrissant qu'il soit, il me plonge dans un état d'émotion déchirante. Ces souvenirs me brisent toujours le cœur. J'en pleure – c'est très étrange, comme si j'avais perdu tout contrôle sur moi-même et sur ce que j'écris. Mais ma vision est parfaitement claire, et si je parviens à rendre vivante la moitié de cette vision, ce sera un beau livre.

Reçu ce matin une lettre de Goyen. Je l'aime beaucoup. Je trouve très bon le titre de son prochain livre : *Le Fantôme et la chair*. Je reçois par le même courrier la plus effrayante des nouvelles : mon cousin Gordon Persons vient d'être élu gouverneur de l'Alabama – effrayante, car il a, sans exagérer, une cervelle en mie de pain. Que va devenir notre pauvre Amérique ?

C'est le temps des vendanges. Je suis allé dans les vignes et j'ai plongé moi-même dans une ou deux cuves pour écraser le raisin. Délicieuse impression, splash, splash…

Vous savez sans doute que Newton vient d'avoir une dépression nerveuse et qu'il ne reprendra pas ses cours au Smith College. J'estime qu'il devrait se décider à quitter Northampton pour de bon.

Écrivez-moi, cher Bob. Ces journées d'automne éveillent en moi de terribles nostalgies. J'aimerais tant me perdre avec vous dans Madison Avenue. Mes meilleures pensées à tous, et toute mon affection.

T

P.-S. Phoebe et Doris Lilly ont finalement vendu *Comment épouser un millionnaire* à Putnam.

[Collection Columbia University Library]

À CECIL BEATON

Taormina, octobre 1950

Cecil, mon bien cher,

Si heureux de trouver votre lettre au retour de Venise. Mais, Seigneur Dieu, mon tendre ami, vous devriez être ici, à Taormina, loin de vos pluies et de vos frustrations. L'image de votre jardin noyé me désole, comme me désolent tous les problèmes que vous pose Greta Garbo. Rassurez-vous, pauvre agneau, votre jour de gloire n'est plus très loin. Triste, malgré tout, que l'occasion de porter votre si élégant complet ne se soit jamais présentée. Pourquoi ne pas faire un saut jusqu'ici ? Le soleil reste éclatant, la mer plus chaude que jamais. Mais les jours froids vont arriver – et j'imagine l'hiver solitaire qui m'attend, car si je veux travailler en paix, je me dois de rester ici. Dieu sait pourtant si j'aimerais être à New York, pour quelques mois du moins. Mais, bon ! Peut-être viendrez-vous nous rejoindre au printemps. Nous avons passé d'exquis moments à Venise – nourriture succulente, ce qui n'est pas, vous devez vous en souvenir, le point fort de notre Sicile. Sûrement assez sinistre, ce thé que vous avez partagé avec Fulco di Verdura, Simon Fleet et Juliet Duff : j'entends par là que Juliet et Jules se haïssent sûrement. J'*aimerais* tellement lire votre nouvelle version des *Jeunes Filles de Gainsborough.* La situation de départ est pleine de promesses. Pourquoi ne pas m'envoyer un double du manuscrit ? Je vous le renverrai très vite. J'ai entendu dire que si Garson Kanin et Ruth Gordon avaient renoncé à la pièce de Janie, c'est qu'ils exigeaient la totalité des droits et qu'Oliver Smith les leur refusait. Je suis si heureux que vous aimiez *Couleur locale.* Personnellement, je trouve le livre très beau. Peut-être aura-t-il la chance de se vendre comme cadeau de Noël – espoir parfaitement vain, sans doute. De qui à votre avis ai-je reçu une lettre, parmi tous les êtres humains ? De Themistocles Hoetis en personne – rentré à New York et cherchant du travail. Je crains fort, en toute franchise, qu'il ne soit tout à fait inutilisable.

Pardonnez-moi de vous abandonner, mon bien cher. Mes personnages m'attendent, perchés dans leur arbre. Ils n'aiment pas rester trop longtemps immobiles. Ai-je besoin de vous dire que vous me manquez ? Écrivez à votre si malheureux ami qui vous aime et qui adore vos lettres.

*Mille tendresses**

T

Jack vous fait ses amitiés. Kelly se plaint : votre jambe lui manque.

[Collection St. John's College, Cambridge University]

À WILLIAM GOYEN

Taormina, Sicile
12 octobre 1950

Bien cher Bill,

J'adore t'imaginer en train de tricoter, de repriser et d'écrire sur une table de cuisine. Mais tu ferais mieux, tout compte fait, de regagner New York. Chicago ? Jamais ! Je trouve très beau le titre de ton prochain livre, *Le Fantôme et la chair*. Surtout garde-le. Il a pour moi un incroyable pouvoir d'évocation, et j'ai hâte de lire ces nouvelles.

Nous avons passé septembre à Venise – exactement le genre de vacances dont j'avais besoin, mais qui a eu pour résultat de me faire souffrir comme un damné quand il a fallu me remettre au travail. J'ai les nerfs à vif. Les critiques de *Couleur locale* sont bonnes dans l'ensemble, mais sans intérêt, et je suis complètement écœuré par la publicité faite par Random House, si mesquine et si maladroite. J'aurais préféré, crois-moi, n'avoir aucun placard publicitaire plutôt que d'être relégué en fin de liste de leur production (ou même en tête). Ils sont parfaits pour moi sur bien des plans, mais j'ai quand même le droit de me plaindre.

Tu en reviens donc à tes ruses médiocres – pourquoi ne pas me dire franchement ce qui se passe dans ta vie ? Tu occultes tout. Alors que je suis à des milliers de kilomètres…

C'est le temps des vendanges. On prépare le vin nouveau. Le signor Barti, un ami, m'a permis de fouler le raisin, et c'est un tel plaisir de danser d'un pied sur l'autre, et de sentir ces belles grappes gorgées de soleil s'écraser en douceur.

Andrew m'inquiète. Je me demande ce qui va se passer. C'est quelqu'un de si tendre, de si charmant – et vulnérable. Mais peut-être ignores-tu qu'entre Harold et lui c'est fini. Harold ne valait pas grand-chose, mais il offrait un point d'ancrage à Andrew – sans parler d'un soutien financier. Andrew occupe actuellement l'appartement de Jack, pratiquement au coin de ta rue : 232, 76e Rue Est. J'aimerais que tu ailles le voir.

Le journal italien *Il Tempo* vient de consacrer un article aux jeunes écrivains américains et tu as droit à un long paragraphe très flatteur. Je voulais te l'envoyer mais je ne le retrouve plus.

Nous avons passé quelques jours à Rome mais n'avons pas vu Gian Carlo Menotti. Je n'ai pas eu le courage d'essayer de savoir où il résidait. Quel genre de livret d'opéra écris-tu pour Samuel Barber ? J'ai tenté d'en écrire un pour Aaron Copland, sans bien comprendre l'intérêt qu'on pouvait en tirer : vanité, je suppose – je n'arrêtais pas de penser qu'Aaron en retirerait tout le bénéfice.

Connais-tu Marylou Aswell (ou Peters) ? Je suis certain que tu l'aimerais beaucoup. Elle représente exactement ce dont a besoin un ermite de ton genre.

Ah ! petit ermite, tu manques à Truman qui t'aime. Écris-lui vite, je veux dire dans les vingt minutes qui suivent. *Mille tendresses**, mon précieux.

T

[Collection inconnue]

À MARY LOUISE ASWELL

Fontana Vecchia
Taormina, Sicile
30 octobre 1950

Précieuse Marylou,

J'ai été si heureux de recevoir ta lettre. Elle a fait naître en moi un violent désir de te voir. Oh ! si c'était possible ! J'espère que le livre que j'écris compensera, au moins pour moitié, tous les sacrifices que je fais : ne pas être avec ceux que j'aime.

Ma chérie, tu peux écrire à Newton au 45 Prospect Street. Il ne donnera plus de cours cette année au Smith College. Je crois qu'il veut passer le mois de novembre à New York, et il part en janvier enseigner dans l'Ohio – une façon, à mon avis, de rompre avec Northampton. Je prie pour que vous le rencontriez, Fritz et toi.

Je suis navré que Frances McFadden quitte *Bazaar*. Elle a toujours été parfaite envers moi. S'en va-t-elle simplement pour être plus au calme ? J'espère qu'elle a aimé *Une maison en Sicile*. Que tu l'aies aimée, toi, m'enchante. À propos de maison, où habites-tu ?

Reçu une lettre de Pearl, qui aurait l'intention de venir nous voir, et nous avons une jolie chambre pour elle. Mais, l'Angleterre mise à part (beurk !), j'ai l'impression qu'elle n'aime pas l'Europe.

As-tu vu cette ignoble Jane Bowles ? Pas un mot, ni à Jack, ni à moi, depuis le printemps. Conseille-lui de redescendre un peu sur terre.

Taormina est un désert, à l'exception d'Orson Welles, que j'aime beaucoup. Il a un projet de film qui se tournerait ici. Je crois qu'il s'entendra parfaitement avec Pearl. Je m'y emploierai de toute façon.

Chérie, je sais que tu vas bien et que tu es heureuse. Fais mes amitiés à Fritz, à Duncan, à Pidgy – comme ils doivent être grands, Seigneur Dieu ! Et moi, Seigneur Dieu ! qui viens d'avoir 26 ans – j'aurais tellement aimé m'en tenir à 25.

Jack t'envoie ses amitiés. Moi aussi, les plus tendres.

T

[Collection Famille Aswell]

À ROBERT LINSCOTT

Fontana Vecchia
Taormina
Novembre 1950

Cher Bob,

Tout le monde prétend que l'hiver en Sicile est une saison merveilleuse : absolument faux, je gèle. Mais je pense à vous, bien au chaud dans votre ravissant appartement, douillettement assis devant votre radio, et ça me redonne du courage. Parlez-moi des délices de la civilisation…

J'ai terminé un nouveau chapitre du livre, mais je ne vous l'enverrai pas avant d'avoir écrit le suivant. J'espère que vous l'aimerez. Avez-vous lu *Une guitare en diamant* ?

Bob, pouvez-vous me faire un grand plaisir ? J'ai oublié d'envoyer *Couleur locale* à mon ancien professeur et je la sens ulcérée. Son adresse : Catherine Wood, Peter's Rd., Riverside, Conn.

Dans l'intérêt de mon travail, j'ai décidé de rester ici. Je suis pris par moments d'un violent désir d'être ailleurs. Mais malgré tout, j'aime vraiment la Sicile.

Vous me manquez. Écrivez-moi.

Amitiés,

T

Je reçois votre lettre à l'instant. Je suis complètement effaré par cette histoire de Phoebe. Pourquoi, au nom du ciel, s'est-elle mis en tête que vous alliez lui verser 350 dollars ? Incroyable. Il y a deux ans environ, sa mère, qui est folle à lier, a fait d'absurdes placements avec l'argent que lui avait laissé Mr Pierce – si bien que Phoebe n'a plus rien. Il faut qu'elle soit dans une situation très grave pour avoir fait cette démarche insensée. Je suis sans nouvelles d'elle depuis plusieurs semaines.

Je suis déçu par *Couleur locale*. On aurait dû en vendre davantage, ce qui arrivera, peut être. Comment se vendent les livres de voyage d'Isherwood ?

Vous êtes sûrement au courant de l'horrible drame qui arrive à Marylou Aswell. Je l'avais suppliée de ne pas épouser l'abominable Fritz Peters. Un fou. Ça se voit au premier coup d'œil. Il a tenté de la tuer en jetant sa voiture contre un arbre.

Écrivez-moi. Faites mes amitiés à Bennett et à Bob Haas.

[Collection Columbia University Library]

À CECIL BEATON

Taormina
Novembre 1950

Cecil, mon bien cher,

Je rentre à l'instant d'un passionnant voyage à l'intérieur de l'île. Quel dommage que vous n'ayez pas vu ces merveilles quand vous êtes venu – les villages à flanc de montagne, admirables, à couper le souffle. Nous sommes restés quelques jours à Palerme avant de gagner Monreale : la cathédrale est aussi belle que vous nous l'aviez décrite, d'une si austère opulence. Mais je suis heureux d'avoir retrouvé Taormina. Croyez-vous que je finirai un jour par m'en aller d'ici ? Nous nous reverrons sûrement en Italie au printemps prochain.

J'espère, précieux ami, que vous avez passé de bonnes vacances à Paris – j'entends par là, que vous y avez pris le bon temps nécessaire. Ne vous épuisez pas trop à New York. Si vous résidez au *Sherry-Netherland*, comme je le pense, c'est là que je vous écrirai. Et vous serez finalement tout heureux de regagner votre tour.

Une amie, qui a vu *La Seconde Mrs Tanqueray*, m'a dit que vos décors et vos costumes étaient de toute beauté et expliquaient le succès de la pièce. Elle a trouvé Eileen Herlie plutôt monotone. Soyez donc rassuré et parlez-moi des spectacles new-yorkais – en même temps que d'autres choses, genre : George Davis, Greta Garbo, Jane Bowles, etc.

Chose bizarre : deux semaines environ après le départ d'Hansen, un véritable régiment m'a apporté un poste de radio, une cinquantaine de livres et deux cents disques – Hansen avait décidé de me les offrir. Et voici ce qui me rend triste : je n'ai jamais parlé à cet homme – sauf le jour où j'étais en bateau avec vous. Pensez-vous qu'il m'ait entendu de si loin ? Autre chose bizarre : Orson Welles m'a proposé de jouer dans son film. J'ai évidemment refusé. Il voudrait louer Bastine, la maison de Fulco, mais il semble y avoir quelques difficultés. Êtes-vous de si grands amis ? Il parle de vous comme si vous aviez grandi ensemble.

Mon livre avance. J'ai hâte de vous en faire lire de nouveaux passages. Surtout, bien cher, ne parlez à personne du peu que je vous ai montré – mais quelle raison auriez-vous de le faire ?

Où en est la publication de votre *Photobiographie* ? Je souhaite que vous en vendiez un milliard d'exemplaires, ce qui risque d'arriver si un club du livre l'achète.

C'est tout pour le moment. Jack vous fait ses amitiés. Kelly dit que c'était bien plaisant de se frotter contre votre jambe. Moi, vous me manquez entièrement, jambe incluse. *Bon voyage**. Et toute mon affection.

T

[Collection St. John's College, Cambridge University]

À ANDREW LYNDON

Fontana Vecchia
Taormina
14 novembre 1950

Petit cœur,

J'ignorais tout de Marylou jusqu'à ta lettre. Et Pearl, qui est ici, a reçu dans l'après-midi une lettre de Marylou elle-même – disant que Fritz avait cherché à la tuer et qu'il était hospitalisé. N'est-ce pas exactement ce que j'avais prophétisé ? Qu'un jour il essaierait de la tuer ? Je ne retire aucun plaisir, bien sûr, aucune fierté d'avoir eu raison. Pour elle, ce doit être *l'enfer*. J'aimerais tellement être à New York pour lui venir en aide.

J'ai reçu une lettre de Linscott, dont un paragraphe concernant Phoebe m'a beaucoup inquiété. Elle est allée le voir à son bureau, dans un état d'extrême désarroi, en lui disant qu'elle avait désespérément besoin de 350 dollars. Il lui en a donné 20 et elle a paru soulagée. Que se passe-t-il de si grave ?

(3 heures plus tard)

Je venais à peine de finir la page précédente quand quelqu'un, qui n'était autre que Robert Horan, a sonné chez moi. Je l'ai invité à déjeuner. Je dois avouer qu'il a été très drôle et très charmant. Il a l'air de vouloir rester ici quelques semaines.

Non, mon enfant, je n'ai pas posé ma candidature pour une bourse Guggenheim. J'ai simplement reçu une étrange circulaire de l'administrateur, Mr Henry Moe, me demandant des exemplaires de mes livres. J'ignore pourquoi.

J'espère que Newton est à New York et que vous avez été voir la pièce de Christopher Fry : *La dame ne brûlera pas*. À la lecture, je l'ai beaucoup aimée – mais quelques individus, genre Auden ou Beaton, m'ont expliqué que j'avais tort.

Je t'ai envoyé une carte postale hier pour te dire que nous venions de faire le tour de la Sicile. D'une extrême beauté quant aux paysages, mais très éprouvant sur le plan personnel, car Peggy Guggenheim nous accompagnait, et elle n'aime pas Jack qui le lui rend bien : véritable sujet de roman.

Il Tempo, le journal de Rome, a consacré l'autre jour un long article à un jeune écrivain américain, appelé Donald Windham, qui, ayant rencontré deux jeunes gens au Colisée, les a invités à venir chez lui (« Ils m'ont dit qu'ils allaient me montrer les beautés de Rome... ») et ils l'ont attaqué, bâillonné, ligoté et complètement dévalisé. C'est la troisième fois en quatre mois que Donny se fait arnaquer. Ça va devenir légendaire. J'espère qu'il finira par comprendre et rentrera chez lui – peut-être sur l'injonction du gouvernement italien. Ils ne peuvent quand même pas fourrer en prison tous les jeunes prostitués mâles. Le garçon de Taormina en a pris pour six ans !!!

Il est tard, mon précieux enfant. Tu me manques plus encore quand vient la nuit. Écris-moi, tendre ami. Amitiés à Harold. Amitiés de Jack, de Kelly

et de

Moi

[Collection New York Public Library]

À ROBERT LINSCOTT

Taormina
2 décembre 1950

Cher Bob,

Vous êtes si bref – et moi, j'aime les détails : ce que vous faites, qui vous voyez. Mais, pauvre agneau, je sais que vous vivez enseveli sous la neige.

Je vous enverrai de nouveaux chapitres dans une petite semaine. Ce qui représentera la moitié du roman. Impatient d'avoir votre réaction. Si Bennett et Bob désirent les lire, d'accord, mais, j'insiste, personne d'autre. Je vous enverrai également une petite babiole pour Noël. Jetez un œil à la salle du courrier pour vérifier qu'elle ne s'est pas perdue.

Newton m'écrit qu'il est tombé sur vous l'autre jour dans la rue. L'avez-vous trouvé mieux ?

Je redoutais un dîner de Thanksgiving qui s'est finalement bien passé – mais la dinde était coriace.

Je suis de plus en plus inquiet au sujet de Phoebe – pas seulement pour l'incident qui vous concerne, mais pour plusieurs autres histoires bizarres qu'on m'a rapportées. À croire qu'elle a perdu la tête. Sa situation est sûrement très angoissante – vivre avec sa mère folle dans une chambre d'hôtel minable. Mais elle est en grande partie responsable – elle a laissé tomber deux jobs intéressants.

C'est d'autant plus enrageant qu'elle a, j'en suis certain, un énorme talent. Pour moi, c'est comme si elle cessait brusquement d'être elle-même.

L'Etna s'est réveillé la semaine dernière – catastrophe qui se prolonge : chaque jour une nouvelle éruption. Je l'aperçois en ce moment de l'endroit où je suis assis – sept coulées de lave ardente s'échappent du cratère, vision terrifiante mais d'une incroyable beauté, surtout la nuit.

Vous me manquez, Bob.

À vous, toujours,

T

[Collection Columbia University Library]

À BENNETT CERF

Truman Capote
Fontana Vecchia
Taormina, Sicile
5 décembre 1950

Cher Bennett,

Il y aurait, si j'ai bien compris, dans la nouvelle comédie musicale *Guys and Dolls*, une chanson ayant pour titre *Un bécot, un bisou* (« Je t'aime, un bécot, un bisou, un bras autour du cou »). Si vous ouvrez *Les Domaines hantés* à la page 84, vous trouverez ceci : « Je t'aime, Joel, un bécot, un bisou, un bras autour du cou. » Mot pour mot ma phrase. Or, contrairement à Oscar Wilde, je ne suis pas encore dans le domaine public. En d'autres termes, si vous en êtes d'accord, j'ai l'intention de donner suite. Dans quelle mesure une démarche de cet ordre concerne-t-elle Random House ?

Il y a quelques semaines, un nommé Gilbert a téléphoné à Marian Ives, mon agent, en se présentant comme le porte-parole légal de G. Schirmer, Irving Berlin, etc. Il voulait savoir où j'avais trouvé cette comptine : « un bécot, un bisou »... Mon agent a répondu qu'elle pensait que j'en étais l'auteur. Pourquoi ? a-t-elle demandé. Oh ! juste pour savoir.

Je n'ai pas l'intention de laisser les choses en l'état. Mais le plagiat est tellement criant qu'il n'y a aucune raison d'aller jusqu'au procès. Cela étant, je suis peut-être d'une grande naïveté en ce domaine. Qu'en pensez-vous ?

Faites lire, je vous en prie, cette lettre à Bob.

J'écris à mon avocat par le même courrier. Au cas où celui de Random House voudrait le contacter, il s'appelle Nathan Rogers, 511 Cinquième Avenue.

Amitiés à Phyllis, et toute mon affection

Truman

[*L'affaire a été classée quand la mère de Truman Capote a téléphoné à Bennett Cerf pour lui dire qu'il s'agissait d'une vieille comptine du Sud, qu'elle chantait à son fils quand il était enfant.*]

[Collection Columbia University Library]

À ANDREW LYNDON

Fontana Vecchia
Taormina, Sicile
Veille du jour de l'An

Précieux trésor,

Si heureux d'avoir reçu ta si longue lettre et oh ! si riche de nouvelles. Que t'a apporté le Père Noël ? J'ai reçu un chandail rouge et noir de Jack, une paire de gants de Pearl, un livre de Newton, un livre de Linscott, 25 dollars de Nina et Joe, un porte-cigarette en or des Cerf, *et c'est tout**. Mais nos fêtes de Noël ont été complètement gâchées (euphémisme) par Robert Horan, qui a tenté de se suicider. Il y est presque parvenu : barbituriques. Résultat : j'ai été obligé de l'accompagner à Milan (900 miles) où Gian Carlo Menotti (le pauvre homme) a récupéré ce fardeau. C'est une histoire sinistre et sordide. N'en parle surtout à personne. Au retour, je me suis arrêté deux jours à Rome et c'était assez distrayant. Vu des quantités de gens, parmi lesquels Donny – qui s'est fait voler tout son argent et se prépare à regagner l'Amérique. Il embarque en Angleterre le 30 janvier. Rentré à Taormina hier soir, heureux d'y être de nouveau. Je ne suis pas certain de réussir un jour à quitter cet endroit. Le texte que j'ai consacré à ma maison sicilienne est-il dans *Bazaar* de janvier ? Il devait l'être.

En ce qui concerne Phoebe, je l'ai vue traverser des périodes semblables à celle-ci, mais jamais aussi graves, et je crois que ce qui se passe va marquer une sorte de pause dans nos relations amicales. Ce trafic de chèque avec Marguerite Young est absolument incroyable. Tu me demandes ce que tu peux dire ou faire ? À mon avis, rien. Parce que ce n'est rien. Ses propres hallucinations mises à part, je m'étonne qu'elle compte vraiment sur une vente aux magazines. Si j'ai bien compris, le livre paraît en avril. C'est donc bien trop tard pour vendre à qui que ce soit, tous les magazines travaillent avec plus de quatre mois d'avance.

Merci pour ton « compte rendu » de *Bless You All*. Cecil m'en a parlé de son côté, et il est d'accord avec toi : lugubre.

J'ai lu en effet l'article que le *Time* a consacré au livre de Newton. J'espère qu'il recevra le Prix Pulitzer – ce serait une honte qu'il ne l'ait pas. Les rares lettres qu'il m'envoie sont énigmatiques. Comment le trouves-tu ? Franchement ? Qu'en est-il de son histoire avec Morton ? J'espère, mon bien cher, que tu as échangé quelques petits câlins avec lui quand il était à New York. Sois sincère avec ta petite mère. Elle a si rarement l'occasion, pauvre petite mère, d'entendre la vérité ces jours-ci.

Pearl est toujours ici. Ce n'est pas, hélas, une fille d'un caractère bien exaltant, mais je crois que tout va bien. Jack a l'air de la supporter. Elle vient de descendre au bureau de poste, car Victor Kraft doit l'appeler depuis Rio de Janeiro.

Tu me manques sans cesse, mon précieux enfant. Jack t'envoie ses amitiés, ainsi qu'à Harold. Quantité de bisous, quantité d'affection

T

P.-S. BUON CAPO ANNO [*sic*]

[Collection New York Public Library]

À JOHN MALCOLM BRINNIN

Fontana Vecchia
Taormina, Sicile
7 janvier 1951

Bien cher Malcolm,

J'ai passé quelques jours à Venise la semaine dernière : admirable, une poussière de neige sur le Grand Canal, la piazza San Marco immense et déserte, une sublime bouffée de chaleur lorsqu'on poussait la porte du *Harry's Bar* – j'ai pensé à toi, voulu t'envoyer une carte postale, mais je préfère t'écrire une lettre, car j'ai beaucoup de choses à raconter. Ici, c'est déjà le printemps, la vallée est comme inondée d'amandiers en fleur et nous pouvons déjeuner sur la terrasse. Pearl est toujours là. Votre ami commun, Dylan Thomas, est parti pour la Perse, mais je crois qu'elle doit le retrouver à Londres au milieu du mois prochain. *C'est vrai amour**.

Parlons de Jack : il a été si heureux que tu t'intéresses à son livre. Il préfère, pour plusieurs raisons, ne pas encore envoyer le manuscrit – la plus importante étant que nous sommes sur le point de rentrer à New York. Il est donc préférable qu'il l'emporte avec lui. Il a beaucoup écrit et travaillé. Ce sera je crois un roman surprenant. Nous pensons sérieusement partir en mars. Perspective que je hais, mais les menaces de guerre deviennent si sombres que les Américains ont intérêt à regagner leur pays. Jack te montrera son manuscrit à ce moment-là.

Tu sais sans doute que Newton va donner des cours à l'université de l'Ohio – avec un salaire INCROYABLE. J'espère qu'il ne reviendra jamais à Smith College.

Il semble que Marylou, dans ses lettres du moins, se soit reprise en main. Quand les gens finiront-ils par m'écouter ? J'avais tout prévu, jusqu'à cette tentative de meurtre. Mais ce n'est pas le genre de prophétie qu'on soit fier d'avoir faite. J'espère que tu la vois de temps en temps.

Robert Horan nous a fait vivre une expérience atroce (surtout n'en parle à personne). Il a tenté de se suicider, y est presque parvenu : barbituriques. J'ai été obligé de tout affronter : médecin, police, rien pu faire d'autre pendant dix jours. Nous nous en sommes finalement débarrassés sur Gian Carlo Menotti – pauvre signor Menotti, un bien sale moment à passer. Mais je suis vraiment désolé pour Horan. C'est un être perdu.

J'ai écrit un peu plus de la moitié de mon roman. Si j'ai la patience et la concentration nécessaires, j'espère l'avoir fini cet été.

Tout le monde m'écrit que les séances de ton Centre de poésie ont un grand succès. Est-il trop tard pour figurer au programme ? J'aimerais bien – fin avril environ – et je compte sur un chèque de 200 dollars. Dis-moi si tu peux arranger ça. Je me suis fait faire le plus beau des costumes (en velours vert olive) et il me faut absolument une occasion de l'exhiber.

Amitiés à Bill Read. J'aimerais tellement vous voir ici tous les deux, assis au soleil. Écris-moi par retour du courrier. Je t'envoie toute mon amitié, petit enfant aux yeux bleus.

T

[Collection University of Delaware Library]

À WILLIAM GOYEN

Fontana Vecchia
Taormina, Sicile
19 janvier 1951

Cher Bill,

Quel plaisir de savoir que tu vas enfin quitter Chicago. Je suis presque sûr que tu aimeras Yaddo. C'est le meilleur moment pour y séjourner : très peu de monde. J'ai souvent envie d'y retourner. Mais le séjour que j'y ai fait a marqué un tel tournant dans ma vie que j'en ai un peu peur. On y travaille merveilleusement bien et tu finiras certainement ton livre. Ah ! Seigneur Dieu, si je pouvais arriver à finir le mien ! J'en suis encore loin. Dieu seul sait quand arrivera ce jour béni. J'aime vraiment ton titre : *Le Fantôme et la chair*. Est-ce un livre court ? Je suis impatient de le lire. Oui, Pearl est avec nous. Elle s'en va le mois prochain passer une semaine en Allemagne avant de regagner les États-Unis.

Il faut que je te parle de Robert Horan, mais je ne sais par où commencer. Il a passé deux mois ici, et je l'aimais beaucoup. Il se trouvait dans une situation manifestement périlleuse et je sentais qu'il souffrait d'une grave faillite intérieure, sans du tout prévoir ce qui allait se passer. Début décembre, sa conduite est brusquement devenue alarmante. Quand nous l'invitions à dîner, il refusait de regagner son hôtel. Un matin, je descends de ma chambre et je m'aperçois qu'il a passé la nuit dans l'un des fauteuils du living-room glacial. Il manifestait en même temps une hostilité de plus en plus violente envers Jack, au point que Jack ne pouvait plus ouvrir la bouche. Finalement, nous ne l'avons pas vu pendant trois ou quatre jours. Je lui ai envoyé des messages à son hôtel. Une nuit, l'hôtel m'a appelé d'urgence. Robert venait d'avaler un tube de barbituriques, mais, à la suite d'une nausée, il en avait vomi une grande partie. Le médecin lui a fait une piqûre de caféine. Je lui ai servi d'infirmier-confident pendant quelques jours. Il était obsédé par Menotti, n'arrêtait pas de me dire à quel point il l'aimait, voulait le retrouver, ne pouvait pas vivre sans lui. Tu connais la situation mieux que moi. Nous avons réussi à joindre Gian Carlo à Milan. La première de son opéra devait avoir lieu le lendemain soir. Comme je ne pouvais plus assumer cette responsabilité, nous avons décidé que Robert irait le retrouver. La veille de Noël, il s'est senti assez bien pour venir nous voir, mais il s'est effondré aussitôt. Je l'ai veillé pendant trois jours parce qu'il répétait qu'il allait se tuer.

Comme tu l'imagines, j'étais épuisé. Impossible de travailler, pas une ligne d'écrite pendant toutes ces semaines. La maison était en plein chambardement. Il devait partir pour Milan le mardi. Il m'a dit au dernier moment qu'il était incapable de faire le voyage – et j'ai pressenti les nouvelles semaines d'angoisse qui m'attendaient. La seule solution était que je l'emmène moi-même à Milan. Un voyage à te faire dresser les cheveux sur la tête – impossible actuellement de te le raconter en détail.

La suite de l'histoire est sinistre et sordide. Quand nous avons fini par arriver à Milan, Gian Carlo n'était pas à l'hôtel. Il assistait à une répétition. Je l'aurais tué. Robert, de son côté, dramatisait la situation au maximum. Quand Gian Carlo a enfin daigné se pointer, Robert s'est montré d'une incroyable insolence à son égard, l'accusant d'être un monstre d'ambition et d'imbécillité. Et Gian Carlo cherchait à s'en tirer par des pirouettes, prétendait qu'il s'agissait d'une simple plaisanterie.

Arrive enfin le plus écœurant dénouement qui soit. Le soir, Gian Carlo est venu dans ma chambre, plus blafard qu'une crème à démaquiller. Il m'a dit dans un brusque sursaut de colère que Robert le ruinait, dépensait 2 000 dollars par mois depuis qu'ils étaient en Europe, que tout son argent passait à satisfaire ses caprices, mais qu'il n'y attachait pas d'importance tant que Robert ne l'obligeait pas à coucher avec lui, car c'est Robert, ces dernières années, qui exigeait de faire l'amour et lui, Gian Carlo, allait vomir après ça. Il a ajouté qu'il était fou d'amour pour quelqu'un d'autre – un jeune Américain – et qu'il était terrifié à l'idée que Robert l'apprenne.

C'était donc sans espoir, comme tu peux le voir. Robert m'a supplié de lui répéter ce que Gian Carlo m'avait dit. Gian Carlo l'aimait-il ? J'aurais voulu mourir moi-même. Il est évident que l'amour de Robert pour Gian Carlo est d'ordre maladif et démentiel. Mais il regrette aussi la villa de Mount Kisco et la vie fastueuse qu'il y menait. Gian Carlo m'a affirmé qu'il était prêt à faire n'importe quoi pour Robert, à la seule condition de ne pas vivre avec lui.

Je n'ai pas pu en entendre davantage. Je suis parti le lendemain. Depuis je ne sais rien, ni de l'un ni de l'autre, et j'en ai par-dessus la tête de toute cette histoire, parce que j'ai été obligé d'emballer toutes les affaires de Robert, de les lui expédier et de rembourser une centaine de dollars de dettes qu'il avait laissées derrière lui. J'ai envoyé une facture à Gian Carlo il y a trois semaines – pas de réponse. C'est un détail, d'accord, et je m'en veux de le mentionner, mais le tableau ne serait pas complet sans ce misérable petit épilogue.

J'espère, mon bien cher, que tu ne trouveras pas trop inhumain et déplaisant ce compte rendu. Pour dire la vérité, je suis devenu complètement insensible – et sachant d'autre part à quel point cette histoire te touchait de près, j'ai tenu à t'en donner une vision, non pas sentimentale, mais réaliste. Inutile de préciser que ce que je t'écris est pour toi seul, et je suis sûr que tu n'en parleras jamais.

Je t'aime, Bill. En ce début d'année, je ne souhaite couronner ta tête si chère que d'une guirlande de bonnes choses. Écris-moi, mon précieux enfant.

T

P.-S. Ce n'est absolument pas définitif, mais il est possible que je rentre début avril. Peut-être seras-tu encore à Yaddo – ou dans un endroit pas trop éloigné de New York. Écris-moi, par grâce.

[Collection inconnue]

À MARY LOUISE ASWELL

Taormina, 23 janvier 1951

Marylou chérie,

Après toute une série de remises en question et de discussions, nous en sommes arrivés, je crois, à la seule solution raisonnable, qui est de ne pas rentrer aux États-Unis. Dieu sait si j'ai envie de te revoir, de revoir mes amis, mais ce serait vraiment stupide de faire un tel voyage avant d'avoir fini mon livre. Ce qui, je l'espère, ne va pas te créer de trop grands problèmes avec cette maison que nous devions louer ensemble pour l'été. Cette décision prise, je me sens vraiment soulagé.

Tu verras sans doute Pearl dans quelques semaines, si elle voyage en avion – mais je ne pense pas qu'elle s'y décide. Elle a beaucoup travaillé à son roman, mais elle n'a encore qu'un début et j'ai peur qu'en arrivant à New York tout se dissipe en fumée.

Il fait l'une des plus belles journées qui soient, avec des teintes ravissantes, des éclats d'orange et de rose parmi les amandiers fleuris. Oh ! je serais tellement, tellement heureux que tu sois là avec nous.

Jack a écrit les trois quarts de son livre, et c'est remarquable – très différent de tout ce qu'il a fait et, de très loin, bien meilleur.

Leo est-il revenu sain et sauf de sa petite virée amoureuse ? Je suis extrêmement furieux, non pas contre lui, mais contre Robert Linscott qui, pour des raisons que je n'arrive pas à comprendre, lui a fait lire plusieurs chapitres de mon livre, ce qui m'a rendu fou ! J'aimerais beaucoup, par contre, que dans un ou deux mois tu lises ce que j'ai fait. J'arrangerai ça dès que j'aurai fini ce que j'écris en ce moment.

Je ne te souhaite que le meilleur, ma chérie. T'ai-je écrit la prédiction de Franz Warmik, ce merveilleux Allemand diseur de bonne aventure ? Oui, je crois. Écris-moi. Ma plus tendre affection.

T

[Collection Famille Aswell]

À ANDREW LYNDON

Taormina
1er février 1951

Mon bien doux,

Nous subissons un brusque coup de froid, et j'en ai les doigts engourdis. Excuse mon écriture et cet état de torpeur où je suis plongé.

Finalement, nous ne rentrons pas en avril. Ce serait trop ridicule d'interrompre mon travail au point où j'en suis. J'ignore absolument quand nous rentrerons – sûrement pas avant la fin de l'été. J'espère donc que tu pourras, en toute tranquillité, garder l'appartement. Ma seule tristesse, c'est le réel désir que j'ai de te voir, mais ce sera meilleur encore quand ça nous arrivera.

Pearl s'en va dimanche. Elle doit passer une semaine en Allemagne, puis elle rentre. Sans doute dans le courant du mois.

Et ce job, mon bien doux ? Sûrement très amusant, au début, du moins, mais j'espère qu'il ne te fatigue pas trop et que tu peux travailler pour toi.

En Sicile, c'est la semaine du carnaval. Grand bal, ce soir, sur la piazza. Je me fabrique un masque d'un extrême raffinement, garni de plumes et de sequins.

Aucune nouvelle de Phoebe depuis près de deux mois. J'ignore son adresse. Peux-tu me la donner ? Il faut absolument que je lui écrive.

As-tu lu, dans *Botteghe Oscure*, la nouvelle de James Agee ? Je viens de terminer un très beau livre de Gerald Brenan, *The Face of Spain*, que Turnstile Press a publié en Angleterre. C'est lui qui avait écrit ce si beau texte dans le *New Yorker* d'août dernier, où il recherchait la tombe de Lorca.

La Rose tatouée, de notre Tennessee, a-t-elle du succès ? J'ai entendu dire qu'il venait d'acheter une maison à Key West et qu'il s'y installait avec Frankie et sa sœur folle. Avoir sous la main la source même de son inspiration, c'est ce qu'on peut rêver de mieux.

Je n'y tiens plus, mon chéri. J'ai des mains de GLACE ! Écris-moi. Je t'aime tant.

T

[Collection New York Public Library]

À MARY LOUISE ASWELL

Fontana Vecchia
Taormina, Sicile
21 février 1951

Bien chère Marylou,

Si heureux de recevoir ta lettre. Je commençais à t'en vouloir de ne pas m'écrire. Pense à le faire. Pearl te le dira : sans courrier nous mourrons. Rien n'est plus amer que ces longs trajets inutiles jusqu'au bureau de poste.

J'aimerais beaucoup t'envoyer une nouvelle. L'envie d'en écrire une me démange, et quand j'aurai terminé mon chapitre en cours, je m'offrirai peut-être cette petite « vacance ». Jack non plus n'en a pas écrit, mais tu aimeras son roman, j'en suis sûr. Je n'ai rien lu de bon ces temps-ci. Ici, il ne se passe rien – rien d'intéressant du moins si l'on ne connaît pas les personnes concernées. Quand cette lettre t'arrivera, je pense que Pearl sera rentrée et j'espère que son nouveau job lui permettra de continuer à écrire pour elle.

As-tu des nouvelles de Phoebe ? Je sais qu'elle est en partie responsable du chaos dans lequel elle se débat, mais tu sais comme moi qu'elle a vraiment des circonstances atténuantes. J'ignore tout d'elle depuis près de trois mois, mais j'ai cru comprendre qu'elle avait eu une sorte de dépression. Les gens lui ont tourné le dos, en disant pis que pendre d'elle, ce qui est honteux. J'aimerais que vous déjeuniez ensemble. Elle te respecte et tu es la seule à pouvoir lui redonner un peu de courage.

Le temps est magnifique. Je recommence à bronzer. Pauvre Pearl, je crains qu'elle n'ait connu que les plus mauvais jours du mois. Mais l'hiver va bientôt finir, même à New York, ma chérie, et je te souhaite le plus radieux des printemps. Si je ne t'ai jamais parlé des terribles problèmes que tu as traversés, j'espère que tu ne m'as pas cru indifférent. C'est simplement qu'ils sont derrière toi désormais, comme l'hiver le sera bientôt, et tu en sortiras revivifiée. Laisse sortir de toi de belles feuilles neuves. Tu le peux. C'est dans ta nature. Je t'aime avec une infinie tendresse, et Jack se joint à moi.

T

[Collection Famille Aswell]

À ANDREW LYNDON

Fontana Vecchia
28 février 1951

Agneau chéri,

J'ai envie, vraiment très envie, de te secouer comme un prunier. Près de deux mois, pas un clin d'œil ! Que t'arrive-t-il, Dieu du ciel ? À propos, la poste me renvoie deux lettres que j'avais écrites à Phoebe à l'*Hôtel de*

Séville. Qu'est-elle devenue ? Elle ne m'a pas écrit depuis début décembre.

Tout est calme sur le front sicilien. Je travaille avec régularité, mais mon intrigue est de plus en plus complexe. Il me reste une soixantaine de pages à écrire, qui me paraissent plus infranchissables que l'Himalaya. Que n'es-tu là pour m'encourager ?

J'ai décidé de renouveler ma garde-robe – ce qui est dément vu l'état de mes finances. J'ai d'abord envoyé ma pointure à Florence chez Ferragamo, qui m'a façonné la plus admirable paire de chaussures noires qui soit. J'ose à peine les mettre, et de toute façon Jack me l'interdit. Il prétend que je dois les tenir en réserve – mais j'ignore pourquoi. S'y ajoutent trois complets taillés dans un velours à mourir, mon bien cher. Le drame, c'est que je n'ai aucune occasion d'exhiber de si beaux atours.

Te souviens-tu du fameux chandelier en bois qu'Harold m'avait acheté ? Dis-lui que je viens d'en acheter deux exactement semblables : 25 dollars pièce. Je peux lui en trouver un s'il en a envie.

Comment se passe ton job ? C'est incompréhensible que tu ne m'en parles jamais.

J'ai lu cette sinistre imbécillité de Fritz Peters qui s'appelle *Finistère*. Sans idée, sans surprise, sans style, pour moi insupportable. Marylou m'a écrit qu'il était en Arizona et qu'il demandait le divorce. Elle ne mesure pas la chance qu'elle a eue – de s'en tirer vivante.

Aujourd'hui, nous allons donner un bain à Kelly. Il fait beau et chaud, et il ne risque pas de s'enrhumer. J'ai retrouvé mon bronzage, qui n'avait jamais complètement disparu. J'imagine qu'à New York vous êtes tout près du printemps, vous aussi.

Oh ! j'ai reçu un mot de Herr Isherwood me demandant ton adresse. Uniquement ça. Je la lui ai donnée pour la je ne sais combientième fois. Dis-moi, cher enfant, pourrais-tu tenir tes amants un peu mieux informés ? Pour une mère, c'est terriblement gênant.

Jack te fait ses amitiés.

Tu me manques, mon agneau en sucre, et je t'aime toujours autant.

T

[Collection New York Public Library]

À ROBERT LINSCOTT

Fontana Vecchia
Taormina, Sicile
1er mars 1951

Bien cher Papa,

Votre lettre est arrivée hier à l'instant précis où je venais de vous en poster une. Quelle joie pour moi. Je pense constamment à vous.

Cela dit, je ne crois pas pouvoir répondre à votre demande. J'aurais bien voulu, mais ce matin la seule idée d'avoir à le faire est brusquement paralysante. J'ai essayé hier soir, réessayé ce matin... Impossible. Je ne peux pas raconter ce livre en cent mots, ni même en cinquante. C'est un livre qui ne se « raconte » pas. Et je refuse que qui que ce soit d'autre s'en charge. À part Newton, peut-être. Je vais lui demander s'il a le temps de rédiger la quatrième de couverture. Mais puisqu'il s'agit simplement de votre catalogue, pourquoi ne pas utiliser la vieille rengaine : « Le nouveau roman si longtemps attendu de... etc. » ? De toute façon, c'est beaucoup plus accrocheur si personne ne sait de quoi il s'agit.

Il se pose également des problèmes techniques. Je veux qu'on se serve du même caractère que pour *Couleur locale*. Et je veux qu'Anna Mayerson, l'artiste anglaise, dessine le frontispice à l'encre et au crayon. Peut-être même la jaquette. Elle a du génie. Elle aime ce que j'écris et elle le fera, je pense, pour très peu d'argent. D'accord ?

Je vous enverrai mes nouveaux chapitres aussi vite que possible.

Je suis navré d'apprendre dans quel état pitoyable se trouve William Goyen. Mais quand ne s'y trouve-t-il pas ? La vraie raison, à mon sens, c'est qu'il a constamment besoin qu'on le plaigne. En d'autres termes, sa santé dépend de la sympathie qu'on lui témoigne. Je l'aime beaucoup, mais je supporte mal cette adolescence attardée.

Je ne sais plus rien de Phoebe. On m'a renvoyé deux de mes lettres et elle ne m'a plus jamais écrit. Cela tient sans doute à ce que beaucoup de gens, et Leo en particulier, se sont montrés très désagréables avec elle. J'aimerais tant qu'elle fasse front. Mais...

Je ferais mieux d'aller travailler. À vous, toujours.

t

[Collection Columbia University Library]

À ANDREW LYNDON

[Taormina, Sicile]
9 mars 1951

Enivrant magnolia,

Ta lettre arrive à point nommé. Je vais demander à mes avocats d'annuler le procès en rupture de promesse de mariage que je voulais faire à un certain Magnolia Lyndon. Mais pourquoi, chéri, ne parles-tu jamais de ton job ? À quoi ressemble ce vieux Floyd, par exemple ? Est-il « comme ça » ? Je suis heureux que tu écrives une nouvelle. Envoie-m'en un double que je te renverrai. Oui, bien sûr, le printemps est là, mais c'est un jour de sirocco et la maison est balayée de fond en comble. Sinon, j'aurais été cueillir une fleur d'oranger pour la glisser dans l'enveloppe. As-tu vu Newton pendant son séjour à New York ? Et la médaille d'or qu'il a gagnée ? Est-elle d'un joli effet sur un maillot de bain ? En principe, nous devons passer quelques semaines ensemble au mois d'août, mais ça dépend de tellement d'autres choses. De toute façon, nous sommes ici jusqu'en juillet... après, ou nous nous embarquons, ou nous filons sur Venise. Le drame avec Phoebe, c'est qu'elle n'a pas gagné un seul dollar avec ce livre et que rien ne vient remplir son escarcelle. Cette histoire m'a tellement déçu que je serais très mal à l'aise de la revoir à mon retour. Je suis heureux que tu te fasses de nouveaux amis, et qu'ils soient de plus en plus nombreux, mais une mère connaît bien son enfant, et tu n'es pas du genre à te faire prier pendant des jours et des jours. J'étais au courant de l'attaque cardiaque de James Agee, mais quand tu me dis que sa nouvelle *La Veillée du matin* va paraître en librairie, je suis très étonné. Elle est beaucoup trop courte – ou alors *Botteghe Oscure* n'en a publié que des extraits. Je suis entièrement d'accord avec ce que tu m'en dis. Scribners m'a envoyé cette merde de *Tant qu'il y aura des hommes.* Mais aussi merdique qu'elle soit, le jeune homme qui l'a écrite me paraît gravement constipé. J'ai eu du mal à terminer cette histoire de vieille comédienne et de gigolo italien que Tennessee a intitulée *Le Printemps romain de Mrs Stone*. C'est... comment dire ? Pathétique. Tu ne me dis rien de *La Rose tatouée* (quel titre insupportable, qui m'évoque, je ne sais pas pourquoi, des punaises). À propos de punaises, que devient cette romance concernant Ernest J. et Howard Doughty ? Ernest drague-t-il toujours à Times Square en culotte de cheval ? Jack et Kelly viennent de traverser la pièce et t'envoient toutes leurs amitiés. J'aimerais avoir des nouvelles d'Harold. Est-il content de son travail ? Le vois-tu souvent ? Je ne sais pas pourquoi, mais je ne souhaitais qu'une chose : que vous restiez ensemble. Je ne parviens pas à m'imaginer que vous êtes tout à fait séparés. Oh ! je voulais te demander : Paul Bigelow et Jordan Massee vivent-ils ensemble ? Pearl m'a appris qu'elle avait dîné avec Leo et qu'elle l'avait trouvé révoltant. Elle a écrit à son sujet une nouvelle qui écorcherait la peau d'un éléphant.

Il se fait tard, chéri, je n'ai aucune idée de l'heure. Des millions de bisous et tout l'amour du monde pour ma précieuse, mon unique sœur (fille ?).

t

[Collection New York Public Library]

À ROBERT LINSCOTT

Taormina, Sicile
11 mars 1951

Cher et Révéré Détenteur des Clefs d'or et de l'Ombrelle d'or de la Sagesse et du Bonheur,

Vous n'avez pas trop mal travaillé, Bob. Je me suis permis quelques corrections, pour ce que j'estime être de bonnes raisons, mais vous pouvez toujours, comme le fait Mr Carlos Baker, me taxer de prétention. J'ajouterais ceci : ne croyez-vous pas qu'il serait bon de préciser que j'ai déjà publié deux autres livres ?

Venons-en à Anna Mayerson. J'avais vu l'été dernier à Londres dans une revue d'art des reproductions de ses dessins et j'avais été profondément ému, disons carrément enchanté. Il m'est donc venu à l'idée qu'elle pourrait dessiner le frontispice et la jaquette de *La Harpe d'herbes*. Je lui ai écrit. Elle m'a répondu qu'elle aimait mes livres. Le mois dernier, elle est venue en vacances à Taormina et je lui ai fait lire le manuscrit. Elle est jeune, déjà célèbre en Europe. Lincoln Kirstein prépare une exposition de ses dessins à New York. Vous me dites que vous aimeriez voir des exemples de son travail, mais c'est impossible, elle n'a pas encore fait de livre. Oh ! Bob, laissez-moi m'en occuper. Ce sera un Triomphe !! Quant au prix, que donnez-vous d'habitude ? Anna ne posera aucun problème, et le résultat sera plus merveilleux encore que vous ne l'imaginez. Je répète qu'elle a du génie. J'en ai un désir plus violent que je ne saurais le dire. Pour être tout à fait franc, elle a déjà une esquisse qu'elle espère finir à temps pour que je vous l'envoie avec deux autres chapitres (le 1er mai). Ne restera plus que le long et dernier chapitre.

Vous me manquez. Toute mon affection,

T

[Collection Columbia University Library]

À CECIL BEATON

Fontana Vecchia
Taormina
18 mars 1951

Cecil, mon bien cher,

Je suis si heureux d'apprendre par votre lettre que vous êtes rentré chez vous sain et sauf. Dans la grisaille et la pluie peut-être, mais vos roses s'ouvriront bientôt. Je vous envie de partir pour l'Espagne, surtout à Pâques, quand a lieu la feria de Séville. Bien que Séville risque d'être insolite – mon réseau international d'espionnage m'a appris que Katherine Cornell s'y trouvait avec son mari Guthrie McClintic. Mais pire encore : les Emlyn Williams sont arrivés ici ! Imaginez ma terreur quand je l'ai vue, elle, gravir notre sentier. Vous plaisent-ils beaucoup ? Ils sont tellement associés pour moi à la clique des Logan que j'ai du mal à les situer exactement.

J'ai beaucoup aimé vos illustrations du livre d'Enid Bagnold *The Loved and Envied*. Mais le livre lui-même ne m'a pas intéressé une seconde. C'est pour moi un sinistre salmigondis de passages parfaitement écrits et d'autres d'une accablante nullité. Dommage – car le thème est assez profond. À propos, j'ai lu un livre remarquable de Gerald Brenan sur l'Espagne : *The Face of*

Spain, chez Turnstile Press. Vous devriez le lire avant votre départ.

Reçu une lettre d'Isherwood, qui a laissé tomber le cinéma et s'est enfermé dans une maison isolée de La Laguna pour s'attaquer à un roman – ce qui me paraît une bonne nouvelle. J'espère qu'il ira jusqu'au bout. Mon travail avance. Je dois avoir terminé fin juin. Je crois qu'ensuite je quitterai Taormina. C'est un endroit que j'aime et je sais que je le regretterai énormément, mais il y a une limite à tout. J'aimerais vraiment que vous veniez nous voir d'ici là. J'ai tellement besoin de votre présence, et tellement envie que vous lisiez mon livre.

Qu'on vous tienne ainsi sur des charbons ardents me paraît scandaleux. Peut-être avez-vous entre-temps signé de nouveaux accords. Je ne suis pas sûr que ce soit une bonne idée de créer vos *Jeunes Filles de Gainsborough* au festival de Brighton. L'événement mérite d'être séparé des autres – si vous suivez mon raisonnement.

Pour résoudre vos problèmes domestiques, vous devriez engager des Italiens, un mari et sa femme. C'est un conseil sérieux. Pourquoi ne pas faire intervenir l'ambassade d'Angleterre à Rome ?

Je crains fort que le *Palmara* (ce restaurant que nous aimions) ne soit au bord de la faillite. Fritz, le pauvre, est couvert de dettes et a des ennuis avec la justice. Où ce malheureux Jules pourra-t-il passer ses soirées ?

Donald Elder, de chez Doubleday, m'a écrit qu'il vous aimait beaucoup. Il espère que votre *Photobiographie* aura un grand succès. Quand paraîtra-t-elle ?

Jack vous envoie ses amitiés. Vous me manquez, mon tendre cœur.

Toute mon affection

T

[Collection St. John's College, Cambridge University]

À ROBERT LINSCOTT

Fontana Vecchia
20 mars 1951

Cher, cher, cher, oh ! cher Bob,

Anna Mayerson vient de m'envoyer ses dessins pour la jaquette et pour le frontispice (la page de titre). Ils sont superbes, au-delà de tout. Elle veut y apporter de petites corrections et je les lui ai renvoyés, mais vous les aurez fin avril. Pour les 150 dollars, c'est d'accord. Mais je ne veux surtout pas qu'il y ait le moindre malentendu. Bien qu'en noir et blanc, ces dessins sont compliqués, je veux dire que l'encre et le crayon s'y marient si étroitement qu'ils demandent, pour être reproduits, un travail de gravure très minutieux – ce qui risque de coûter assez cher. Le dessin du titre occupe deux pages. S'y ajoute celui de la jaquette. Je n'imagine pas que Random House puisse ne pas comprendre quelle serait la beauté du livre ainsi illustré. De toute façon (je vous le dis à vous seul, entre amis) s'il y avait un problème, je suis prêt à accepter une diminution de mes droits pour couvrir la différence – ce qui représente, vous le comprendrez, un assez douloureux sacrifice. J'espère que vous pourrez arranger les choses sans que j'en sois [*illisible*], et je vous en serai éternellement reconnaissant. Certains s'étonneront peut-être que j'attache une telle importance à l'aspect « physique » d'un livre – mais c'est ainsi, je n'y peux rien. Je voudrais écrire à cet homme merveilleux qui a travaillé sur *Couleur locale* pour lui parler d'Anna et lui expliquer ce que je souhaite – comment s'appelle-t-il ? J'essaierai de vous envoyer de nouveaux chapitres d'ici la mi-avril. Je travaille d'arrache-pied. D'après mes calculs, le livre tournera autour de 60 000 mots.

Dites à Saxe Cummins que j'ai vu sa photo (aux *National Book Awards*) et qu'il a l'air vraiment charmant.

Isherwood m'a écrit qu'il avait abandonné le cinéma pour travailler à un roman – bonne nouvelle. Newton m'a écrit que la remise de son prix à New York avait donné lieu à de grandes festivités – il a même participé à l'émission de Mary Margaret McBride. Imaginez-vous ça ?

Tout à vous,

T

[Collection Columbia University Library]

À MARY LOUISE ASWELL

[Fontana Vecchia]
[Taormina, Sicile]
22 mars 1951

Bien chère Marylou,

Tu te trouves dans une situation morale qui me bouleverse, mais je ne peux pas être d'accord avec toi sur la « solution » que tu envisages : partir et te trouver un nouveau « centre de gravité ». Si ce nouveau centre est d'ordre émotionnel – et comment pourrait-il en être autrement ? – partir ne t'aidera en rien à le trouver, ni à effacer le passé. Tu es dans un état d'attente : attente entre ce qui a été et ce qui va être. Le pont qui conduit de l'un à l'autre ne peut se trouver que dans le travail, malgré la fatigue, les angoisses, le contact avec les autres. Retrouver chaque jour cet univers où tu travailles est un vrai châtiment pour toi, je le sais. Mais c'est un univers *réel*. Je serais très inquiet si tu le quittais, si tu t'éloignais d'une réalité concrète pour t'en aller à la recherche d'un « centre de gravité ». Qui serait quoi ? Un nouveau sentiment de sécurité ? Si cette sécurité se cache en toi-même, comment pourrais-tu la découvrir à travers la fuite et l'absence ? Ce qui aurait pour premier résultat, non pas de rompre avec ton univers de travail, mais de rompre avec toi-même.

Ceci peut ressembler à un sermon ou à un prosélytisme facile qui ne tient compte ni des dangers, ni des chagrins, ni des inquiétudes. Si tu as cette impression, c'est que je me suis mal exprimé, car j'en tiens compte, et après avoir bien réfléchi, je te conseille avec la plus grande fermeté d'accepter ce nouveau job, même s'il a un aspect uniquement commercial, car ce que je souhaite pour toi, c'est une sorte de garde-fou purement professionnel, qui ne mette rien de personnel en jeu. Tu as en toi les ressources nécessaires (tu seras surprise de les découvrir) pour affronter ce défi : tu n'as aucune raison [*illisible*] de le refuser, aussi limité qu'il soit. Car le refuser demande une confiance en toi que l'avenir seul te permettra de retrouver. Ce sera la récompense de ton attente. Je ne t'ai pas vue depuis longtemps, c'est vrai, pas réellement vue depuis plus longtemps encore. Il existe peut-être des transformations, des réactions, que j'ignore. Mais je prends le risque d'ajouter, avec une certaine impertinence sans doute, que je ne me suis jamais trompé à ton sujet. Tout ceci, ma si chère amie, pour te dire en résumé : quitte *Bazaar* et accepte ce nouveau job.

Je vais écrire à Janice [*illisible*] mais je ne suis pas sûr qu'elle ait envie de revenir en Europe. Fais mes amitiés à Pearl. Jack t'envoie les siennes. Nous allons bien. Fontana Vecchia reste égale à elle-même. Je t'aime toujours.

T

[Collection Famille Aswell]

À ROBERT LINSCOTT

Fontana Vecchia
8 avril 1951

Cher Bob,

J'envoie par le même courrier deux nouveaux chapitres à Marian. Quand elle vous les donnera, j'aimerais que vous relisiez l'ensemble du manuscrit. Il n'y manque plus que le dernier chapitre. Priez pour moi.

Je mets également dans ce même courrier le dessin d'Anna Mayerson pour le frontispice. Mais il est pour vous seul. Il est très facile à reproduire par un procédé appelé photolithographie. J'ai écrit à Ray Freiman à ce sujet. Anna renonce à dessiner la jaquette. Nous pensons l'un et l'autre qu'une simple jaquette imprimée dans le même caractère que *Les Domaines hantés* ou *Un arbre de nuit* est préférable. J'en ai également parlé à Mr Freiman. Oh ! pourvu que vous aimiez ce frontispice ! Moi, j'en suis fou.

Je suis couché, avec la plus mauvaise forme de grippe. J'ai les fesses à vif et infectées à la suite d'une piqûre de pénicilline faite avec une seringue mal stérilisée. Telle est l'horreur de la médecine sicilienne.

Je suis impatient de savoir ce que vous pensez des nouveaux chapitres et du reste. Mais je n'ai pas la force d'écrire plus longtemps. Juste ceci : vous me manquez.

Tout à vous,

T

P.-S. Bob, page 12 du manuscrit, pouvez-vous remplacer le mot « voisins » par « gens », ce qui donne : « les gens lui ont dit qu'il n'avait pas », etc.

[Collection Columbia University Library]

À BENNETT ET PHYLLIS CERF ET À HERBERT WISE

Fontana Vecchia
Taormina, Sicile
10 avril 1951

Bien chers amis,

À la seconde précise où vous êtes en train de vous dire que je ne vous aime plus (2 h 11 du matin), je pense à vous avec une profonde tendresse, car vous me manquez

25 heures sur 24, bien qu'aucun d'entre vous, suis-je obligé de constater, ne soit un correspondant très dynamique. Combien de soirs suis-je descendu en courant jusqu'au bureau de poste pour en remonter les mains vides, me disant : ah ! ce sont de jolis cocos, qui passent d'un plaisir à l'autre sans accorder la moindre pensée à cet infortuné Truman perdu sur son île venteuse, sans autre musique, pour lui remonter le moral, que le battement monotone de la mer. Oh ! chers petits enfants, la solitude est d'un poids écrasant. Je brûle d'impatience de finir mon livre et de rompre ce lointain exil – encore deux mois.

De temps en temps, quelqu'un surgit. Emlyn et Molly Williams sont restés ici une semaine, débordant de commérages londoniens. Et le gentil Arnold Saint-Subber est arrivé à point nommé pour s'offrir une spectaculaire dépression nerveuse.

J'ai concocté le plus scandaleux des jeux de société. Tellement éducatif, permettant de dire du mal du monde entier pour le simple plaisir du *sport**. Je l'ai appelé CLI, ce qui veut dire : Chaîne des Liaisons Internationales. On dresse une liste de noms en s'arrangeant pour que chacun de ceux qui y figurent ait eu une liaison avec celle ou celui qui le précède. Le jeu consiste à avancer le plus loin possible pour aboutir au plus ahurissant. Par exemple, la chaîne qui conduit de Peggy Guggenheim au roi Farouk : Peggy Guggenheim, Lawrence Vail, Jeanne Connolly, Cyril Connolly, Dorothy Walworth, roi Farouk. Vous comprenez le fonctionnement ? Peggy Guggenheim a eu une liaison avec Lawrence Vail, qui a eu une liaison avec Jeanne Connolly, qui a eu, etc. Voici un autre exemple beaucoup plus subtil, j'irais jusqu'à dire plus raffiné : la chaîne Henry James-Ida Lupino. Suivons l'enchaînement : d'Henry James à Hugh Walpole à Harold Nicolson à l'Honorable David Herbert à John C. Wilson à Noel Coward à Louis Hayward à Ida Lupino. Ou encore : Aaron Copland-Marlene Dietrich. D'Aaron Copland à

Victor Kraft à Cecil Beaton à Greta Garbo à Mercedes Da Costa à Tommy Adams à Marlene Dietrich. Cela peut paraître un peu fastidieux par écrit, mais croyez-moi, après quelques verres et avec une équipe de joueurs hautement qualifiés, le plaisir devient surprenant. Prenons, au hasard, John Gunther comme point de départ. Ça nous donne quoi ? De John Gunther à Mrs Hornblow à Wayne Morris à Jane Wyman à Elia Kazan à Marlon Brando à Tennessee Williams à Frank Merlo à Joseph Alsop à Bill Caskey à Christopher Isherwood à Wystan Auden à Ruth Lowinsky à Wolcott Gibbs à Barbara Wilding à Billy Redfield à June Grant à George Balanchine à Danilova à Serge Lifar à Diaghilev à Nijinski. Croyez-moi sur parole : Mr Gunther ignore tout de cette liaison avec Nijinski. Oh ! quel abîme de perdition !

Bennett, avez-vous vu le frontispice qu'Anna Mayerson a dessiné pour mon roman ? J'en suis fou. J'espère que Phyllis et Herbert l'ont vu également. Un vrai génie, cette Anna !

Phyllis, j'ai découvert pour vous quelque chose de merveilleux à Palerme : un petit boîtier de montre ancienne. Épinglé au revers d'un élégant tailleur, ça pourrait être ravissant.

J'aimerais tant vous accueillir tous en Europe. Herbert finira peut-être par s'y décider, mais je pense qu'il faut renoncer aux deux autres. Je sais que je ne vous reverrai que sur ma terre natale, aux environs du 1er août, j'espère. Serez-vous à Provincetown à ce moment-là ? Newton Arvin s'installe à Wellfleet, et j'y serai jusqu'à la mi-septembre. Ce n'est pas très loin de Provincetown, il me semble ?

Bon, mes bien chers, je dois remonter dans les branchages de mon azedarach. Bisous, élans du cœur, *mille tendresses**.

Votre

T

Oublié de vous signaler ma CLI préférée : Cab Calloway-Hitler. De Cab Calloway à la Marquesa Casamaury à Carol Reed à Unity Mitford à Hitler. Incitez Moss et Kitty à jouer à ce jeu. Je suis sûr qu'ils feront des étincelles. Si vous avez quelque idée de génie, par grâce, envoyez-la-moi.

[Collection Columbia University Library]

À WILLIAM GOYEN

Fontana Vecchia
Taormina
19 avril 1951

Cher Bill,

Je suis content d'avoir reçu ta lettre, mais il y a quelque chose que je ne comprends pas. N'as-tu jamais reçu la *longue* lettre que je t'ai écrite à propos de Horan et la suite ?... J'aurais bien aimé que tu y répondes, mais comme tu n'en dis rien, je me demande si elle t'est parvenue. Je préférerais qu'elle ne soit pas tombée entre des mains étrangères.

Je suis content de savoir que tu as aimé Yaddo. C'est un endroit que j'ai beaucoup aimé moi-même mais je n'ai pas l'impression d'y avoir énormément travaillé. Ravi d'apprendre que tu as presque terminé *Le Fantôme et la chair*. Linscott estime que c'est très beau, très réussi. Je suis impatient de te lire. Vont-ils te publier en automne ?

J'ai lu l'autobiographie de Stephen Spender. Un livre d'une rare hypocrisie – il n'aurait vécu ses aventures homosexuelles que « par esprit d'opportunisme » ? Et quoi encore ? Franchement, j'ai cru devenir fou ! Henri-Louis Lagrange, qui vient de débarquer ici, prétend que vous êtes toujours amants, Spender et toi. C'est sûrement faux.

Je te mets sérieusement en garde contre la côte du golfe du Mexique. Je connais la plupart de ses petites villes. C'est laid, sinistre, uniquement des toits de tôle ondulée, la mer un bouillon noirâtre, les plages infectes, les gens aussi. Toutes les femmes du Sud ayant passé la cinquantaine s'y donnent rendez-vous de mai à septembre. Si tu y tiens absolument, il n'y a qu'un endroit possible : Pass Christian. Pourquoi pas une des petites îles de la côte de Géorgie ? Parles-en à Andrew.

Je ne pense pas être rentré en juillet. Je suis même sûr que non – en août, peut-être. Mais, trésor, j'ai tellement envie de te voir. Ça finira par arriver. Écris-moi. Toute l'affection de

T

P.-S. Présente mes amitiés à Elizabeth Ames.

[Collection inconnue]

À ROBERT LINSCOTT

Fontana Vecchia
Taormina, Sicile
21 avril 1951

Cher Oiseau au Doux Ramage,

Vos éloges me transportent au septième ciel. N'ayez surtout pas peur d'en faire trop ! J'ADORE. J'espère seulement que le dernier chapitre ne vous décevra pas. Qui sait ?

Je vous envoie une petite photographie que vous pouvez utiliser – n'ai-je pas l'air en parfaite santé ? Une seule chose, Bob : laissez tomber cette vieille biographie, avec ces absurdités de danseur de casino flottant, diseur de bonne aventure et Dieu sait quoi ! Je vous propose ceci : « Truman Capote est natif de La Nouvelle-Orléans.

Il a vingt-six ans. Son premier roman, *Les Domaines hantés*, l'a placé dans les premiers rangs des jeunes écrivains américains. Ses nouvelles, dont huit ont été regroupées dans *Un arbre de nuit*, ont été publiées par les plus grands magazines, tant en Amérique qu'à l'étranger, et figurent souvent dans les anthologies. Random House a publié l'an dernier un livre de récits de voyage : *Couleur locale*. Les œuvres de Mr Capote connaissent un grand succès en Europe où il vit depuis plusieurs années. »

Banal – mais c'est la bonne direction. Quant à parler du livre lui-même, j'y renonce. À vous de travailler, cher Bob. Newton aurait pu le faire, mais il n'a pas lu le livre. Pearl Kazin, peut-être ? Demandez-le-lui. De toute façon, il ne faut rien dévoiler. Pour la quatrième de couverture, vous pourriez mettre les titres de mes livres précédents, accompagnés de deux extraits de presse chacun : *Blah-blah-blah, New York Times*. Pour *Un arbre de nuit*, pourquoi ne pas citer l'article de Christophe Sykes et celui de Leslie Fiedler dans *The Nation* ?

Marylou m'a envoyé un merveilleux télégramme concernant le livre. Tout le monde est tellement gentil ! Oh ! Seigneur, plus rien d'autre à faire qu'à finir.

Reçu une lettre de Goyen. Heureux qu'il ait obtenu la bourse Guggenheim. Vous aussi, je pense ?

Bob, Random House est-elle décidée cette fois à faire une vraie campagne publicitaire ? J'entends par là que vous n'avez pas fait grand-chose pour les deux précédents livres de votre cher enfant. Je suis lucide : ce genre de livres ne rembourse pas la publicité. Mais pour *La Harpe d'herbes*, je refuse toute publicité groupée où je ne figurerais qu'en troisième position dans vos publications. Non, cher monsieur. J'exige plusieurs pleines pages pour moi seul. C'est sur cette note d'ingratitude que je vous dis adieu. Mais j'ajoute que j'ai pour vous une profonde affection.

T

P.-S. Dès que j'ai terminé le dernier chapitre, je vous l'envoie par avion. Avez-vous remplacé « voisins » par « gens » ?

P.-P.-S. Regardez à l'intérieur de l'enveloppe.

P.-P.-S. Voici un extrait de la critique de Sykes consacrée à *Un arbre de nuit*, qui conviendrait très bien.

« La prose à son plus haut niveau. Mr Capote offre à son lecteur une expérience vivifiante – le sceau classique de l'excellence. » C. Sykes, *London Observer*.

Prenez également Leslie Fiedler dans *The Nation*.

Couleur locale a eu une critique de James Hilton dans le *Herald Tribune* – et une autre dans le *Sunday Times* (elle était assez grisâtre, donc pas grand-chose à en tirer). Je ne les retrouve pas mais je peux faire le tri moi-même.

[Collection Columbia University Library]

À ROBERT LINSCOTT

Fontana Vecchia
Taormina, Sicile
24 avril 1951

Cher Patron,

Pour autant que je puisse calculer, le dernier chapitre fera entre 8 et 10 000 mots. Le manuscrit tournera donc autour de 172 pages – ce qui, s'il est bien présenté, donnera un livre de 180 à 190 pages.

On me dit qu'au cours d'une émission de radio, Tallulah Bankhead aurait chanté une nouvelle chanson de Joe Bushkin appelée *Les Domaines hantés*. Ce ne peut être qu'un plagiat. J'ai envie d'intenter un procès.

Affection (*molto*)
T

[Collection Columbia University Library]

À MARY LOUISE ASWELL

Fontana Vecchia
Taormina, Sicile
24 avril 1951

Mon précieux petit cœur,

Tu es le plus adorable des anges de m'avoir envoyé ce télégramme, et je reçois aujourd'hui ta si tendre lettre. Je suis heureux et soulagé que tu aimes mon livre. Je l'espérais de toi plus que de quiconque. Mais tout va se jouer avec le dernier chapitre – et je suis malheureusement dans une extrême angoisse à son sujet. Comme s'il fallait à tout prix garder la tête sous l'eau. Mais une fois arrivé au bout, j'avalerai un grand bol d'air et je parcourrai un kilomètre en faisant des cabrioles. J'espère que Carmel Snow te permettra d'acheter un chapitre – je suis plus fauché qu'Annie la petite orpheline.

Je comprends très bien que le retour de Fritz à New York t'angoisse, mais rassure-toi. Je ne pense pas que vos chemins risquent de se croiser. Personne jamais n'aura l'idée de vous inviter en même temps. Mais c'est un sentiment insupportable, Dieu sait ! J'ai appris en tout cas que tu avais loué un appartement divin pour l'été. Nous espérons être rentrés début août et nous t'y verrons. Oh ! comme j'ai besoin de te voir – presque deux ans, déjà !

Sais-tu ce que devient Jane Bowles ? Elle est vraiment pénible de ne jamais répondre aux lettres. J'espère qu'elle travaille à ce roman commencé à Tanger. Elle devrait même l'avoir terminé.

Ma chérie, Jack t'envoie beaucoup d'affection. Écris-moi, trésor. Je t'aime toujours.

T

[Collection Famille Aswell]

À ROBERT LINSCOTT

[Taormina, Sicile]
[Mai 1951]

Cher Bob,

Un mot très, très bref pour vous dire que j'ajoute une dédicace :

POUR MISS SOOK FAULK

En souvenir de sa profonde et sincère affection

Tout va bien, je pense. J'espère. Ce ne sera plus très long. Merci. À vous,

T

P.-S. Sook Faulk est la Dolly du roman. Elle est morte en 1938. Quel bonheur pour moi de lui dédier ce livre.

[Collection Columbia University Library]

À ROBERT LINSCOTT

Taormina
3 mai 1951

Cher Bob,

Pour autant que cela me concerne, Polly est tout à fait libre de suivre son propre jugement, de séparer ou de rapprocher tous les mots qu'elle voudra, mais je préfère que « Shérif » et « Juge » gardent leur majuscule. J'ai également quelques notions sans doute assez erronées mais définitives en ce qui concerne la ponctuation, et, à moins de fautes flagrantes, j'estime que mes virgules et mes points-virgules doivent rester tels quels.

Le chèque pour Anna vient d'arriver. Je le lui ai remis. *Molto gracias* [*sic*].

Mon dernier chapitre me pose soudain quelques problèmes, essentiellement d'ordre technique. Mais je les affronte avec une étrange et secrète inquiétude. J'espère en triompher.

À vous,

T

[Collection Columbia University Library]

À CECIL BEATON

Taormina, 8 mai 1951

Cecil, mon bien cher,

Quelle joie de recevoir votre lettre et d'apprendre que, si vous n'avez pas encore de distribution, vous avez au moins un théâtre. Comme notre diseur de bonne aventure, Franz Werner, est revenu, je lui ai demandé si juillet vous serait favorable. « Oui, a-t-il prophétisé, mais c'est en août qu'il doit lui arriver quelque chose d'incroyablement favorable. » Il a ajouté que vous alliez recevoir une lettre ou un appel longue distance vous faisant une proposition que vous devez accepter. Si vous saviez le nombre de choses qu'il m'a prédites et qui sont arrivées. Par exemple, que je recevrais un prix en avril, et je viens de recevoir le O. Henry Memorial Award (pour « un remarquable travail concernant l'art de la nouvelle »). C'est la troisième fois que je le reçois.

Jane Bowles est à Paris, en pleine tempête émotionnelle parce qu'elle ignore ce qu'est devenu Paul. Elle est sans nouvelles de lui depuis plusieurs mois. Je ne sais pas ce qu'elle va devenir. Elle ne devrait pas se laisser aller ainsi, surtout à Paris, avec tous ces personnages répugnants autour d'elle.

Mais oui, les Emlyn Williams laissaient volontiers entendre qu'ils étaient de vos amis, mais certaines de leurs réactions m'ont fait penser que c'était faux. Ainsi : dès que je parlais de vous, ils s'empressaient de proclamer à quel point votre distingué concurrent Oliver Messel était un homme *merveilleux*. Je leur ai dit très clairement combien je vous aimais. Peut-être est-ce là ce qui les a poussés à se dire de vos amis. Ce sont des pêcheurs en eau trouble. Strictement entre nous (car ils comprendraient aussitôt de qui vous l'avez appris), ils viennent d'être priés de quitter leur hôtel. Plus exactement, ils ont été mis à la porte. Pour quelle raison, je l'ignore, et ceux qui la connaissent restent sur leur quant-à-soi. Emlyn m'a envoyé l'une de ses pièces : *Accolade*, que j'ai trouvée d'une incroyable niaiserie.

J'ai vu dans *Vogue* les photos de la Jamaïque. J'adore la vôtre, et celle où Beatrice Lillie porte un négrillon dans le dos. Noel Coward et Graham Payn ne s'intéressent à la reprise de *The Green Bay Tree* que pour vous empêcher de leur proposer à l'un ou à l'autre le rôle du jeune homme.

Le printemps s'achève et c'est déjà l'été. J'ai trop de travail pour en profiter. Comme j'aimerais vous voir débarquer d'un avion avant notre départ. Nous espérons avoir fini nos livres dans un mois et faire un crochet par Venise avant de regagner l'Amérique début août. Mais à peine débarqué je filerai à Wellfleet, un bourg de Cape Cod où j'ai loué une maison jusqu'à la mi-septembre. J'espère que vous viendrez à New York plus tôt que d'habitude, cet automne.

Dites-moi, cher ami, avez-vous entendu parler d'un jeune homme appelé Arnold Saint-Subber ? Il s'est plus ou moins occupé de produire *Kiss me Kate*, etc. Quelle réputation a-t-il professionnellement ? Il vient de me faire une bien étrange proposition : prendre sur moi une option *payante*, au cas où j'écrirais une pièce de théâtre. Ce qui me paraît complètement fou. Je m'y intéresse pour une simple raison : j'ai besoin d'argent. Faut-il accepter ? Qu'en pensez-vous ? Est-ce quelqu'un qui mérite d'être pris au sérieux ?

Jack vous envoie ses amitiés. Vous me manquez, trésor. Écrivez-moi. Toute mon affection.

T

[Collection St. John's College, Cambridge University]

À ROBERT LINSCOTT

[Taormina, Sicile]
29 mai 1951

Cher, cher Bob,

J'ai fini le livre ! Depuis deux jours. Et j'ai aussitôt attrapé une grippe intestinale. Je suis donc incapable de taper à la machine, mais j'espère aller mieux demain. De toute façon, vous aurez le manuscrit très rapidement – une dizaine de jours.

Je ne sais rien de personne. Ma nouvelle *La Maison des fleurs* a gagné le prix O. Henry.

Je me sens *terriblement* faible. Je voulais simplement vous apprendre la bonne nouvelle – j'espère du moins que c'en est une. J'aurai probablement quitté Taormina quand vous recevrez ce dernier chapitre. Faites-moi connaître vos réactions aux bons soins de l'American Express, Venise.

Si tout va bien, on se revoit en août. Vous m'avez tellement manqué.

À vous,

T

[Collection Columbia University Library]

À ROBERT LINSCOTT

Venise, 27 juin 1951

Cher Bob,

J'étais complètement angoissé d'être sans nouvelles de vous, ce qui n'est qu'un euphémisme, mais j'ai reçu votre lettre hier, et mon état n'a fait qu'empirer, bien sûr.

Que vous trouviez la fin de mon livre ratée m'est une douleur insupportable. Mais l'imprécision de vos critiques me laisse complètement désemparé.

Peut-être avez-vous raison en ce qui concerne ce dernier chapitre. Je ne vois pourtant pas comment on pouvait l'écrire autrement. Vous en parlez comme s'il s'effilochait... et c'est exactement ce que j'ai voulu. Quand ils quittent la maison dans l'arbre, c'est le point culminant du livre, mais il n'aurait plus aucun sens si le dernier chapitre n'était pas écrit exactement comme je l'ai fait : le destin de chacun de mes personnages était annoncé depuis le début. D'où l'énorme problème technique à résoudre : puisque j'avais atteint mon point culminant, il fallait arriver le plus vite possible au dénouement... ce qui explique pourquoi j'ai laissé de côté toutes sortes de détails et d'informations, et j'estime avoir parfaitement résolu le problème. C'est, pour moi, une fin juste et émouvante. Mais j'en suis encore trop proche pour m'en faire une idée précise.

Je pense donc qu'il faut renoncer à le publier en automne, pour que j'aie le temps de réfléchir à des corrections possibles.

Je n'ai pas reçu les épreuves. Je ne vous l'ai pas dit car je venais de télégraphier à Rome pour savoir si elles étaient arrivées là-bas, et, si oui, pourquoi diable on ne les avait pas fait suivre. Je ne peux pas croire qu'on les ait envoyées par air-mail.

Je quitte Venise le 16 juillet et je serai à New York le 1er août.

Désolé, Bob, de vous avoir déçu. Je sais que vous êtes sur le point de prendre vos vacances. Oubliez tout et reposez-vous.

À vous,

T

[Collection Columbia University Library]

À BENNETT CERF

Truman Capote
c/o American Express
Venise, Italie
3 juillet 1951

Cher Bennett,

Votre lettre ne m'arrive qu'aujourd'hui, car vous l'aviez envoyée en Sicile et il a fallu la faire suivre.

Je suis profondément sensible à ce que vous m'écrivez. Je savais par Bob que vous faisiez les mêmes réserves que lui, ce qui m'a bouleversé, car j'avais l'impression d'avoir réussi. Inutile de revenir sur les objections que j'ai faites. Si vous avez réagi de cette façon, c'est évidemment que quelque chose ne va pas.

Il faut donc reculer la publication pour que je puisse faire des corrections.

Vous me dites à plusieurs reprises que la première moitié est meilleure que la seconde. Pensez-vous vraiment la seconde moitié, ou seulement le dernier chapitre ? Je peux retravailler ce dernier chapitre, mais je ne vois pas ce qu'il y a à revoir dans les précédents.

En ce qui concerne Verena, c'est indispensable qu'elle devienne sympathique à la fin. D'une certaine façon, elle n'a JAMAIS été sympathique. Le nœud de la situation émotionnelle se situe entre elle et Dolly, et non entre Dolly et le Juge. Tout serait psychologiquement faux si Dolly ne retournait pas à la maison.

Mais c'est à moi de résoudre ces problèmes. Dites-moi si c'est seulement le dernier chapitre qui vous déçoit.

Je ne peux pas le modifier de fond en comble. Je peux seulement en ralentir la progression. J'ai volontairement adopté cette écriture synoptique, comme une formule d'ordre technique. Si on a l'impression de lire un synopsis, c'est qu'il y a de ma part une erreur stylistique.

Merci infiniment, Bennett, de m'avoir si franchement écrit ce que vous pensiez. Faites-moi très vite savoir si on peut reculer la publication, etc.

Partagez mes amitiés avec Phyllis,

Truman

P.-S. Je m'embarque à Gênes le 16 et serai à New York le 1er août.

[Collection Columbia University Library]

À BENNETT CERF

[télégramme]
[Venise]
[9 juillet 1951]

AI LU ÉPREUVES. PRÉFÈRE PUBLIER LIVRE TEL QUEL AMITIÉS TRUMAN

[Collection Columbia University Library]

À CECIL BEATON

1060 Park Avenue
New York
12 novembre 1951

Cecil, mon bien cher,

Je voulais et voulais vous écrire, mais il s'est passé plus de choses que je ne saurais vous en raconter et j'ai l'impression de ne même plus avoir le temps de dormir – uniquement pour raisons de travail, bien cher... pas de divertissements, ou plutôt d'un « Divertissement Théâtral », d'où l'objet de cette lettre.

En quelques mots : j'adapte *La Harpe d'herbes* pour la scène. Je n'ai pas encore terminé ; d'ici janvier sans doute. Le début des répétitions est fixé au 1er février et la première à New York courant mars. Le producteur est Saint-Subber, et les vedettes les deux sœurs Gish. Nous pensons à Virgil Thomson pour la musique – et il en est d'accord. Reste un point : je souhaiterais de tout mon cœur que vous vous chargiez des décors et des costumes. La pièce est en deux actes. Donc deux décors, mais très complexes l'un et l'autre. Je crains qu'il ne faille une scène tournante. C'est un véritable défi, mais je crois que le second décor, l'arbre, la maison dans l'arbre, la forêt autour, sera l'une des visions les plus surprenantes qu'on puisse avoir au lever d'un rideau. Je peux vous envoyer le premier acte à la fin du mois. Cela vous intéresse-t-il ? Trouverez-vous le temps dans votre calendrier ? Nous n'avons pas encore de metteur en scène. Harold Clurman et Bobby Lewis se sont mis sur les rangs avec passion – mais je ne pense pas qu'ils soient à la hauteur. Peter Brook, à qui Saint-Subber a écrit, a répondu qu'il avait un emploi du temps surchargé, mais j'ai l'intention d'insister, à moins que vous n'ayez une brillante suggestion à me faire. De toute façon, très cher, faites-moi savoir si vous pouvez accepter ou non.

J'ai vu un certain nombre de pièces. *Le Point de non-retour*, de Paul Osborn, n'est bonne qu'à moitié. Ici, rien de nouveau. Jack a vendu deux nouvelles la semaine dernière. Il me demande de vous faire ses amitiés.

Malgré ce long silence, je n'étais pas inquiet pour vous car j'avais lu dans un journal que vous hébergiez votre invitée favorite Greta Garbo. Je savais donc que vous passiez un agréable automne.

Mon livre a droit à des critiques incroyablement favorables, et semble se vendre très bien.

Écrivez-moi le plus vite possible. Quand viendrez-vous nous voir ? Vous me manquez tellement, et je vous aime.

*Mille tendresses**

Truman

[Collection St. John's College, Cambridge University]

À CECIL BEATON

[Écrit du Regent Hospital]
[115, 60e Rue Est].
[New York]
Écrire à : 1060 Park Avenue
New York, N.Y.
4 décembre 1951

Cecil, mon bien cher,

Navré de vous écrire de l'hôpital, mais j'ai eu la semaine dernière une sorte de dépression – un mélange de fatigue absolue et d'infection virale. J'ai tellement travaillé, et vous connaissez la vie new-yorkaise. Mais je suis mieux, plus reposé, et pense sortir dans un jour ou deux.

Oh ! cher trésor, quel bonheur que vous acceptiez de faire les décors et les costumes de *La Harpe d'herbes*. Ce sera admirable. Je ne comprends pas pourquoi vous n'avez jamais reçu le roman – je vais vous envoyer un nouvel exemplaire, à votre adresse à Londres, Pelham Place.

Je suis incapable de vous dire à quel point j'ai trouvé votre *Lac des cygnes* admirable. Les critiques DÉLIRENT. Vous les avez certainement lus. Tout le monde se répand en louanges sur votre travail.

La chère Juliet Duff est un tourbillon épuisant. Je l'ai invitée à déjeuner, je l'ai retrouvée lors d'un dîner chez les Lunt (pas très intelligents, ces deux-là, mais d'une parfaite civilité de façade). J'aime beaucoup Juliet. Je suis incapable de dire pourquoi (elle est l'ennui même), mais c'est ainsi.

Le problème du metteur en scène m'angoisse. Je voulais absolument Peter Brook. En toute modestie, cette pièce serait pour lui un excellent moyen de se faire connaître du public américain. Mais l'inévitable Irene Selznick assure que c'est impossible, engagements déjà pris ; etc. Je pense malgré tout que j'arrangerais les choses si j'arrivais à lui parler. Je vais vous envoyer le premier acte lundi (il n'y en a que deux). Vous pourriez peut-être le lui faire lire. S'il montre de l'intérêt, je saute dans un avion, je suis à Londres le 1er janvier, je le rencontre, et je regagne New York avec vous. Dites-moi si c'est possible. Ce sera, de toute façon, une production de très haut niveau. Beaucoup de metteurs en scène se bousculent, et certains sont très bons – mais je me méfie toujours de ceux qui quémandent.

J'aime beaucoup votre livre *Ballet* – livre charmant, qui résout bien des problèmes de cadeaux de Noël.

La pièce d'Isherwood et de Van Druten, *Je suis une caméra*, rencontre un grand succès – ce qui, l'ayant vue, me semble étrangement mystérieux. C'est très mauvais, avec par-ci par-là quelques passages assez drôles.

Emlyn Williams m'envoie une photographie de lui déguisé en Dickens ! N'y a-t-il pas moyen d'empêcher ce scandale ? Le pauvre Dickens a sûrement quelques héritiers encore vivants qui pourraient prendre sa défense.

À propos, Isherwood s'embarque pour l'Angleterre le 14 décembre. Vous vous rencontrerez sans doute à Londres.

Je suis si heureux, cher Cecil, que vous ayez passé cet agréable automne. Tout ce que vous pouvez désirer, mon bien tendre, vous savez que, du fond du cœur, je le désire aussi.

Écrivez-moi, à propos de tout et de n'importe quoi. Je vous aime.

T

P.-S. Jack vous fait ses amitiés.

[Collection St. John's College, Cambridge University]

À CECIL BEATON

1060 Park Avenue
New York 28, N.Y.
5 janvier 1952

Cecil, mon bien cher,

Vous devez avoir reçu une lettre de Robert Lewis. L'ayant lue, je sais que ce n'est pas exactement ce qu'elle devrait être. Il a, entre nous, une certaine vulgarité (vous l'avez sûrement ressenti dans sa lettre) – mais, si on le surveille attentivement, je crois qu'il fera une bonne mise en scène. Il a vraiment compris la pièce, il a une vraie sensibilité, en même temps qu'un sentiment très clair des réalités – ce qui, comme vous l'avez souligné vous-même, est indispensable pour une pièce de ce genre. Il connaît parfaitement les problèmes techniques – plans au sol, découvertes, etc. Mais, comme pour le reste, tout doit se plier, et se pliera, à vos exigences. Je suis d'accord pour Jean Rosenthal. Je crois qu'elle pourra mieux que personne rendre la pièce évidente. Qu'en pensez-vous ? J'espère que vous la préférez à Peggy Clarke. De toute façon, rien ne sera définitif avant d'en avoir parlé avec vous.

J'ai fini la pièce. Vous recevrez les dernières scènes dès que je les aurai tapées et corrigées. Je sais que Saint-Subber vous a envoyé la première scène du second acte. J'y ai fait quelques coupures, pour qu'elle soit plus dense, et j'apporterai la semaine prochaine quelques corrections à la pièce entière, mais rien qui conduirait à modifier le décor.

C'est tellement important pour moi ce travail en commun – tout devient différent, franchement. Je crois que vous aimerez la distribution que Lewis est en train d'établir. Georgia Burke sera une admirable Catherine Creek. Mildred Natwick, qui va jouer Dolly, peut sembler un choix étrange au premier abord, mais je pense qu'elle sera parfaite. Nous avons une très bonne Verena, Ruth Nelson – que vous ne connaissez sans doute pas car elle n'a pas joué depuis dix ans. Pas encore de Juge, ni de Collin – mais plusieurs candidats intéressants. Je pense que Alice Pearce jouera Miss Baby Love Dallas.

J'ai tellement travaillé à cette pièce que je n'ai rien de personnel à vous apprendre. Jack va bien. J'aime beaucoup sa nouvelle que *Bazaar* vient de publier. Jetez-y un coup d'œil si vous pouvez. Je roulais en taxi l'autre jour et j'ai aperçu Greta Garbo qui traversait la rue – très belle avec ses cheveux coupés à la garçonne. J'espère, mon bien cher, que vous en avez terminé avec vos corrections des *Jeunes Filles de Gainsborough*. Constance Collier, qui a vu votre pièce à Brighton, m'a dit qu'elle l'aimait beaucoup et qu'elle était contente de savoir que vous la retravailliez. Faites une excellente traversée, précieux ami. Je vous attends les bras plus ouverts qu'on ne peut les ouvrir. AFFECTION.

T

[Collection St. John's College, Cambridge University]

À MARY LOUISE ASWELL

[New York]
29 février 1952

Chérie,

Je t'ai écrit à Paris et j'espère que ma lettre t'arrivera avant ton départ pour Rome. Jack me dit qu'il t'a écrit l'autre jour. Au milieu de l'extrême chaos dans lequel nous vivons, nous essayons malgré tout de tenir notre correspondance à jour. Essaie de ton côté. À propos, si tu rencontres la princesse Caetani, peux-tu lui parler de Jack ? J'aimerais qu'il lui envoie sa nouvelle *Le Pays lointain*. Pour se distraire, il a écrit un excellent scénario policier destiné à la télévision, mais j'ignore ce qu'en a fait Audrey Wood.

J'espère que tes travaux d'éditrice sont terminés et que tu te reposes vraiment. Ça promet d'être merveilleux, ton prochain séjour à Capri. Peut-être pourras-tu persuader tes amis d'aller jusqu'à Taormina. Je travaille jour et nuit pour sauvegarder ton apport financier, ma chérie. Tout a l'air de très bien se passer (est-ce ou n'est-ce pas de bon augure ?). Quoi qu'il en soit, la musique de Virgil Thomson est magnifique, le travail de Cecil aussi. J'aurais tellement aimé que tu puisses y assister, ma chérie.

Le livre de Jack est une fois de plus retardé et ne paraîtra que le 24 mars. Jane Bowles passe souvent nous voir, mais elle reste toujours très tard et je tombe de sommeil car je suis rompu de fatigue. J'ai écrit un court article sur Garbo pour *Bazaar* et Richard Avedon a pris une merveilleuse et saisissante photographie de nous trois : Virgil, Cecil et moi. Nous avons l'air, Virgil et moi, de deux petits hiboux, et Cecil, avec son chapeau melon noir, se penche au-dessus de nous comme un faucon affamé. Je viens d'écrire à Pearl, après un très long silence qui s'était installé entre nous. Elle me dit, dans sa dernière lettre, qu'elle commence à se lasser de Rio.

Mercredi dernier, Mrs Murray Crane a donné une très élégante soirée en l'honneur de Dylan Thomas. J'avais reçu une invitation, mais je n'ai pas pu y aller, hélas – et je le dis très sincèrement car on m'en a fait un compte rendu absolument hystérique. Il paraît que la femme de Dylan Thomas, brusquement prise d'un accès de folie furieuse, s'est emparée de deux vases Ming appartenant à Mrs Crane et les a jetés par terre. Ils se sont brisés en mille morceaux, tandis que l'eau et les fleurs se répandaient partout. Sur quoi, Dylan Thomas, aussi ivre qu'elle, l'a jetée par terre à son tour. Elle y a perdu quatre dents et elle avait la lèvre en sang. Il s'est mis à lui envoyer des coups de pied dans le ventre jusqu'à ce qu'elle perde connaissance. Sur quoi, Lolly H. et Louise Crane, en poussant de grands cris d'horreur et de sympathie, ont tenté de venir en aide à Mrs Thomas. Sur quoi,

Mr Thomas, voyant Louise se pencher sur la malheureuse Mrs Thomas, a crié : « Dieu de Dieu, qu'est-ce que vous avez à pleurer sur elle ? Vous méritez le même sort. Vous méritez un grand coup de pied au cul ! » Sur quoi, il a frappé Louise et l'a envoyée au tapis. On a alors transporté la pauvre Mrs Crane, complètement bouleversée, dans sa chambre, et son vieux domestique et sa gouvernante ont réussi à pousser le ménage Thomas dans le couloir. Sur quoi, et c'est le moment que je préfère à tout, Mr Thomas est revenu dans le salon et a très poliment demandé à Louise et aux autres invités si quelqu'un pouvait lui prêter deux dollars parce qu'il n'avait pas d'argent pour payer le taxi. Tout ceci s'est passé en présence d'Edmund Wilson et de sa femme, de Virgil, de Mrs Otto Kahn et de la pauvre Lady Ribblesdale.

Écris-moi une très longue lettre, pleine de tous les commérages que tu pourras glaner à Rome. Mes amitiés à tous ceux qui t'entourent, et pour toi, ma précieuse, toute mon affection.

[Collection Famille Aswell]

À MARY LOUISE ASWELL

Rome, 12 mai 1952

Précieuse petite Marylou,

Tu recevras cette lettre scandaleusement tard, mais nous venons à peine d'arriver à Rome, après une trop longue escale à Paris, où j'ai attrapé la grippe, etc. J'ai été terriblement triste en recevant ton télégramme me disant que tu étais à Londres, et nous pourrions encore aller te voir, mais que faire de Kelly à qui l'entrée de ce pays béni des dieux est interdite ?

Tu n'imagines pas, pauvre chérie, ce qu'ont été ces deux derniers mois à New York. J'étais au-delà de l'épuisement, ce qui explique mon silence. La pièce s'est arrêtée la semaine dernière. Inutile d'y revenir. Tout a joué contre nous. Mais je regrette que tu ne l'aies pas vue, car tout était superbe, les décors, la musique, la distribution, tout. Je suis également désolé de t'avoir fait perdre de l'argent, pauvre chérie, terriblement désolé, mais j'essayerai de te rembourser.

Navrant que tu ne viennes pas nous rejoindre en Italie, comme prévu. Je devrais t'en vouloir... mais d'un autre côté, je comprends.

Je crains fort de ne pas réussir à voir la princesse Caetani (oh ! j'y pense, grands mercis pour ton télégramme le soir de la première). J'ai téléphoné plusieurs fois, sans réponse, et nous partons demain ou après-demain. Je lui enverrai un télégramme ce soir. Je ne sais pas exactement où nous allons. Nous cherchons un endroit qui s'appelle cap Palinuro. S'il nous plaît, nous y resterons. Sinon, probablement Taormina.

Je vais écrire quelques nouvelles, et, peut-être, une autre pièce de théâtre.

Jack qui vient d'arriver me crie : fais-lui mes AMITIÉS. Il vient de recevoir ta lettre (que New York a fait suivre), et la trouve adorable. Il te répondra dans les jours qui viennent. Peut-être te donnera-t-il alors notre adresse définitive.

Je n'ai pas très envie actuellement d'avoir des nouvelles de New York. Newton doit remplacer Matthiessen à Harvard l'an prochain. Je sais que tu en seras contente. Il s'est passé quelque chose de bizarre, juste avant notre départ – quelqu'un, Pearl je pense, a voulu m'appeler de Rio, mais après une très longue attente l'opératrice m'a dit que l'appel avait été annulé. Marguerite Young vient de téléphoner. (Elle loge dans le même hôtel que nous, que Dieu nous vienne en aide !) Elle t'envoie ses amitiés et te fait dire que la princesse est d'accord pour publier le chapitre que tu lui as soumis.

Chérie, dès que tu sais où je suis, écris-moi. En attendant, je t'aime de tout mon cœur.
T

[Collection Famille Aswell]

À LEO LERMAN

Taormina, Sicile
16 juin 1952

Chère Myrt,
Ainsi, pauvre petite, tu souffrais à ce point et je l'ignorais ? J'espère de tout cœur que tu es guérie. J'ai honte de surenchérir sur ta propre souffrance, mais j'ai supporté le pire, moi aussi – trois intoxications différentes, coup sur coup, dont une qui m'a conduit pour quelques jours à l'hôpital (imagine ce que peut être un hôpital sicilien !). Mais, n'ayant d'autre alternative, je me suis fait violence.

L'idée de vous voir arriver cet automne me met aux anges. Pourquoi ne pas se retrouver à Venise ? J'aimerais tellement vous voir à Venise, Gray et toi. Vous y seriez profondément heureux.

Je n'ai aucune nouvelle de nulle part. J'ai appris simplement que Newton venait d'être engagé à Harvard. Je ne vois strictement personne, et ma nouvelle maison (un hôtel) est beaucoup trop perchée dans la montagne pour que quiconque fasse l'ascension. Je crois t'avoir écrit que j'avais acheté une petite Renault à Paris. C'est très agréable. Ça nous permet de découvrir toute une série d'endroits étranges où nous n'étions jamais allés.

Mes différents soucis m'ont assez sévèrement empêché de travailler, mais j'espère terminer un certain nombre de choses avant la fin de l'été.

Je suis ravi d'apprendre que Gray est en charge des albums de disques Columbia. J'espère qu'il y gagne une fortune. Je grille d'impatience de vous voir arriver tous les deux.

Jack écrit un livre dans le plus grand secret.

Kelly est amoureux – une horrible petite bâtarde, pas du tout la fiancée idéale, mais je ne peux pas me permettre d'intervenir.

Si tu as quelques disques dont tu ne sais que faire, sois gentil de me les envoyer.

Saint-Subber et Robbie Campbell vivent-ils ensemble ? Saint ne m'a jamais parlé de lui dans les quelques lettres qu'il m'a envoyées.

Amitiés à Gray. Amitiés à toi, et amitiés de Jack, et amitiés de Kelly, et plein, plein, plein d'amitiés de

T

[Collection Columbia University Library]

À LEO LERMAN

Taormina
2 juillet [1952]

Leo, mon tendre cœur,

J'ai mis un peu de temps à comprendre de quoi tu me parlais – j'avais complètement oublié cette nouvelle écrite par Pearl et je pensais que tu l'avais oubliée toi aussi. La position que j'ai prise après l'avoir lue n'a pas changé. Cette nouvelle, ou cet essai, ne te concerne en rien. De la même façon, les caricatures qu'on a pu faire de moi ne me concernent en rien. Ce sont des choses qui vous arrivent et tu as de la chance d'y avoir échappé jusqu'ici. Pour ma part, j'ai reçu tellement de coups de dents que je suis vacciné. Pearl t'a causé un certain préjudice, je le sais, mais cela reste d'ordre artistique. Je sais d'autre part, mon bien cher, que tu en as été blessé, et Gray aussi, parce qu'il t'aime. Mais efforce-toi de ne pas trop en vouloir à Pearl.

Je suis sûr qu'elle se sent extrêmement malheureuse. Dis-toi que sa nouvelle sera très peu lue, tout en sachant que le vrai problème n'est pas là. Le plus désolant, c'est que tu en aies eu connaissance au moment où tu avais de si graves ennuis de santé. J'espère, mon très cher, que tes problèmes chirurgicaux sont définitivement résolus et que tu passeras l'été dans la plus complète sérénité.

Taormina est relativement calme : pas l'ombre d'un scandale. Je travaille le matin, et je continue l'après-midi à être le champion local de la pêche sous-marine : tu m'adorerais avec mon masque et mon harpon. Un vrai tueur. Je me répète tous les jours que vous allez nous rejoindre, Gray et toi. J'en piaffe d'impatience. Jack me charge de vous faire ses amitiés à tous les deux. Kelly l'aurait fait aussi, mais il est parti je ne sais où courir la prétentaine. Plein de bisous à Gray.

Je t'aime : comme le fait
le pays *entier*.
T

P.-S. Écris-moi.

[Collection Columbia University Library]

À CECIL BEATON

12 juillet 1952

Cecil, mon bien cher,

Les photographies nous ont enchantés – celle d'Anne tout particulièrement. J'ai chaque jour l'intention de vous écrire, mais j'ai si peu de choses à raconter – à l'exception d'un *carabiniere* qui s'est jeté contre notre voiture avec sa motocyclette et l'a à moitié défoncée. Elle est actuellement réparée et nous pouvons nous en servir de nouveau pour descendre à la plage (celle d'Isola Bella) où nous avons loué un petit bateau pour l'été.

J'ai fini ma nouvelle mais elle ne me plaît pas. Je crois qu'il faudrait la développer.

J'ai reçu hier un télégramme de deux pages de Saint-Subber. Il meurt d'envie de venir ici et j'ai l'impression qu'il attend mon autorisation. Pas question de le voir arriver avant d'être un peu plus avancé dans ma pièce et moins vulnérable. À propos, notre ami Arnold Weissberger a cherché à me téléphoner, mais j'ai refusé de descendre jusqu'au bureau de poste.

En ce moment, mon bien cher, vous êtes sans doute en compagnie du ménage Lunt dans quelque province perdue. Racontez-moi tout en détail. Je suis sûr que ce sera un grand succès et pour vous un triomphe.

Irez-vous aux États-Unis ?

Verdura et sa bande ne sont pas encore arrivés, mais ça ne saurait tarder. Je me demande qui va coucher avec qui, car la maison qu'ils ont louée est très pauvrement meublée.

Il s'est passé quelque chose de beaucoup plus intéressant que le retour de la Panthère, quelque chose d'absolument fabuleux. Si vous n'allez pas aux États-Unis, venez vite, bien cher, vite, vite !

Le temps est parfait, doux, cristallin. Anne elle-même a cessé de se plaindre.

Avez-vous vu Katharine Hepburn ? Comment était-elle ? Soyez gentil de me dire si Constance Collier habite toujours l'*Hôtel Connaught* et, si oui, quelle est l'adresse.

Vous me manquez, précieux ami. Tout le monde vous fait ses amitiés, Jack tout particulièrement. Écrivez vite. Affection.

T

[Collection St. John's College, Cambridge University]

À CECIL BEATON

[Taormina, Sicile]
16 août 1952

Cecil, mon bien cher,

Soyez béni pour le roman d'Angus Wilson. J'étais impatient de le lire. Je l'aime beaucoup dans l'ensemble, c'est remarquable d'habileté. Le *New York Times* m'a demandé d'en faire la critique lorsqu'il paraîtra en Amérique. Personnellement, je trouve les critiques inutiles, mais peut-être estimez-vous que je me dois d'accepter ?

Quelle triste histoire, cette maison incendiée de Simon Fleet. Il doit s'agir d'un pyromane qui hante le Wiltshire. D'après Fulco di Verdura, Simon n'est pas venu à Taormina parce que Juliet Duff l'en a empêché – ce qui me paraît quand même un peu tiré par les cheveux.

Quelques nouvelles de la piazza : Fulco et sa bande me font penser à des gens au bord du désespoir, qui cherchent par tous les moyens à s'amuser, sans savoir s'y prendre ; je crois qu'ils dorment toute la journée et jouent toute la nuit à la canasta. Ils sont beaucoup trop nombreux, et Fulco passe son temps à se plaindre. Leur maison est hideuse. Fulco a l'air d'être en ménage avec un garçon français (un homme) aux cheveux teints en blond platine, qui s'appelle Jacques Quelque Chose. Je déteste ce type qui s'appelle Hamish Erskine. Par contre, j'aime vraiment Judy Montagu et la jeune Sarah Roosevelt. Judy a une grande noblesse de cœur. Il y a parmi eux une femme, nommée Mrs Alexander, qui s'est rendue ridicule en essayant de draguer Gayelord Hauser. Hauser a donné une très brillante réception sans inviter personne de la bande – ce qui les a fait vibrionner de fureur comme des guêpes. Avant-hier, ils ont donc donné un bal costumé. Jack est resté à la maison, mais j'y suis allé – à mon grand regret : on mourait de soif. Rien d'autre à siroter qu'un misérable petit punch, etc.

Saint-Subber m'a fait demander l'autre jour au téléphone, mais j'ai refusé de descendre au bureau de poste pour attendre. J'ai trop peur qu'il m'annonce son arrivée, ce que je ne veux à aucun prix. Il faut qu'il se mette au travail, qu'il trouve une pièce à produire, n'importe laquelle.

J'ai un nouvel animal : un corbeau. Nous l'avons un peu apprivoisé. Il est très drôle et très intelligent. Chaque soir, quand je m'installe sur la terrasse, il se pose sur mon épaule. Kelly le hait. Nous l'avons baptisé Lola.

Il fait une chaleur à tomber, qui me plonge chaque après-midi dans une sorte d'état comateux. Mais les matinées et les soirées sont parfaites.

J'aimerais tant, bien cher, que vous sautiez dans un avion et arriviez la semaine prochaine. Pour l'amour du ciel, qui vous en empêche ?

Nous restons ici jusqu'au 20 septembre, puis j'espère passer une semaine ou deux à Venise. Après, aucune idée...

J'ai été désolé d'apprendre que votre mère était souffrante. J'espère de tout cœur qu'elle se porte mieux.

Je ne vois pour l'instant aucune autre nouvelle. Jack vous fait ses amitiés. Vous me manquez terriblement.

AFFECTION

T

P.-S. Merci infiniment pour John Heyward. Vous êtes un ange de lui avoir parlé. J'espère beaucoup qu'un autre éditeur acceptera le livre.

[Collection St. John's College, Cambridge University]

À ROBERT LINSCOTT

Taormina, Sicile
7 septembre 1952

Cher Bob,

Si heureux de recevoir votre lettre – j'étais depuis si longtemps sans un mot rassurant de vous. J'espère, ou plutôt, je sais que vous avez passé un meilleur été que moi. Mais inutile d'en parler. C'est d'ailleurs presque fini (l'été, j'entends). Je m'en vais le 20, serai à Rome le 22, pour un jour ou deux, et vous pouvez m'y écrire c/o American Express. Je vous communiquerai mon adresse définitive dès que j'en aurai une.

J'ai beaucoup travaillé, écrit la moitié d'une pièce, qui vous plaira j'espère, et quarante pages environ d'un roman. J'aimerais avoir fini ma pièce et écrit une centaine de pages du roman avant de regagner l'Amérique (après Noël). Peut-être vous demanderai-je un à-valoir. Je ne sais pas encore.

Vous savez bien sûr que Marian Ives ferme son agence. Je suis navré pour elle – mais bon, vous connaissez mon sentiment. Je n'ai pas l'intention de prendre un nouvel agent. Random House peut-il se charger de négocier mes droits étrangers ? Marian me dit qu'elle tiendra jusqu'au nouvel an, mais je refuse absolument qu'elle signe avec Random quelque contrat que ce soit me concernant, ce qu'elle est décidée à faire, j'en suis certain, si l'occasion s'en présentait avant son départ. Comment éviter ça ? L'ayant supportée pendant toutes ces années, je ne voudrais surtout pas la blesser au dernier moment.

Qu'est-il arrivé à Goyen ? Je n'ai plus entendu parler de lui. Faulkner a-t-il aimé son séjour à Paris ?

Faites mes amitiés à Bennett et à Bob Haas. Écrivez-moi toutes les nouvelles que vous avez apprises. À vous.

T

[Collection Columbia University Library]

À CECIL BEATON

American Express
Rome
5 octobre 1952

Charmant petit lapin,

Ce trop long silence a dû vous inquiéter, mais s'arracher à Taormina a été comme une ordalie. Nous avons finalement décidé de passer l'hiver à Rome et nous avons trouvé un appartement merveilleux, je dois dire, un rêve, et je suis tombé amoureux de Rome, ville magique quand on est bien installé et qu'on y connaît peu de monde. Temps superbe. Des journées d'octobre d'une luminosité cristalline. Je recommence à travailler. J'ai pratiquement terminé le premier acte de ma pièce et j'ai commencé un roman – ce qui n'est pas très raisonnable, mais je n'ai pas pu résister.

Je me suis interrompu pour déjeuner – nous avons une cuisinière de premier ordre ! Tout est tellement différent de Taormina. Pour la première fois de ma vie, je crois...

[*La fin de la page manque.*]

J'ai lu de nombreuses critiques de *Quadrille* et je suis ravi que vous ayez retrouvé votre si brillante palette. Noel Coward, par contre, doit être déçu : les critiques ne lui pardonnent pas ses précédents succès – on croirait lire des devoirs de petits écoliers stupides. Comment le couple Lunt prend-il la chose ? J'ai beaucoup vu Thornton Wilder à Venise. Il est irrésistible de drôlerie quand il parle des Lunt. Mais j'imagine que vous en avez eu votre [*illisible*]. Racontez-moi seulement quelles tempêtes, s'il y en a eu, ont secoué ce couple d'Excentriques. À propos d'excentriques, Saint-Subber m'annonce son arrivée pour décembre. J'ai appris par les journaux qu'il produisait trois spectacles, dont une pièce de Frank O'Connor, ce qui est vrai, j'espère. Jack va bien et travaille beaucoup. Il vous envoie ses amitiés. Notre ménagerie va très bien, elle aussi. Quand avez-vous l'intention d'aller à New York, bien cher ? Répondez-moi, c'est important. Je suis triste, vraiment très triste, de penser que je ne vous verrai pas cet hiver – mais au fond, peut-être, qui sait ? Y a-t-il du nouveau pour *Les Jeunes Filles de Gainsborough* ? Vous me manquez terriblement, mon précieux ami. Écrivez-moi dès que possible c/o American Express, Rome.

Toute mon affection.

T

[Collection St. John's College, Cambridge University]

À ANDREW LYNDON

c/o American Express
Rome
14 octobre 1952

Mon chéri,

Si heureux de ta lettre si tendre et si pleine de nouvelles. Je crois t'avoir écrit que nous avons loué un appartement à Rome, très beau, très ensoleillé, mais, hélas, beaucoup trop cher. Nous y resterons malgré tout plusieurs mois. Si tout va bien, c'est-à-dire si j'ai fini ma pièce et si elle intéresse quelqu'un, nous rentrerons à New York en mars.

Je suis extrêmement inquiet de savoir Nina et Joe à Cuba. Pourvu que tout se passe bien. Et je suis en même temps terriblement inquiet pour mes livres et mes manuscrits qui risquent de se perdre. Mais bon, on verra. Ce qui est arrivé à Joe est vraiment terrible. Ils ne m'ont écrit ni l'un ni l'autre et j'ignore tout de leurs projets. Tiny, la jeune sœur de Nina, occupe-t-elle toujours l'appartement de Park Avenue ? Arrange-toi pour me renseigner.

Rome déborde d'anciennes connaissances. On peut souvent apercevoir Sister (te souviens-tu d'elle, la célèbre Carson McCullers ?) et Mr Sister, son époux, *titubant* le long de la Via Veneto. Nous ne nous parlons pas. Disons, si tu préfères : ils ne me parlent pas. Marguerite Young, dite La Vache, occupe une chambre dans je ne sais quelle *pensione*. Elle a des cheveux rouge brique. Je suis tombé aujourd'hui même sur Messrs Gray Foy et Richard Hunter. J'ai décidé à l'avenir de porter une épaisse voilette quand je m'aventure dans les rues.

Le lendemain !

Je venais tout juste de terminer le paragraphe précédent quand on a sonné à la porte : les Robert Dunphy ! Surprise, surprise ! Ils se sont incrustés la journée entière et une grande partie de la nuit. Jack est consterné. J'avoue pour ma part qu'ils sont assez touchants. Ils racontent dans les moindres détails ce qui leur est arrivé. Nous avons tout fait pour les convaincre d'aller au plus vite visiter l'Allemagne. Mais j'ai l'impression qu'ils vont rester ici une ou deux semaines. Ton si noble cœur ne saigne-t-il pas pour moi ?

À propos, quand je suis tombé sur La Vache, elle m'a raconté une horrible histoire concernant Harold, qui aurait trouvé une situation grâce à un très riche amant texan. Y a-t-il quelque chose de vrai ?

Je suis heureux que tu aies vu Phoebe et qu'elle semble en si bonne forme. Je vais lui écrire bientôt. J'ai reçu il y a deux jours une lettre de sa mère ; elle m'envoyait mon horoscope ! Particulièrement extravagant !

Tu me manques, petit ange. Écris-moi. Jack te fait ses amitiés, toute notre ménagerie également, et moi aussi, bien sûr.

T

[Collection New York Public Library]

À NEWTON ARVIN

[carte de Noël]
Rome
Décembre 1952

Cher signor,

J'ai travaillé comme un bœuf, car j'ai accepté par-dessus le marché d'écrire pour le cinéma. C'est-à-dire de retravailler le scénario du prochain film de De Sica (le réalisateur de *Sciuscia* et du *Voleur de bicyclette*) et comme le film était déjà en préparation, on ne m'a donné que trois semaines. C'est malgré tout une expérience amusante et je crois avoir fait du bon travail. Mais j'ai été obligé d'abandonner ma pièce et la reprendre est très difficile. Es-tu retourné à Northampton pour la fête de Thanksgiving ? As-tu toujours l'intention de passer un moment à New York ? C'est une bonne idée, je pense. J'ai reçu hier ta carte de Noël, tout juste signée de ton nom, sans la moindre affection. Alors que j'ai beaucoup pensé à toi ces temps-ci. Mais bon, oublions Noël, ne pensons qu'à l'année nouvelle et souhaitons qu'elle nous soit favorable à l'un et à l'autre. Écris-moi, si cher ami. Avec toute mon affection.

T

[Collection Smith College Library]

À ROBERT LINSCOTT

33 via Margutta, Rome
27 décembre 1952

Cher Bob,

Je pense qu'une de mes lettres a dû s'égarer ainsi qu'une carte de Noël. Je suis absolument sûr de vous avoir parlé du projet concernant la nouvelle d'Isak Dinesen *Les Rêveurs*. Peu importe : voici ce dont il s'agit. J'ai fait lire la nouvelle à Greta Garbo, car j'avais en tête de lui faire tenir le rôle principal. Sa réaction n'a pas été très cohérente (doux euphémisme), mais elle m'a dit : tout dépendra de l'écriture du scénario. Il n'était pas question pour elle de donner une réponse définitive et je m'y attendais. Il a fallu ensuite que je cherche un producteur, car je ne voulais pas me lancer dans un tel travail sans être sûr que quelqu'un produirait le film au moment voulu. J'en ai parlé à David Selznick (qui a produit plusieurs films de Greta Garbo). Il a d'abord été très enthousiaste, puis nettement moins, et le plus grave est que nous n'avons pas la même vision du film. Je continue à croire malgré tout qu'il le produira – tout en redoutant qu'il ne s'y intéresse qu'en fonction de sa femme Jennifer Jones. Ce qui nous a conduits vers Roberto Rossellini (le réalisateur de *Rome ville ouverte*). Rossellini a manifestement envie de tourner le film, mais il y a un piège : il voudra que sa femme, Ingrid Bergman, joue le rôle principal. Je ne crois pas qu'il soit fait pour un film de ce genre (ce n'est pas pour lui, pas du tout réaliste). Je suppose, par contre, qu'Ingrid Bergman serait très bonne (j'aimerais savoir ce qu'en pense Dinesen) ; mais l'essentiel, pour moi du moins, c'est qu'il s'agit d'un film pour Garbo. La sagesse serait donc de trouver un producteur qui n'aurait pas épousé une actrice. Blague à part, j'ai très envie d'adapter cette nouvelle et si Miss Dinesen m'y autorise, je suis sûr de trouver le financement. Je tiens avant tout à en parler à Carol Reed (ce qui doit se faire en mars), et je sais que le projet l'intéresse et qu'il saura lui donner sa dimension émotionnelle. Mais Miss Dinesen, de son côté, risque de ne pas vouloir laisser passer la possibilité alléchante Rossellini-Bergman. Auquel cas, je serai d'accord pour lui rendre les droits, car je n'écrirai pas le scénario.

J'espère revenir à New York courant mars. Il faut d'abord que je termine ma pièce (et je crois qu'elle vous plaira). Une fois celle-ci terminée, je reviendrai à ma table de travail et j'endosserai ma livrée de romancier.

Vous me manquez sans cesse, et Dieu sait à quel point j'aimerais vous parler. Présentez mes meilleures pensées à Bob Haas.

Fidèlement,

T

P.-S. Bob, pourriez-vous avoir la gentillesse de demander qu'on fasse suivre mon courrier chez Saint-Subber, 17 A, 57e Rue Est.

[Collection Columbia University Library]

À CECIL BEATON

33 via Margutta
Rome
Jour de l'An 1953

Bien cher Cecil,

Et voilà, une année nouvelle – je veux la commencer en écrivant à tous ceux que je garde dans mon cœur – ce qui n'alourdira pas la sacoche du facteur.

Cette lettre vous rejoindra peut-être pendant votre « tournée de conférences », et vous serez trop épuisé, pauvre petit agneau, pour décacheter l'enveloppe. Je ne vous envie pas, mais j'espère que vous gagnez une fortune et que vous n'êtes pas obligé d'avaler trop de poulets à la crème (les maîtresses de maison de ces provinces-là ne servent rien d'autre).

J'ai vraiment ri en lisant la coupure de presse concernant Juliet Duff. Mais soyons sérieux. Il y a sûrement quelqu'un qui en veut à cette famille : incendies, cambriolages… S'agit-il vraiment de coïncidences ?

En ce qui concerne Saint-Subber, sa vie privée est beaucoup trop compliquée pour moi. J'en arrive à cette conclusion : c'est un masochiste d'envergure. Il a surtout besoin d'une injection de dignité – le Dr Jacobsen pourrait s'en charger. Je suis très touché d'autre part quand il m'écrit, comme il le fait dans chacune de ses lettres, à quel point il vous aime, et je le crois sincère. Mais il y aurait trop à dire. Attendons de nous voir.

Nous traversons une période de vacances très calmes. Le seul cadeau agréable que j'ai reçu est un complet de chez Caraceni (que je me suis offert moi-même). Je travaille très sagement. Jack aussi. Nous ne sommes même pas sortis pour le réveillon de la Saint-Sylvestre. Jack est un peu nerveux. Il vient de lire dans un journal que son ex-femme Joan se remarie. Il n'a rien contre le fait lui-même, mais contre l'homme qu'elle épouse, un danseur nommé Bob Fosse, ce qui ne peut être à ses yeux qu'une union désastreuse. Elle a obtenu un rôle dans *Juliette et moi*, la nouvelle comédie musicale de Rodgers et Hammerstein.

Les Chaplin étaient là la semaine dernière – accueillis par des ovations. Je leur ai servi de cicerone pendant quelques jours, ce qui m'a beaucoup amusé. Ils ont été submergés de cadeaux, notamment un bonzaï qu'ils m'ont offert et que je laisserai en partant à la propriétaire, bien qu'il soit très beau. Lola adore se percher sur ses branches miniatures.

J'ai l'intention d'aller à Londres en mars. Jack et notre ménagerie seront obligés de rester à Paris pour éviter la quarantaine (je parle des animaux, pas de Jack). Mais y serez-vous – vers le 10 ou le 15 ?

Vous me manquez, trésor. Écrivez-moi vite et pardonnez-moi cette lettre sans intérêt. Je voulais simplement vous dire que je pensais à vous et que je vous aimais.

T

[Collection St. John's College, Cambridge University]

À CATHERINE WOOD

33 via Margutta
Rome
Début janvier 1953

Bien chère Woody,

Soyez bénie, mon doux cœur, pour ces ô combien ! succulentes conserves, arrivées il y a quelques jours et dont nous nous sommes régalés.

Si la poste vous renvoie vos lettres, c'est que vous orthographiez mal le nom de la rue : M-A-R-G-U-T-T-A.

J'ai reçu votre lettre ce matin et, dites-moi, j'ai l'impression que vous vous êtes bigrement amusée pendant vos vacances, un vrai tourbillon de plaisirs. Les miennes ont été d'un calme absolu. J'avais besoin de repos après avoir travaillé à ce sacré scénario. Vous verrez le film à New York, il est en anglais. Actuellement, j'écris une pièce, que j'espère finir d'ici deux mois.

À Rome, on gèle. J'ai deux radiateurs électriques qui adoucissent à peine l'atmosphère de ma chambre. Le sol est en marbre glacial. Tout juste si je parviens à tenir ma plume.

La princesse Caetani m'a obtenu une audience privée du pape – quinze minutes en principe, mais il m'a gardé plus d'une demi-heure. Un homme extraordinaire, d'un charme infini et d'une extrême beauté. Je vous en parlerai plus longuement.

Les Chaplin sont arrivés quelques jours avant Noël, et quand je quitterai Rome (aux alentours du 1er mars), je m'arrêterai un moment chez eux en Suisse (où ils ont acheté une maison) avant de gagner Paris. Avez-vous vu *Les Feux de la rampe* ? J'adore. Je ressens pour lui une profonde affection, et toutes ces accusations scandaleuses dont on l'accable en Amérique me déchirent le cœur. J'ai honte, profondément honte, pour mon propre pays.

Faites mes amitiés à Margery. Sa carte de Noël m'a beaucoup touché. Jack vous envoie ses amitiés. La ménagerie au complet se porte bien. Je vous aime de tout mon cœur, ma précieuse Woody.

T

[Collection New York Public Library]

À ANDREW LYNDON

33 via Margutta
Rome
7 janvier 1953

Cher petit lapin,

Ta lettre me rassure. Je commençais à m'inquiéter. J'espère que tu as passé d'agréables vacances. Les miennes ont été d'un calme absolu.

Tu as sans doute vu Nina, quand ils sont revenus pour Noël vider l'appartement. Dieu seul sait où je vais pouvoir ranger mes affaires, et vivre pas davantage, quand nous regagnerons New York. Si tu entends parler d'un appartement agréable, à louer début avril, signale-le-moi.

En ce qui concerne le film, je n'en pense pas grand-chose. Mais le tournage est devenu fort intéressant.

Je me suis trouvé engagé dans une histoire assez complexe avec Montgomery Clift. Pendant les six premières semaines, nous avons eu l'un pour l'autre une violente aversion. Et brusquement (garde ça pour toi !), nous avons commencé une sorte de flirt assez lâche, qui a fait peu à peu boule de neige, jusqu'à atteindre un niveau de complicité extrêmement chaleureux. Rien de trop sérieux, rassure-toi, je ne vais pas mettre la maison à feu et à sang, mais ç'a *été* extrêmement troublant, car c'est un être très attachant que j'aime vraiment beaucoup. Il part tourner à Hawaï la semaine prochaine *Tant qu'il y aura des hommes* (ou, comment appelles-tu ça ? *Bouse de vache* ?), je pense que tout se calmera, et j'en serai heureux pour d'évidentes raisons : c'était trop éprouvant pour les nerfs. Et très mauvais pour mon travail. Je rentre donc dans le droit chemin – et m'impose le Grand Effort de terminer ma pièce avant notre départ. En ce qui concerne Jennifer Jones, je refuse. Elle n'est pas du tout faite pour le rôle, et je me sens un peu mal à l'aise car je l'aime bien – mais elle est complètement névrotique, et nous ferait douze dépressions nerveuses avant le début des répétitions. Je ne veux de toute façon que des acteurs noirs – ou presque. Pourquoi Alice Pearce se montre-t-elle aussi hostile envers Eartha Kitt ? Je ne l'ai jamais vue, c'est vrai. Et toi ? Pourrais-tu aller la voir et m'écrire ce que tu en penses ? À propos, quelle est la date de la première d'Alice au *Blue* ? Je voudrais lui envoyer un télégramme.

Autre chose, bien cher : où est Tiny ? Je te l'ai déjà demandé, mais tu n'as pas répondu, et comme tu le sais, le ménage Capote n'écrit jamais.

Jack t'envoie ses amitiés (quand tu me répondras, sois très discret à propos de certain passage ci-dessus, car Mr Dunphy veut toujours lire tes lettres). Je t'aime, précieux trésor,

T

P.-S. Que ne donnerais-je pour avoir, à l'instant même, un long *tête-à-tête** avec toi…

[Collection New York Public Library]

À CECIL BEATON

33 via Margutta
Rome
21 janvier 1953

Cecil, bien cher,

Au lit avec la grippe, adossé à mes oreillers, et sirotant du thé au rhum. J'ai dévoré six livres en deux jours. Tout ceci extrêmement confortable. Quel vrai plaisir d'être malade de temps en temps.

Il faut quand même que vous sachiez d'où me vient cette grippe. De Saint-Subber, mon bien cher. J'ai reçu un avis de la poste me demandant de descendre dans l'attente d'un appel téléphonique de New York. Cette poste est installée dans un immense bâtiment en marbre, froid comme une glacière. J'ai dû attendre plus de deux heures, sur un banc de pierre gelé, et quand l'appel est enfin arrivé, ce n'était rien d'autre que le sieur Saint-Subber, qui n'avait rien à me dire, mais faisait preuve d'une agitation incroyable, tout à fait comme un maniaco-dépressif. Il faut que nous parlions sérieusement de lui. Pour ma part, je ne sais plus que penser. Son comportement est plutôt insupportable s'il s'agit d'amitié – mais si l'on est professionnellement en affaires avec lui, on peut s'armer de patience. J'aimerais, du fond du cœur, lui faire vraiment confiance en tant que producteur, car j'ai absolument besoin de quelqu'un de sûr et de solide qui me soutienne. Que faire ? Ne compter que sur moi ? Oh, *mio caro*, c'est parfois épuisant d'être un pilier de résistance.

Pour en revenir à votre pièce, qu'en est-il de Margaret Phillips ? C'est, à mon avis, l'une des deux ou trois grandes comédiennes de notre temps. À propos, si je vous ai suggéré Diana Lynn, c'était, rappelez-vous, dans le cadre d'un festival d'été : vos producteurs désiraient une vedette de cinéma, et elle cherchait elle-même un engagement de cet ordre. Vous devriez vraiment essayer de savoir si Margaret Phillips est libre. Ou Audrey Hepburn. Ou (l'idée peut paraître bizarre) Cathy O'Donnell. Je ne l'ai vue qu'une fois, dans le film *Les Plus Belles Années de notre vie*. Elle n'a rien d'une star, mais elle possède de vraies qualités. Elle était à Rome ces jours derniers et je l'ai trouvée très séduisante.

À propos, j'ai les plus grandes difficultés à trouver l'actrice idéale de ma pièce. Eartha Kitt est trop âgée, trop *soignée**, pour le rôle principal, mais il y a un autre rôle où je pense qu'elle serait parfaite.

Non, je ne me suis jamais trouvé du côté de la Suisse, encore moins avec les Selznick. Ils ne vont pas si mal en ce moment – David a quelques qualités tout à fait remarquables. Mais je me permets d'ajouter qu'il en a d'autres qui le sont beaucoup moins. J'ai des choses incroyables à vous raconter en ce qui les concerne. Et en ce qui concerne Montgomery Clift. J'ai beaucoup vu les Rossellini. Bien triste histoire.

Ce que vous m'écrivez de Constance Collier m'intéresse d'autant plus que je voudrais écrire un article sur elle. Je suis heureux que vous ayez convaincu Greta de la rencontrer. Une amitié avec Constance lui ferait, je pense, un bien fou.

Je suis heureux que votre tournée de conférences connaisse un tel succès. Vous pourriez en faire un événement annuel. Les clubs de femmes vous attendraient comme l'hirondelle qui annonce le printemps. Vous vous amusez beaucoup, j'en suis sûr. Avez-vous une date prévue au Town Hall ? Pour un conférencier, c'est comme être engagé au Palace.

Jack va bien. Il vient d'écrire la plus belle des nouvelles. Il vous fait ses amitiés.

Je supporte de moins en moins d'attendre si longtemps pour vous voir. Pas avant début avril sans doute. En vérité, l'idée de regagner New York me rend malade. Peut-être, qui sait, y renoncerai-je ? Je vous aime, précieux ami, et vous me manquez.

T

[Collection St. John's College, Cambridge University]

À ANDREW LYNDON

[Ravello, Italie]
[*Où il travaille au scénario de* Plus fort que le diable *avec John Huston*]
[Février 1953]

Andrew chéri,

Ta lettre m'a interrompu au milieu d'un article (sur Constance Collier, pour *Bazaar*). Je l'ai terminé il y a vingt minutes et je m'empresse de répondre à mon unique sœur véritable. Ces problèmes d'appartement sont tout simplement épuisants. Jack vient d'écrire à sa sœur et à son locataire pour essayer de savoir où nous allons entreposer notre camelote. L'appartement de Park Avenue existe toujours. De toi à moi, c'est moi qui ai pris le loyer en charge et j'ai payé jusqu'au 1er avril – pas pour moi, pour Joe, au cas où son travail à Cuba serait un échec. Mais je ne peux pas payer plus longtemps. Je suis dans la dèche la plus noire, sans plaisanter, pour des raisons que tu devineras facilement. Vu tous les problèmes que tu as, pourquoi ne pas occuper Park Avenue, tant que c'est vide ? Si l'idée te plaît, écris à Nina (P.O. Box 536, La Havane) et dis-lui que tu aimerais t'y réfugier pour un mois environ. À ton avis, faut-il que j'essaie de garder cet appartement ? Mais, avant tout, es-tu vraiment sûr d'être obligé de quitter le tien le 27 février ? N'y a-t-il pas moyen de prolonger de quelques mois ? Que nous ayons au moins un endroit où aller en débarquant. Car je ne vois pas comment nous pourrions revenir avant le 1er mai. Ce serait absurde de ma part de rentrer tant que ma pièce n'est pas finie.

J'ai vécu d'étranges aventures ces dernières semaines, auxquelles sont mêlés John Huston et Humphrey Bogart, qui m'ont rendu fou tant ils font la bringue – à moitié ivres toute la journée, et complètement ivres la nuit. Tu n'es pas obligé de me croire, mais je suis entré un matin à six heures dans la chambre de Bogart pour y trouver le roi Farouk dansant le hula-hoop. Jack était écœuré et j'ai poussé un soupir de soulagement quand ils sont partis pour Naples.

Une admirable tempête nous arrive dessus. Les maisons ont pris des couleurs magiques…

J'ai lu avec intérêt ce que tu m'écris d'Eartha Kitt. Je n'y avais jamais pensé très sérieusement, et de toute façon, elle est trop âgée pour le rôle.

Tu n'en parles pas… Rita Smith est-elle revenue avec ou sans son boy-friend ? As-tu vu Eudora Welty au Centre de poésie ? Comment c'était ? Je suis vraiment désolé pour Tiny, quelle histoire écœurante. Elle aurait dû depuis longtemps essayer de refaire sa vie… Bon, inutile d'insister. J'ai reçu une lettre de Newton, extrêmement satisfait de sa vie à Harvard.

Lola est à côté de moi. Elle essaie d'arracher cette feuille de ma machine à écrire. Seigneur Dieu, quel acharnement ! J'ai beau lui taper sur le crâne avec un journal roulé, elle ne bouge absolument pas.

Écris-moi très vite, précieux cœur, au sujet de tous nos problèmes. Jack te fait ses amitiés. Tu me manques sans cesse.

Avec toute ma tendresse.

T

[Collection New York Public Library]

À ROBERT LINSCOTT

Rome
20 mai 1953

Cher Bob,

Truman, vous vous souvenez ? Je ne serais pas étonné que vous n'ayez plus mon nom en tête. Je mérite qu'on m'oublie, je le sais – mais j'ai essuyé une tempête après l'autre, parfois même plusieurs en même temps.

Je viens tout juste de rentrer, après un mois à Londres, et je quitte Rome dimanche. Mon adresse la plus sûre est : c/o American Express, Florence, Italie. Car j'ignore encore où je passerai l'été. J'ai fini ma pièce (un premier jet) et je veux la laisser de côté avant d'y retravailler pendant cinq ou six semaines. Vous n'avez sans doute pas vu la reprise de *La Harpe d'herbes* à Greenwich. Plusieurs personnes m'ont dit que c'était d'un bon niveau.

Bob, mon roman est en fait une longue nouvelle, et j'aimerais publier un recueil de nouvelles l'hiver prochain ou au printemps – je pense avoir ce qu'il faut. J'ai besoin maintenant d'écrire des nouvelles, d'une part parce que j'aime ça, d'autre part, et c'est là le plus important, parce que j'aborde un nouveau style d'écriture, que je m'intéresse à des thèmes et à des personnages différents, et je ne pourrai vraiment commencer un roman qu'après avoir mis les choses au clair dans ma tête. J'ai une idée de roman – mais les nouvelles me permettront de prendre des risques, de tâtonner, de me tromper, d'ajuster mon tir pour qu'il atteigne la cible à coup sûr.

Vous me demandez ce qu'il faut faire des exemplaires de *La Harpe d'herbes* en édition de poche. Vous pouvez les envoyer à Park Avenue (ma mère est rentrée) – ou, si cela ne pose pas de problème, les garder chez Random House. Je vous en serais très reconnaissant.

Je rentrerai à New York en automne. Faites mes amitiés à Bennett et à Bob Haas. Passez d'excellentes vacances dans votre ferme et écrivez-moi.

À vous,

T

[Collection Columbia University Library]

À ANDREW LYNDON

Rome
20 mai 1953

Mon bien cher,

Sois béni pour ta tendre lettre et les extraits de presse. Nous venons de regagner Rome après un mois à Londres, séjour très agréable à ceci près que j'ai travaillé tous les jours – sais-tu que j'ai écrit le scénario du prochain film de John Huston : *Plus fort que le diable* ? Kitchissime, mais j'ai été ravi de le faire. Nous avons vu toutes les pièces de théâtre, même celle de Graham Greene, *Living-Room*, qui a un grand succès, mais que j'ai trouvée nulle et prétentieuse. Jack par contre a aimé. Nous avons, hélas, un nouveau chien, un petit bouledogue anglais, baptisé Mr Bunkum – cadeau de John Huston. Mais nous avons perdu Lola. Elle s'est envolée par la fenêtre et n'a pas pu retrouver son chemin, ce qui nous rend fort tristes. Kelly va bien. Jack a terminé son roman. Nous passerons l'été à Portofino ou à Camogli (là où nous trouverons une maison agréable) et je pourrai finir l'adaptation de *La Maison des fleurs*. Nous quittons Rome la semaine prochaine. Tu peux m'écrire c/o American Express, Florence.

Aimes-tu ton nouvel appartement ? Voilà ce qui nous manque le plus : un endroit où nous pourrions vivre tous ensemble. Nous regagnons New York en automne (septembre ou octobre) sans du tout savoir où nous installer.

Je ne pense pas que tu aies vu Phoebe. Je n'ai plus entendu parler d'elle. De Newton non plus.

Mon intuition me dit que tu as une liaison – et qu'elle te comble sexuellement. De qui s'agit-il ? À quoi ressemble-t-il ? Sois gentil, trésor – *sua sorella* aimerait savoir.

Il s'est passé une quantité de choses formidables, ces trois derniers mois. Jack s'est vraiment épanoui à Londres. Il a remporté un succès fou auprès des stars de cinéma et des « aristos ». Mais oh ! que d'histoires à te raconter !

As-tu vu Nina ? Je lui ai téléphoné de Londres. Dis-moi franchement ce que tu penses de la situation.

Quel plaisir ce serait d'avoir à l'instant même une de nos longues conversations. Je t'aime vraiment beaucoup, trésor. Tu m'as toujours été cher et si proche. Écris-moi aussi vite que possible. Jack t'envoie ses amitiés.

Moi de même.

T

[Collection New York Public Library]

À MARY LOUISE ASWELL

Fermo Posta
Portofino
19 juin 1953

Marylou chérie,

Nous sommes si heureux t'avoir reçu ta tendre lettre. J'espère que tu passes de bons moments à Folly Cove – le nom, du moins, est merveilleux. J'aurai sans doute une nouvelle à t'envoyer si tu peux attendre décembre. En ce qui concerne *La Traversée de l'été*, je l'ai déchiré il y a longtemps – et de toute façon, c'était inachevé. Jack vient d'écrire une nouvelle vraiment très belle – que *Bazaar* a refusée – et j'aimerais que tu la fasses lire à Audrey Wood – elle pourrait la publier dans l'une des anthologies que vous avez en projet. Elle s'appelle : *La Lumière dans le square.*

J'ai passé le plus étrange des hivers, rencontré toutes sortes de gens exceptionnels. Travailler avec John Huston m'a enchanté. Il doit venir nous retrouver cet été avec sa famille (il aura, Dieu merci, une maison à lui). Ici, c'est paradisiaque. Nous avons loué un petit bateau et je travaille à ma pièce – tout irait parfaitement, si je n'étais pas dans une angoisse terrible et constante par rapport à ma mère et à mon beau-père – mais je ne veux pas t'ennuyer avec ça.

Jack a presque fini son roman. Je suis sûr que tu l'aimeras. J'espère que tout se passera bien avec les gens de Farrar, Straus & Giroux – ce sont de tels imbéciles !

Je suis sûr que ton fils Duncan est sur la bonne voie. Vu l'énergie dont il fait preuve, il ira loin. Conseille-lui de faire ami-ami avec la terrifiante Daise Terry – après quoi, plus aucun problème.

Je suis content que tu aies vu *La Harpe d'herbes*, mais entre nous, d'après ce que j'en ai lu, j'ai l'impression qu'une fois encore c'était mis en scène à contresens.

Ma chérie, nous rentrons à New York vers la mi-octobre. J'espère que nous finirons par trouver un appartement. Trois-quatre pièces, pas plus de 150 à 175 dollars par mois. Si tu entends parler de quelque chose, télégraphie-moi. Jack pourra-t-il s'installer quelques jours chez toi à notre arrivée ? Tout est encore si confus. Si ça te pose le moindre problème, dis-le franchement, chérie. Peut-être pourra-t-il s'arranger avec Janie.

Tu me manques, ma douce. Jack t'envoie son affection. Comme Kelly. Et comme celui qui est tout à toi.

T

P.-S. Embrasse Pidgie pour moi. Dis-lui que si elle est toujours aussi ravissante, je pourrai lui faire faire du cinéma.

P.-P.-S. J'ai l'impression que les gens de *Bazaar* ont perdu la tête. Si tu voyais la façon dont Helen Eustis a massacré l'un de mes articles ! Je leur ai écrit une lettre qui t'aurait mis du baume au cœur. Ils vont, finalement, publier le texte original. Dieu de Dieu !

[Collection Famille Aswell]

À DAVID O. SELZNICK

Fermo Posta
Portofino
23 juin 1953

Cher David,

Je suis honteux de n'avoir pas répondu plus tôt à votre si longue et si aimable lettre – mais, que de complications, Seigneur Dieu, pour s'installer ici ! Non seulement en ce qui nous concerne, moi et les miens. Mais Ricki, la femme de John Huston, a brusquement sonné à ma porte avec toute sa famille. Je lui ai trouvé une très belle et immense villa (alors que je n'avais pas réussi à m'en dénicher une ; je me contente d'un modeste appartement, mais assez merveilleusement situé). Pauvre Ricki – quand on a dit ça, on a tout dit. C'est une femme charmante, mais parfaitement incapable de se sortir d'aucune situation. John doit en principe la rejoindre le 1er juillet. J'espère qu'il arrivera avec quelques amis, car je me vois mal, seigneur !, devenir le pivot social de leur existence. Je ne suis ni physiquement ni moralement qualifié pour ça. De toute façon, Ricki est devenue très amie avec le couple Rex Harrison et Lili Palmer, qui habite à deux portes d'elle. Je ne pense pas que ce soit la tasse de thé de John, mais je tiens, quoi qu'il arrive, à rester en dehors.

Dans l'ensemble, j'aime Portofino – suffisamment du moins pour y passer l'été. Ce n'est pas un mauvais endroit pour travailler, et j'ai beaucoup avancé *La Maison des fleurs*.

J'ai reçu l'affiche du film que j'envoie en Californie.

Le petit bouledogue est tombé à l'eau aujourd'hui et il a failli se noyer, mais je l'ai repêché, ramené à la maison et ce soir il a l'air en pleine forme. Il est devenu la plus exquise des créatures.

Jennifer me manque – ma courageuse camarade de combat ! Ah ! où retrouverons-nous une telle situation ? Nulle part, j'en ai peur. Bien que quelqu'un (Jack Clayton) qui a vu le premier montage de *Plus fort que le diable* m'ait écrit qu'il trouvait ça « très bon, surprise, surprise ! ». John de son côté a téléphoné à Ricki pour dire que c'était « bon ». Qui sait ?

David, avez-vous fini le montage de *Station terminus* ? J'ai hâte de le voir – mais ç'aurait été une erreur que je le voie à Londres. J'étais trop distrait.

J'ai écrit à Binkie Beaumont, comme vous me l'avez conseillé. Il m'a répondu très aimablement – je lui ai donc envoyé un exemplaire de *La Harpe*, mais il n'a pas encore réagi. Soyez béni, cher David, de vous y intéresser à ce point – vous avez toujours été si bon avec moi, et je vous en suis très reconnaissant.

Vendredi 6 juin

Je n'ai pas encore posté cette lettre, car je ne sais pas où vous l'envoyer. Je ne retrouve pas celle où vous me donniez vos différentes adresses. J'ignore même où vous êtes. En Californie, je suppose. Je sais que vous passerez un bon été là-bas. J'aimerais trouver une occasion d'aller vous voir. J'ai une cabine réservée sur le *Queen Elizabeth* pour le 8 octobre. Peut-être Jennifer et vous-même serez à New

York à ce moment-là. Pour toutes sortes de raisons, essentiellement personnelles, ce retour à New York m'effraie.

On rencontre des gens tout à fait surprenants à Portofino. L'endroit regorge de ces situations dont Jennifer prétend qu'elles n'arrivent jamais. Une jeune Australienne, par exemple, qui vient de s'enfuir avec son beau-père. Une mère suédoise et sa fille qui se partagent les faveurs d'un jeune pêcheur. Tout compte fait, c'est un endroit assez dangereux.

Comme vous le voyez, je ne suis pas très prolixe en nouvelles, mais j'essaierai de combler cette lacune le plus vite possible.

Amitiés à Jennifer, et amitiés à vous, David.

Fidèlement,

T

[Collection University of Texas Austin,]

À LEO LERMAN

Fermo Posta
Portofino
[30 juin 1953]

Myrt, ma bien chère mère,

Ta lettre m'évoque une caquetante basse-cour (oh ! que cette phrase est déplaisante !). Depuis notre dernière rencontre, j'ai promené mes fesses un peu partout (ne me demande pas ce qui arrive à mon vocabulaire !). Mais je suis pour l'été à Portofino. Un endroit idéal, Myrt – surtout pour des filles comme nous : yachts et milliardaires à tire-larigot ! Ce qui me déprime légèrement, car nous n'avons qu'un très petit bateau qui nous coûte une fortune, et un appartement donnant sur la mer qui nous coûte également une fortune. Mais la Vie qui nous entoure est d'un tel Luxe que c'en est épuisant. Les Huston (John) ont loué une maison, et les Harrison (Rex) se prélassent sur un énorme yacht (je l'aime bien, elle, Lili Palmer), et les Vanderbilt (Alfred) sont garés devant la porte – et je ne sais pas pourquoi, ça a quelque chose de lugubre. Il y a heureusement d'autres points de vue qui m'enchantent, et ma santé se rétablit peu à peu, alors qu'elle s'était ruinée à Londres – où nous avons passé de merveilleux moments. Je suis navré d'avoir raté ton anniversaire « parfumé à la fraise ». Qu'est-ce que c'est que cette pièce de Louis Kronenberger ? J'ignorais qu'il en avait écrit une. Qui la joue ? *Station terminus* est une niaiserie – je ne l'ai pas vu, mais tout le monde le dit, et je le savais. L'autre film, par contre, *Plus fort que le diable*, est très réussi – honnêtement. J'ai vu *Living-Room*, du toc. Jack a aimé. J'ai vu *Quadrille* de Noel Coward, *La Charrette de pommes* de Bernard Shaw – sinistres, l'un et l'autre. Bien aimé *Venise sauvée* d'Otway et *Ainsi va le monde* de Congreve. As-tu lu la biographie de Charlotte Brontë par Elizabeth Gaskell ? Tu devrais. Le malheureux Malcolm Brinnin voit-il toujours Goyen ? Trouve superbes les photographies de Gray. Un jour viendra peut-être où nous nous reposerons et où il nous entretiendra. Tu aimerais mon nouveau petit chien. Adorable. Il y a un hamac, de très beaux meubles de jardin et un ravissant lit de cuivre dans *La Maison des fleurs* – que, de toi à moi, je n'ai pas encore terminée. Je le fais croire aux gens pour avoir la paix. Jack par contre vient de terminer son roman. Je ne l'ai pas lu, car il a commencé à le corriger mais j'avais beaucoup aimé son premier jet. Chéri, j'espère que vous passez un bon été, Gray et toi. Vous me manquez tellement. Jack vous fait ses amitiés.

Moi de même.

T

[Collection Columbia University Library]

À MARY LOUISE ASWELL

Portofino
11 juillet 1953

Marylou chérie,

Ainsi tu te trouves dans ce cher vieux Folly Cove : je changerais volontiers de place avec toi.

J'aime la vie rapide, mais, Dieu m'est témoin, Portofino est *trop* rapide pour moi. Jack se lève à l'aube (littéralement) pour pouvoir nager tranquillement avant que l'Univers (dans son intégralité) n'envahisse les plages. Je réussis quand même à travailler, mais le désespoir me guette – le temps se resserre et je n'ai pas terminé ma pièce. Il le faut absolument avant notre départ.

Pendant que j'y pense : non, la nouvelle de Jack intitulée *Le Comédien* n'a rien à voir avec *La Lumière dans le square*, qui est vraiment très bonne, de loin la meilleure qu'il ait écrite, d'où mon insistance pour que tu la lises.

Chérie, ce serait malhonnête de ma part de t'obliger à reculer la parution de ton recueil de romans courts, avec l'arrière-pensée que je t'en enverrai un en décembre. Il y a bien un roman court que j'ai envie d'écrire depuis près d'un an déjà et je pense qu'il conviendrait parfaitement à ta ligne éditoriale – parce qu'il est « drôle » dans un registre assez sinistre. Il s'appelle *La Fausse Mrs Rockefeller* – l'histoire d'une femme qui loue une villa en Italie et cherche à convaincre les gens de venir y vivre avec elle. Ce n'est peut-être pas très excitant comme résumé, mais ce que j'ai en tête est diabolique. Il faut absolument que je l'écrive – mais avec tout ce que j'ai à faire, ce serait malhonnête de m'engager sur une date précise. Ballantine paie combien pour un roman court ? As-tu l'intention de publier un second recueil ? Pourquoi pas un recueil de nouvelles ?

Tu es un ange d'accepter que Jack s'installe chez toi – pas pour longtemps, simplement parce qu'il ne sait où aller en débarquant. Il est si heureux et reconnaissant. Il va t'écrire très vite (il a terminé son roman, je dois le lire demain, j'aimais beaucoup le premier jet).

Venons-en à Huston ! Tu connais la chanson de Bea Lillie : *Maud, You're Rotten to the Core*. C'est vrai. Mais j'ai pour lui une véritable admiration et un véritable attachement. À ceci près qu'il passe l'été ici avec sa famille (si bien que nous ne pouvons pas être plus proches) et, oh ! ma chérie, si le désespoir me guette à propos de mon travail, c'est à cause de ça. Quant à Jack, le pauvre, il a été aussi patient que possible, mais il est à deux doigts de la rébellion. Faudra-t-il supporter cette situation ma vie entière ? Tout est-il toujours de ma faute ? Je finis par le croire.

Je crois t'avoir écrit que nous embarquons le 8 octobre (*Queen Elizabeth*). Je me réjouis de ce retour à New York, avant tout parce que je vais te revoir toi, et Jane et – bon, pratiquement personne d'autre. Mais en même temps je le redoute plus que jamais, non pas pour les raisons habituelles, mais pour les problèmes insolubles que me posent Nina et Joe. Comment pourrai-je les prendre en charge et continuer à écrire ? C'est pratiquement impossible. Je n'aime pas travailler pour le cinéma – le sentiment que c'est dégradant n'est pas un mythe. Je pense que ce que j'ai fait jusqu'ici ne m'a pas causé trop de tort (bien qu'aucun de mes films ne soit un bon film, mais là n'est pas la question). Je ne peux pas aller au-delà. Bon, n'en parlons plus. Je dois me nourrir d'espoir et tenter de faire de mon mieux.

Kelly est toujours égal à lui-même – constamment en bagarre avec les autres chiens. Je suis sûr que tu adoreras Mr Bunker – mon petit (mais *grandissant*) bouledogue anglais, si doux, si laid !

Ma chérie, fais toutes mes amitiés à Pidgy et à Dunny (à Duncan plus exactement, maintenant qu'il travaille). Je t'aime et tu me manques. Jack t'envoie ses pensées les plus tendres.

Tonnes de bisous, ma précieuse, de celui qui n'est qu'à toi.

T

[Collection Famille Aswell]

À JOHN MALCOLM BRINNIN

Portofino [Ligurie]
1er août 1953

Cher Malcolm,

J'ai été ému, soulagé et préoccupé par ta gentille lettre d'aujourd'hui. Préoccupé par ce que tu me dis de ta santé. J'espère (tellement) que tu vas mieux et que tu ne retarderas pas ton voyage, car il faut à tout prix que tu nous rejoignes à Portofino. L'endroit est très beau, on y nage admirablement, et nous partons le 3 septembre. Sois gentil de me dire, avec le maximum de précision, à quelle date je peux t'espérer.

Je regrette infiniment toute cette histoire de Goyen, surtout si elle te touche, donc me touche également. Mon regret vient essentiellement de son comportement, non du mien (ce qui semble me faire passer pour un petit saint et peut paraître présomptueux, mais je le maintiens). J'ai l'impression qu'il a coupé les ponts avec bien des gens – Linscott, par exemple, pour qui il devrait avoir une gratitude infinie. Linscott m'a envoyé une lettre où Goyen lui parlait de moi. Réellement stupéfiante. Réellement folle. Mais, crois-moi, je ne pense pas être devenu l'une de ses obsessions : Pour quelle raison, si cela était ? Je pense simplement que c'est mon tour d'être l'objet de ses habituels dénigrements paranoïaques, style attaque de bombardiers. C'est arrivé à tous ceux qui lui ont témoigné un peu de sympathie : Samuel Barber, Gian Carlo Menotti, Eleanor Clark, Stephen Spender, Stephen Green, et bien d'autres. On en reparlera plus tard.

Jack t'envoie ses meilleures pensées. Je t'aime, moi aussi, adorable M. À toi, toujours.

T

[Collection University of Delaware Library]

À ROBERT LINSCOTT

Fermo Posta
Portofino
Italie
3 août 1953

Cher Bob,

J'ai l'impression de ne pas vous avoir écrit depuis fort longtemps – je veux simplement savoir si vous allez bien et vous dire que de mon côté je suis tout à fait en forme. J'espère que vous avez passé un bon été dans vos « collines » – je garde un souvenir vivace de ce beau paysage où nous avons cueilli des mûres.

J'aimerais tellement pouvoir vous parler en ce moment, Bob – de mon travail. J'ai tant d'idées et de projets. Vous m'aideriez peut-être à y voir clair.

J'ai besoin de conseils – voilà la vérité. Je pourrais tout vous expliquer par écrit, mais il faudrait cinquante pages. Je serai à New York à la mi-octobre de toute façon, et là, il faudra vraiment que vous me consacriez un peu de votre temps. C'est vous, beaucoup plus que n'importe qui, que j'ai hâte de revoir ! Dites-moi si vous aimeriez que je vous rapporte quelque chose, certains enregistrements faits en Europe et difficiles à trouver, ou trop chers. Faites-moi une liste – j'aimerais vraiment vous offrir un petit cadeau. Écrivez-moi un mot, donnez-moi quelques nouvelles.

À vous toujours,

T

[Collection Columbia University Library]

À DAVID O. SELZNICK

Portofino
2 septembre 1953

Cher David,

Grand merci pour vos lettres et les photographies. Je ne saurais vous dire à quoi ressemblait Portofino le mois d'août dernier – plutôt amusant, franchement, si on s'y abandonne. Je vous en parlerai plus loin.

Ceci avant tout : Binkie Beaumont et John Perry sont restés trois semaines, et je les ai beaucoup vus. J'aime beaucoup Binkie. John également (c'est lui l'éminence grise). Je lui ai longuement parlé (à Binkie) de Jennifer et de vous. Il semble beaucoup vous aimer tous les deux et se montre très enthousiaste sur les dons d'actrice de Jennifer. Il a lu *La Maison des fleurs* – que j'ai pratiquement terminée – et s'il pense vraiment ce qu'il dit, je me sens très flatté. Mais il ne croit pas que le rôle soit fait pour Jennifer. Il est hors de question, de toute façon, que la pièce se monte avant l'automne prochain. Je tiens absolument à ce que Peter Brook assure la mise en scène, et c'est impossible pour lui de le faire avant. Rien n'est encore définitivement décidé.

Notre petite maisonnée a été très animée le mois dernier. Nous avons hébergé Cecil Beaton et John Gielgud début août. Puis, Noel Coward et Graham Payn les ont rejoints. En fait, toute la bande de Lavender Hill a débarqué en force, et nous nous sommes ingéniés à rendre la maison aussi gaie que possible.

J'ai été jusqu'à Venise la semaine dernière sur le yacht d'Arturo Lopez (tout à fait style *Les hommes préfèrent les blondes*), et à peine le pied sur la passerelle, qui ai-je aperçu ? L'ami Huston, venu là pour le Festival du Film. Ce qui me rappelle ceci : j'ai rencontré beaucoup de gens qui, pour une raison ou une autre, avaient vu *Plus fort que le diable* et l'avaient trouvé plutôt réussi. Comment savoir ? Ils étaient unanimes de toute façon : Jennifer est excellente et sa « diction » parfaite. Qu'entendaient-ils par là ? Son accent anglais, je suppose...

Je ne sais pas pourquoi ce télégramme que m'a envoyé Mr Arthur Jacobs vous contrarie. Faire un portrait de Jennifer Jones ? Ça m'a paru une excellente suggestion et j'aurais été ravi de le faire, si j'avais eu un point de vue original – mais la véritable raison, c'est qu'en ce moment je ne peux plus me permettre de disperser mon énergie. Je dois finir ma pièce avant de regagner New York. J'imagine d'avance l'épreuve que va être ce retour, et toutes les complications que je vais devoir affronter.

J'ai lu quelque part que vous alliez produire *Adorable Voisine*. Ce qui me paraît une excellente idée – du moins un charmant rôle pour Jennifer.

J'espère que vous avez passé tous les deux un très bon été. Plus important encore : j'espère vous retrouver très vite à New York ou ailleurs – vous me manquez beaucoup. Écrivez-moi, TOUT ce qui vous arrive.

Amitié fidèle,

T

P.-S. Je suis ici jusqu'à fin septembre.

[Collection University of Texas, Austin]

À ANDREW LYNDON

Portofino
12 septembre 1953

Très cher,

Pardonne-moi, mon doux cœur – je suis en retard pour t'écrire. J'ai perdu en plus mon carnet d'adresses : résultat, je t'envoie cette lettre à la librairie Lenox Hill, avec l'espoir qu'elle t'arrivera.

Comme tu le vois, nous sommes toujours à Portofino – jusqu'au début octobre. Nous avons une cabine réservée sur le *Queen Elizabeth* le 8, mais je ne pense pas que nous l'occupions – peut-être prendrons-nous un autre bateau un peu plus tard. Mes projets sont plus flous que jamais. Ils dépendent de ma pièce – que je n'ai pas tout à fait terminée. Saint-Subber, qui est venu la chercher jusqu'ici, et qui est reparti vert de rage, veut la monter cette saison. Mais je tiens absolument à ce que Peter Brook assure la mise en scène, et il est plus que probable qu'il ne sera pas libre avant l'automne prochain. Donc, je préfère attendre, et j'ignore ce qui va se passer. Surtout, pas un mot à qui que ce soit.

J'aime cet endroit. J'y ai beaucoup travaillé, mais le mois d'août a été terriblement mondain – je dis bien mondain : les Windsor (demeurés), les Luce (encore plus demeurés), Garbo (tête de mort sous sa crème solaire), les Laurence Olivier (mais *elle* ne se montre pas), Daisy Fellowes (qui en est à son quatrième lifting – le chirurgien a dit : c'est le dernier), puis Cecil Beaton et John Gielgud, que nous avons hébergés, puis croisière à Venise sur le yacht d'Arturo Lopez – j'en débarque à l'instant. Ah ! j'oubliais : Noel Coward est tombé éperdument amoureux de Jack. Lequel Jack les a tous détestés. Pour une petite ville qui compte moins de mille habitants, Portofino était devenu le point de rencontre du monde entier.

J'ignore tout de Newton depuis le début de l'été. Et toi ? J'espère que ça ne signifie rien de particulier.

Crois-tu que Jack pourrait trouver un appartement dans ton immeuble ? Nous ne savons pas où loger à New York. Je ne sais que faire pour Park Avenue. Je ne sais que faire pour tant de choses. J'aimerais que tu me conseilles.

Tu me manques toujours, petit ange. Écris-moi ici. Jack t'envoie ses amitiés. Ce que t'envoie également ton

T

P.-S. J'espère que tu t'es bien reposé à Macon.

P.-P.-S. Écrit le 14 sept. : je descends poster cette lettre pour qu'elle parte aujourd'hui. Jack aimerait savoir si la Ville t'a payé pour l'appartement du 232. Il est sans nouvelles de Marcia Van Meter. Amitiés, tendresse. Oh ! j'ai retrouvé mon carnet d'adresses. Autre chose : Pearl Kazin m'a écrit il y a quelque temps qu'Harold avait eu une dépression nerveuse. Est-ce exact ? Fais-lui mes amitiés à l'occasion.

[Collection New York Public Library]

À JOHN MALCOLM BRINNIN

Portofino
22 septembre 1953

Cher Malcolm,

Si heureux et surpris de recevoir ta lettre ce matin : car j'ai l'impression que tu étais encore ici le week-end dernier – alors que tu étais déjà reparti pour Boston, ou New York, ou le Connecticut – je ne sais à quel endroit tu vis en ce moment. Peut-être est-ce simplement que le temps est si étrange ici – il fait beau maintenant, la piazza est déserte, la mer comme « une feuille agitée » [*illisible*]. J'ai (pour changer) beaucoup travaillé. Jack est en train de réécrire son roman de façon surprenante – en fait, un autre livre.

Je crois avoir convaincu Noel Coward de faire une lecture à ton Centre de poésie. Le mot clef est *sérieux*. Quand tu lui écriras, n'hésite pas à truffer ta lettre de formules emphatiques, genre : « j'insiste sur le caractère sérieux de votre intervention... ». À propos, pour celle que tu me proposes, j'estime que mes honoraires doivent largement dépasser 250 dollars (n'oublie pas que j'ai été un temps l'épouse d'un professeur d'université). Le Centre de poésie se doit de m'en offrir 400 – ce qui, tout bien pesé, me paraît simplement raisonnable et correct. J'aurais dû bien sûr t'en parler avant, mais je viens tout juste d'y penser. Si le Centre refuse, tu as bien le temps d'annuler la soirée prévue.

Nos chiens sont couverts de puces – nous avons passé toutes nos matinées à les enduire d'un vieil onguent d'Afrique du Sud. Nous n'avons pas encore les papiers pour la voiture. Dieu seul sait quand, ou comment, nous partirons d'ici. Pas avant la mi-octobre, en tout cas.

J'espère que tu as passé d'agréables moments à Chateau [*illisible*] ; tu choisis vraiment des endroits impossibles. Je me demande si quelqu'un a jamais connu, sur une aussi longue période, une vie amoureuse plus effarante que la tienne. Marilyn Monroe, peut-être.

J'ai eu cette semaine une proposition fort alléchante de Carol Reed : travailler à l'adaptation du roman de Richard Hughes : *Cyclone à la Jamaïque*. Tu seras sans doute très heureux d'apprendre que je l'ai déclinée.

C'était si merveilleux, bien cher, de t'avoir ici, de te recevoir. Je t'aime toujours autant. Jack te fait ses amitiés. Écris-moi.

T

[Collection University of Delaware Library]

À NEWTON ARVIN

Hôtel de France et Choiseul
Rue Saint-Honoré, Paris
20 novembre 1953

Bien cher signor,

Si heureux de recevoir ta lettre. Suis à Paris depuis dix jours et y resterai (à l'adresse ci-dessus) jusqu'en janvier – où je dois regagner New York pour travailler avec le compositeur qui écrit la musique de ma pièce. Tout devient, hélas, d'une clarté évidente : je vais être obligé d'en réécrire de bout en bout la seconde moitié !

Paris est froid, jaune, pas vraiment excitant, mais j'appréhende tellement ce retour que je préférerais vendre des marrons grillés aux Tuileries plutôt que de m'embarquer un jour trop tôt.

Les descentes de police dans les toilettes publiques font régner la terreur à Londres. Comme aux temps révolutionnaires, Paris regorge d'« émigrés » qui ont fui ces persécutions. As-tu su que John Gielgud s'était fait arrêter ? Nous l'avons reçu cet été à Portofino et je l'ai trouvé très charmant. Je lui ai téléphoné la semaine dernière. Il semble prendre l'affaire avec beaucoup de courage et d'« élégance ». Qu'une chose pareille puisse arriver, c'est à la fois choquant, hypocrite, et stupide. As-tu lu l'article qu'a écrit E. M. Forster dans *The New Stateman* ? Si c'est là tout ce qu'il pouvait dire, pourquoi s'en mêler ?

L'appel téléphonique de Carson dont tu me parles m'a intéressé. Reeves n'est plus avec elle. Il est ici, à Paris, si l'alcool ne l'a pas tué depuis vingt-quatre heures. Ils sont mêlés, Carson et lui, à un scandale de la Rive gauche. À propos, je me suis installé place Vendôme, et rien ne pourra me convaincre de retraverser la Seine. J'en reviens à Carson. Si elle a quitté Paris si rapidement, c'est que son Reeves chéri avait présenté quelques chèques importants dans un certain bureau de change (le bureau de change préféré des connaisseurs). Carson a télégraphié à sa banque pour faire opposition à ces chèques. Malheureusement, Reeves avait déjà touché l'argent et le bureau de change en est de sa poche. Comme Carson refusait d'honorer sa dette, il a fait un raffut de tous les diables, et ses amis les plus proches, dont Janet Flanner, ont été scandalisés. Elle a donc pris le premier avion. Sur un certain plan, je lui donne raison, mais elle a elle-même laissé un certain nombre de factures impayées derrière elle et ses amis sont harcelés par ses créanciers. On dit même que Reeves pourrait être arrêté. Carson aurait dû lui couper les ailes depuis longtemps. D'après Janet Flanner, elle vient d'écrire un très beau roman. Elle peut donc commencer une nouvelle vie.

Je pense que tu devrais faire ce livre scolaire pour Random House. En collaboration avec Wendell Johnson, ça n'aura sûrement rien d'une corvée. Fais-lui mes amitiés.

Trouve ici mon affection la plus entière et la plus fidèle, doux signor. Écris-moi vite, tendre cœur. Donne-moi des nouvelles de tes collègues : les Aaron, les Fisher. J'ai passé une nuit à Dijon en venant ici, et j'ai ri en pensant qu'Alfred Fisher avait été pendant trois ans l'un des brillants professeurs de cette ville incroyablement laide.

Tonnes de baisers.

T

P.-S. J'ai lu ton compte rendu du livre de Forster dans le *Times*. Excellent. N'as-tu pas adoré cette photographie où il est déguisé en drag-queen indienne ?

[Collection Smith College Library]

À ANDREW LYNDON

Hôtel de France et Choiseul
239/241, rue Saint-Honoré, Paris
27 novembre 1953

Mon chéri,

Je t'écris au milieu d'un agitation insensée, et j'aurais dû attendre un peu mais je pense à toi ce matin, en me demandant pourquoi tu n'as pas répondu à ma dernière lettre.

Je vais à l'enterrement de Reeves McCullers, ce qui, tout bien considéré, peut paraître bizarre. Mais Janet Flanner a beaucoup insisté pour que je l'accompagne. Tu as sûrement appris que Reeves s'était suicidé samedi dernier dans une chambre d'hôtel. C'est une histoire difficile à croire et qui me rend étrangement triste.

Nous rentrons définitivement en janvier. Je réécris presque entièrement ma pièce, en ajoutant un acte. Je ne pense pas venir à bout d'un tel travail avant notre départ.

Paris est gris, froid, beaucoup plus cher que New York.

J'ai reçu une lettre de Newton qui paraît aller bien.

Chéri, j'espère que tu passes un agréable hiver. Tu me manques beaucoup. Jack t'envoie ses amitiés. Écris-moi à l'adresse ci-dessus.

À toi, à toi, tout à toi.

T

[Collection New York Public Library]

À LEO LERMAN ET GRAY FOY

Hôtel de France et Choiseul
Paris
Noël 1953

Cher Leo, gentil Gray,

Absolument désolé d'apprendre cette infection de l'œil (grands dieux ! mais tu as vraiment la pire des malchances !) et je voulais t'écrire tous les jours, mais je me suis heurté à des quantités de problèmes et de complications. Quoi qu'il en soit, c'est aujourd'hui Noël, et je souhaiterais si vivement que nous soyons ensemble. Trouvez ici mes meilleurs vœux de Nouvel An pour l'un et l'autre.

Nous avons passé une semaine à Londres, vu la plupart de nos amis et très peu d'autres. Avons fait une véritable cure de théâtre. La distribution de *A Day by the Sea* de N. C. Hunter est superbe, la pièce invertébrée, une ombre de méduse. À propos, John Gielgud [qui la joue] a affronté son épreuve avec une parfaite élégance. C'est quelqu'un de merveilleux sur tous les plans, de premier ordre. J'ai vu les Olivier dans *Le Prince endormi*, aussi mauvais l'un que l'autre et que la pièce. Plutôt que *L'Employé modèle*, la nouvelle pièce de T.S. Eliot devrait s'appeler *Le Branleur modèle*. Je n'ai aimé qu'une petite comédie musicale appellée *The Boy Friend*. Vraiment charmante.

À propos de théâtre, j'ai ouvert hier le *Paris Tribune* et j'y ai trouvé en bonne place une lettre féroce à mon égard, rédigée dans un style que l'auteur doit trouver très spirituel. Et de qui, cette ineptie ? De notre vieille amie Dorothy Wheelock ! ! Elle semble s'élever contre le fait que, dans une interview précédemment accordée au *Paris Tribune*, j'avais déclaré avoir tenu un jour la critique dramatique du *Harper's Bazaar*. L'épître s'achève ainsi : « Je crains fort que notre petit Truman se berce d'illusions, et je suis étonnée que vous le preniez à ce point au sérieux. » Incroyable, non ? Enfin une occasion de rire un peu !

Avez-vous reçu l'un et l'autre quelques merveilleuses babioles de Cartier ? Notre moisson à nous est bien maigre : un briquet (en argent) et un flacon d'eau de Cologne (que je me suis offert moi-même). On se demande où va le monde, si l'exquise jeune fille que je suis ne récolte pas davantage. Jack, de son côté, a reçu de sa famille des quantités de ravissants cadeaux, mais ça n'a rien à voir, bien sûr ?

J'ai assisté à l'enterrement de Reeves. Quelle tristesse, grands dieux ! J'accompagnais Janet Flanner. Il n'y avait que quatre autres personnes. Mais je préfère attendre pour vous en parler – c'est une horrible histoire.

J'ai toutes sortes de nouvelles à vous apprendre, mais comme nous serons à New York à la fin du mois prochain, je pense qu'elles attendront. Vous me manquez tous les deux. J'espère, bien chère Myrt, que tu es tout à fait guérie maintenant. Jack vous envoie ses amitiés. Moi de même.

Camions de bisous.

T

[Collection Columbia University Library]

À CECIL BEATON

300 1/2, 65e Rue Est
New York
7 février 1955

Cecil, mon bien cher,

Soyez béni pour cette si tendre lettre – que je ne méritais pas, car c'était à mon tour de vous écrire depuis longtemps – mais ces derniers mois m'ont plongé dans une étrange apathie, dont j'émerge à peine. Tout ce que m'a fait vivre *La Maison des fleurs* a été tellement déchirant, tellement incroyable. Le seul point positif c'est que je gagnerai peut-être un peu d'argent car la pièce semble avoir du succès. J'ai heureusement gardé mon sens de l'humour et je pourrai vous régaler de toutes sortes de petits potins sur les uns et les autres.

J'ai passé d'excellentes, mais trop courtes, vacances à la Jamaïque avec le ménage Paley. Puis une semaine en Californie avec David et Jennifer, qui a repris courage et part tourner un film à Hong Kong. Je n'ai aucun projet jusqu'en mai, date à laquelle nous regagnons l'Italie, et j'espère que vous viendrez nous y rejoindre pour vos vacances annuelles.

J'ai rencontré Greta Garbo hier à une soirée. Elle m'a paru très en forme malgré l'étrange couleur de ses cheveux : une sorte de blond-bleu lavande. Je pense qu'elle a dû se faire teindre.

On meurt de froid à New York – particulièrement dans cette maison. J'ai bien peur que nous n'ayons fait une grave erreur.

Lincoln Kirstein s'est trouvé pris dans un conflit assez grave avec le City Ballet et a démissionné de son poste.

Comment se présente votre travail sur *Le Jardin d'hiver* ? À propos, Irene Selznick semble avoir réuni sa distribution pour *Mystère sur la falaise*. Peter Brook qui a lu la nouvelle version lui a dit que c'était pire que tout et qu'elle était « folle » de la produire. Ce qui n'a pas entamé sa confiance. Elle doit me faire lire le texte la semaine prochaine.

Quelqu'un m'a dit que vous partez pour le Portugal. Je vous souhaite un excellent voyage, mon bien cher. Vous me manquez énormément. Présentez mes hommages à votre mère et à votre secrétaire Eileen. Écrivez-moi. Jack va bien et vous fait ses amitiés.

*Mille tendresses**.

T

P.-S. Tout le monde adore votre portrait d'Isak Dinesen que vient de publier *Bazaar*.

[Collection St. John's College, Cambridge University]

AU RÉDACTEUR EN CHEF DES PAGES THEÂTRE
DU NEW YORK TIMES

[New York]
[13 février 1955]

Vous avez publié dimanche dernier une lettre du Friday Drama Group de Montclair, New Jersey – groupe de femmes entendant « énergiquement protester » contre le thème de *La Maison des fleurs*. Jusque-là, rien à dire. La photographie permettant de découvrir les membres de ce Drama Group, réunis pour écrire au *Times*, et lui expliquer à quel point l'acuité stradivarienne de leur sensibilité avait été blessée, inspire à première vue le plus grand respect. Mais une ombre recouvre bientôt cette photographie idyllique, obscurcit l'attendrissante image de ces actives épistolières, quand surgit l'écœurante hypothèse selon laquelle la représentation de *La Maison des fleurs* mettrait en danger « les relations interraciales ».

Là, je proteste. Le chauvinisme est, de toute évidence, le dernier reproche que l'on puisse faire à cette comédie musicale. Dans le cas contraire, un nombre important d'artistes talentueux et intelligents, notamment Pearl Bailey, Juanita Hall et Frederick O'Neal, auraient refusé d'y être associés. Dans la mesure où les relations « interraciales » sont concernées, le seul danger que puisse leur faire courir *La Maison des fleurs* serait de les rendre ennuyeuses. L'ennui détruit en effet toute relation, quelle qu'elle soit. Mais là, ne me demandez pas pourquoi, j'ai l'étrange intuition que ce n'est pas le cas des dames de Montclair.

TRUMAN CAPOTE

À DONALD WINDHAM ET SANDY CAMPBELL

[carte postale]
Leningrad
[*Le 17 décembre 1955, Capote part pour l'Union soviétique avec la troupe de* Porgy and Bess. *À son retour, il publiera* Les muses parlent.]
[27 décembre 1955]

Bien chers cœurs,

Quel plaisir de penser à vous deux, bien confortablement au chaud. Ici, il fait moins trente. Mais Leningrad est une ville magnifique, une sorte de Paris polaire. Nous regagnons Moscou la semaine prochaine. Je vis une extraordinaire expérience. Vous me manquez. Amitiés.

T

[Collection Beinecke Library, Yale University]

À JACK DUNPHY

[carte postale représentant le musée de l'Ermitage]
Leningrad, 27 décembre [1955]

Bien cher,

Dommage que l'Ermitage me déprime à ce point (toi, tu adorerais). Mon seul plaisir est d'y admirer les bijoux. T'ai-je écrit que je t'avais acheté une toque d'astrakan ? Dis à Joan que je n'ai rien trouvé ressemblant à un manteau de « petit moujik ». À toi.

T

[Collection Gerald Clarke]

À CECIL BEATON

[New York]
15 mai 1956

Cecil, mon bien cher,

Quelle terrible déception de ne pas passer quelques jours de vacances avec vous, où que ce soit. Au moment où je croyais pouvoir vous donner rendez-vous à Paris, un télégramme m'a impérativement obligé à regagner New York. Il ne me restait que deux semaines pour achever le récit de mon voyage en Russie si je voulais que le *New Yorker* le publie (avant sa parution en librairie prévue pour septembre).

Je vous passe les détails – c'est trop compliqué.

Votre lettre m'apprend la mort de Peter Watson, qui me touche et me navre profondément. Je sais combien doit vous être cruelle la perte de cet ami, de cette amitié qui a tenu une place si importante dans votre vie. Surtout au printemps, quand tout parle de renaissances, de prolongements, jamais de ce qui s'achève. Votre lettre m'a rempli d'une tristesse inexprimable. Pour vous, pour Peter. Il vous aimait, Cecil. Vous étiez sa jeunesse comme il était la vôtre. La dernière fois que je l'ai vu, à Rome en 1954, il m'a dit qu'il y avait en vous une « tendre dignité », beaucoup plus grande que chez aucun de ceux qu'il a connus. Je m'en souviens, car j'ai aimé cette expression « tendre dignité », et je sais ce qu'elle signifie.

Mes projets pour l'été sont encore assez flous. Nous allons probablement louer une charmante petite maison sur le littoral du Connecticut. Mais je ne pense pas pouvoir y aller avant la mi-juin. En principe, la pièce de Jack doit être montée à l'automne par une jeune maison de production, Horne and Lloyd – des gens qui ont l'air très adroits, mais honnêtes, et dotés du financement nécessaire.

Vous me manquez, mon doux cœur. J'admire l'homme que vous êtes plus qu'aucun de ceux que j'ai rencontrés. Mais plus important encore : je vous aime profondément.

T

[Collection St. John's College, Cambridge University]

À CECIL BEATON

3 Gold Street
Stonington, Connecticut
21 juin 1956

Bien cher C,

Enfin un instant pour souffler. J'ai terminé mes articles pour le *New Yorker* (je vous enverrai les numéros ; Random House publie le livre en septembre sous le titre *Les muses parlent*). Je suis installé depuis quelques jours dans un vieux village de pêcheurs absolument charmant. Vous adoreriez. Les plus beaux arbres et de vieilles maisons. La nôtre est très grande, assez drôle, avec une vue superbe.

Nous sommes là jusqu'à fin septembre. Nous emménagerons ensuite chez Oliver Smith, à Brooklyn Heights, 70 Willow Street. Connaissez-vous cette maison ? Je l'aime beaucoup. Nous avons loué l'étage qui donne sur le jardin. On peut en faire quelque chose de très agréable. Il y a un autre appartement au dernier étage, tout à fait charmant, et Oliver est absolument décidé à vous y installer. Moi aussi. Réfléchissez-y, mon doux cœur. Ce serait si plaisant pour vous, si commode. En un quart d'heure vous êtes au cœur de Manhattan, et vous aurez votre cuisine et tout le reste. Je vous en prie, bien cher, venez vivre avec nous.

J'ai vu trois fois *My Fair Lady*. C'est de toute évidence le plus beau spectacle que j'ai vu de ma vie. Vous, Rex Harrison, Moss Hart (et Bernard Shaw !) êtes les vrais triomphateurs de cette production. J'ai assisté à la première de *Shangri-La* et à celle de *New Faces* – sinistres l'une et l'autre. Lu la nouvelle pièce de Carson McCullers que Saint-Subber va monter : j'ai sûrement lu pire, mais je ne m'en souviens pas. Je suis plongé dans le livre que Forster a écrit sur sa grand-tante : délicieux. Vu le *Moby Dick* de Huston – inégal, mal joué, mais remarquable malgré tout : l'image est superbe. Au moment où vous lirez ceci, Marilyn Monroe aura épousé Arthur Miller. Je les ai rencontrés l'autre soir. Il émanait d'eux un véritable éblouissement sexuel, mais je ne peux pas m'empêcher de penser que ce petit événement a pour titre : *Mort d'un auteur dramatique*. La perspective d'aller à Londres excite beaucoup Marilyn. J'ai dîné chez vos amis Winston Guest. Vous avez raison en ce qui la concerne : c'est une femme de qualité. Lui possède une sorte de sex-appeal vrombissant. Le reste des invités était du genre chasse, pêche, stand de tir. Je suis parti scandaleusement tôt. On cherche toujours un metteur en scène pour la pièce de Jack. Les Paley m'ont dit qu'ils vous avaient rencontré à Londres et que vous alliez bien. J'espère que vous vous plaisez à Reddish House. Mes hommages à votre mère. Écrivez-moi. Venez vivre 70 Willow

Street. Jack vous fait ses amitiés. Vous me manquez, bien cher ami.

*Mille tendresses**

T

[Collection St. John's College, Cambridge University]

À WILLIAM SHAWN

[*Rédacteur en chef du* New Yorker, *qui a envoyé Capote faire un reportage au Japon sur le tournage du film de Joshua Logan :* Sayonara, *avec Marlon Brando. Cecil Beaton l'accompagne.*]

[Hôtel Princesse Kaiulani]
[Waikiki, Honolulu]
[1er janvier 1957]
Jour de l'An

Cher Mr Shawn,

Juste un mot pour vous dire que je suis arrivé jusqu'ici et que je m'embarque demain pour le Japon. Je viens de vivre deux expériences assez impressionnantes : 1) au moment où j'entrais dans un ascenseur, les portes d'*acier* se sont brusquement et violemment refermées sur mon crâne, et mon visage offre une palette variée de bleu, vert, et brun-rouge, digne d'un guerrier mau-mau. Quant à ma paupière gauche, elle est plus étroitement close qu'une main d'avare ; 2) Japan Air Lines a réussi à perdre TOUS mes bagages – vêtements, notes de travail, livres de documentation, absolument tout. Il ne me reste qu'un complet de tweed, une chemise sale, une paire de snow-boots et une brosse à dents. À part ça, tout va bien.

Prêt à affronter Tokyo. D'ici là, mes meilleures pensées et *sayonara* –
Truman C.

en route pour l'*Hôtel Impérial*
Tokyo

[Collection New York Public Library]

À LEO LERMAN

[carte postale]
Hong Kong
[11 janvier 1957]

Très chère Myrt,

Triste à dire, mais j'ai traversé bien des vicissitudes depuis ma dernière lettre. Peux-tu imaginer que ta ravissante petite Marge au cœur d'or a fini comme hôtesse dans un beuglant hong-kongais ? Bon. Les choses sont de plus en plus difficiles. Un spécialiste de la traite des Blanches m'emmène à Bangkok la semaine prochaine. Prie pour ta pauvre
Marge. Bisous.

[Collection Columbia University Library]

À WILLIAM SHAWN

Hôtel Kyoto
Kyoto, Japon
25 janvier 1957

Cher Mr Shawn,

« Ahuri de fatigue » n'est qu'un euphémisme. Après avoir passé la journée (qui commence à 5 heures du matin) à suivre pas à pas l'équipe de tournage, je ne peux que m'allonger et m'EFFONDRER. D'où ce long silence dû à l'état dans lequel je suis et à l'impossibilité de vous donner une idée exacte de la situation : il y faudrait au moins vingt pages à un seul interligne. Voici aussi brièvement que possible comment se présentent les choses : ce n'est pas Brando (extrêmement aimable et franc avec moi) qui s'oppose à ce que j'écrive un article sur le tournage du film, mais Joshua Logan lui-même. Il fait tout pour que je ne voie rien et préfère se cacher derrière le producteur, William Goetz, et derrière Brando. Oh ! c'est vraiment comme une petite boîte chinoise d'hypocrisie, et j'ai du mal à garder mon équilibre et mon sens de l'humour face aux rebuffades loganesques. Je ne suis pas absolument sûr d'écrire l'article promis. Je préfère dire : peut-être. Quoi qu'il en soit, le Japon m'enchante et j'ai l'intention d'en rapporter quelques souvenirs (certains, ayons confiance, se retrouveront dans l'article).

Meilleures pensées,

Truman C.

[Collection New York Public Library]

À CECIL BEATON

[70 Willow Street]
[Brooklyn, N.Y.]
[Fin novembre 1957]

Bien cher C –,

J'attends Ina Claire qui doit venir dîner. Comme elle est toujours en retard, c'est l'occasion rêvée de vous envoyer ce petit mot. J'espère que vous savourez avec délices les ors du bel automne qui vous entoure. New York semble se diriger vers un très rigoureux hiver. Le théâtre y est toujours aussi médiocre. La pièce d'Anouilh, *Léocadia*, a d'excellentes critiques, mais Susan Strasberg et Miss Helen Hayes m'ont tellement agacé que je n'ai pas tenu jusqu'au bout. Ai assisté à la générale de *Nu avec violon* de Noel Coward. Il va s'offrir une chute spectaculaire – exactement comme son ami Jack Wilson qu'on a retrouvé ivre mort dans la coulisse. Mon article sur Marlon Brando vient de paraître. Je ne vous l'envoie pas. Marguerite Case m'a dit qu'elle s'en chargeait. Un vrai scandale. Brando a dit aux journalistes qu'il allait me poursuivre en diffamation. J'ai de bonnes raisons de croire qu'il n'en fera rien. Joshua Logan m'a télégraphié pour me dire à quel point ils aimaient l'article, sa femme et lui. Quels hypocrites ! Vos éditeurs ont fait une excellente publicité (une pleine page dans le *New Yorker*, etc.) pour votre livre *Le Visage du monde*, que tout le monde trouve très beau. Votre ami Alan Lerner et son « ex-épouse » ont eu une terrifiante scène de ménage au *El Morocco* – larmes et hurlements ! On les a mis à la porte, et ils ont continué dans la rue pendant près d'une heure. J'ai beaucoup aimé votre illustration pour le nouveau livre de Nancy Mitford – et trouvé le livre lui-même agréable, avec un arrière-goût de déjà lu, ce qui s'est révélé exact. Très déçu par les nouvelles d'Angus Wilson. Votre photographie de Jack a paru dans *Bazaar*, et il en a été ravi. Sa pièce débute le 15 janvier. Lu le livret de l'opéra *Vanessa*, que j'ai trouvé d'un ennui MORTEL. J'espère que vous le sauverez.

Je travaille de nouveau à *Petit Déjeuner chez Tiffany*. Rex Harrison et sa femme sont installés dans votre appartement de l'*Ambassador* et s'y plaisent beaucoup. Elle a teint ses cheveux gris en un atroce blond-doré. Irene Selznick est rayonnante depuis la mort de son père. Il lui a légué 500 000 dollars. Edie Goetz, par contre, est déshéritée. Irene a refusé qu'elle monte dans la limousine familiale le jour de l'enterrement. Tout le monde est pro-Edie et anti-Irene.

DEUX JOURS PLUS TARD

Ina Claire est donc venue dîner, s'est noyée dans son bavardage, a oublié une écharpe couleur sable qu'il va falloir lui rapporter. J'ai assisté hier au dîner d'anniversaire de Clifton Webb. Whitney Warren était là. Quel couple ils forment ! Vu hier un excellent film : *Le Pont de la rivière Kwaï*. Je crois savoir qu'on le joue à Londres et vous l'avez sûrement vu. Présentez mes hommages à votre mère et à Eileen, mon cher petit garçon. Je vous serre dans mes bras.

T

[Collection St. John's College, Cambridge University]

À CECIL BEATON

[70 Willow Street]
[Brooklyn, N.Y.]
2 mai 1958

Bien cher,

Tout est changé – revient plutôt à son point de départ. Nous nous embarquons sur le *Vulcania* le 18 – pour la Grèce ! J'ai en vue plusieurs maisons dans une île, mais rien de définitivement arrêté avant d'être sur place et de les avoir vues. J'espère de toute façon que vous ferez le nécessaire pour passer l'été avec nous. Une petite cure de bleu égéen est exactement ce dont nous avons tous besoin. Essayez, je vous en prie. Envoyez-moi un mot avant notre départ.

J'ai terminé mon court roman : *Petit Déjeuner chez Tiffany*. *Bazaar* le publie en juillet, mais ils sont extrêmement ombrageux sur le plan du langage, et je suis sûr qu'ils vont me faire un enfant dans le dos et modifier le texte sans me le dire. Ce magazine tombe d'ailleurs en quenouille. Alexey Brodovitch s'en va le 15 juin. Et je suppose que Diana Vreeland n'a pas l'intention de rester plus longtemps.

La générale de *La Visite de la vieille dame*, jouée par le ménage Lunt, a lieu lundi. J'ai eu droit à deux invitations : l'une de Peter Brook, l'autre de Margaret Case. J'ai accepté la seconde. Vous voyez ce que j'avais dit : la presse fait un triomphe à *My Fair Lady* et vous crédite à la fois des costumes et des décors. Pauvre Oliver Smith, pas même cité ! Jane Bowles, que les autorités de Tanger (et Paul lui-même) ont priée de s'en aller, est de retour à New York – seule, malade, complètement fauchée. Nous donnons une lecture commune, Tennessee et moi, pour lui procurer un peu d'argent. La pièce de Jack commence le 15. J'ai vu le film de Leland, *Le Vieil Homme et la mer*. Tout à fait réussi. Je n'ai toujours pas vu *Gigi*. Dieu sait pourtant si tout le monde l'a vu et s'extasie sur votre travail – sans trop s'extasier sur le film lui-même. J'ai vu un graffiti très drôle dans une pissotière. Quelqu'un a écrit : « Je mesure 19 centimètres et demi et je serai là lundi prochain. » Et quelqu'un a écrit au-dessous : « D'accord, mais ta queue, combien mesure-t-elle ? »

Affection

T

[Collection St. John's College, Cambridge University]

À GLORIA VANDERBILT

À bord du *Vulcania*
[Lisbonne, Portugal]
[Mai 1958]

Bien chère G –,

Voyage sinistre (jusqu'ici) – cieux bouchés, mer démontée. Mais oh ! mais ah ! – ma montre, ma petite montre en or est superbe. Non, G., vous n'auriez pas dû. Mais je suis si heureux que vous l'ayez fait. Parce qu'elle est ravissante, parce qu'elle me permet de me souvenir de vous, et vous êtes quelqu'un dont on aime à se souvenir. Tendre amie, je vous aime.

T

P.-S. Écrirai plus longuement dès que j'aurai trouvé un port d'attache.

[Collection Gloria Vanderbilt]

À BENNETT CERF

Villa Meltemi
Paros, Grèce
[Juin 1958]

Cher Bennett,

À Athènes, j'ai reçu un long télégramme suivi d'une conversation téléphonique avec Clay Hill, de *Esquire* – il continue de vouloir *Petit Déjeuner chez Tiffany*. Son offre : racheter le roman à *Bazaar* et me verser mille dollars de supplément. D'après ce que j'ai compris, il vous en a déjà parlé directement et vous semblez d'accord. De toute façon, j'ai dit oui, mais avec quelques réserves. J'espère ne pas avoir fait de sottise.

J'ai dégoté un endroit parfaitement isolé et tout à fait charmant pour y passer l'été (pas un seul touriste étranger, etc.). Le pays est superbe. J'espère qu'on y travaille bien : il n'y a de toute façon rien d'autre à faire. Vous en perdriez la tête.

Amitiés à notre girl-friend commune. Vous me manquez tous les deux.

À vous,
Truman

[Collection Columbia University Library]

À CECIL BEATON

Villa Meltemi
Paros, Grèce
18 juin 1958

Cecil, mon bien cher,

Nous l'adorons : jamais autant aimé un endroit. Absolument superbe. Le soleil, la mer, la sérénité – aucun touriste. Une ville d'un blanc aveuglant, avec des cours bleutées, des murs envahis de volubilis, des terrasses ombragées de vigne grimpante, comme une petite casbah coralienne, impeccable. Et fraîche, froide même parfois – nous dormons sous une couverture. La nourriture est excellente, le vin exquis.

Nous sommes installés dans un hôtel très bien tenu et très charmant, voisin d'une petite villa que nous essayons d'acheter. Si nous n'y arrivons pas, peu importe – nous avons un appartement tellement calme, une terrasse donnant sur la mer, quelques marches à descendre pour atteindre une assez charmante petite plage, le tout très confortable. Si vous venez (si ? vous devez venir), nous nous arrangerons pour que vous vous sentiez au mieux.

Oui, il faut absolument que vous veniez. C'est un endroit idéal pour le travail, le repos, les baignades, les petites virées dans les environs. Une seule inquiétude : l'endroit n'est guère propice aux rencontres amoureuses – les habitants paraissent étrangement ingénus. On met huit heures de bateau pour venir d'Athènes. Tâchez de ne pas arriver un week-end, les bateaux sont surchargés. Le bateau quitte le Pirée à deux heures de l'après-midi et vous êtes ici à dix heures du soir. Un voyage très supportable.

J'ai tant de choses à vous dire. Vous savez sûrement, pour l'avoir lu ou entendu dire, que je suis en guerre avec *Harper's*. Je suis si tranquille et détendu ici que je ne parviens pas à m'y intéresser.

Dites-moi très vite que vous arrivez, mon ami le plus cher. J'ai vraiment envie de vous voir.

Affection et *mille tendresses**.

T

[Collection St. John's College, Cambridge University]

À NEWTON ARVIN

Villa Meltemi
Paros, Grèce
16 juillet 1958

Cher signor,

Non, sincèrement, je suis très heureux ici. Davantage encore depuis que j'ai reçu ta si gentille lettre. J'espère que tu es toujours en correspondance avec Hope. Il m'a écrit en ne me posant que des questions te concernant : où t'ai-je rencontré ? Quand ? Dans quelles circonstances précises, etc. ? J'ai simplement répondu que tu étais un ami de longue date, quelqu'un de brillant, de charmant et d'honnête et que je te devais énormément. Ce qui n'est rien de plus (moins peut-être) que l'absolue vérité. Je pense que je n'entendrai plus jamais parler de lui car, si ma réponse était parfaitement aimable et courtoise, ce n'était pas exactement l'encouragement qu'il espérait. Je suis persuadé, malgré tout, que tu recevras à Northampton des caisses entières de pastèques.

Dis-moi, cher enfant, quels sont ces plaisirs que l'on goûte à Springfield ? *Boîtes pour les garçons gays** ? Ou – quoi ? Raconte.

Ici, sur l'île, les hommes dansent entre eux. Jamais aucune femme dans un café. En toute ingénuité, bien sûr – je pense, du moins. Mais Athènes ! Impossible d'aller d'une rue à l'autre sans être accosté dix fois. Je n'exagère pas. Il y a, derrière la place de la Constitution, une librairie spécialisée dans les ouvrages et les photographies d'un genre particulier. J'en ai acheté une cargaison que je peux t'envoyer si tu veux. Notamment un livre intitulé *La Vie sexuelle de Robinson Crusoë*. Tu n'imagines pas ce qui se passe entre Robinson et Vendredi ! Toutes les positions pornographiques possibles ouvertement montrées. Pourquoi ne pas écrire une satire d'*Orgueil et préjugés*, évoquant ce qui se passe réellement entre Darcy et son ami Bingley ? Ou ce qui s'est passé quand Darcy couche enfin avec Elizabeth ? Ou encore *La Case de l'oncle Tom* : Topsy et Little Eva se gougnotant pendant que Simon et l'oncle Tom s'enfilent. Et tu ne vas pas me dire à moi que Tom Sawyer n'était pas amoureux de Huckleberry !

Je n'ai pas lu *L'Adieu du chasseur*. Le lirai, d'accord. J'ai lu *Les Dix Mille Choses*, de Maria Dermout, une romancière hollandaise, que j'ai beaucoup aimé. Frederick Buechner croit écrire, mais il ne sait pas. Quant à Miss Grau, c'est l'ennui même.

Écoute-moi bien, cher signor. Je suis en train d'écrire les commentaires d'un livre de photographies de Richard Avedon. Je sèche complètement devant un portrait de T. S. Eliot. Incapable d'écrire quoi que ce soit. N'y aurait-il pas dans son œuvre une strophe, quelques vers, qui ressembleraient à un autoportrait ? Je me contenterais de les recopier, et je serais soulagé d'un grand poids.

Je t'ai dit que j'étais très heureux ici – sauf pour mon travail. Tout simplement parce que je ne peux pas écrire ce que je veux. Je traverse une terrible période d'esclavage, obligé d'écrire des articles pour les magazines et gagner des dollars, à cause de mes problèmes d'impôts. Je couvre les dettes de Joe Capote (qui, pour comble de tout, s'est remarié avec une femme invalide qui vit dans un hôpital à mes frais !). Je paie également pour mes extravagances passées. J'ai un roman en tête, quelque chose de sérieux, qui se déroule sur une vaste échelle, et me tarabuste comme un vent mauvais : mais ! Comment ai-je pu me laisser enfermer dans ce cul-de-sac ? J'ai un ami très riche qui m'aiderait, je pense (j'en suis même sûr), pendant que j'écrirais ce roman, mais je ne me suis jamais engagé dans ce genre de dettes, et je m'y refuse. Cela ruinerait notre amitié, ce qui compte avant tout pour moi. Qu'en penses-tu ? Navré de te demander conseil sur un sujet aussi délicat : mais tu es l'un des rares à qui je puisse me confier. Pardonne-m'en.

J'espère que tes recherches et ton travail avancent bien. Mes meilleures pensées à Wendell. Et bonne chance pour Springfield ! Je t'aime, signor, et t'aimerai toujours.

T

P.-S. Oui, mes démêlés avec *Bazaar* ont abouti à quelque chose de pire ! À peine avais-je le dos tourné que ces porcs ont vendu mon roman à *Esquire*. *Esquire* ! ! ! Et je n'ai rien pu faire contre. Dès sa publication, je t'enverrai un exemplaire.

[Collection Smith College Library]

À DONALD WINDHAM

[carte postale]
[Paros, Grèce]
28 août [1958]

C'est un petit village dans la montagne. Jack vient de repêcher un chaton que des gens d'une incroyable cruauté avaient jeté à la mer. Il l'a ressuscité. Un miracle ! Et l'a baptisé Diotima si bien que nous sommes cinq ! Ignore absolument comment rapatrier tout ça. J'espère que tu as retrouvé ta pleine forme. Écris-moi. Amitiés.

T

[Collection Beinecke Library, Yale University]

À CECIL BEATON

[Paros, Grèce.]
4 septembre 1958

Cecil, bien cher,

Vous savez quoi ? Il pleut ! Oh ! du moins, il a plu, exactement deux minutes, et le soleil est revenu.

Vous me manquez affreusement. C'était si merveilleux de vous avoir ici avec nous. La plus parfaite, à mon avis, de toutes nos rencontres annuelles. Jack a dit brusquement, après votre départ : « Cecil est quelqu'un d'admirable. » Pour lui, le comble des louanges.

Adoré votre lettre d'Athènes. Vous ai imaginé vous immergeant dans cette foule : comme partant draguer au hasard.

Le jeune Nick est très excité à l'idée d'aller travailler pour vous dans le Wiltshire. À peine étiez-vous parti depuis vingt-quatre heures qu'il m'a demandé si vous m'aviez écrit. Il se pose toutes les questions possibles : quel délai faut-il pour obtenir un permis de travail ? Une fois ce permis obtenu, que faire ? Qui doit-il contacter à l'ambassade d'Angleterre ? Fera-t-il le voyage en avion ? Il est prêt à partir dès que ses papiers seront en règle. Je suis certain qu'il travaillera pour vous à la perfection, du moment qu'il aura accès à la télévision (je ne plaisante pas).

La chatte va bien. Elle nous a inquiétés la nuit dernière parce qu'elle avait disparu pendant plusieurs heures. Nous sommes partis à sa recherche avec des lampes-tempête et avons fini par la retrouver.

J'ai peur de devoir renoncer aux projets de voyage à Londres, et même à Venise. Ce serait malhonnête de ma part de laisser Jack se débrouiller seul avec notre ménagerie et tout notre barda – même s'il en est d'accord.

Rassurez-vous. Je ne dirai rien de vos journaux intimes. Je comprends tout à fait vos scrupules, mais vous découvrirez vite, croyez-moi, que les seules personnes réellement offensées (alors que beaucoup prétendront l'être) sont celles qui n'y figurent pas. J'en ai fait l'expérience avec mes articles.

Écrivez-moi. Faites-moi savoir ce qu'il faut dire à Nick. Amitiés de nous cinq.

T

P.-S. Paddy et ce sinistre Glenn sont finalement partis. À part les peintres, plus personne.

[Collection St. John's College, Cambridge University]

À WILLIAM SHAWN

Paros, Grèce
29 septembre 1958

Cher Mr Shawn,

Pendant tous ces mois d'insularité, je me proposais de vous écrire, et me voici à quelques jours de mon départ – que je regrette, car c'était un endroit parfait pour le travail et charmant pour le reste.

Puisque je parle travail, vous souvenez-vous vaguement, très vaguement, que je travaillais à un texte ayant pour titre *Une fille de la Révolution russe* ? Mi-juillet, j'en avais fini une première version dont j'étais assez satisfait, suffisamment du moins pour avoir l'intention de vous l'envoyer. Mais, l'ayant lu et relu, je me suis rendu compte que, malgré la solidité apparente de son architecture, il manquait du rythme nécessaire et j'ai fini par reconnaître que je n'avais pas trouvé la forme convenable et qu'il fallait retravailler. Le tracé devait être plus net, avec des arrière-plans, des actions parallèles, alors que je m'étais contenté de la méthode la plus simple, la plus anecdotique, croyant qu'elle fonctionnait parfaitement. Et j'ai entendu ma conscience, cette créature intraitable, pousser des hauts cris. Seigneur Dieu ! me suis-je dit, je ne vais pas tout recommencer. Il le fallait pourtant. C'était une évidence que je n'ai eu le courage d'affronter qu'en août. Depuis, j'y travaille. Dans la première version, l'essentiel de l'action se déroulait en une nuit. J'ai gardé cette nuit comme point de départ, mais l'action glisse, si je puis dire, de côté et d'autre. J'espère que vous aimerez ce texte. Moi, je l'aime. Mais je ne sais pas quand je l'aurai terminé. Je me suis engagé depuis longtemps à écrire les textes d'accompagnement d'un recueil de photographies d'Avedon avant le 1er janvier, travail très ingrat, hérissé de pièges, mais je pense être prêt pour qu'il soit publié en février.

J'ai été extrêmement triste d'apprendre la mort de Wolcott Gibbs, et trouvé très beau l'hommage que lui a rendu Mr White. D'après ce qu'on m'a écrit, il serait remplacé par Kenneth Tynan, comme critique théâtral. Si l'information est vraie, c'est un excellent choix.

J'espère que vous allez bien et que vous êtes sur le point d'acheter cette maison de Brooklyn Heights. Je serai de retour à New York le 23 octobre.

Tout à vous.

Truman Capote

[Collection New York Public Library]

À BENNETT CERF

Paros, Grèce
29 septembre 1958

Bien cher Bennett,

Très touché par votre télégramme – quelle sensible attention de me l'avoir envoyé. J'avais tellement hâte de voir le livre et de savoir quand il arriverait.

Hier, un policier est venu me dire que le commissaire me convoquait dans son bureau, en refusant de m'expliquer pourquoi, me priant simplement de le suivre. C'était très angoissant, comme si quelque chose était arrivé à Miss Golightly. Je ne voyais pas ce que j'avais pu faire. En arrivant au poste de police, j'ai aperçu un énorme paquet envoyé par Random House. Le commissaire et l'employé de la poste le lorgnaient d'un œil soupçonneux, comme s'il contenait de l'héroïne. D'où la raison de ma présence : il fallait l'ouvrir devant eux. Ils voulaient s'assurer que je n'importais pas de l'héroïne – ou toute autre marchandise qui m'aurait obligé à payer des droits de douane.

C'est donc sous cette bizarre surveillance que j'ai enfin découvert mon roman. Mais rien ne pouvait altérer mon plaisir, car il est superbe – il pourrait difficilement l'être davantage, et je me suis réjoui une fois encore d'avoir des éditeurs aussi attentifs et d'un goût aussi parfait. J'ajoute que, l'ayant relu, j'ai bien aimé mon travail, réaction à laquelle vous vous attendiez peut-être, mais ce n'est pas toujours le cas. Je n'ai aucune critique à faire – à ceci près que, si j'avais corrigé les épreuves moi-même, j'aurais évité quelques regrettables erreurs. De toute façon, cher Bennett, soyez béni et remercié. Vous êtes quelqu'un de vraiment bon.

Bonté qui vous permettra j'espère de pardonner ce que j'ai à vous dire. Car, pour passer du dithyrambe aux abîmes du désespoir, je n'ai pas écrit *le Sindbad* qu'attendait Phyllis pour sa collection de livres pour enfants. Oui, vous avez bien lu : je ne l'ai pas écrit. J'ai essayé. Une semaine entière en juillet, et à la cinquième page je me suis senti paralysé. J'ai essayé une seconde fois en août. Pour dire toute la vérité, je m'ennuie à l'écrire, ce qui n'est pas une excuse très professionnelle, mais je suis incapable d'en trouver une autre.

Je rembourserai donc l'à-valoir, à moins que vous ne l'affectiez à l'un des deux livres auxquels je travaille : un vaste roman, mon chef-d'œuvre, sur lequel je me dois de garder le silence, pour ne pas alarmer mon « gibier », et dont je pense qu'il vous enchantera quand je vous le résumerai (mais je vous demanderai de n'en parler à âme qui vive). Le titre : *Prières exaucées*, et si tout va bien, je crois que les miennes le seront. L'autre livre, une non-fiction, a pour titre *Une fille de la Révolution russe, et autres personnalités*. Je vous en parlerai quand nous nous verrons – si vous acceptez qu'on en parle, bien sûr. Je rentre le 23 octobre. Toutes mes amitiés à l'épouse de mon éditeur préféré, et toutes mes amitiés à cet éditeur lui-même.

Truman

P.-S. Inutile de me répondre. Je pars dans quatre jours, avec regret, car c'est un lieu idéal pour travailler.

[Collection Columbia University Library]

À WILLIAM SHAWN

[70 Willow Street]
[Brooklyn, N.Y.]
Samedi [15 novembre 1958]

Cher Mr Shawn,

J'ai vainement tenté pendant quelques jours de ne voir là qu'un incident, dont je suis d'ailleurs coutumier. Je m'aperçois que je n'y parviens pas, que je demeure blessé et consterné par la façon parfaitement méprisante et inutilement insultante dont le *New Yorker* a envoyé promener mon roman. Je n'ai rien contre une mauvaise critique. Mais j'ai toujours eu pour mon travail un extrême respect. J'ai passé plusieurs années à écrire ce livre et j'estime qu'il mérite davantage que cette petite note dédaigneuse qui s'achève sur une boutade ironique, injuste et stupide. Pour être tout à fait franc, je suis choqué que le *New Yorker*, qui s'est plusieurs fois associé à mon travail, non seulement me traite de cette façon-là, mais se trahisse lui-même en agissant ainsi. Cette critique n'étant pas signée, c'est le *New Yorker* qui semble parler en son nom propre, ou lui accorder son aval, ce qui détruit presque entièrement la fierté et la confiance que j'éprouvais en travaillant pour lui.

Avec toute ma considération,
Truman Capote

[Collection New York Public Library]

À KENNETH SILVERMAN

[Brooklyn, New York]
[26 mai 1959]

Cher Mr Silverman,

Ceci n'est pas une réponse à votre aimable lettre, mais un simple accusé de réception. Je suis plongé dans un travail qui ne me laisse pas le temps d'y répondre comme vous le méritez. Si cela peut vous être utile (mais assez peu, j'en ai peur), j'ai fait quelques réflexions sur ce problème du style dans un ouvrage qui s'intitule *Écrivains au travail*. Je suis très sensible, bien sûr, à l'intérêt que vous portez à ce problème : si rares sont les écrivains, et plus rares encore les lecteurs, qui se le posent, ou n'ont pas même conscience qu'il puisse se poser. Mais personne ne pourra vous être d'une aide pratique. C'est un sujet qui exige que l'on fasse ses propres découvertes, affermisse ses propres convictions, en se consacrant à son propre travail. Votre style est ce qui vous paraît naturel. Un long processus de découvertes qui n'en finit jamais. Je m'y emploie moi-même et continuerai de m'y employer jusqu'à la fin de ma vie. Ce que vous devez faire, vous aussi. Avec mes meilleurs vœux de bonne santé en tant qu'écrivain, et sur tous les autres plans, je vous prie de me croire sincèrement vôtre.

T. Capote

[Collection Kenneth Silverman]

À CECIL BEATON

[Clarks Island]
[Duxbury, Massachusetts]
12 juin 1959

Cecil, mon bien cher,

À mon très humble avis, votre agent et son lecteur se trompent à cent pour cent, si complètement, avec un tel acharnement, qu'il m'est, pour une fois, impossible de leur répondre. Ou on s'intéresse aux journaux intimes tels qu'ils sont écrits, ou on ne s'y intéresse pas. Il n'y a aucune discussion possible. Je suis sûr qu'ils sont sincères, et je pense que beaucoup de gens, la majorité sans doute, seraient de leur avis. Mais ce qui fait la valeur d'un journal intime, c'est sa franchise. Si vous commencez à le rafistoler plus ou moins, cela ne vous ressemblera plus. Vous critiquer, c'est vous demander finalement d'être quelqu'un d'autre, quelqu'un qui corresponde à l'idée qu'ils se font de la Bienséance, du Bon Goût, de l'Intéressant, etc. Je réponds : qu'ils aillent se faire foutre ! Ces gens-là n'aimeront jamais ce journal car ils sont indifférents à ce que vous avez fait.

J'ai été terriblement désolé de n'avoir pu vous voir, ni même vous parler, pendant votre séjour à New York, mais pour téléphoner, il faut regagner la terre ferme, ce qui complique tout. La maison est magnifique, grande, lumineuse, aérée, entourée de prairies ombragées qui dévalent jusqu'à la mer – le plus bel endroit que nous ayons jamais habité. Excellent pour y travailler. J'espère que nous y serons encore quand vous reviendrez, car j'ai très envie de vous y recevoir. Comment marche *Gypsy* ? Oh ! bien cher, comme cette histoire de Nick est regrettable. Il aurait pu apprendre tant de choses ; et c'est ridicule de sa part de ne pas en profiter. Ou peut-être est-ce précisément ce qu'il fait : il en profite. Nos animaux vont bien. Jack aussi. Tout le monde vous fait ses amitiés. Écrivez-moi vite. Vous me manquez, bien cher ami.

Fidèlement,

T

[Collection St. John's College, Cambridge University]

À CECIL BEATON

Clarks Island
Duxbury, Mass.
15 juillet 1959

Bien cher C.,

J'ai adoré cette photographie de vous exposant au soleil les costumes des *Jeunes Filles de Gainsborough* : ce qui prouve que la pièce va enfin être montée. Donald Wolfit sera excellent – avez-vous distribué les rôles des sœurs ? Je suis impatient d'avoir des nouvelles. Quelle est la date de la première ? Dans quelle ville ? Ce serait merveilleux (pour moi) si je pouvais faire un petit saut jusque-là. Qui sait ?

Aucune nouvelle de Slim Hayward depuis le début juin, époque où elle était en Espagne. Je pense qu'elle n'a pas quitté l'Europe, mais ces derniers temps je commençais à m'inquiéter de son silence – si bien que ce que vous m'apprenez de Leland Hayward et de Pamela Churchill me laisse stupéfait. J'ignorais tout. Babe Paley, qui est à Biarritz, ne m'en a rien dit dans sa dernière lettre, reçue il y a quelques semaines. À la fin mai, juste avant mon départ, j'avais rencontré Leland dînant en tête à tête avec Mrs Churchill dans un restaurant, et je les avais menacés en riant d'écrire à Slim pour l'en informer (laquelle Slim était déjà partie pour l'Europe où Leland devait la rejoindre la semaine suivante – ce qu'il n'a jamais fait). Comme de bien entendu, avec ma maladresse coutumière, j'ai écrit à Slim pour lui demander si elle savait que son mari s'affichait avec la célèbre Mrs Churchill. Oh ! seigneur Dieu, êtes-vous sûr que ce soit vrai ? S'est-il vraiment séparé de Slim ? Je vous en conjure, écrivez-moi ce que vous savez. J'ai une véritable adoration pour Slim. Je suis si étonné qu'elle ne m'ait pas écrit. Il faut absolument que je sache où elle se trouve en ce moment. Ici, tout va bien. La maison est parfaite, et je travaille avec ardeur. Jack vous fait ses amitiés. Tous mes vœux de succès pour la pièce, bien tendre ami.

Affections de

T

[Collection St. John's College, Cambridge University]

À BENNETT CERF

[Duxbury, Mass.]
23 juillet 1959

Bien chers Bob et Phyllis,

Soyez remerciés, du moins Bennett, pour cette lettre si amicale, et je vais bien sûr écrire, ou plutôt réécrire, ce livre pour enfants. J'ai réfléchi au manuscrit que m'a envoyé L. Boriss. Comme le nombre de pages n'est plus limité, je me demande si c'est un bon sujet. J'en ai un autre en tête qui me séduirait davantage. J'écrirai l'un ou l'autre, on verra. Je vous envoie une photographie, un peu floue malheureusement, de la maison – elle est très agréable, et vous incite à l'écriture. Je l'achèterais, si j'étais riche. De toute façon, j'ai travaillé et je travaille à mon roman et à une longue nouvelle. J'espère que vous avez passé un bon été à Mount Kisco. Je suis très inquiet pour Slim Hayward. Ce qui se passe entre Leland et la chère Pamela la bouleverse. Elle était à Biarritz chez les Paley, mais comme ils regagnent New York, j'espère qu'elle va revenir avec eux. J'aimerais beaucoup qu'elle nous rejoigne ici. Pouvez-vous m'envoyer le livre de Moss Hart, *Un homme de Broadway* (je crois être la seule commère qui ne l'ait pas reçu) ? Je ne pense pas rentrer avant le 1er octobre, mais, grands dieux !, comme vous me manquez !

Oh ! – j'ai encore perdu trois kilos. Je m'arrêterai à cinq. N'essayez rien de spectaculaire. Attendez-moi.

AMITIÉS

T

[Collection Columbia University Library]

À WILLIAM SHAWN

[Clarks Island]
[Duxbury, Mass.]
18 août 1959

Cher Mr Shawn,

Après huit grands mois de travail, je ne suis toujours pas satisfait de ma *Fille de la Révolution russe*. J'ai cessé de croire à ce texte, ou plutôt en ma capacité de le mener à bien. Je vous renvoie donc l'argent que le *New Yorker* m'avait avancé pour le voyage en avion. Si nous pouvons trouver un autre projet qui me convienne, je m'efforcerai de ne pas vous décevoir (ni moi-même).

Sincèrement
Truman Capote

[Collection New York Public Library]

À GLORIA VANDERBILT

Clarks Island
Duxbury, Mass.
20 août 1959

Bien chère amie,

Pardonnez ce retard. Je m'étais absenté pour une dizaine de jours quand votre pièce est arrivée.

Je l'ai lue deux fois. Les scènes, qui s'imbriquent comme les fragments d'une mosaïque poétique, ont une grande force évocatrice. Vous avez un regard subtil, un regard de peintre, capable d'assembler nombre d'images angoissantes ou plaisantes, dont chacune, prise séparément, réussit à imposer sa propre forme et sa propre couleur. Mais j'ai l'impression que ces formes, ces vignettes, sont trop disparates – ou peut-être trop semblables. Dans toute forme d'écriture, et particulièrement au théâtre, l'étrangeté, surtout lorsqu'elle est d'ordre psychologique, ne peut reposer à mon sens que sur une base réaliste, faute de quoi elle perd de son efficacité. La poésie ne peut pas être uniquement poétique. Elle a besoin d'être en contraste avec la vérité la plus banale. La ligne thématique de *Cinamee* est extrêmement claire. Mais, comme pièce de théâtre, elle me laisse insatisfait, car vos personnages semblent manquer de chair et leurs réactions sont trop arbitraires par rapport à la réalité. C'est un ballet avec dialogues – ce qui n'est pas une critique, au contraire, car c'est une remarquable réussite, et ce serait sans doute impossible d'atteindre à cette réussite avec une autre méthode que celle que vous avez choisie. Il y a dans votre écriture une invention poétique constante, et j'aimerais beaucoup voir cette pièce représentée. J'aimerais en même temps que vous en écriviez une autre – dans laquelle vous renonceriez délibérément à ce talent qui vous est naturel pour créer une atmosphère et une « pensée chorégraphiée » : une pièce naturaliste, sans aucune recherche formelle, qui obligerait votre regard incroyablement incisif à se poser sur des problèmes quotidiens. Vous en êtes capable, je le sais, et vous permettrez ainsi aux autres dons qui sont les vôtres de s'affirmer. Vous avez un talent véritable et, ce qui est aussi important, une grande discipline.

J'espère, bien chère amie, que vous passez un bon été. Le mien est parfaitement calme. J'écris, je lis, je m'assieds un moment sur la plage. *C'est tout**. Vous me manquez. Je rentre le 2 octobre et j'espère vous voir très vite. Écrivez-moi. Amitié fidèle de

T

[Collection Gloria Vanderbilt]

À CECIL BEATON

[Clarks Island]
[Duxbury, Mass.]
24 août 1959

Bien cher C –

Comme j'ignore où doit être joué *Landscape with Figures* [Paysage avec personnages] (j'adore ce nouveau titre de votre pièce) et à quelle date (j'imagine que ce doit être très bientôt), je me dépêche de vous envoyer mes vœux de succès les plus sincères. Jack se joint à moi. Vous avez sans doute été pris dans un tourbillon de dernière minute, et je ne vous envie pas – sachez seulement que tous mes espoirs sont avec vous.

Je viens de rentrer après une semaine chez les Paley, dans le New Hampshire. C'est la première fois que je quittais l'île, et comme je ne suis pas très friand de maisons envahies par les enfants, c'est un véritable soulagement de retrouver ma solitude et mon silence. Cela ne m'ennuierait pas du tout de vivre définitivement ici, en faisant quelques brèves incursions dans le monde, mais je crains que ce ne soit pas physiquement possible. Après avoir été l'être le plus sociable qui soit, j'ai de plus en plus besoin de longs moments d'intimité. Chez les Paley (qui entre parenthèses sont pleins d'allant et en grande forme), on ne parlait que du « Scandale n° 1 » : le fandango Hayward-Churchill. J'ai reçu une longue lettre de Slim, très touchante, très désolée, mais pleine de bon sens. Il semble que Leland n'ait pas encore demandé le divorce, alors que Mrs Churchill annonce partout qu'elle deviendra Mrs Hayward en novembre. Cette histoire a fait naître un véritable « conflit » entre les sœurs Cushing. Babe et Minnie sont devenues les ennemies jurées de « cette pute », alors que Betsey est la plus chaude partisane de Mrs Churchill (tant elle est soulagée de voir s'éloigner ce qui menaçait son propre bonheur conjugal). Tout New York est divisé en deux camps opposés : les pro-Slim, commandés par Mrs Paley, avec Jerome Robbins et le couturier Mainbocher comme lieutenants, ont déjà voué Mrs Hornblow aux gémonies, pour avoir donné un dîner en l'honneur de Mrs Churchill et de Leland – ce qui a paru d'autant plus surprenant que c'est une amie intime de Slim. De toute évidence, Mrs Churchill finira par gagner. Inutile de préciser que je suis slimiste jusqu'à la mort. Toute cette histoire est sinistre et navrante. Je suis désolé pour Slim et pour le rôle blessant qu'on lui fait jouer. Tout aurait pu être si facilement évité, mais c'était sans compter avec les bavardages de Mrs Churchill. Slim rentre le 15 septembre pour affronter la sérénade. Il fait ici un temps superbe, le ciel d'un bleu grec aujourd'hui, mais dès qu'on est à l'ombre on sent déjà l'automne. Bien cher cœur, votre secrétaire pourrait-elle chercher dans l'annuaire l'adresse des Bolton Studios et me l'envoyer ? J'ai appris que *Saratoga* d'Harold Arlen était un grand succès, mais d'après les journaux, la distribution doit être assez lugubre. Je me demande si vous viendrez à Clarks Island. Quelque chose me dit que c'est impossible et j'en suis navré – j'aurais tant aimé que vous voyiez l'endroit. Isherwood (qui va je crois se rendre à Londres où sa mère est souffrante) vient d'obtenir une place de professeur en Californie. Nous serons à New York le 1er octobre. Écrivez-moi dès que possible. Vous me manquez. Toute mon affection.

T

[Collection St. John's College, Cambridge University]

À RICHARD AVEDON

[Clarks Island]
[Duxbury, Mass.]
27 août 1959

Bien-aimé collaborateur,

Vous avez créé des merveilles avec notre petite histoire et je vous remercie de m'avoir envoyé ces photographies. Elles sont savoureuses, amusantes, et, Seigneur Dieu !, vous avez fait un travail de forçat ! J'espère que votre virée en [*illisible*] vous a permis de récupérer et que vous êtes d'attaque pour affronter courageusement les quelques corvées inhérentes à la publication d'*Observations*, votre premier livre.

1) Obligez Simon & Schuster à faire le nécessaire pour obtenir une interview avec Maurice Dolbier, qui tient la critique des livres dans le *Sunday Tribune* et assure également une chronique dans le *Sunday Times*. On n'interviewe jamais les photographes, à ma connaissance du moins, et je pense qu'il le fera. Obtenez également un entretien avec Martha MacGregor, qui dirige la page des livres du *New York Post*. Et avec W. G. Rogers d'Associated Press. Tout cela devrait être très utile.

2) Veillez à ce qu'on envoie un exemplaire à

Irving Hoffman (qui se décharge de tout ce qui concerne les livres sur Walter Winchell)

Dorothy Kilgallen

Ed Sullivan

Leonard Lyons et Richard Watts

Vérifiez bien qu'une petite carte, disant « Avec les compliments des auteurs », accompagne chaque exemplaire. Croyez-moi, ça paie.

3) Obtenez d'être invité à l'émission de Dave Garroway. Et à celle de Jack Paar, il fait vendre, lui aussi. Le reste, en ce qui nous concerne, importe peu.

4) Nous en avons déjà parlé, ce serait bien qu'il y ait dans *Time* et dans *Newsweek*, le premier surtout, des placards publicitaires. Arrangez-vous pour savoir ce que les éditeurs ont prévu sur ce plan-là.

Inutile d'insister sur l'importance de ces quelques problèmes. Je m'arrête là.

Je poursuis ma vie silencieuse et monacale, en travaillant à mon roman et à une nouvelle. Je rentre à New York le 1er octobre. Amitiés à Evie. *Et à vous**. Votre ami,

T

[Collection Richard Avedon]

À DONALD WINDHAM

[Clarks Island]
[Duxbury, Mass.]
8 septembre 1959

Bien cher Donny,

Désolé en ce qui concerne la température et l'explosion de la conduite d'eau. Le reste des nouvelles que tu me donnes sont vraiment très bonnes ; excellentes, même, en ce qui concerne Forster : une préface de lui impressionnera les critiques et attirera l'attention sur ton livre. Tu dois être sacrément fier. Je le serais, Dieu sait !

Tu peux bien sûr utiliser mon parrainage pour la bourse Guggenheim. Je serai enchanté d'expliquer à ces imbéciles, en utilisant plusieurs centaines d'adjectifs éblouissants, à quel point tu es doué. Mais j'ai l'impression qu'ils font surtout confiance aux académiciens et aux professeurs d'université. En connais-tu à qui tu puisses t'adresser ? Pourquoi pas R. P. Warren ? (Je viens de lire, d'essayer de lire plus exactement, son nouveau roman, *La Caverne*. Oh ! Dieu, c'est d'un ennui, d'un ennui et d'une prétention...) Et Glenway Wescott ? Et la baronne Isak Dinesen ? Et Forster, bien sûr ? Et Carson McCullers ? Contacte le plus de gens possible.

Je suis extrêmement triste. La mort de Kay Kendall m'a bouleversé. C'était une femme subtile, adorable, que j'aimais profondément. On m'avait dit l'an dernier qu'elle souffrait d'une leucémie, mais je ne voulais pas y croire. Je suis également très triste et très inquiet pour Slim Hayward, car Leland demande le divorce. J'ajoute que mon travail ne va pas très bien, mais ça, c'est constant. Ah ! si seulement j'étais un écrivain capable d'écrire sans toujours réécrire. C'est excellent, l'autocritique, mais elle a pris chez moi des proportions maladives – comme une tumeur qui dévore toute la confiance que je pourrais avoir en moi. En travaillant tous les jours pendant dix semaines, je n'ai écrit que quinze pages.

Nous rentrons jeudi 1er octobre. J'ai hâte de te voir.

J'espère que tout se passe bien avec le *New Yorker*.

Amitiés à Sandy

*et vous**

T

[Collection Beinecke Library, Yale University]

1959-1966

QUATRE MEURTRES ET UN BAL EN NOIR ET BLANC

Le lundi 16 novembre 1959 au matin, Capote découvre à la page 39 du *New York Times* un court article d'une colonne. En titre : MEURTRE D'UN RICHE FERMIER ET DE TROIS MEMBRES DE SA FAMILLE. L'article commence ainsi : « Un riche exploitant agricole, sa femme et leurs deux jeunes enfants ont été découverts assassinés dans leur maison. » Sans chercher à en savoir davantage, Capote réussit à convaincre le *New Yorker* de l'envoyer en reportage au Kansas. Il a l'intention d'y étudier les répercussions de ces meurtres sur les habitants de la petite communauté d'Holcomb, voisine de Garden City, où vivait cette famille assassinée – les Clutter.

Accompagné d'Harper Lee, son amie d'enfance (qu'il surnomme Nelle), il part donc à la découverte d'un monde qui lui est aussi étranger que l'avait été la Russie soviétique. Et les braves gens de Garden City regardent cette étrange créature – petit de taille, bizarrement accoutré, voix de petit garçon – comme un extraterrestre. Le soir de Noël, Dolores Hope, journaliste au *Garden City Telegram*, et son mari Clifford, jeune et brillant avocat, invitent Capote à dîner. Il y déploie tous ses charmes et la ville s'ouvre à lui. Cinq jours plus tard, le 30 décembre, les assassins, Dick Hickock et Perry Smith, sont arrêtés. Au bout de deux mois et demi, en mars 1960, ils passent en jugement, sont reconnus coupables et condamnés à mort. Cette arrestation et cette condamnation font comprendre à Capote qu'il tient là beaucoup plus qu'un reportage : un livre – peut-être même un grand livre. Il trouve un titre : *De sang-froid.*

Une fois terminée son enquête au Kansas, il repart pour l'Europe avec Jack Dunphy et loue deux étés de suite une maison sur la côte espagnole. Pour l'hiver, ils achètent un appartement dans le village suisse de Verbier. C'est en Europe que Capote travaille à son livre, lentement et difficilement. « Cela peut te paraître prétentieux, écrit-il à Donald Windham, mais je me sens impérieusement tenu d'écrire ce livre, même si le sujet me laisse sans forces, hébété, pour tout dire, horrifié – je fais chaque nuit d'incroyables cauchemars. » Il arrive pratiquement au bout, mais pour écrire le dernier chapitre, il est obligé d'attendre que les deux condamnés aient épuisé toutes leurs chances de faire appel. Mois après mois, il guette fiévreusement le verdict de la Cour suprême. Qui tombe enfin, et le 14 avril 1965, en présence de Capote, Hickock et Smith sont pendus.

À l'automne 1965, le *New Yorker* publie *De sang-froid* en quatre livraisons. Le livre paraît chez Random House en janvier 1966. L'accueil est celui dont peut rêver tout écrivain : éloges presque unanimes, ventes considérables, célébrité réservée jusque-là aux seules stars de cinéma. *De sang-froid* est l'événement éditorial de la décennie. Capote devient l'homme du jour.

Après un travail aussi harassant, il éprouve le profond besoin de s'amuser, et le livre de la décennie est suivi, à l'automne 1966, du bal de la décennie. Le soir du 28 novembre, un lundi pluvieux, les gens les plus riches et les plus célèbres, mêlés à de simples mortels, amis de Capote, se dirigent vers l'*Hôtel Plaza* de Manhattan pour participer à un bal masqué en noir et blanc. Comme l'écrit le *Washington Post*, le nom de Capote, « associé à une liste d'invités qui pouvait se lire comme un *Who's Who* international, a fait de cet événement une sorte de “happening” social qui a pris une dimension historique ». Le petit garçon de l’Alabama était venu, avait vu et avait vaincu.

À l’exception de Robert Linscott, qui a pris sa retraite, les correspondants de Capote restent à peu près les mêmes pendant cette période, avec deux ajouts importants : Alvin Dewey, l’inspecteur chargé d’enquêter sur le meurtre Clutter, et sa femme Marie. La plupart de ses lettres aux Dewey veulent obtenir des informations – sa dette envers eux est évidente – mais on s’aperçoit très vite que cette amitié va plus loin qu’une simple relation de travail. Capote les adopte complètement – comme ils l’adoptent de leur côté. « Précieux amis », leur écrit-il dans l’une de ses lettres, et le plus souvent « Chers amis de cœur ». Katharine Graham, directrice du *Washington Post*, qui était l’invitée d’honneur du bal en noir et blanc, apparaît elle aussi comme « Précieuse KayKay ». Apparaît également, mais très brièvement, Perry Smith, qui avait demandé à Capote de l’aider à rechercher un poème dont il se souvenait. Capote a fini par le trouver dans l’œuvre de Robert W. Service, un poète canadien très populaire autrefois – et il a découvert que ce poème s’adaptait aussi bien à lui qu’à Perry.

Il existe une race d’hommes qui ne s’intègrent pas aux [autres
Une race d’hommes incapables de se fixer
Qui déchirent le cœur des êtres qui les aiment
Et s’en vont découvrir le monde...

À L'INSPECTEUR ALVIN DEWEY

[*L'inspecteur Dewey revenait ce jour-là de Las Vegas avec les deux assassins de la famille Clutter qui venaient d'être arrêtés. Cette carte postale accompagnait une bouteille de scotch J&B.*]

Hôtel Warren.
Garden City, Kansas
[6 janvier 1960]

Cher Renard Rusé,
Après cet héroïque et long voyage, vous apprécierez sûrement une longue rasade de ceci.
Bienvenue à Garden City !
De la part de vos fidèles historiographes
Truman et Nelle

[Collection New York Public Library]

À CECIL BEATON

[Brooklyn, New York]
21 janvier 1960

Cecil, mon bien cher,
Rentré hier de deux mois passés au Kansas. Une expérience extraordinaire, sur bien des plans la chose la plus

passionnante qui me soit arrivée. Je vous ferai lire ce que j'en écrirai – peut-être y a-t-il là comme l'amorce d'un livre assez court.

Êtes-vous toujours à Saint-Moritz ? Où que vous soyez, je vous envie. Il fait si froid, si noir, ici. Tout le monde s'en va vers la neige ou vers le soleil.

Je m'étonne que « la dame en question » s'étonne de vous entendre renouveler votre demande en mariage. Et surpris qu'elle hésite – quoique, en y repensant, cette hésitation plaide en sa faveur. Si la chose doit se faire, ce temps de réflexion ne peut être que bénéfique. J'ai le sentiment que vos chances de succès sont plus grandes que la première fois. Attendons pour voir, de toute façon.

Ce que vous m'apprenez de Stratford est consternant. Pourquoi faut-il que tout se plie à cette mode ennuyeuse et ruineuse ? Je hais le théâtre – sauf lorsqu'il vous permet de venir à New York, et j'attends déjà avec impatience votre retour en mars.

Aucune nouvelle, aucun ragot d'aucune sorte. Ayant vécu en marge si longtemps, j'ignore tout.

Je vous écrirai plus longuement dès que j'aurai défait mes valises et fait quelques provisions d'anecdotes.

Je vous serre dans mes bras.

T

[Collection St. John's College, Cambridge University]

À ALVIN ET MARIE DEWEY

[Brooklyn, New York]
22 janvier 1960

Chère Marie, cher Alvin,

Voyage interminable jusqu'à New York (aussi luxueux que soit le Super-Chief, il s'est offert six heures de retard à Chicago, ce qui nous a obligés à y passer la nuit, etc.). Mais nous sommes enfin arrivés lundi soir.

J'ai longuement parlé au directeur du *New Yorker* et aux gens de Random House. Je viens de signer aujourd'hui même le contrat pour le livre. Tout le monde est d'un enthousiasme incroyable. À notre prochain voyage, j'aimerais que Richard Avedon m'accompagne. C'est de toute évidence le plus grand photographe actuel (il faut inclure quelques photographies dans le livre et je crains que celles qui existent ne soient pas d'une qualité suffisante). À propos de photographie, jetez un coup d'œil sur l'exemplaire de *Look* du 2 février : il s'y trouvera vers la page 83 quelque chose qui vous amusera.

Nous nous sommes quittés à la gare, Nelle et moi. Je ne l'ai pas revue depuis, mais nous nous sommes téléphoné. Vous lui manquez beaucoup, vos fils Paul et Dewey Jr, Pete-le-chat, toute la famille, vous lui manquez vraiment beaucoup.

À moi aussi.

Je vous téléphonerai bientôt.

D'ici là, toutes mes amitiés

Truman

Et venez à New York !

[Collection New York Public Library]

À ALVIN ET MARIE DEWEY

[Au milieu de l'Atlantique, à bord du paquebot français] *Flandre*
Dimanche de Pâques
[17 avril 1960]

Bien chers amis,

Ai finalement réussi à monter à bord (avec 25 valises, 2 chiens, 1 chatte, et mon cher ami Jack Dunphy) – et nous sommes là, tous ensemble, en plein milieu de l'Atlantique.

J'ai pu au moins, j'ai pu enfin, me reposer vraiment : douze heures de sommeil la nuit dernière.

Pardonnez-moi cette écriture, mais contrairement à ce que j'écrivais dans ma carte postale, la mer d'huile connaît en ce moment un important roulis.

Nous serons au Havre jeudi prochain, 22 avril (je posterai cette lettre à ce moment-là), puis nous ferons route vers l'Espagne, trois jours environ. Je vous redonne l'adresse, pour être sûr que vous l'ayez notée exactement :

c/o J.Y. Millar
Calle Catifa
Palamos (Gérone)
Costa Brava
Espagne

J'ai été si heureux de recevoir vos souhaits de *Bon Voyage**. C'est si gentil à vous. Mais vous êtes vraiment gentils et je vous aime tous.

Ceci n'est qu'un petit gribouillage. Je vous enverrai des cartes pendant le voyage et vous écrirai une vraie lettre dès mon arrivée à Palamos.

Je vous serre dans mes bras.

T

[Collection New York Public Library]

À ALVIN ET MARIE DEWEY

c/o Millar
Calle Catifa
Palamos (Gérone)
Costa Brava, Espagne
28 avril 1960

Bien chers Dewey,

Quel bonheur de trouver ici la tendre lettre de Marie qui me souhaitait la bienvenue. Je suis profondément désolé pour votre mère, et j'espère que vous pourrez aller la voir cet été. Mais le récit du cambriolage de Syracuse était vraiment désopilant. J'ai soigneusement mis de côté la liste des objets volés – elle pourra me servir pour mon livre – qu'à propos j'ai vraiment commencé à écrire ce matin.

La traversée de la France nous a pris quatre jours. Merveilleux voyage, le printemps partout, des prairies vertes, des fleurs sauvages, un temps radieux. Nous avons pique-niqué tous les jours – juste un peu de pain, de fromage, de vin frais – mais le soir, un copieux dîner. J'ai dû prendre dans les trois kilos.

Mais la nourriture n'est pas très bonne en Espagne, à moins d'aimer ce qui est frit à l'huile d'olive et ce n'est pas mon cas. Quoi qu'il en soit, la maison est charmante, donnant directement sur la plage, dans un petit village de pêcheurs. La mer est pure et bleue comme un œil de sirène. Je me lève très tôt – car les pêcheurs reviennent à cinq heures du matin et font un raffut à réveiller le nain Dormeur lui-même. Excellent pour mon travail, *n'est-ce pas** ? Ma ménagerie, les deux chiens et la chatte, ont très bien supporté le voyage. Ils adorent rouler en voiture, Diotima surtout. Elle disparaît souvent et on la retrouve toujours dans la voiture.

J'ai loué cette maison jusqu'au 15 juin. Après, nous chercherons autre chose sur la côte espagnole ou au Portugal. Ou en Italie. Ou en France. Qui sait ?

J'espère qu'Avedon vous a envoyé les photographies – il met toujours beaucoup de temps à faire ses tirages, c'est quelqu'un de très minutieux. Je les ai ici avec moi. Vous avez tous l'air tellement charmants. Parce que vous êtes charmants. Et je vous aime beaucoup. Amitiés à Paul et Dewey Jr.

Écrivez-moi.

T

[Collection New York Public Library]

À ALVIN ET MARIE DEWEY

[carte postale]
[Palamos, Espagne]
3 mai 1960

Chers amis de cœur,

Le livre avance. J'ai trouvé une nouvelle maison. J'y emménage le 15 juin. Je reste donc en Espagne jusqu'en octobre.

Alvin, un point très important. Le journal de Nancy Clutter concerne les quatre dernières années. Il me faut ce qu'elle a écrit en date du samedi 14 novembre en 1958, 57, 56. Urgent ! Si vous n'avez plus ce journal, qui l'a ? Vous me manquez tous. Amitiés.

T

J'ai écrit à Perry Smith, mais la lettre m'est revenue.

[Collection New York Public Library]

À ALVIN ET MARIE DEWEY

[Palamos, Espagne]
17 mai 1960

Chers amis de cœur,

Si heureux de recevoir la lettre de Marie et rassuré en même temps – j'étais sans nouvelles de vous depuis un mois. Merci infiniment pour les extraits du journal de Nancy.

Heureux que vous ayez aimé les photographies d'Avedon. Je les trouve merveilleuses – vivantes, animées, charmantes.

Nous emménageons dans notre nouvelle maison le 1er juin. Je suis sûr de vous avoir déjà donné l'adresse, mais je la répète : c/o Klaebisch, « Az-Zahara », Condado de San Jorge, Playa de Aro, Costa Brava. C'est une très belle maison qui surplombe la mer. Mon Dieu ! J'aimerais tellement vous voir ici plutôt qu'à Los Angeles ! Faites-moi savoir dans quel hôtel vous descendez. J'ai quelques amis à Hollywood (notamment le producteur David Selznick et sa femme Jennifer Jones), qui seraient ravis d'organiser pour vous une visite des studios, etc. Surtout ne vous sentez pas intimidés. Ils seront très heureux de le faire et ils savent parfaitement qui vous êtes. Envoyez-moi cette adresse très vite. J'écris aujourd'hui même aux Selznick. Leur adresse : 1 400 Tower Road, Beverly Hills.

Quelques petites questions en rapport avec le livre qui avance et continuera d'avancer. D'après mes notes, les Clutter auraient construit leur maison en 1943, ce qui me paraît impossible : est-ce 43 ou 53 ? Combien y a-t-il de miles entre Holcomb et la frontière du Colorado ? Y a-t-il une nouvelle date fixée pour l'exécution de la sentence ? (Comme vous pouvez le voir, tous les télégrammes qu'on m'envoie de Garden City s'accumulent à New York sans être lus.)

J'espère que les allergies de Dewey Jr et les instincts belliqueux de Pete-le-chat se sont calmés. Affection à Paul.

Affection à tous.

T

[Collection New York Public Library]

À DAVID O. SELZNICK ET JENNIFER JONES

c/o Klaebisch
« Az-Zahara »
Condado de San Jorge
Playa de Aro
Costa Brava, Espagne
24 mai 1960

Chers amis,

New York m'a finalement fait suivre la lettre de David. J'habite une maison charmante qui donne sur la mer. Je compte y rester jusqu'à fin septembre. Impossible, de toute façon, de regagner New York avant d'avoir fini mon livre, si difficile à écrire, si long, qu'il me faudra encore un an, au moins. Dieu sait pourtant si je travaille avec acharnement, sans voir personne – Slim Hayward mise à part, qui va sans doute passer quelques jours avec nous.

Puisque je parle de mon livre, son « héros » doit se rendre à Los Angeles en juillet. Il s'appelle Alvin Dewey, appartient au Kansas Bureau of Investigation. C'est à lui qu'a été confiée l'affaire Clutter, et c'est essentiellement lui qui a permis de la résoudre. C'est un homme charmant, comme le sont sa femme et ses deux fils, qui l'accompagneront pendant son séjour en Californie. Je sais qu'Alvin vous intéressera, et lorsqu'il sera là-bas avec sa famille, j'espère que vous aurez le temps de lui téléphoner et d'organiser pour eux une visite des studios (ou quelque chose de ce genre).

Je vous enverrai, dès que je les aurai, le nom de leur hôtel et la date de leur arrivée.

Vous souvenez-vous de ma nouvelle, celle que j'ai enregistrée sur disque : *Un souvenir de Noël* ? J'aimerais en tirer un film, quelque chose de la longueur du *Ballon rouge* d'Albert Lamorisse – 35 minutes environ, 50 000 dollars de budget maximum, entièrement visuel, une voix off de jeune garçon lisant le texte, et une musique de Virgil Thomson, par exemple. Quelque chose que Jose Quintero réaliserait parfaitement (à mon avis). Fait très simplement, ce pourrait être très beau et connaître le même succès que *Le Ballon rouge*. Plusieurs producteurs sont intéressés – l'un d'eux au plus haut point – mais j'aimerais savoir avant tout si ce genre de projet vous dit quelque chose.

Slim m'a écrit – vous avez été d'un tel réconfort pour elle. Elle trouve Jennifer « ravissante ». Faites toutes mes amitiés à cette autre personne ravissante, votre fille Mary J. Vous me manquez tous.

Fidèlement

T

(Truman Capote)

[Collection University of Texas, Austin]

À DAVID O. SELZNICK ET JENNIFER JONES

« Az-Zahara »
Condado de San Jorge
Playa de Aro
Costa Brava, Espagne
[Début juin 1960]

Bien chers David et Jennifer,

Petit post-scriptum à ma lettre de l'autre jour concernant mon ami Dewey (le héros de mon livre) et sa famille (sa femme et ses deux fils, l'un 11 ans, l'autre 13). Je vous ai écrit qu'ils allaient passer une semaine de vacances à Los Angeles et que je vous serais infiniment reconnaissant d'entrer en contact avec eux et de leur organiser une visite des studios. Ils seront là du 19 au 25 juillet, et vous pourrez les joindre chez Edward Stoll, l'oncle de Marie Dewey, 2516 Veterans Avenue, Los Angeles, 64. J'ai pris la liberté de leur donner votre adresse, mais je pense qu'ils seront trop intimidés, pour vous joindre. Ce sont des gens charmants et j'ai une énorme dette envers eux. Par grâce, si vous les rencontrez, évitez les plaisanteries trop sarcastiques à mon endroit.

Je n'ai jamais autant travaillé, mais cela prend le chemin d'être un livre subtil – et, doux Jésus, extrêmement long !

J'espère que vous aurez un bel été.

Vous me manquez. Amitié fidèle,

Truman Capote

P.-S. Le 11 juillet, Lippincott publie un livre ravissant : *Ne tirez pas sur l'oiseau moqueur* d'Harper Lee. Ouvrez-le. Il connaîtra sans doute un grand succès. J'ai servi de modèle à l'un des personnages, celui qui s'appelle Dill. L'auteur est une amie d'enfance.

[Collection University of Texas, Austin]

À ALVIN ET MARIE DEWEY

[Playa de Aro, Espagne]
[Mi-juin 1960]

Bien chers amis,

Je vous envoie cette lettre des Selznick. Comme vous pouvez le constater, ils sont entièrement à votre service. Shirley Harden, assistante de David, est une femme charmante. Donc, même s'ils ne sont pas à Hollywood, elle se chargera de tout organiser et vous fera visiter les studios de télévision de la CBS. Vous serez en de très bonnes mains et je suis sûr que ce sera très amusant.

Marie, j'adore vos lettres. Elles ont un tel pouvoir d'évocation – je sens, je vois, j'entends tout ce que vous faites.

Très intéressant, ce qui concerne Perry Smith. Soyez gentils de m'apprendre tout ce que vous entendrez dire sur Dick et lui.

Alvin voit tellement juste lorsqu'il écrit : « Comment peut-on tirer un livre d'un tel chaos ? » J'y consacrerai sans doute des années, mais j'en tirerai un ! C'est exactement comme tisser la plus fragile des dentelles.

Je vous aime tous ensemble et chacun séparément. Mes profonds respects à Mrs Dewey mère.

Je vous serre dans mes bras.

T

[Collection New York Public Library]

À DONALD CULLIVAN

[*Ingénieur diplômé de Harvard, Donald Cullivan avait connu Perry Smith à l'armée et accepté d'être son témoin à décharge au procès. Il lui rendait visite en prison.*]
« Az-Zahara »
Playa de Aro
Costa Brava, Espagne
20 juin 1960

Cher Don,

Puis-je vous déranger de nouveau ?

D'abord les nouvelles : Perry a entamé une grève de la faim après avoir dit : « Dick peut attendre la corde. Moi, je suis plus malin que lui. » Il n'a rien bu ni mangé pendant les cinq dernières semaines, a perdu 20 kilos, a été transporté à l'hôpital de la prison où on le nourrit par intraveineuse.

Maintenant mon problème : il est d'ordre technique. Aucun passage de mon livre n'est écrit à la première personne – ce qui signifie que « Je » ne dois pas, et ne peux techniquement pas, apparaître. J'aimerais inclure, vers la fin du livre, une longue scène entre Perry et vous, où j'utiliserai certains passages de mes propres entretiens avec lui – en d'autres termes, je vous demande de prendre ma place. Cette scène interviendrait au moment où l'épouse du shérif, Mrs Meier, vous permet de déjeuner avec Perry dans sa cellule et vous sert une caille (?). J'ai besoin que vous me décriviez la scène dans tous ses détails : que vous a servi Mrs Meier, comment le couvert était-il dressé ? etc. Tout ce dont vous pouvez vous souvenir. Autre chose : est-ce au cours de ce déjeuner que Perry a fini par vous raconter son ultime et définitive version de ce qui s'est passé chez les Clutter ?

Comme je vous l'ai écrit, le livre avance, mais avec une extrême lenteur. C'est exactement comme tisser la plus délicate des dentelles. Je me suis engagé à remettre le manuscrit en octobre de l'an prochain. *Esquire* publie en juillet une de mes nouvelles qui peut vous amuser : *Parmi les chemins du ciel.*

J'espère que cette lettre vous trouvera en bonne forme.

Fidèlement

Truman

[Collection Donald Cullivan]

À BENNETT CERF

« Az-Zahara »
Condado de San Jorge
Playa de Aro
Costa Brava, Espagne
17 juin 1960

Cher Bennett,

Une suggestion : Cecil Beaton, qui est libre de tout engagement éditorial, vient d'achever un livre où il a rassemblé de longs extraits de son journal intime. Je l'ai lu. C'est très indiscret, très drôle, très émouvant parfois, et relativement honnête : il n'épargne personne, lui en premier. Je pense que Random House pourrait s'y intéresser. Pourquoi ne pas lui écrire : 8 Pelham Place, Londres ?

Je vais bien – vis très calmement – ne vois pratiquement personne – me consacre entièrement à *De sang-froid* avec le même enthousiasme. Non, de plus en plus grand. Ce sera un chef-d'œuvre. Je le veux, car, si ce n'est pas un chef-d'œuvre, ce n'est rien, et j'aurai perdu deux ou trois ans. Mais je suis très confiant, ce qui n'est pas toujours le cas.

Esquire publie une de mes nouvelles en juillet. Soyez gentil de la lire, si vous trouvez le temps.

J'aime beaucoup le livre de Styron, *La Proie des flammes*. Presque entièrement, du moins. Et je suis étonné qu'il ait eu un accueil critique aussi mince.

Je n'ai pas reçu le relevé de mes droits d'auteur de juin – j'espère qu'on l'a bien envoyé en Espagne et non pas à Brooklyn. Sinon je suppose qu'on le fera suivre.

Et comment va ma si tendre Phyllis, mon si beau trésor personnel ? Faites-lui mes amitiés. Meilleures pensées à Don Klopfer.

Affectueusement à vous,
Truman

[Collection Columbia University Library]

À NEWTON ARVIN

« Az-Zahara »
Condado de San Jorge
Playa de Aro
Costa Brava, Espagne
[25-31 juillet 1960]

Cher Sign.,

Mais non, pas *Branca* : *Brava* (la côte sauvage). Sinon l'adresse était exacte et ta si gentille lettre est arrivée à bon port. « Az-Zahara » signifie « en pleine floraison ». Je suis donc en pleine floraison sur la côte sauvage – étrange région de l'Espagne, qui est elle-même, quoi qu'on en dise, un étrange pays. J'y reste jusqu'en octobre puis chercherai autre chose. En Suisse peut-être. Car je m'interdis de rentrer en Amérique avant d'avoir terminé mon livre sur le Kansas, et c'est un très long livre (je prévois 150 à 200 000 mots), qui m'occupera encore un an ou deux. Peu importe. Il faut qu'il soit parfait, et je vis dans la fièvre, entièrement soumis à lui, obsédé, et si j'ai la patience nécessaire, je crois pouvoir en faire une sorte de chef-d'œuvre. Car le matériau est superbe. J'ai plus de 4 000 pages de notes dactylographiées. Parfois, quand je pense à ce qu'il pourrait être, j'ai le souffle coupé. C'est la plus passionnante expérience de ma vie, et ma vie en est d'ailleurs bouleversée, mon point de vue sur la plupart des choses entièrement modifié – un Grand Œuvre, crois-moi. Si j'échoue, j'aurai malgré tout réussi.

Pardonne-moi de m'être emporté ! J'espère que tu vas t'offrir un peu de vacances cet été ? Avec ton ami Ned Spofford ? Je l'aime beaucoup. Fais-lui mes amitiés. Je précise en passant que je suis resté au Kansas jusqu'à la mi-avril et que je suis venu directement ici. J'ai une nouvelle publiée dans *Esquire* en juillet – plutôt amusante. Jette un coup d'œil si tu en as le temps. Écris-moi vite, bien cher Sign. Je te serre affectueusement dans mes bras.

T

[Collection Smith College Library]

À DONALD CULLIVAN

[Playa de Aro, Espagne]
27 juillet 1960

Cher Don,

Parfait : exactement ce que je désirais, très bien observé et décrit. Merci (une fois encore !).

Ne vous inquiétez pas en ce qui concerne les Meier. Leur gentillesse ne peut qu'éclairer favorablement leur image.

Je vous enverrai d'autres nouvelles de Perry dès que j'en aurai. Je suis désormais en contact direct avec lui.

Mais il est devenu complètement incohérent, et il y a de fortes chances qu'on le déclare malade mental.
Votre toujours reconnaissant
Truman

[Collection Donald Cullivan]

À ALVIN ET MARIE DEWEY

[carte postale]
[Playa de Aro, Espagne]
29 juillet [1960]

Mes bien chers,

J'espère que vous vous êtes bien amusés en Californie. Je vous envoie (par l'intermédiaire d'un ami qui la postera à New York) l'épée de torero dont rêve Dewey Jr. Mais, par grâce, qu'il soit prudent. La lame est très coupante. Je vais passer trois jours à Londres pour rencontrer l'un des psychiatres de la clinique Menninger qui a examiné Dick et Perry, et qui est en vacances là-bas. Je vous raconterai.

Affection à tous.
T

[Collection New York Public Library]

À ALVIN ET MARIE DEWEY

[Playa de Aro, Espagne]
12 août 1960

Chers amis de cœur,

Suis si heureux que vous ayez aimé votre séjour en Californie. J'ai reçu une lettre de Jennifer Jones. Elle vous adore. David aussi.

Je rentre de Londres. J'ai longuement parlé au Dr Joseph Satten, de la clinique Menninger. Il m'a fourni de passionnantes informations sur Dick et Perry. Il prétend que si George Docking est réélu gouverneur du Kansas, il fera modifier la sentence du tribunal.

J'ai acheté l'épée de torero dont rêvait Dewey Jr et la lui envoie par l'intermédiaire d'un ami qui la postera à New York. Aussi petite soit-elle, c'est une arme très dangereuse. Par grâce, soyez prudents.

Le roman de Nelle est fort bien placé dans la liste des best-sellers. Elle va passer un mois chez elle, à Monroeville. Eh oui ! mes bien chers, Dill, c'est moi. Les deux premiers tiers du livre sont d'une précision et d'une vérité absolues. Le procès, non.

À très vite. Toute mon affection.

T

[Collection New York Public Library]

À CECIL BEATON

15 août 1960

Mon bien cher,

Je reçois votre lettre à mon retour de Londres. J'espère que vous avez profité, et profitez peut-être encore, d'un luxurieux repos à Capri. Je suis resté deux jours à Londres et n'ai pratiquement parlé qu'à un médecin psychiatre, dans l'horrible chambre d'un horrible hôtel appelé le *Cumberland*. Mais il m'a beaucoup apporté. Bu un verre avec Oliver Messel et son ami Vagn Riis-Hansen. (Vagn : « Imaginez-vous ça, cher ami ? Nous nous réveillons un matin, et nous apprenons que, le neveu d'Oliver ayant épousé la princesse Margaret, nous sommes devenu l'oncle de la reine et tout le tremblement ! Personne désormais n'est au-dessus de nous. Personne en Angleterre. Nous avons obtenu 10 000 livres uniquement pour dessiner les robes d'Elizabeth Taylor dans *Cléopâtre* », etc., etc.) Dîné avec mon éditeur anglais, Jamie Hamilton – oh ! l'ennui même. Rien d'autre. J'ai tellement regretté votre absence, espéré que vous repasseriez par Londres avant votre départ pour New York, mais vous avez eu bien raison de profiter de vos vacances jusqu'au bout. Dans plusieurs lettres que je reçois, de sources différentes, on parle en termes très flatteurs de « la dame en question ». « À Londres, m'écrit-on, tout le monde sait qu'il (vous) est très amoureux d'elle, mais elle a plusieurs soupirants, et elle reste indécise. Les amis de la dame pensent qu'il risque d'attendre encore longtemps. » J'en conclus donc que votre projet de mariage en est toujours au même point. Le temps ici est admirable (alors qu'à Londres, grands dieux ! pluie, pluie et pluie ! Je me croyais en hiver !). Mon travail avance. Nous sommes en discussion pour l'achat d'un petit chalet ou d'un appartement à Verbier, un village aux environs de Lausanne. Nous partons pour la Suisse début novembre. J'espère beaucoup que vous viendrez nous rejoindre dans la neige. Essayez de m'écrire un mot avant votre départ pour New York. Jack vous envoie ses amitiés.

*Mille tendresses**

T

[Collection St. John's College, Cambridge University]

À ANDREW LYNDON

[Le 2 septembre 1960, Newton Arvin est arrêté à Northampton pour détention de photographies et de magazines à caractère pornographique et homosexuel, ce qu'interdit la législation du Massachusetts. Pour

éviter l'emprisonnement, il dénonce deux de ses jeunes collègues. La direction du Smith College le suspend pour un an. Atteint de dépression nerveuse, il est hospitalisé au State Hospital. C'est une lettre d'Andrew Lyndon qui l'apprend à Capote.]

[Playa de Aro, Espagne]
6 septembre 1960

Mon Ange,

Jamais je n'aurais cru qu'on puisse être bouleversé sans être étonné. C'est pourtant ma réaction face à ces tragiques nouvelles. Car c'est tragique, et inexplicable : pourquoi avait-il besoin de TOUT avouer ? Pourquoi surtout a-t-il dénoncé les deux autres (pauvre Ned Spofford, si gentil, si doué, si tendre, le meilleur ami qu'ait jamais eu Newton) ? S'il n'avait pas agi ainsi, on aurait pu faire quelque chose. Mais maintenant ? J'y réfléchis. La dernière fois que j'avais vu Arvin, il y a deux hivers, j'avais constaté à quel point il était sexuellement obsédé. Je t'avais dit, je m'en souviens, que les sommes qu'il dépensait en photographies, en films, en objets érotiques, m'effrayaient. J'imagine que la police a fait main basse sur ses fameux journaux intimes, et sur sa collection de lettres, d'une telle indiscrétion. Tu as raison : peut-être vaut-il mieux vivre en Europe. Que faire ? Comment l'aider ? Je vais lui écrire. S'il y a d'autres informations plus précises dans la presse (et j'ai l'affreux pressentiment que l'histoire va faire de plus en plus de bruit, sauf si le Smith College négocie avec les journaux un accord de silence) préviens-moi le plus vite possible, je t'en prie.

Notre été s'est déroulé plus calmement que le tien. J'ai travaillé avec acharnement à mon livre sur le Kansas, l'esprit entièrement occupé par lui. L'obligation de vivre jour après jour sous la dépendance de ce matériau, de cette « force », me terrifie, me terrifie vraiment. Elle me dévore, mais je m'y soumets et m'y implique émotionnellement comme je ne l'ai jamais fait jusqu'ici.

Non, Harper Lee n'est pas avec nous. Elle m'a écrit il y a quelques jours qu'elle se reposait en Alabama. Pauvre chérie, on a l'impression qu'elle succombe à une dépression nerveuse de bonheur.

Je suis très heureux que ton roman avance si bien – « lugubre » ou pas, j'ai hâte de le lire. Ne peux-tu pas m'en envoyer un double quand tu l'auras fini ?

Jack travaille. À quoi ? Je l'ignore. Il est d'une discrétion absolue. Tous nos animaux sont okay. Nous sommes ici jusqu'au 25 octobre, puis nous partons pour la Suisse. Où ? Rien n'est encore décidé. Je veux rester en Europe tant que mon livre n'est pas terminé, ce qui repousse mon retour en Amérique à l'automne prochain.

Écris-moi, mon Ange. Tu me manques. Jack t'envoie ses amitiés. Moi de même.

T

[Collection New York Public Library]

À NEWTON ARVIN

[Playa de Aro, Espagne]
6 septembre 1960

Cher Sign.,

J'avais commencé de t'écrire il y a quelques jours, mais ce matin une lettre d'Andrew Lyndon, contenant un extrait du journal de Boston, m'apprend le douloureux événement de la semaine dernière. Ce qui est arrivé est arrivé. Comme c'est arrivé à beaucoup d'autres – John Gielgud en particulier – qui l'ont accepté comme une épreuve à traverser, sans y voir la fin du monde. Tous tes amis sont avec toi, tu peux en être sûr, et je te demande en grâce de ne pas me considérer comme l'un des moindres. Mis à part l'affection, que je t'ai toujours gardée, je serais heureux de t'aider en t'envoyant de l'argent dès que tu en sentiras le besoin. L'expérience est pénible. Il faut y faire face courageusement : l'esprit clair, un bon avocat. Ces deux éléments réunis ont permis à d'autres de se sortir d'affaires similaires. Tout finira par s'apaiser, j'en suis certain. Mais en attendant, cher Sign., je suis terriblement inquiet pour toi. Essaie de m'écrire si tu peux.

Je t'aime.

T

[Collection Smith College Library]

À ALVIN DEWEY

[carte postale]
[Playa de Aro, Espagne]
15 septembre 1960

Cher Renard Rusé,

Quelle surprise ! Un appel téléphonique du procureur ! Merci d'être intervenu auprès de son adjoint Logan Green. Le résultat est excellent. Quand vais-je revenir ? Pas avant d'avoir fini mon livre : sans doute aurez-vous alors des pctits-enfants en âge de le lire ! Plaisanterie mise à part, j'avance bien et je crois que c'est bon.

Amitiés à Marie et aux garçons.

Fidèlement

T

[Collection New York Public Library]

À ANDREW LYNDON

[Playa de Aro, Espagne]
15 septembre 1960

Mon très cher,

Imbécile que je suis ! Je t'ai immédiatement écrit une longue lettre après avoir reçu cette coupure de presse – mais je crois l'avoir envoyée à l'adresse de Nelle, qui habite un 403 elle aussi. J'ai écrit à Newton par le même courrier : très difficile. Que peut-on dire ? Mais je n'ai pas eu de réponse, bien sûr. Sais-tu quelque chose de nouveau à ce sujet ?

Quand on me renverra ma lettre, je me contenterai de la remettre à la poste, car elle te donnait de nos nouvelles, bien qu'il se passe peu de choses ici. Mon livre m'occupera sans doute encore deux ans, et je ne suis pas sûr de supporter aussi longtemps un tel travail sans m'effondrer. De toute façon, c'est un livre si douloureux que personne n'aura le courage de le lire. Comme je te l'écrivais, nous sommes ici jusqu'à la fin octobre, puis nous partons pour la Suisse. Je négocie actuellement l'achat d'un appartement dans la petite ville de Verbier. Mais rien n'est définitivement conclu.

Quels moments incroyables avez-vous dû vivre à New York, avec le passage de l'ouragan Donna, suivi de la visite de Nikita Khrouchtchev et Cie à l'ONU ! Comme Estelle Winwood l'a dit à Tallulah Bankhead : « Tu vois, ma chérie, nous avons également survécu à cet ouragan-là ! »

Donald m'écrit qu'il va rendre visite à la baronne Isak Dinesen au Danemark. Avec Sandy, bien sûr. Bon Dieu, quelle sangsue, ce Sandy ! Ils doivent être furieux tous les deux parce que j'ai refusé d'écrire quelques lignes flatteuses sur cet insipide roman qu'il a consacré à Tennessee Williams. Quoi qu'il arrive, j'aimerai toujours Donald.

Bien cher, j'espère que ta longue nouvelle avance. Écris-moi vite, très vite. Nos animaux vont bien et te

lèchent les mains. Jack te salue et te fait ses amitiés. Moi, je te serre à pleins, pleins, pleins bras, mon doux cœur.
T

[Collection New York Public Library]

À NEWTON ARVIN

[Playa de Aro, Espagne]
16 septembre 1960

Cher Sign.,

Si heureux de recevoir ton mot ce matin – mais plus heureux encore d'apprendre que tes amis t'entourent. Tu es quelqu'un qu'on aime beaucoup. Je regrette tellement de ne pas être en Amérique pour aller t'embrasser.

Je suis retenu ici jusqu'au 25 octobre – avec l'espoir d'atteindre un certain point de mon travail. Je pars ensuite me réfugier dans un paisible village suisse, Verbier, je pense, sans en être encore certain. De toute façon, je reste en contact avec toi et t'écrirai plus longuement avant mon départ. Prends soin de toi. Je t'aime.
T

[Collection Smith College Library]

À RICHARD AVEDON

Playa de Aro
Costa Brava, Espagne
22 septembre 1960

Cher Dickie,

J'avais bien perçu ce silence. Je m'en étais même aperçu. Mais vous avez sûrement les meilleures excuses. J'ai lu dans *Bazaar* de septembre dans quels endroits vous aviez pris toutes ces photographies, et découvert en même temps à quel point elles sont saisissantes.

J'ai finalement reçu les droits d'auteur d'avril de Simon & Schuster – j'avais conclu à l'escroquerie ou à la banqueroute. (Quelque chose accroche dans ma plume.)

Je travaille avec une extrême régularité. C'est d'une telle difficulté que je suis obligé d'avancer très lentement. Ce qui existe actuellement me paraît assez bon. Je suis en contact presque quotidien avec le Kansas, et au courant de tout ce qui s'y passe (ce serait trop long à raconter par lettre). Perry et Dick attendent toujours le résultat de leur pourvoi en appel. Mais Perry fait une grève de la faim, a perdu près de trente kilos, préférant mourir plutôt qu'être pendu. De toute façon, il a perdu l'esprit, se croit en constante communication avec Dieu, un Dieu qui le survole comme un immense oiseau prêt à l'emporter dans ses ailes. Le vieux père Hickock est mort d'un cancer. Quelle terrifiante et déchirante histoire ! Jamais plus je n'écrirai de « reportage ».

Je ne reviendrai pas à New York cette année. Je veux rester en Europe tant que mon livre n'est pas fini. Nous serons sur la Costa Brava jusqu'en octobre. À partir du 1er novembre, voici mon adresse :

Poste restante
VERBIER
Suisse

Avez-vous lu le livre de Harper Lee, *Ne tirez pas sur l'oiseau moqueur* ? Aux dernières nouvelles, elle était en Alabama et souffrait d'une sorte de « dépression de bonheur ».

Toutes mes amitiés à Evie. Écrivez-moi un mot avant mon départ. Vous me manquez. Amitiés.

T

[Collection Richard Avedon]

À NEWTON ARVIN

[Playa de Aro, Espagne]
2 octobre 1960

Bien cher Sign.,

Bon – voilà – c'est fini. Si, comme tu le dis, tu dois démissionner du Smith College, j'espère que tu toucheras des indemnités. Ce serait trop injuste. De toute façon, d'ici quelques années tu aurais pris ta retraite. Et je suis pratiquement sûr que tu recevras d'autres propositions pour aller enseigner ailleurs. Le fait d'être « en liberté surveillée » t'oblige-t-il à rester à Northampton ? Tu m'avais parlé au début de l'été d'un livre que tu souhaitais écrire, dont le sujet, pensais-tu, risquait de me surprendre. Ne serait-ce pas une sage décision d'y travailler à Yaddo ? Je sais bien sûr à quel point c'est difficile de travailler quand l'avenir est aussi incertain et fragile – peut-être est-ce faux, car j'ai toujours vécu dans un sentiment d'insécurité et fait confiance à l'avenir pour résoudre mes problèmes.

Puisque j'en parle (de mon avenir), je suis ici pour un peu plus de trois semaines. À partir du 1er novembre, mon adresse est :

Poste restante
VERBIER
Suisse

Verbier est un petit village niché dans les Alpes françaises. J'y ai loué un appartement dans un chalet jusqu'à la fin avril, époque à laquelle j'espère avoir écrit la moitié de mon livre sur le Kansas.

Un point important, Sign. Préviens-moi, je t'en prie, si, et quand, tu as besoin d'argent. J'en ai un peu et, sincèrement, ça ne me pose aucun problème.

Tout finira bien par se résoudre. Sache que je pense à toi et que je t'aime profondément.

*Mille tendresses**
T

[Collection Smith College Library]

À MARY LOUISE ASWELL

[Playa de Aro, Espagne]
3 octobre 1960

Marylou chérie,

Tant aimé ta lettre. Non, nous n'avons jamais reçu celle que tu nous as envoyée de Grèce – mais nous sommes si heureux que tu aies fait ce beau voyage.

« Se calfeutrer pour l'hiver » au Nouveau-Mexique fait naître en moi des images de merveilleux confort, mais, au fond, je n'en sais rien (je suis incapable de me rappeler s'il y fait chaud ou froid à cette saison-là – ou si le climat est simplement « salubre »).

Actuellement nous envisageons Jack et moi d'aller faire un séjour en Suisse – ce qui nous permettra au moins de changer de régime. Je n'ai rien contre la Costa Brava – c'est un endroit idéal pour travailler, et j'ai terriblement avancé mon livre sur le Kansas. Reste à savoir si cela en valait la peine. Je crois qu'il prend le chemin d'être un bon livre. Mais, pour justifier TOUT CE QUE JE VIENS D'ENDURER, il faudrait qu'il soit beaucoup mieux que bon.

Oui, oh ! oui, pauvre Newton. Il m'a écrit il y a deux jours. Obligé de démissionner du Smith College, il dit qu'il ne sait pas « de quel côté se tourner ». Que faire ? Il serait si heureux de recevoir une lettre de toi : 45 Prospect Street, Northampton, Mass.

Voici notre nouvelle adresse à partir du 1er novembre :

Poste restante

Verbier, Suisse

J'ignore ce qu'écrit Jack en ce moment, dans le plus grand secret. Mais il va bien : très bon moral. Il doit t'écrire lui-même. Comment vont Duncan et Pidgy ? Mes amitiés à ton amie Aggie, et pour toi, ma précieuse,

des tendresses
des caresses
et des tonnes de bisous
T

[Collection Famille Aswell]

À WILLIAM SHAWN

[Playa de Aro, Espagne]
5 octobre 1960

Cher Mr Shawn,

Je m'en vais d'ici à la fin du mois. À partir du 1er novembre, mon adresse devient :

Poste restante
VERBIER
Suisse

Verbier est un calme petit village perdu dans les Alpes françaises, ce qui risque d'être excellent pour le travail. Dès que j'y serai installé, je vous enverrai la première partie du manuscrit. Je ne l'ai pas encore fait parce que : a) j'ai encore besoin d'y réfléchir ; b) je suis un lâche et recule le plus longtemps possible le moment, éprouvant pour les nerfs, où je commencerai à attendre votre réaction. J'entame actuellement la seconde partie.

J'ai obtenu récemment de nouvelles informations qui sont pour moi des trésors : l'enregistrement officiel, par le FBI, de TOUS les interrogatoires concernant l'affaire Clutter. J'en connaissais déjà une grande partie, mais pas avec cette incroyable richesse de détails. Comment ai-je obtenu ces documents ? C'est un véritable roman. Qu'il me suffise de vous dire que la correspondance que j'entretiens avec mes différents informateurs du Kansas m'occupe quotidiennement une moitié de la journée.

J'espère que tout va bien pour vous – avec mes meilleurs sentiments,
Truman Capote

P.-S. Dans l'un des derniers numéros du magazine, j'ai remarqué que vos rédacteurs comparaient souvent telle ou telle chose à « un feuilleton télévisé ». Dans le numéro du 1er octobre, ça apparaît dans trois sections différentes : livres, théâtre, cinéma.
J'ai beaucoup aimé « L'autobus jaune » de Lillian Ross.

[Collection inconnue]

À ALVIN ET MARIE DEWEY

[Playa de Aro, Espagne]
10 octobre 1960

Mes bien chers,
Merci de tout cœur pour vos souhaits d'anniversaire.
Reçu un mot de Nelle – qui s'est actuellement « enterrée » dans le Connecticut. Pauvre malheureuse ! Elle devient pratiquement folle : elle me dit qu'elle a renoncé à répondre à son courrier de fans le jour où elle a reçu 62 lettres d'un coup. J'espère qu'elle finira par se reposer et par se sentir complètement heureuse. Dans ce métier, il faut marcher longtemps entre deux oasis.
Je savais que les Selznick étaient en Europe et j'espère les rencontrer en Suisse. Vous ai-je dit que j'avais finalement acheté un petit chalet perché dans les Alpes françaises ? Je pars d'ici le 28 octobre. À partir du 1er novembre et jusqu'à la fin avril mon adresse est :
Poste restante
VERBIER
Suisse

N'oubliez surtout pas de m'envoyer les résultats des élections au poste de gouverneur du Kansas – à propos de Docking.

Merci pour l'extrait de presse concernant Audrey Hepburn et *Petit Déjeuner chez Tiffany*. L'équipe tourne actuellement quelques scènes à New York.

Une question au Renard Rusé : laquelle des deux sœurs Clutter a découvert la montre de Nancy dans la chaussure : Beverly ou Eveanna ? Laquelle était avec Mrs Helm quand elles se sont aperçues que la radio de Kenyon avait disparu ?

Nous sommes depuis quelques jours plongés dans la tempête – fenêtres qui battent, planchers inondés, un cargo anglais échoué sur la plage. Sinon, le temps a été parfait : bleu et calme, aussi ensoleillé que l'automne au Kansas.

Avez-vous vu le numéro de septembre du *Harper's Bazaar* ? Toutes les photos sont de Richard Avedon : tout à fait magnifiques.

Vous me manquez tous les quatre.

Affection.

T

J'ai fini la première partie du livre (qui en aura quatre). Elle fait environ 35 000 mots, c'est-à-dire, à elle seule, plus de la moitié d'un livre courant.

[Collection New York Public Library]

À DONALD WINDHAM

Poste restante
Verbier
Suisse
17 octobre 1960

Bien cher,

Merci à Sandy de m'avoir envoyé le livre. Je lui ai écrit une carte après l'avoir reçu mais je crois m'être trompé d'adresse. Vérifie et envoie-moi ta nouvelle adresse à Londres.

Très heureux que tu aies terminé ta nouvelle, et plus heureux encore qu'elle plaise au *New Yorker*. Je suis impatient de la lire : nous recevons le magazine chaque semaine.

J'ai fini, ou suis sur le point de finir, la première partie de mon livre, ce qui représente environ 35 000 mots. Le livre entier approchera des 125 000 – soit deux fois plus qu'un livre courant. Et je me demande si le *New Yorker* pourra le publier. Jamais, de tous les écrivains, je n'aurais cru avoir un jour des problèmes de longueur. C'est d'une écriture tellement serrée. Impossible d'y faire des coupures (j'ai essayé). Si je n'arrive pas à un accord avec Shawn (et je peux comprendre qu'il hésite à consacrer quatre numéros à cette aventure dont la lecture n'aura rien d'un plaisir, encore moins d'un « divertissement » comme on dit), je n'aurai qu'un regret : avoir dépensé en recherches plus de 8 000 dollars que je ne récupérerai jamais. Je continue pourtant, sans me poser de questions. Cela peut te paraître prétentieux, mais je me sens impérieusement tenu d'écrire ce livre, même si le sujet me laisse sans forces, hébété, pour tout dire, horrifié – je fais chaque nuit d'incroyables cauchemars. Je ne comprends pas comment j'ai pu être aussi insensible et « objectif » dans les premiers temps.

Tu as entièrement raison : ne commence pas l'adaptation théâtrale de *Héros* sans avoir touché une confortable avance. Mais cela peut donner une bonne pièce – es-tu de cet avis ? Ne comprends pas pourquoi ton livre a eu si peu de critiques – sans doute a-t-il été noyé dans la marée automnale, et ton éditeur n'a manifestement rien fait pour le soutenir.

Désolé qu'il pleuve tant. Ici, le temps est merveilleux, mais je suis au lit avec un rhume carabiné.

Espère que tu as fait une bonne traversée jusqu'à Londres, et que tu y passeras un mois (environ) très agréable.

Écris-moi en Suisse. Amitiés à Sandy. Tu me manques. Je te serre sur mon cœur.
T

[Collection Beinecke Library, Yale University]

À JOHN MALCOLM BRINNIN

Poste restante
Verbier, Suisse
19 octobre 1960

Très cher,

Sommes toujours en Espagne. Partons la semaine prochaine pour l'adresse ci-dessus – qui sera la mienne jusqu'au printemps prochain.

Pars pour le Danemark, si l'occasion s'en présente. À propos, on vient d'y publier un recueil de mes nouvelles, avec une magnifique préface d'Isak Dinesen.

En ce qui concerne Newton : j'ai reçu de lui plusieurs lettres très courageuses. Il a dû démissionner du Smith College et se sent tout à fait perdu. C'est tellement consternant, affligeant, stupide. J'ignore l'état d'esprit du milieu « académique ». A-t-il une chance de trouver une autre chaire ? Il voulait se réfugier à Yaddo, mais – imagine ça ! – le comité directorial, et Morton Zabel en particulier, s'y est opposé. Toi qui es dans l'enseignement, pourrais-tu m'aider à y voir clair ? Si j'avais une idée précise de la situation, je pourrais le conseiller plus efficacement. Je l'aide à payer l'amende qu'on lui a infligée (ceci entre nous), mais j'aimerais faire davantage.

Travaille activement à mon livre. Crois qu'il est bon (jusqu'ici). Écris-moi à Verbier. Ne comprends pas ton allusion à Chypre. Amitiés.
T

[Collection University of Delaware Library]

À NEWTON ARVIN

[Verbier, Suisse]
9 novembre 1960

Cher Sign.,

J'espère que tu auras quitté l'hôpital quand cette lettre t'arrivera – peut-être même Northampton, car tu te sentirais beaucoup mieux, à mon sens, si tu respirais une autre atmosphère. Je pense que les indemnités versées par le Smith College t'ont paru satisfaisantes. Mais il faut désormais que tu te consacres sérieusement à la critique littéraire. Du moins, et enfin, te voilà libre de ton temps, et comme tu as en tête un merveilleux projet de livre, le pire est définitivement derrière toi. Pourquoi ne proposes-tu pas à Maxwell de travailler comme critique au *New Yorker* ? – ils paient bien.

Verbier est un très petit, très perché, très salubre village, complètement enneigé et terriblement ennuyeux. Mais je ne suis pas venu jusqu'ici pour faire les quatre cents coups, comme on dit – simplement essayer d'avancer mon livre. J'ai 35 000 mots. Encore 70 000 à écrire. C'est une ascension épuisante où l'air se raréfie peu à peu. Jamais plus je ne m'essaierai au « reportage ». Si celui-ci est réussi, j'aurai prouvé tout ce que je voulais prouver à travers cette technique d'écriture. Car l'intérêt que je lui porte est d'ordre essentiellement technique. À mon avis, on ne lui accorde pas, on ne lui a jamais accordé, l'attention artistique qu'elle mérite. *De sang-froid* (c'est le titre de mon livre) a toutes les chances, je l'espère du moins, d'être une œuvre d'art – mais, hélas, à quel prix ! Je m'y suis trop profondément investi sur le plan émotionnel. Oh ! Seigneur Dieu, j'aimerais tellement qu'il soit fini ! Pour une raison bien simple : je pourrais alors rentrer chez moi. Mais je me suis juré de ne le faire qu'une fois le livre terminé.

Ne te crois pas obligé de répondre, cher Sign. Je veux simplement que tu saches que je pense à toi constamment. Et si tu as besoin de quoi que ce soit, je suis là. Comme toujours, pour toujours.

*Mille tendresses**.

T

[Collection Smith College Library]

À ALVIN ET MARIE DEWEY

Poste restante
Verbier, Suisse
10 novembre 1960

Mes bien chers,

Écouté sur La Voix de l'Amérique le résultat des élections en dressant l'oreille dès qu'il s'est agi du Kansas. Ainsi George Docking est battu ! Que va-t-il se passer ? Si la cour d'appel avait rendu son verdict lundi prochain 15 novembre [jour anniversaire du crime], ç'aurait été trop beau ! Quand va-t-elle le rendre désormais ? À quelle date ce drame trouvera-t-il sa conclusion ? Alvin, j'espère que vous serez présent. J'attends de vous une description minutieuse.

En ce qui concerne Verbier : on n'a pas cherché l'Abominable Homme des Neiges au bon endroit. C'est ici qu'il se trouve – c'est moi ! J'occupe un petit chalet, chaud et confortable, perché près du sommet d'un pic alpin. La vue est spectaculaire – comme si j'habitais un avion. J'ai quelques amis dans les environs – Noel Coward, Charlie et Oona Chaplin, un ou deux autres, et je me sens en pleine forme. L'air est d'une pureté admirable.

Question importante : quel est le prénom de Mrs Truitt, la mère de Myrt Clare ? Est-ce Sadie ? À quelle date Homer Clare est-il mort ? Vous risquez de mourir vous-mêmes en lisant, dans la première partie, la scène entre la mère et sa fille. D'une extrême drôlerie. Mr Shawn est très emballé par cette première partie – 35 000 mots environ, plus de la moitié d'un livre normal. Je travaille à la deuxième, Alvin est là, constamment, donc, Marie aussi.

Je n'en parlerai plus, mais cette épée de torero me rend absolument furieux. J'ai écrit une lettre féroce à l'ami qui s'en était chargé. S'il l'avait oubliée quelque part, peut-être vous l'a-t-il enfin envoyée. Sinon, je ne ferai plus jamais confiance à qui que ce soit.

Vous me manquez. Écrivez-moi vite. Affection à tous.

T

[Collection New York Public Library]

À ALVIN ET MARIE DEWEY

[Verbier, Suisse]
Thanksgiving Day
[24 novembre 1960]

Mes bien chers,

Si heureux de recevoir cette bonne lettre de Marie. La coupure de presse va m'être très utile. Informez-moi de la décision prise, suite à la demande de remise de peine de Hickock.

Pauvre Renard Rusé : j'ai l'impression qu'ils vous tiennent constamment sur le qui-vive. Souhaitons que les choses se calment peu à peu et que vous ayez droit à quelques paisibles soirées arrosées d'une rasade de scotch.

En ce moment même, vous êtes sûrement tous réunis autour d'une grande table croulant sous les victuailles. Jack Dunphy (l'ami qui vit ici avec moi) a rapporté hier de Paris une dinde et de la sauce de canneberges – et nous avons eu l'impression d'être rentrés chez nous.

J'ai été la semaine dernière à Lausanne (60 miles d'ici) passer quelques jours chez les Chaplin. Charlie est très âgé maintenant, mais Oona, qui est une femme étonnante, semble parfaitement heureuse et elle a sept enfants ravissants. En regagnant Verbier, j'ai dérapé sur une route de montagne et heurté un camion. J'en suis sorti indemne mais la voiture est en accordéon.

Envoyé aux Kennedy un télégramme de félicitations pour l'élection présidentielle. Jackie m'a répondu qu'ils avaient cru d'abord que ça venait d'Harry Truman. Puis ils ont fini par se dire : a) qu'Harry Truman n'habitait pas la Suisse ; b) qu'il n'aurait jamais écrit : je vous serre affectueusement sur mon cœur. Ha ! ha !

Avez-vous vu le numéro de novembre de *McCalls* ? Il y a un article intitulé « Les hommes les plus séduisants du monde ». Ça vous amusera sans doute. Moi, j'ai ri.

Aucune nouvelle récente de Nelle. Elle s'efforce de commencer un nouveau roman. Je ne l'envie pas, il y faut une telle volonté.

Oui, la troisième partie (de notre livre) sera aussi longue que la première, et les deux autres à peine plus courtes. En ce qui me concerne, elles sont toutes les quatre aussi difficiles à écrire.

Mon Dieu, comme vous me manquez ! Écrivez-moi vite. Affection à Dewey Jr, à Paul, à Pete-le-chat – et ce qui restera vous appartient à tous les deux.

T

[Collection New York Public Library]

À JOHN MALCOLM BRINNIN

[Verbier, Suisse]
14 janvier 1961

Bien cher M.,

Nous n'avons décidément pas de chance – car en février, je ne serai pas à Verbier mais à Londres. Je mets mon livre de côté pendant six semaines pour écrire l'adaptation cinématographique du *Tour d'écrou*, qu'on doit tourner en Angleterre – d'où ce déplacement. Oh ! on finira bien par se rencontrer un jour ou l'autre, mon bien cher !

Tu commences un voyage qui me semble harassant, mais d'autant plus séduisant que tu ne le fais pas seul.

Envoie-moi quelques cartes postales.

Toute mon affection

T

[Collection University of Delaware Library]

À ALVIN ET MARIE DEWEY

[Verbier, Suisse]
16 janvier 1961

Mes bien chers,

Pardonnez ce silence mais, comme vous le savez, mon voyage à Munich a été éprouvant – et pour comble de malheur mon petit bouledogue, mon Bunky bien-aimé, est mort quand nous étions là-bas. Je l'avais depuis huit ans et je l'aimais plus que tout au monde. C'est exactement comme perdre un enfant et j'ai tellement pleuré que je n'ai plus de larmes.

Nous sommes rentrés à Verbier mardi dernier, et je me sens beaucoup mieux, c'est un si merveilleux climat. Je commence même à bronzer au soleil.

Je n'ai pas reçu le colis que vous m'avez envoyé (vous n'auriez pas dû, mais c'est tellement adorable de votre part). Il finira sûrement par arriver.

Désolé d'apprendre que le juge Roland Tate a été si malade. J'espère qu'il va mieux. C'est un homme de qualité que j'apprécie infiniment.

Ai repris mon livre – j'ai déjà sept contrats signés avec des éditeurs étrangers : Angleterre, France, Italie, Espagne, Allemagne, Pologne, Japon. Toute la famille Dewey, Pete-le-chat inclus, sera donc connue dans le monde entier. J'espère que vous aimerez l'image que je donne de vous – vous êtes profondément attachants. Mais je ne suis pas sûr que les autres aient le même plaisir.

Écrivez-moi vite. Vos lettres, votre amitié me sont si importantes, tout ce qui vous concerne, en fait.

Je vous serre sur mon cœur.

T

[Collection New York Public Library]

À ALVIN ET MARIE DEWEY

[Verbier, Suisse]
[27 janvier 1961]

Bien chers Tous,

Votre cadeau de Noël m'a bouleversé. J'adore ces taies d'oreiller et leurs initiales brodées. Je les ai tout de suite mises sur mon lit. Quant au livre, c'est non seulement un merveilleux souvenir, mais une excellente source d'information pour mon travail. Soyez bénis et remerciés.

Travaille avec ardeur – mais me sens très nerveux car je me suis arrêté de fumer (sur ordre des médecins). Ayant fumé pendant vingt ans, pratiquement sans interruption, c'est une terrible épreuve. Je ne peux penser à rien d'autre qu'à cet insatiable désir d'une Chesterfield. J'espère que Paul et Dewey Jr ne s'y laisseront jamais prendre.

Je pars pour Londres lundi (c'est aujourd'hui samedi) et j'y resterai une semaine.

Affection à tous. Je vous serre dans mes bras.

T

[Collection New York Public Library]

À ALVIN DEWEY

[carte postale]
[Verbier, Suisse]
[Fin janvier, début février 1961]

Cher Alvin,

Ayant plus de 2 000 pages de notes, je suis effaré par ce que j'ai oublié. Pouvez-vous me rappeler le nom de la secrétaire du shérif ?

À vous, Truman.

[Collection New York Public Library]

À CECIL BEATON

[Verbier, Suisse]
10 février 1961

Mon bien cher,

Rentré de Londres hier – et oh ! comme tout ici me paraît admirable : le soleil, le ciel, le silence, l'air qu'on respire. Sincèrement, j'adore. Si vous souhaitez venir, j'ai désormais un endroit pour vous – nous avons acheté un ravissant petit appartement tout près du Parc Hotel. Suis en train de le meubler. Il sera prêt dans un mois. Achat que je crois sage : il me donne un pied-à-terre en Europe, c'est un bon investissement financier, et nous aimons Verbier tous les deux.

Londres maintenant : j'y suis resté une semaine pour écrire mon scénario, et j'ai eu cinq consultations avec le Dr Gottfried. Il me plaît et je lui fais confiance. Mes douleurs, m'a-t-il dit, sont (étaient) des spasmes poitrinaires provoqués par un grave empoisonnement de nicotine. J'ai donc arrêté de fumer (un calvaire !!!) et avale une trentaine de pilules par jour. Mes douleurs persistent (comme une série de petites attaques cardiaques), mais le Dr G. est absolument sûr que je guérirai. Il m'a dit, entre parenthèses, que j'avais eu sacrément raison de boire autant de martinis, car ils ont servi d'antidote au poison.

J'ai appelé Eileen en lui demandant si je pouvais être logé à Pelham Place, mais quelqu'un d'autre, hélas, s'y trouvait déjà. Eileen m'a paru tellement nerveuse qu'à mon avis cet arrangement ne lui plaît pas. J'ai dîné avec Sonia Pitt-Rivers, dont le mariage ne semble pas très réussi. Vu également Kenneth Tynan et sa « dame de cœur », Penelope Gilliatt. Plutôt sympathique. Pas eu le temps d'aller au théâtre, mais j'ai vu *La Dolce Vita*. Honnêtement, très cher, comment pouvez-vous aimer ça ? Tellement truqué, prétentieux, et d'un ENNUI !! J'ai fait collection pendant mon séjour de petits potins croustillants – mais je les réserve pour une autre fois. Écrivez vite. Vous me manquez. Jack vous fait ses amitiés.

T

P.-S. Ne dites à personne que j'ai acheté cet appartement. Je préfère garder le secret.

[Collection St. John's College, Cambridge University]

À BENNETT CERF

Verbier, Suisse
12 février 1961

Cher B.,

Toujours là, toujours au travail, mais très perturbé d'avoir arrêté de fumer (suite à un grave empoisonnement de nicotine qui m'abîmait le cœur). Le livre avance quand même et j'en suis de plus en plus dévoré.

Bennett, il faut que je fasse ma déclaration d'impôts. Soyez assez gentil pour demander qu'on m'envoie le relevé de tout ce que m'a versé Random House en 1960.

J'imagine que ma jeune femme préférée, l'exquise Phyllis, et vous-même, êtes en train de siroter quelque aimable breuvage à l'ombre des cocotiers. Je l'espère, du moins. Vous me manquez l'un et l'autre, et je vous aime l'un et l'autre.

Truman

Plusieurs personnes m'ont parlé dans leurs lettres d'un certain dîner (à *Afdera*) où vous étiez assis à côté de C. Z. Guest – et la conversation qui se serait engagée entre elle et vous aurait été, d'après ce qu'on m'en dit, fort amusante. C. Z. elle-même me l'a écrit – elle vous trouve « fort séduisant mais fort brutal » ! Franchement, pour quelle raison « brutaliser » une pauvre idiote comme Mrs C. Z. Guest ? Et que lui avez-vous donc dit ???

[Collection Columbia University Library]

À MARY LOUISE ASWELL

[Verbier, Suisse]
2 mars 1961

Ma chérie,

Voici mon opinion : accepte cet agréable déplacement à New York et retourne tranquillement au Nouveau-Mexique. De toute façon, mon ange, si je peux t'aider en quoi que ce soit, je ne demande que ça. As-tu l'intention d'écrire la vérité sur Carmel Snow, sur la façon dont elle a été éjectée de *Bazaar* (et n'a plus eu le droit de s'asseoir à la meilleure table du *Pavillon*) ? Ah ! voilà un grand sujet de tragédie !

Pour être franc, je n'ai rencontré Carmel Snow qu'à quelques rares dîners, et une demi-douzaine de déjeuners au *Pavillon* (au cours desquels je n'ai pas compris la moitié de ce qu'elle disait – conséquence de trop nombreuses libations de part et d'autre).

Si Carmel accepte de dire la vérité sur l'édition, sur Hearst, sur la maffia qui gouverne la mode, ton livre risque d'être très, très passionnant. Ses amis les plus intimes (que je connais également) sont Richard Avedon et Diana Vreeland. De vraies pipelettes l'un et l'autre, comme tu le sais. Quelle chance tu as, mon Dieu ! Comme je t'envie ! Mais si tu ne te sens pas d'humeur à y travailler, ne sois pas stupide, dis-le et basta !

Ici, nous allons couci-couça. La pire des nouvelles : Bunky, mon adorable petit bouledogue, est mort. Ce qui m'a mis KO. Jack aussi. Après toutes ces années, c'était comme perdre un enfant. Jack va bien, skie beaucoup, est en très bonne forme. Moi, je suis toujours plongé dans mon livre – donc pas très brillant.

Fais mes amitiés à Leo et Gray, ces ignobles individus qui n'écrivent jamais...

Je te couvre de bisous.

T

[Collection Famille Aswell]

À ALVIN ET MARIE DEWEY

Grand Hôtel, Venise
Dimanche 26 mars [1961]

Bien chers Tous,

Suis descendu de mes montagnes pour voir naître ici le printemps et passer les fêtes de Pâques dans la plus merveilleuse des villes. Tout y est si beau – arbres fruitiers en fleurs, escadrilles d'oiseaux qui attaquent en piqué. Nous resterons sans doute une semaine, puis regagnerons Verbier jusqu'au 20 avril, et de là retour en Espagne (je vous enverrai l'adresse), pas pour l'été entier, uniquement jusqu'au début juillet.

Si vous êtes vraiment sûrs d'avoir envie d'une pendule à coucou pour votre nouvelle maison, je vous en trouverai une. Ils en fabriquent en Suisse, mais les plus belles viennent d'Autriche. À la façon dont vous me parlez de cette nouvelle maison, on a l'impression que vous êtes sur le point d'y emménager. À quelle date ?

Reçu une longue lettre de Nelle, qui me dit qu'elle vous a écrit. Vous avez donc de ses nouvelles.

Pour Alvin : une question dont je ne trouve pas la réponse, du moins dans mes notes. À Las Vegas, quand le policier a repéré la voiture et reconnu le numéro des plaques d'immatriculation, comment savait-il que c'était la voiture et le numéro ? Je veux dire : comment lui ou vous avez-vous eu connaissance de ce numéro puisque Dick et Perry avaient volé cette voiture, puis volé les plaques d'immatriculation à Kansas City ? Comment pouviez-vous connaître le modèle de voiture qu'ils conduisaient et, plus important, le numéro des plaques d'immatriculation ? Je m'embrouille un peu dans mes phrases, mais je crois que ma question est claire.

Marie, vous avez été vraiment adorable d'aller jusqu'au cimetière de Valley View. Je suis si heureux de savoir que les noms ont été gravés sur les tombes. J'étais obsédé par la crainte qu'on ne l'ait pas fait.

Heureux de savoir que le juge Tate va mieux – et surpris en même temps : j'avais cru comprendre qu'il était incurable.

Ainsi Lillian Valenzuela vient d'avoir un bébé – réjouissons-nous s'il ne ressemble pas à son père.

Un an bientôt que je ne vous ai vus. Vous me manquez constamment. Affection à vous deux et aux garçons.

Je vous serre dans mes bras.

T

[Collection New York Public Library]

À ALVIN ET MARIE DEWEY

Verbier
4 avril 1961

Mes bien chers,

Vous ai écrit de Venise et trouve aujourd'hui en rentrant la note d'Alvin, et la coupure de presse concernant l'audience Hickock-Smith, fixée au 8 mai. Une phrase d'Alvin me trouble – à propos d'un éventuel « sursis d'exécution de la sentence » que pourrait leur accorder le juge fédéral, comme il l'a déjà fait pour leur voisin de cellule, le jeune Andrews. Mon problème : au point où j'en suis arrivé, j'ai besoin de savoir comment mon livre va finir. Existe-t-il une possibilité de non-exécution de la sentence ? Répondre à cette question est impossible, je le sais, mais je vous demande votre opinion personnelle, votre opinion la plus sincère.

Je pars pour l'Espagne le 20 avril (Casa Millar, Calle Catifa, Palamos, Costa Brava), mais si vous m'écrivez d'ici là, le courrier suivra.

Je cherche toujours une jolie pendule à coucou. J'en avais trouvé une – une ancienne – mais au lieu d'un coucou, elle était équipée d'un hibou ! Auriez-vous aimé ça ?

Ceci n'est qu'une simple note. Amitiés à tous que je serre dans mes bras.

T

[Collection New York Public Library]

À DONALD WINDHAM

[Verbier, Suisse]
14 avril 1961

Cher enfant,

Nous avons passé quelques jours à Venise – très peu car Jack a brusquement été obligé de quitter l'Italie (expulsé !) – ce serait trop long à te raconter, une erreur absurde, qui n'a rien à voir avec Jack lui-même. Il semble que l'ambassade américaine ait finalement résolu le problème – et c'est la seule chose qui compte. À peine rentré à Verbier, j'ai été pris d'un grave malaise et j'ai passé une semaine à l'hôpital de Lausanne. Le diagnostic qu'on m'a donné n'a absolument rien à voir avec celui des médecins de Londres. J'ai, paraît-il, un écrasement du nerf sciatique, d'où ces douleurs continuelles. Nous avons prévu de partir pour l'Espagne et d'y rester jusqu'à la fin juin. Je pars quand même, persuadé que mon état va s'améliorer. Nous reviendrons ici en juillet, et peut-être auras-tu envie de venir nous voir avec Sandy. Tu me manques beaucoup – je suis obligé d'avouer, malgré tout, que je ne suis pas d'une compagnie bien agréable. Mais tout ira peut-être mieux à ce moment-là. Oh ! Seigneur Dieu, il le faudrait vraiment.

Tu as sans doute vu assez souvent le trio French-Cadmus. J'espère qu'ils n'ont pas trop perturbé ton travail, car tu m'as écrit que tu avançais bien. Connais-tu le critique anglais James Stern ? Il aime beaucoup *Canicule.* Amusant – je suis tombé sur Jimmy Gardiner à l'aéroport de Genève, et il m'a demandé si tu n'étais pas de mes amis. Mais il ne m'a pas dit s'ils avaient l'intention, Bobby Lewis et lui, de monter ta pièce. J'espère qu'ils le feront.

Une fois encore, je n'ai pas cessé de me plaindre. Sois gentil de ne pas en vouloir à ton si ennuyeux mais toujours si affectueux

T

[Collection Beinecke Library, Yale University]

À ALVIN ET MARIE DEWEY

[Palamos, Espagne]
23 avril 1961

Bien chers Dewey,

Reçu au moment de quitter Verbier le bulletin de Marie et « l'opinion sincère » de Renard Rusé. Mille mercis pour les deux. En ce qui concerne cette « opinion », je me garderai bien d'être furieux si elle se révèle inexacte. Je demanderai simplement à Alvin de récrire le livre à ma place – voilà tout.

Je vous envoie une pendule à coucou – elle est moderne, assez petite, d'une qualité moyenne, mais je n'ai rien trouvé de mieux. Accrochez-la dans la cuisine, où vous voudrez, mais ce n'est en rien mon cadeau pour votre pendaison de crémaillère. Je trouverai quelque chose de vraiment joli.

Deux jours pour arriver ici en traversant la France – charmant voyage : arbres fruitiers en fleurs, champs couverts de coquelicots éclatants.

J'ai loué cette maison jusqu'au 23 juin et en cherche une autre pour juillet et août. Mais c'est difficile de trouver ici une maison agréable, car les loyers sont exorbitants. Je payais l'an dernier 1 000 dollars par mois. Si rien de moins cher ne se présente cette année, je m'en irai. J'ai visité cet après-midi une très petite maison en bord de plage (2 chambres, un living-room, une salle de bains, une cuisine) meublée de façon sinistre, et le propriétaire en demande 600 dollars ! Ils sont devenus fous !

De toute façon, je recommence à travailler. Je dois impérativement terminer la moitié de mon livre d'ici le 1er juillet.

Marie, j'ai beaucoup aimé vos échantillons de tissu – tout particulièrement celui aux motifs floraux.

Richard Avedon était à Paris ces jours-ci. Il m'a téléphoné et nous avons parlé de vous. Il vous envoie ses amitiés. Il avait l'air aussi joyeux (et surexcité) que d'habitude.

Les garçons doivent attendre la fin des classes avec impatience. Vous me manquez tous. Je vous serre dans mes bras.

T

[Collection New York Public Library]

À ALVIN ET MARIE DEWEY

2, Calle Catifa
Palamos, Espagne
22 mai 1961

Bien chers vous deux,

Si heureux de recevoir à l'instant la lettre d'Alvin et le Dossier (vous me demandez de vous le renvoyer, mais je ne peux pas vous le garantir. Le *New Yorker* ne peut-il pas en acheter un autre exemplaire ?). Je constate, à propos, que vous avez dépensé 2 dollars 40 de frais de poste. Pourquoi ? C'est au magazine de couvrir ce genre de dépenses. Vous trouverez ci-joint un chèque, car à côté des frais de poste je vous demande de me télégraphier dès que (et si) la Cour suprême fixe une date pour l'exécution.

J'ai presque achevé la moitié du livre, sans avoir parlé une seule fois de Duane West. Je sais, bien sûr, qu'il faut le faire – quand j'arriverai au procès. Alvin, pendant que j'y pense, acceptez-vous que j'émaille vos répliques de quelques « Bon Dieu ! » ou « Bon sang ! » ? Sinon, dans certaines scènes vous aurez l'air d'un enfant de chœur.

N'est-ce pas merveilleux que notre chère petite Nelle ait gagné le prix Pulitzer ? Elle a vraiment cassé la baraque !

Les Selznick sont ici (en Europe). Jennifer joue dans *Tendre est la nuit* qui se tourne entre la France et la Suisse.

Envoyez-moi une photographie de votre nouvelle maison. Vous me manquez. Je serre les garçons dans mes bras. Amitiés à tous.

T

[Collection New York Public Library]

À LEO LERMAN

Calle Catifa
Palamos, Espagne
5 juin 1961

Ma friandise,

Très heureux de recevoir ta lettre si affectueuse, mais très désolé d'apprendre tes problèmes de jambes. Même si tu ne peux plus marcher qu'avec une canne, tu seras toujours aussi élégant. Pour moi, tout est compliqué. Différents médecins ont émis différents diagnostics, j'ai des hauts et des bas, mais me porte assez bien pour le moment. Félicitations à Gray pour sa bourse Guggenheim (il en aurait mérité cinq), mais je vois mal l'urgence de venir la dépenser en Europe. Du moins pendant l'été. Tout est saturé d'Allemands, de cockneys vulgaires et d'Américains à cheveux blancs qui ronchonnent constamment. La Grèce seule n'a pas encore été mastiquée et recrachée comme un chewing-gum. Tu me demandes si la vie est chère sur la Costa Brava. Pas vraiment, mais le Portugal est moins cher et bien plus agréable. La Suisse parfois très chère, parfois non – calme malgré tout, on y travaille bien, et on s'y sent en bonne santé (quoique, en y réfléchissant, je sois obligé de reconnaître que je n'ai jamais été aussi malade de ma vie que l'hiver dernier, passé presque entièrement sur un piton rocheux des Alpes). En ce qui concerne septembre, je serai à Palamos jusqu'au 23 – pourquoi ne viendriez-vous pas, Gray et toi, nous y rejoindre ? Nous avons une excellente cuisinière (oh ! grands dieux, depuis que j'ai arrêté de fumer, j'ai engraissé de huit kilos). Ensuite, nous retournons en Suisse, à Verbier. J'aimerais beaucoup rentrer en Amérique, mais je me suis juré de ne pas le faire avant d'avoir fini mon livre. Mina Curtiss se lance-t-elle dans la politique ? Je veux dire : pour quelle autre raison quelqu'un achèterait-il une maison à Georgetown ? Jack me demande à l'instant de vous envoyer à tous les deux ses meilleures pensées (il vient vraiment de le faire. Avec l'âge, son caractère semble s'adoucir). Je pense souvent à toi, mon doux cœur, et j'espère que tu es heureux. Écris vite. Amitiés à Gray.

Je te serre dans mes bras.

T

[Collection Columbia University Library]

À MARY LOUISE ASWELL

Calle Catifa
Palamos, Espagne
6 juin 1961

Bien chère chérie que je chéris,

Oui, bien sûr, j'accepte d'écrire, d'essayer d'écrire du moins, une sorte de portrait-souvenir de Carmel Snow. Ce que j'aimerais raconter, c'est notre dernière rencontre, comme une brève et parfaite image de la médiocrité new-yorkaise. Elle avait l'habitude de s'asseoir à la meilleure table du *Pavillon*, un restaurant dont elle avait fait, par sa seule présence, un haut lieu à la mode. Mais non ! Ce jour-là, le maître d'hôtel l'avait reléguée dans le plus obscur des recoins. Voilà ce que je voudrais écrire, qui était cette petite femme merveilleuse, et la façon dont on l'a traitée lorsqu'elle s'est trouvée éjectée de *Bazaar*. En citant les noms. Mais ce n'est sûrement pas ce que tu attends de moi. Tu dois vouloir conclure ton livre sur un accent de glorieuse renommée. Pourtant, si tu acceptais l'autre son de cloche, j'aimerais le faire entendre, crois-moi. De toute façon : à quelle date en as-tu besoin ? Tout de suite ? À la fin de l'été ? Quand ?

Jack descend à la poste et j'en profite, car le bureau est rarement ouvert. Désolé pour Aggie. J'espère qu'elle va mieux. Ne t'épuise pas <u>trop</u> au travail. Jack te fait ses amitiés. Moi de même.

T

[Collection Famille Aswell]

À ALVIN ET MARIE DEWEY

[Palamos, Espagne]
29 juin 1961

Chers amis de cœur,

Rentré de Londres hier pour trouver la lettre de Marie et les photographies de la nouvelle maison. Elle a l'air vraiment belle, presque aussi belle que la famille qui s'y est installée – confortable, élégante, et je suis heureux que vous en soyez si heureux. Je rêve déjà à la visite que j'irai vous y faire.

Quel vrai plaisir de vous entendre au téléphone. Si les postes espagnoles n'étaient pas aussi décourageantes, je vous appellerais plus souvent.

Marie, auriez-vous la gentillesse d'acheter, avec le chèque ci-joint, un flacon de Chanel N° 5 et de l'offrir de ma part à Dolores Hope avec mes félicitations pour la naissance de son cinquième enfant ? Si ces 10 dollars ne suffisent pas, dites-le-moi.

Oui, j'ai consulté un médecin à Londres. Depuis janvier, je ne me sentais pas très bien. Ça va un peu mieux – dans le corps, pas dans la tête. Je suis effondré à l'idée d'attendre encore un an ou deux avant de voir la fin de cette affaire. Apprenez-moi dès que possible ce qui va se passer le 8 juillet – mais je suppose que ça ne changera rien, puisqu'il semble certain désormais que Dick veut faire appel devant la cour fédérale. Je ne comprends d'ailleurs pas pourquoi Alvin fait référence à l'affaire Andrews – pour moi, il n'y a aucune similitude.

Reçu ce matin une lettre de Nelle – qui me dit qu'elle vous a écrit. Elle semble en meilleure forme.

Toute mon affection pour vous, pour les garçons, pour Pete-le-chat. Vous me manquez.

T

P.-S. J'espère que la visite de vos parents s'est bien passée.

P.-P.-S. Félicitations pour avoir si vite résolu le problème du voleur de blé : ah ! c'est quelqu'un, notre Renard Rusé !

[Collection New York Public Library]

À BENNETT CERF

Palamos, Espagne
11 juillet 1961

Cher B.,

Je pensais que ma dernière lettre, datée d'il y a deux mois environ, méritait une réponse, mais non, rien, ténèbres et silence. D'accord. Parfait. Je vous suis quand même très attaché, et plus encore à l'adorable Phyllis, et j'espère qu'avec vos deux fils, Jonathan et Chris, vous avez passé un très bel été.

L'un de mes amis souhaite acheter la collection complète de La Bibliothèque moderne. Pouvez-vous la lui faire parvenir, avec la facture :

Patrick Guinness
10, avenue de la Gare
Lausanne, Suisse

Je ne sais quel crétin, un crétin au dernier degré, a fait suivre mon courrier de Random House à l'adresse suivante : c/o Millar, Calle Catifa, Palamos, Espagne, sans mon nom, aucun nom. Juste c/o Millar. Comme je n'habite plus là depuis longtemps, le facteur s'est contenté de déposer le paquet de lettres dans l'arrière-cour, où je les ai découvertes l'autre jour trempées de pluie et illisibles. Par grâce, cher Bennett, faites cesser cette ânerie, qui explique peut-être pourquoi je n'ai pas reçu mon relevé de droits d'auteur de juin.

D'un fragment à l'autre, mon livre commence à avoir l'air d'un livre. La maladie m'a empêché de travailler davantage. Je continue à ne pas être mécontent, mais oh ! Bennett, la somme de courrier qu'exige la vérification de chaque détail... Je suis en relation quotidienne et intime avec sept ou huit personnes du Kansas.

J'embrasse Phyllis et je vous aime tous les deux. Vous me manquez vraiment beaucoup.

T

P.-S. Je suis là jusqu'à fin septembre, puis je regagne ma solitaire montagne suisse. Seigneur ! comme vous détesteriez ça ! Moi aussi, franchement, mais – l'art !

[Collection Columbia University Library]

À ALVIN ET MARIE DEWEY

[Palamos, Espagne]
[12 juillet 1961]

Chers amis de cœur,

Si heureux de recevoir le télégramme d'Alvin, attends les détails avec impatience, etc. Bon – maintenant, on va voir. Oh ! j'espère (j'espère ? Non : je prie à genoux) que l'affaire n'ira pas jusqu'à la cour fédérale. Mais il est vraisemblable que le cher Dick s'active déjà pour faire enregistrer une demande en révision du procès. Avez-vous lu la lettre qu'il a adressée à la Cour suprême du Kansas ? J'en ai une copie. Franchement, c'est trop absurde. J'ai particulièrement apprécié le passage où il prétend que la sentence est anticonstitutionnelle, puisqu'elle aboutit à « la suppression de la vie ».

La visite de vos parents a dû vous faire extrêmement plaisir. C'est si gentil à eux d'être venus si vite admirer la nouvelle maison.

Vous l'ai-je déjà dit ? J'ai rapporté de Londres un bébé bouledogue. Je l'adore, mais notre chatte ne l'aime pas ; et il met bien sûr la maison sens dessus dessous. J'emménage bientôt dans une autre, donnant directement sur la plage. L'adresse est simplement : Palamos, Costa Brava. Pendant que j'y pense, soyez gentils de m'envoyer votre numéro de téléphone.

J'imagine que les garçons passent de longues heures dans la piscine. Vous me manquez. À vous toujours, mes meilleures pensées.

T

[Collection New York Public Library]

À MARY LOUISE ASWELL

[Palamos, Espagne]
18 juillet 1961

Bien chère Marylou,

Je m'empresse d'obéir, puisque tu dis que c'est urgent. C'est écrit au fil de la plume, comme tu le verras, sans aucun souci formel.

Nous allons très bien, Jack et moi. J'espère que tu te reposeras un peu, le livre terminé. J'espère aussi qu'il te rapportera un peu d'argent. Pendant que j'y pense, Carson McCullers était une amie de Carmel Snow. Pourquoi ne pas lui demander un témoignage ? Et Cartier-Bresson ? Il est en train d'écrire ses Mémoires, donc...

Amitiés à Aggie. Je te serre dans mes bras.

T

La poste espagnole étant assez fantasque, préviens-moi quand tu auras reçu ce texte.

SOUVENIRS QUE CAPOTE GARDE DE CARMEL SNOW

Les souvenirs que je garde de Carmel, les images que j'en ai, sont assez fugaces, car de longs intervalles séparaient nos rencontres, dans des endroits jamais les mêmes que rien ne reliait entre eux : un déjeuner à New York, des dîners à Rome l'année suivante. C'est au cours de l'un d'eux que j'ai suggéré à Carmel de nous rejoindre à Ravello, un petit village de montagne, au sud de Naples, où se tournait un film – plus exactement : où il s'improvisait. J'écrivais les dialogues, John Huston dirigeait, la distribution comprenait Humphrey Bogart, Jennifer Jones, Gina Lollobrigida, Robert Morley et Peter Lorre. Notre petite comédie s'intitulait *Plus fort que le diable*.

Carmel est donc venue et sa présence a largement accentué l'atmosphère familiale dans laquelle nous vivions. Huston dansait la pavane autour d'elle, Bogart lui susurrait des folies à l'oreille, et elle a connu là « oh ! chéri, un moment absolument divin ! ». Au-delà du simple plaisir, elle est intervenue sur l'image même du film, en a modifié l'« aspect visuel ». Estimant que Miss Jones était habillée n'importe comment, Miss Lolloetc. pire encore, elle a appelé en renfort sa dernière découverte, un très long jeune homme au teint pâle, qui mesurait près de deux mètres : Hubert de Givenchy. Il a débarqué de Paris avec ses assistants. Plus l'équipe s'étoffait, plus la mine du producteur s'allongeait. Venue pour le week-end, Carmel a passé une semaine avec nous.

Puis un matin, elle est partie. Tout simplement. Sans avertir personne. Nous l'avons vue avec stupeur sortir de l'hôtel en gants blancs, un petit bonnet épinglé sur ses cheveux lavande, suivie d'un garçon portant ses valises. « Alors quoi, beauté, ça ne va pas ? a demandé Bogart. On n'est pas assez chics pour vous ? »

Carmel a répondu : « Mon cher monsieur, ma vie, comparée à la vôtre, est celle d'un forçat dans une mine de sel. Non, tout va bien, rassurez-vous. Il est simplement temps que j'en revienne aux choses sérieuses et que je cesse de m'amuser. » Elle est montée en voiture. Bogart l'a suivie. « D'accord, chérie, mais rappelez-vous que vous me plaisez. Je vous trouve sacrément bandante. » Mrs Snow, la célèbre Mrs Snow, l'a froidement regardé un moment, puis elle a dit : « Moi ? Vraiment ? Eh bien, vous aussi. Bye-bye, beau mec. » Il a répondu : « Bye-bye, belle nana. » Cela se passait en avril, au printemps 1953.

J'ai dû rencontrer Carmel deux douzaines de fois au cours des six années suivantes, mais je la vois toujours s'éloigner dans l'éclat lumineux de cet ancien printemps – et par un réflexe de ma mémoire, ces deux êtres-là sont liés à jamais. Carmel et Bogart. Drôle, non ?

Pas vraiment. Si l'on réfléchit.

À DONALD WINDHAM

[Palamos, Espagne]
[Août 1961]

Cher cœur,

Je suis resté longtemps à Londres (la photo ci-jointe est celle de ma dernière acquisition là-bas, Charlie J. Fatburger, 4 mois aujourd'hui, légèrement plus clair de poil que Bunky, et sûrement destiné à grandir davantage), mais comme je regrette de ne pas avoir su que tu prolongeais ton séjour à Rome – je t'y aurais peut-être rejoint.

Quoi qu'il en soit, tu es rentré. Ton nouvel appartement a l'air charmant et confortable. Tu as raison de ne pas avoir choisi le West Side. Mais je ne comprends toujours pas pourquoi tu ne t'es pas installé à Rome. Définitivement.

En ce qui nous concerne, nous sommes ici jusqu'au 23 septembre, puis nous retournons en Suisse où je pense passer presque tout l'hiver. J'ai bien peur d'avoir encore une année de travail sur ce livre. Avec beaucoup d'application et beaucoup de chance, peut-être aurai-je terminé en septembre de l'année prochaine.

J'espère que tu as présenté cette fois un nombre important de textes au *New Yorker* et que William Maxwell les a tous achetés. (As-tu lu son nouveau livre : *Le Château* ? Du talent, mais quel ennui... De toute façon, après avoir lu le dernier-né de Carson McCullers : *L'Horloge sans aiguilles*, n'importe quoi paraît brillant. Je comprends maintenant ce que signifie : être profondément choqué. Car j'ai vraiment reçu un choc – c'est si désespérément navrant, un cerveau qui se désintègre. Réellement déprimant.)

Amitiés à Sandy. Tu me manques, mon si amical petit ange. Je t'embrasse.

T

[Collection Beinecke Library, Yale University]

À ALVIN ET MARIE DEWEY

Palamos
16 août 1961

Chers amis de cœur,

Grand merci pour l'article de Ruth Reynolds, mais je l'avais déjà reçu et j'étais sur le point de vous l'envoyer. C'est une rubrique qui paraît chaque dimanche dans plusieurs journaux différents, sous un titre toujours le même : « Que fait la justice ? » Du journalisme assez médiocre. J'y trouve pourtant une information que j'ignorais : ce Floyd Wells aurait donc touché la récompense promise ? Est-ce exact ?

Marie, à propos, vous m'avez dit, souvenez-vous, que vous aviez entendu parler d'Hickock et de Smith pour la première fois le soir où Alvin était rentré et vous avait montré les photos signalétiques faites par la police. Je voudrais l'écrire comme une « scène » entre Alvin et vous. Vous souvenez-vous d'autre chose à ce sujet ? (Comme vous pouvez le constater, je me refuse à inventer le plus petit détail.) Alvin peut-il également m'envoyer les précisions biographiques inscrites au dos de ces photos signalétiques ? Soyez-en remerciés tous les deux.

Le chèque ci-joint est destiné à couvrir vos frais de poste ou de télégramme s'il arrivait quelque chose d'important. À quelle date la cour se prononcera-t-elle sur le second pourvoi en appel ? Oh ! Dieu de Dieu, j'aimerais tellement savoir quand s'achèvera cette satanée histoire. À propos, je tiens absolument à être présent quand cette fin arrivera. Comment faire pour arranger ça ?

J'espère que vous avez passé quatre très bonnes journées à Cuchara, un endroit qui a l'air si charmant et si calme. J'aimerais beaucoup regagner la Suisse en ce moment – c'est prévu pour la fin septembre, et je pense y passer l'hiver, avec un mois peut-être à Paris. Ma maison de New York est vide, pendant ce temps, et me coûte une fortune, uniquement parce que je refuse de rentrer avant d'avoir fini mon livre et qu'il m'est impossible de le finir.

Charlie J. Fatburger est sur la plage et s'amuse à courser Diotima – qui n'a pas peur du tout, et quand elle se sent fatiguée, elle se contente de se retourner et lui donne un coup de patte.

L'été s'achève. Les garçons vont bientôt retourner en classe. Embrassez-les pour moi. Vous me manquez. Amitié fidèle.

T

[Collection New York Public Library]

À ALVIN ET MARIE DEWEY

[Palamos, Espagne]
4 septembre 1961

Bien chers Tous,

Mille mercis pour votre lettre et pour les réponses magnifiquement précises aux innombrables questions que je vous pose. J'essaierai d'en faire le meilleur usage.

Si heureux que vous ayez pris un tel plaisir à votre voyage dans le Colorado. Les touristes ont enfin quitté la région et nous avons eu hier une superbe tempête. Les vagues déferlaient sur la plage jusqu'au pied de notre maison. Nous ne partirons pas d'ici, malgré tout, avant le 15 ou 20 octobre.

Je vais donc écrire à notre cher ami Clifford Hope pour qu'il m'obtienne l'autorisation d'assister à ce que Marie appelle, si justement, « la dernière scène ». J'espère qu'Alvin ne se trompe pas et que nous en connaîtrons assez rapidement la date.

Ci-joint une nouvelle photographie de Mr J. Fatburger – il continue à courser notre chatte, et vice versa. Je ne sais pas ce qui va se passer lorsque nous serons à Verbier – ils sont tellement habitués à vivre au grand air.

La première du film *Petit Déjeuner chez Tiffany* aura lieu le 20 septembre à New York au Radio City Music Hall. Les producteurs aimeraient que j'y assiste et m'offrent le voyage. Mais j'ai décidé qu'il valait mieux pour moi ne pas quitter le Kansas (la région où je vis en esprit le plus souvent). Jennifer Jones m'a écrit, m'a demandé de vos nouvelles et m'a chargé de ses meilleurs pensées pour vous. Le tournage de *Tendre est la nuit* est terminé. Pas un mot de Miss Harper Lee, depuis le début août.

Affection aux garçons. Vous me manquez et je vous aime tous ensemble et chacun en particulier.

T

[Collection New York Public Library]

À ALVIN DEWEY

Verbier, Suisse
2 novembre 1961

Cher Alvin,

Ayant recommencé depuis deux jours à travailler à Notre Livre, je découvre que le dossier Dewey est incroyablement incomplet. C'est-à-dire : avant l'affaire Clutter, sur quelles affaires criminelles avez-vous enquêté ? Je ne parle pas de l'affaire Stebens (très brièvement, à ce sujet, comment la résumer ? Un jeune homme tue un promeneur dans les toilettes publiques, l'enterre une première fois, puis une seconde fois ? Est-ce bien ça ? Je n'ai pas pris de notes, et ma mémoire est assez floue). Je n'ai pas besoin de détails sur les autres affaires criminelles (Stebens mis à part), je veux simplement savoir l'importance plus ou moins grande qu'elles ont eue sur votre carrière. Mr Shawn, qui a lu 60 000 mots du manuscrit (pas tout à fait la moitié) et qui pense que c'est « mon meilleur livre », m'a demandé l'autre jour dans une lettre : « Ces Dewey, tous les cinq, chat compris, sont-ils vraiment aussi charmants ? » La réponse est : oui, absolument !

Autre chose : qu'est devenu Jonathan Daniel Adrian ? A-t-il été condamné – ou finalement libéré ?

J'espère que vous pourrez me répondre assez vite car j'écris actuellement la partie qui m'oblige à me glisser dans la peau du Grand Inspecteur.

Amitiés à tous les cinq
de votre vieil ami

[*La lettre se termine par un autoportrait de Capote avec nœud papillon, lunettes et auréole.*]

Namurt Etopac

[*à lire à l'envers*]

[Collection New York Public Library]

À CECIL BEATON

Verbier, Suisse
3 novembre 1961

Tendre cœur,

Jack a reçu ce matin un télégramme lui apprenant la mort de son ancienne femme Joanie McCracken. J'aimais beaucoup Joanie. J'ai pleuré. Après l'avoir lu, Jack a repris ce qu'il était en train de faire (manger une pomme), ce qui laisse présager une violente réaction tardive.

Votre lettre m'a fait plaisir. J'ai écrit il y a quelques jours à votre secrétaire (je vous croyais encore en Amérique) parce que Gloria Guinness m'avait dit que vous deviez venir du côté de Lausanne, et je voulais que vous veniez jusqu'ici. Mais vous n'y faites aucune allusion. J'aimerais tant que ce soit possible. J'ai désormais deux appartements jusqu'en décembre – notre petite maison, et un plus grand appartement tout à côté que j'ai loué pour travailler et qui vous plairait sûrement, tout à fait confortable. Je serai absent tout le mois de janvier – je dois passer deux ou trois semaines au Kansas (pour un travail de documentation), puis quelques jours à New York. Vous pouvez également venir en février, mais vous serez alors obligé de descendre à l'hôtel.

En ce qui concerne ma santé : je suis extrêmement sage. J'ai pratiquement arrêté de fumer (trois à cinq cigarettes par jour), je bois modérément, et je suis en bonne forme. Mais, cet été, j'ai eu de petites « rechutes ». J'ai toute confiance en votre cher Dr Gottfried – mais mes finances sont au plus bas et il est terriblement cher – sa demande d'honoraires en juin dernier m'a paru très élevée (bien qu'il prétende me faire des prix d'ami). Surtout, par grâce, ne lui en parlez pas.

Voulez-vous vraiment dire que la pièce de Waldemar Hansen va être jouée ? Oh ! Seigneur Jésus ! J'ai lu les critiques du livre de Francis Rose qu'on tourne en ridicule avec beaucoup de férocité. J'ai écrit il y a quelques mois à votre éditeur, Mr Weidenfeld (qui se trouve avoir également édité *Observations*), pour lui demander de me faire parvenir un exemplaire du dictionnaire du crime de Colin Wilson. Il ne m'a jamais répondu – encore moins envoyé le livre. Si vous avez l'occasion de le rencontrer, pouvez-vous lui donner mon adresse et lui dire que j'en ai réellement besoin ?

L'histoire de Douglas Cooper se faisant zébrer le ventre avec la pointe d'un poignard m'a enchanté. On devrait décorer son jeune « client ». À propos, quelqu'un sait-il pourquoi Arthur Jeffress s'est suicidé (n'est-ce pas simplement de s'être regardé dans une glace ?).

Pourquoi donc souhaitez-vous aller en Amérique du Sud ? Pour Kano, je vous y rejoindrais volontiers – dites-moi seulement où c'est et ce qui s'y passe.

Le temps est magnifique. Un soleil éclatant. Et l'air qu'on y respire !... Je ne vous comprends pas, vous autres insulaires, de vivre au niveau de la mer. Comment respirer sainement dans une telle humidité ?

Dommage pour le film *Tiffany*. Je ne le verrai sans doute jamais.

Désolé surtout de savoir votre mère hospitalisée. Pourquoi ne pas confier son chien à votre secrétaire ? Il l'accompagnerait chaque matin au bureau. Notre Charlie J. Fatburger est (comme le crierait Diana Vreeland à tue-tête) absolument diiivinnn !

Je vous aime.

T

[Collection St. John's College, Cambridge University]

À LEO LERMAN

Verbier, Suisse
5 novembre 1961

Cher Leo,

Ton télégramme est arrivé sans signature, mais j'ai su aussitôt qu'il venait de toi et je tiens à t'en remercier. Tellement gentil de ta part, tendre, amical. Pauvre Joanie, si charmante. Quand j'ai appris à Jack qu'elle venait de mourir, il a continué sans dire un mot ce qu'il était en train de faire (manger une pomme). Il faisait très froid, il neigeait. Au bout d'une heure, Jack est sorti et s'est enfoncé dans la neige, et il ne rentrait pas, il ne rentrait pas, et la nuit est tombée et j'étais extrêmement inquiet. Il est finalement revenu, et j'ai compris, je peux l'affirmer, qu'il venait de pleurer longtemps, très longtemps, mais il n'a rien dit, ni ce soir-là, ni le lendemain, jusqu'à hier soir où il s'est écrié brusquement : « Je suis sacrément heureux qu'elle passe l'hiver à Fire Island ! »

Tu es un véritable ami, Leo, un ami très cher. Je pense à toi souvent, dans des occasions assez étranges. Par exemple : l'été dernier, j'ai aperçu un homme, sur la plage, qui semblait très heureux et portait sur l'épaule un hibou apprivoisé, et j'ai pensé à toi pendant des heures.

Amitié à Gray. À toi, toujours,
Truman

[Collection Columbia University Library]

À ALVIN ET MARIE DEWEY

Verbier, Suisse
21 novembre 1961

Chers amis de cœur,

Je pars demain passer une semaine à Londres. Je vais consulter un médecin et assister à la première mondiale (comme ils disent) de mon film *Les Innocents* (très bon film, croyez-moi, allez le voir). Avant de partir, je tiens à remercier ce cher Alvin pour les informations concernant sa carrière d'inspecteur et aussi pour l'envoi de ce magazine, d'une incroyable vulgarité, qui a publié la grotesque interview de Hickock par Mack Nations. Et moi, mon Dieu, qui m'inquiétais pour ce Mr Nations ! Il y a malgré tout quelques détails intéressants (pour moi, du moins). Bien évidemment, « l'article » a été coupé. Je serais très curieux de lire le texte intégral d'Hickock, avant que Mr Nations n'ait sorti ses ciseaux.

Je suis si heureux, Marie, d'apprendre que votre père va mieux. J'espère qu'il pourra faire bientôt le voyage. Mille mercis à vous deux, et mon affection aux garçons.

T

[Collection New York Public Library]

À ALVIN ET MARIE DEWEY

[Verbier, Suisse]
3 décembre 1961

Mes très chers,

J'ai pensé à vous pendant tout ce week-end. J'espère que votre voyage à La Nouvelle-Orléans s'est passé sans trop de difficultés et que les parents de Marie vivent désormais avec vous à Garden City, heureux et en bonne forme. Je sais que c'était une épreuve pour vous tous, mais c'était de toute évidence la meilleure solution, d'autant que vous aviez trouvé si près de chez vous une maison qui leur convenait. J'ai hâte de faire leur connaissance quand je viendrai au Kansas – à quelle date, je l'ignore encore, probablement entre le 15 janvier et le 15 février. C'est extrêmement gentil à vous de m'offrir l'hospitalité, et je vous en suis très reconnaissant, mais je crois préférable de reprendre mon ancienne chambre à l'hôtel Warren. J'ai en effet un certain nombre de gens à rencontrer, et pour mener ces entretiens à bien, l'hôtel offre plus de facilités.

En ce qui concerne Nelle : je suis assez inquiet. J'ai de fortes raisons de croire (ceci tout à fait entre nous) qu'elle est malheureusement amoureuse d'un homme qui ne peut pas l'épouser, etc. Ce qui, s'ajoutant à plusieurs autres choses, affecte beaucoup son état nerveux. Et ce qui explique pourquoi nous sommes, vous et moi, sans nouvelles d'elle depuis longtemps. Je ne sais pas où elle va passer les fêtes de Noël, mais j'ai tout lieu de croire qu'elle ira dans sa famille à Monroeville. J'ai écrit à sa sœur Alice pour essayer de connaître le nœud du problème.

Je suis, comme vous, profondément affecté par la tournure que prend l'affaire Clutter. L'incroyable décision de la cour fédérale, l'irruption inattendue de Russell Shultz, cet avocat de Wichita, ces hésitations, ces délais, ces incertitudes, tout cela me laisse sans forces.

J'espère que la chatte de votre mère a bien supporté le voyage et qu'elle fait bon ménage avec Pete-le-chat.

Je vous disais dans ma dernière lettre que j'allais assister à Londres à la première des *Innocents*. J'y ai passé quelques jours très agréables, le film a d'excellentes critiques, etc.

Il neige depuis hier et l'on voit apparaître les premiers skieurs.

J'embrasse les garçons, amitiés à vous deux de

Namurt Etopac.

P.-S. Lansing se trouve-t-il dans le comté de Leavenworth ?

[Collection New York Public Library]

À BENNETT CERF

Poste restante
Verbier, Suisse
4 décembre 1961

Très chers amis,

Reçu ce matin la gentille lettre de Bennett, et je m'empresse d'y répondre. Phyllis a parfaitement raison : je resterai fidèle à Random House aussi longtemps que je vivrai. Quitter mes chers amis ? *Quel non-sens* !* Mais je crois savoir (je me trompe peut-être) l'origine de la rumeur. L'été dernier en Espagne, un conseiller littéraire de McGraw-Hill a passé quelques jours de vacances chez le sinistre Robert Ruark, qui était mon voisin. Un jour, il (le conseiller littéraire) est venu me voir et m'a expliqué cette combine de dégrèvement d'impôts qu'ils ont baptisée *Manuscripts Inc.* Je lui ai répondu que ça me semblait très intéressant mais que j'étais chez Random House depuis mon enfance, que j'y étais heureux et que je n'avais aucune raison d'en partir. D'accord, a-t-il dit, réfléchissez quand même, et il m'a promis de me faire par écrit « une proposition alléchante ». Je n'y ai plus pensé jusqu'au jour où sa lettre est arrivée. Si j'acceptais de venir chez McGraw-Hill, on m'offrait, en cadeau de bienvenue, 25 000 dollars nets d'impôts. Suivait une série d'avantages : droits d'auteur plus importants, etc. C'était en septembre. Je n'ai pas répondu. J'ai retrouvé cette lettre il y a un mois environ, et j'ai fini par leur écrire que j'étais sensible à l'intérêt qu'ils me portaient mais que etc. Peut-être est-ce cet homme-là, vendant la peau de l'ours avant de l'avoir tué, qui s'est vanté auprès de quelqu'un de m'avoir piégé ? Franchement, je ne vois pas d'autre explication.

Ah ! j'oubliais : j'ai reçu le dividende de mes actions, et j'ai été ravi et tout excité de découvrir ce qu'elles me rapportaient. Quel dommage de ne pas en avoir acheté quelques-unes au moment où elles ont été mises sur le marché !

J'espère que vous aimerez l'adaptation que j'ai faite du *Tour d'écrou* (sous le titre : *Les Innocents*). La première du film à New York est prévue pour la fin du mois. Envoyez-moi les critiques, si vous y pensez. Non, j'ai été très mal payé. J'ai accepté pour deux raisons : j'avais en tête depuis longtemps qu'on pouvait en tirer un beau film, ensuite (et surtout) Jack Clayton, le réalisateur, est un ami et quelqu'un que j'admire. Voilà le pauvre imbécile que je suis !

J'aimerais beaucoup m'arrêter chez vous en allant au Kansas, mais je n'ai pas encore de date précise. Dans les environs du 15 janvier, je pense. En ce qui concerne le Kansas lui-même, et ce qui s'y passe, je suis en plein brouillard, à la suite d'une nouvelle péripétie navrante. Cela fait un an et demi que les deux assassins ont été condamnés, et brusquement, suite à je ne sais quel artifice légal, ils semblent sur le point d'obtenir UN NOUVEAU PROCÈS ! Ce qui veut dire : encore deux ans peut-être avant que s'achève cette sinistre affaire, et que je puisse finir mon livre. Terriblement déprimant. Attendons pour voir.

Vous me manquez tous les deux et je vous aime de tout mon cœur.

Je vous serre dans mes bras.

T

[Collection Columbia University Library]

À ALVIN ET MARIE DEWEY

[Verbier, Suisse]
9 décembre 1961

Chers amis de cœur,

J'espère que cette lettre vous trouvera tous en bonne forme et que les parents de Marie sont bien arrivés et bien installés à Garden City.

Alvin, c'est vraiment très gentil à vous d'avoir trouvé le temps de m'envoyer ce mot et ces coupures de presse juste avant de partir pour La Nouvelle-Orléans. Vous imaginez sûrement quelle a été ma réaction – mais peut-être pas, après tout. Si vraiment ils obtiennent un nouveau procès, si tout est remis en question pendant un an ou deux, je serai obligé d'abandonner ce projet. Décision terrifiante à prendre, après tout ce travail, tout ce temps passé, tout cet argent dépensé, et un manuscrit plus qu'à moitié écrit. Car, même avec l'aide financière du *New Yorker*, il m'est impossible d'attendre aussi longtemps, impossible surtout de supporter moralement cette attente. Le travail de reconstitution minutieuse auquel je me livre demande une continuelle tension nerveuse, et si viennent s'y ajouter tant d'angoisses et d'incertitudes, j'aurai dépassé la mesure du supportable. Permettez-moi d'ajouter ceci : les efforts que m'impose l'écriture de ce livre sont d'une telle violence que j'en ai chaque matin des nausées. Plus grave encore : c'est de loin le meilleur livre que j'aie jamais écrit. Que faire, Dieu du ciel ? Je n'en sais plus rien. J'essaie pour le moment de garder la tête haute. J'attends. Je vois venir. Et j'ai toujours l'intention de me rendre au Kansas le mois prochain – car je ne baisserai les bras que contraint et forcé. Pardonnez-moi de vous faire partager ces pensées dépressives, mais, pourquoi le nier, je suis déprimé.

Voyons. Ne pourrais-je pas penser à quelque chose de plus réconfortant ? Si, bien sûr, à vous. À vos chers visages que je reverrai bientôt. À cette pensée s'en ajoute une autre : le droit que nous aurons – que dis-je ? le devoir de boire ensemble jusqu'à plus soif !

Affection à tous.

T

[Collection New York Public Library]

À MARIE DEWEY

[carte postale]
[Verbier, Suisse]
13 décembre 1961

Chère Marie,

Ce mot rapide pour vous dire que je m'étais entièrement trompé sur Nelle. Son père a été victime d'une grave attaque cardiaque et elle est restée tous ces derniers mois à Monroeville pour le soigner. Elle m'accompagne au Kansas.

Affection à tous.

T

[Collection New York Public Library]

À CECIL BEATON

Verbier, Suisse
9 février 1962

Cecil, mon bien cher,

Rentré hier, épuisé, de mon voyage : New York, Californie et (surtout) Kansas. Je trouve votre si tendre lettre. Profondément désolé pour votre mère. Je comprends l'angoisse où vous êtes de la voir s'éteindre aussi interminablement. J'aimerais que vous vous arrangiez pour venir à Verbier – cela vous ferait le plus grand bien. Et j'en ai des choses à vous dire, Dieu sait !

Deux jours après mon départ pour les États-Unis, Jack, en skiant, s'est cassé la jambe. Cet imbécile ne m'a pas télégraphié. Il est resté seul, obligé de s'occuper de tout : la ménagerie, etc. Un vrai cauchemar. Il a encore trois semaines de plâtre à supporter.

J'ai rencontré les deux meurtriers à la prison de Lansing. Extraordinaire et terrible expérience. Je ne peux rien vous en dire par écrit. C'est l'une des choses dont je veux vous parler.

J'ignore encore ce que va être mon été. Je cherche une maison en Corse. Connaissez-vous cette île ? Voulez-vous nous y rejoindre ? On dit que c'est beau et sauvage. Je refuse, de toute façon, de retourner en Espagne ou en Grèce. Je veux un endroit que je n'ai encore jamais vu.

Le Dr Gottfried est à Zurich. J'aimerais beaucoup aller le voir, mais je ne peux pas quitter Jack.

Je n'arrive pas à comprendre pourquoi les ouvriers sont encore chez vous. Il semble y avoir là-dessous quelque étrange entourloupe.

Oliver Smith va passer trois mois en Inde. C'est lui, parmi tous les êtres humains, qui vient d'être chargé de décorer le grand bal que donne Babe Paley pour les « débuts dans le monde » de sa fille. J'imagine le genre – beurk ! Mais je reste bouche cousue. J'ai déjeuné avec l'une de mes nouvelles amies, la princesse Lee Radziwill. Seigneur Jésus, vous n'imaginez pas à quel point elle est jalouse de sa sœur Jackie ! D'après ce que j'ai cru comprendre, son mariage est un fiasco complet.

À très vite. Je vous serre dans mes bras.

T

P.-S. Qu'en est-il de vos projets de voyage à Kano ? Et en Amérique du Sud ?

[Collection St. John's College, Cambridge University]

À BENNETT CERF

Verbier
14 février 1962

Bien cher B.,

Vous n'imaginez pas le plaisir que j'ai eu à profiter de votre si adorable hospitalité new-yorkaise. J'espère que ce mot vous trouvera au retour de vos vacances, bronzés et reposés. Pour moi, j'ai trouvé tout sens dessus dessous en rentrant : Jack avec une jambe cassée (accident de ski), etc. J'espère que tout va s'arranger très vite et, de toute façon, je reprends mon travail.

Bon. Commençons par régler quelques problèmes mineurs.

1) Je n'ai reçu que par miracle mon relevé de compte de janvier. On l'avait envoyé en Espagne, à cette adresse où je n'ai pas résidé depuis deux ans (là où j'avais trouvé mon courrier dans l'arrière-cour, trempé par la pluie). Pourquoi, vu le nombre de fois où je me suis plaint, pourquoi le responsable du courrier ne peut-il pas noter une fois pour toutes ma véritable adresse ? Pouvez-vous obtenir que tout me soit envoyé à Verbier ?

2) Je vais vous faire parvenir par courrier séparé une photocopie du manuscrit de *De sang-froid.* J'aimerais qu'on le dactylographie en trois exemplaires à triple interligne, qu'on m'en renvoie un et qu'on garde les deux autres chez Random House.

3) J'ai signé et renvoyé le contrat Verdissant. Mon avocat estime que Random House devrait dès maintenant me verser un à-valoir. Il propose 15 000 dollars. Pouvez-vous faire parvenir un chèque de ce montant, à l'ordre de Verdissant S.A., à Vaduz, Liechtenstein ? *Muchas gracias !*

4) Je vous envoie, dans cette même petite enveloppe bourrée à craquer, le relevé de mes actions, et la fameuse proposition de *Manuscripts Inc.* La Ginny dont il est question au premier paragraphe est Mrs Robert Ruark, et Bob est le Monstre Robert Ruark lui-même.

5) Je vous envoie également la liste de ce que pourrait contenir le volume de *Morceaux choisis.* Je ne l'ai pas établie à la va-vite. J'en ai analysé chaque élément après de longues réflexions. Comme vous le voyez, j'y fais figurer *La Harpe d'herbes*, que vous n'aimez pas, je le sais. Moi, je l'aime beaucoup, par contre, et bien des lecteurs sont de mon avis. De toute façon, son tirage est épuisé.

Pouvez-vous demander à Daise Terry du *New Yorker* un exemplaire du numéro où a paru mon portrait de Marlon Brando : *Un duc en son domaine* ?

Et à *Holiday* un exemplaire du numéro dans lequel a paru mon texte sur Brooklyn ? Ils l'ont publié sous un titre que j'ai oublié. J'aimerais qu'il figure dans le volume sous le titre : *Une maison des hauteurs.*

Ma nouvelle *Parmi les chemins du ciel* a paru, je crois, dans le numéro de juillet 1960 d'*Esquire*. Demandez à Rust Hills de vous l'envoyer.

6) En ce qui concerne l'Introduction qu'écrirait Mark Schorer : avant de le contacter, dites-moi ce que vous pensez du choix de textes que je vous propose. Puis attendez ma réponse et contactez Schorer.

Si je continue d'écrire, l'enveloppe sera trop petite. Question : pourquoi ne pas en avoir pris une plus grande ? Réponse : ce sont les seules qu'on trouve ici chez le papetier.

Il fait une tempête effroyable. Je vais malgré tout chausser mes snow-boots et tenter d'atteindre le bureau de poste. Si ce courrier vous parvient, c'est que j'y serai arrivé. Sinon...

Cher Bennett, votre enthousiasme concernant mon Livre en Cours d'Écriture est un magnifique encouragement pour moi, et j'en ai grand besoin. Vous êtes sincère, je le sais, et j'espère simplement que le résultat répondra à votre confiance.

Là-dessus, au travail !

Mes amitiés les plus profondes à tous les deux

Fidèlement

T

À ALVIN ET MARIE DEWEY

Hôtel Continental,
[Paris, 20 février 1962]

Chers amis de cœur,

En franchissant un col dans le Jura entre la Suisse et la France, ma voiture a dérapé sur une route verglassée, a décrit deux tonneaux avant de s'arrêter, et a été emboutie par un camion qui nous suivait et qui a dérapé à son tour. Par miracle, personne n'est blessé. Et la perte de la voiture ne m'ennuie pas vraiment. Désormais, je voyage en train, voilà tout.

Paris est froid et pluvieux – mais j'y ai retrouvé quelques amis et mes petites vacances se passent très agréablement. Audrey Hepburn est là. Elle tourne *Charade* avec Cary Grant (qui n'a d'autres sujets de conversation que l'hypnose et les pilules vitaminées, les deux choses, prétend-il, qui le gardent éternellement jeune). Je pars pour Londres lundi et vous raconterai ma visite au Palais.

Charlie J. adore Paris. Il galope ventre à terre, enivré par toutes les odeurs de chiens qu'il découvre. Et tout le monde se retourne pour l'admirer. Il est à la fois d'une beauté saisissante et d'une drôlerie irrésistible.

Je suis stupéfié par la coupure de presse concernant le jeune Lee Andrews. Je pense qu'on n'entendra plus parler de rien avant plusieurs mois. Écrivez-moi dès que vous saurez quelque chose. Ça peut avoir une influence importante sur l'affaire Hickock-Smith.

Affections à tous. Vous me manquez.

T

P.-S. Oui, je vais enfin pouvoir me réinstaller 70 Willow Street à Brooklyn Heights. Les peintures sont refaites. Mais trouvez-moi une jolie petite bicoque dans le Colorado. Je pourrais l'acheter et vous en faire profiter. C'est sérieux !

(Collection New York Public Library)

À CECIL BEATON

Verbier
25 février 1962

Mon bien tendre ami,

Pour celui qui souffre du chagrin le plus désespéré et le plus douloureux, il n'existe aucune consolation possible.

Aucune. J'ai toujours redouté ce moment-là pour vous : celui où votre mère s'en irait. Je suis *tellement* triste, bien cher ami. Elle a eu une longue et belle vie et vous avez tout fait pour qu'elle soit heureuse.

Je suis soulagé et content que vous partiez pour l'Afrique. C'est la meilleure chose que vous puissiez faire. Quand rentrez-vous ? Je n'ai pas encore de projets exacts – mais ils le sont presque. Nous restons ici jusqu'en avril, puis nous partons pour la Corse. Henri-Louis de la Grange (vous souvenez-vous de lui ?) y possède une maison, un ancien couvent transformé en villa, et il en cherche une pour nous. Il semble sûr de la trouver. Si l'endroit est beau, venez passer vos vacances avec nous. Je vous en prie.

Comme je vous l'ai écrit, j'ai consacré presque tout mon voyage au Kansas. Je suis quand même resté cinq jours à New York, dont deux au lit, victime d'un virus. Babe Paley a organisé une grande soirée en mon honneur, ce qui m'a permis de revoir une bonne centaine de visages familiers – et d'une certaine façon, ce lieu, ces gens, cette soirée, tout avait quelque chose d'irréel, comme si je remontais le temps. La seule chose réelle pour moi, c'est actuellement le Kansas, et les gens que j'y connais – à cause de mon livre, je pense. J'ai atteint un degré d'obsession qui m'inquiète. Je ne pense pratiquement à rien d'autre. Le plus étrange, c'est que je déteste ce travail – *écrire*, j'entends. J'aimerais seulement y réfléchir. Pour être plus exact, ce n'est pas que j'*aimerais* y réfléchir, c'est que je ne peux pas m'en empêcher. J'entre parfois dans des sortes de transes qui durent entre quatre et cinq heures. J'en ai sans doute pour dix-huit mois encore. Et je serai bon pour l'asile.

En principe, on doit retirer le plâtre de Jack lundi prochain.

Slim Hayward est à Saint-Moritz. Elle cherche un appartement à Londres et pense qu'elle s'y installera. Je souhaite de tout cœur qu'un homme de qualité finisse par l'y rejoindre.

Je vous aime profondément, mon ami si cher. Écrivez-moi dès que vous en aurez la force.

T

[Collection St. John's College, Cambridge University]

À NEWTON ARVIN

Verbier
26 février 1962

Mon bien cher,

Merci pour ta lettre si amicale. Je suis très heureux de savoir que tu travailles à ton livre sur Longfellow. J'ai hâte de le lire.

Non. Je ne savais pas qu'Howard Doughty avait enfin terminé sa biographie de Parkman et qu'elle était publiée. Rien d'étonnant à ce qu'on en parle comme d'un livre de qualité. J'ai toujours pensé que c'en serait un s'il parvenait à le terminer, et je suis d'autant plus heureux que les critiques soient enthousiastes. Je vais commander son livre. Donne-moi son adresse en attendant, que je le félicite.

As-tu lu le roman de Carson ? Si oui, qu'en penses-tu ? J'ignore pourquoi tu es sans nouvelles d'Andrew Lyndon (si, je sais : il n'écrit jamais à personne), mais je peux t'assurer que ça n'a rien à voir avec cette prétendue « avalanche » de rumeurs. Je l'ai rencontré l'autre jour à New York et il m'a parlé de toi, comme toujours, avec beaucoup d'intérêt et d'amitié. Le pauvre ! Il s'oblige à faire chaque après-midi la lecture à Mrs Crane : il l'aime sincèrement, malgré ça.

Ma vie est beaucoup plus calme que la tienne – même si ça n'a pas l'air vrai. Je n'ai vu pratiquement personne pendant des mois, Jack excepté, bien sûr. Je pense rester en Europe tant que mon livre n'est pas terminé. Dieu sait quand. Je risque d'y passer aussi longtemps qu'Howard.

Je t'aime beaucoup, bien cher, et t'aimerai toujours.

T

[Collection Smith College Library]

À ALVIN ET MARIE DEWEY

[Verbier, Suisse]
29 février 1962

Chers amis de cœur,

Quel plaisir m'a fait la lettre de Marie arrivée aujourd'hui – surtout les nouvelles concernant Mack Nations. Pouvez-vous m'en apprendre davantage ? Est-ce vraiment sérieux ? Va-t-il se retrouver en prison ? Je l'espère de tout cœur. Pourquoi n'inquiète-t-on pas l'avocat Shultz pour la même raison ? Il trafique ses déclarations d'impôts, croyez-moi – vous pouvez en mettre votre main au feu.

Je suis très intrigué également par le développement que prend cette affaire de cercueils. Peut-être un sujet de livre, là aussi.

Oui, je savais que Jackie avait accepté d'ouvrir les portes de la Maison-Blanche à une équipe de télévision, et je suis content que l'émission ait eu un tel succès. Merci de lui avoir écrit, Marie, c'est si gentil à vous. Elle connaît tout de la famille Dewey – nous avons longuement parlé de vous. C'est une femme extrêmement gentille et qui tient d'autant mieux son rang qu'elle le détestait dans les premiers temps. Je crois qu'elle a fini par l'aimer.

Le chèque ci-joint est une contribution aux petites dépenses que je vous occasionne. Je vous renvoie également le formulaire pour le renouvellement de mon permis de conduire. Pouvez-vous le faire parvenir, avec les 50 cents exigés, au bureau concerné et demander qu'on adresse le nouveau permis à vos bons soins ? Ainsi, il ne risquera pas de se perdre. Comme vous le constatez, ce formulaire a été visé par un notaire suisse.

Je suis toujours aussi navré pour Kelly. Quant à Bunky, cela fait un an qu'il est mort et je le pleure encore. Mais Charlie J. et Diotima s'amusent beaucoup ensemble, tout en se chamaillant sans arrêt.

Je vous aime tous ensemble et chacun en particulier. [*Autoportrait de Capote, avec nœud papillon et lunettes.*]

Et voici les amitiés de Charlie J.

[*Dessin d'une empreinte de patte de chien.*]

Il a signé avec sa patte.

[Collection New York Public Library]

À BENNETT CERF

Verbier
4 mars 1962

Cher B.,

Très heureux de recevoir votre carte de Palm Springs – j'espère que le temps s'est amélioré.

Avant tout, des nouvelles du Kansas. Il est pratiquement certain que la Cour suprême du Kansas va rejeter la demande en révision du procès. L'audience s'est soldée par un fiasco pour Hickock et Smith. D'après ce que j'ai compris, le fameux avocat Shultz n'a jamais eu l'intention d'en référer directement à la Cour suprême des États-Unis. C'est complètement absurde, non ? Oh ! j'y pense : une péripétie amusante. Vous vous souvenez de Mack Nations, cet abruti de journaliste qui avait provoqué toute une histoire en interviewant Dick, et qui annonçait partout que Random House publierait son livre ? Il vient d'être arrêté pour fausse déclaration d'impôts !

Parlons maintenant de Mark Schorer. Doubleday vient de publier un livre consacré aux nouveaux écrivains américains d'après-guerre. Chaque chapitre est écrit par un critique. Le chapitre qui me concerne est de Mark Schorer. D'où l'idée que j'ai eue de lui demander cette introduction pour *Morceaux choisis*. Il m'a écrit : 1) qu'il n'avait pas une minute à lui avant six mois ; 2) qu'il ne voyait rien de neuf à dire me concernant depuis le livre de Doubleday. Bon. Je n'ai pas envie d'attendre six mois. Peut-être pourrait-on renoncer à cette introduction (bien qu'il y ait de bonnes raisons d'en avoir une, j'en suis conscient) ? Pouvez-vous trouver quelqu'un d'autre, qui soit à la fois indiscutable (jouissant comme critique d'une bonne réputation) et favorable (aimant mon travail) ? John Malcolm Brinnin répond à la seconde exigence. Répond-il à la première ? Jason Epstein aura peut-être une suggestion à faire – j'ai l'impression qu'il connaît très bien ce milieu. Ou alors, renonçons-y.

Nous évoquerons dans un prochain courrier la mise en page du livre et sa présentation.

Je ne vous ai pas encore envoyé le manuscrit de *De sang-froid*, parce que j'attends toujours la photocopie qu'on doit m'en faire, mais ce ne sera plus très long.

Verdissant m'a renvoyé le contrat avec deux légères modifications.

Je reviendrai vers vous dans quelques jours. Je travaille beaucoup. Dites à Phyllis combien je l'aime. Elle le sait, de toute façon. À vous,

T

[Collection Columbia University Library]

À BENNETT CERF

[Verbier, Suisse]
14 mars 1962

Cher B.,

Je vous adresse aujourd'hui, par courrier séparé, la photocopie du manuscrit de *De sang-froid*. Ne m'envoyez pas l'exemplaire dactylographié avant que je vous le demande. D'ici là, gardez-le.

Je vous écrirai plus tard au sujet de *Morceaux choisis*. Ceci n'est qu'une note vous expliquant le télégramme que j'ai fait partir ce matin à propos du contrat que Mrs Currey vient de conclure avec l'éditeur allemand Kindler. Je suis assez stupéfait, c'est le moins qu'on puisse dire. Je tiens par-dessus tout à rester fidèle à Limas-Verlag, qui a jusqu'à maintenant publié tous mes livres, a été en contact constant avec la presse et les critiques et a réussi à me créer en Allemagne une excellente réputation. Je connais personnellement chacun des membres de cette équipe. Ils ont toujours été parfaits avec moi. De plus, ils feront une offre égale à celle de Kindler. J'ajoute que Kindler est une maison d'une extrême vulgarité, qui n'a aucun nom d'écrivain de qualité à son catalogue. Je ne critique pas Mrs Currey. Elle estime sûrement avoir agi pour mon bien. Elle aurait cependant pu me demander mon avis. Quoi qu'elle ait fait, c'est peine perdue. Je n'ai pas plus l'intention de quitter Limas-Verlag que de quitter Random House. Et jamais, quoi qu'il arrive, pour un problème d'argent. Je vous réécrirai demain. Vous me manquez, ma douce Phyllis et vous-même. Affection à tous deux.

T

[Collection Columbia University Library]

À BENNETT CERF

[Hôtel Ritz, Paris]
5 avril 1962

Cher B.,

Parfait. On enlève *La Harpe d'herbes*. Mais je n'aime pas trop l'idée de la republier en un seul volume avec *Les Domaines hantés*. Je préférerais de loin une édition séparée format poche.

C'est, hélas, exact : le contrat Verdissant est rompu. Les raisons sont trop complexes pour que j'entre dans les détails. C'est essentiellement dû au fait que si je le signais, je paierais deux fois plus d'impôts que quelqu'un vivant au cœur du Kansas. D'une certaine façon, je ne le regrette pas. Je détestais cette idée d'échapper au fisc. Au diable tout ça ! Je pourrai désormais retourner aux États-Unis quand je voudrai. Ce que j'ai l'intention de faire dès que mon livre sera terminé, ou presque terminé. Vous n'êtes pas obligé de me croire, mais même ici, à Paris, j'y travaille tous les jours. J'espérais avoir droit à quelques vacances, mais c'est en vérité la seule chose à laquelle je sois capable de penser, la seule qui m'intéresse.

Mon arrivée a fait naître une grande agitation : photographes, longs articles dans la presse, et j'en suis très content.

William Styron est ici, mais je ne l'ai pas vu, ne sachant pas où il réside. On vient de publier *La Proie des flammes* et les critiques sont très bonnes.

Je conclus de ce que vous m'écrivez que Mark Schorer n'a encore rien lu du manuscrit de *De sang-froid*. J'espère que ce problème d'introduction est réglé.

Avez-vous lu l'article du *New York Times* concernant *Manuscripts Inc.* ?

J'en reviens à Verdissant. On va vous renvoyer le chèque et le contrat. Désormais (pauvre Mr Harper !), il faudra négocier un nouveau contrat, non seulement pour *De sang-froid* mais pour *Morceaux choisis*. J'aimerais, dans les deux cas, que mes droits soient de 15 %. De toute façon, je ne demande plus l'avance de 15 000 dollars sur *De sang-froid*. Plus tard, peut-être. Par contre, j'aimerais une avance de 3 000 dollars sur *Morceaux choisis*.

En ce qui concerne l'Allemagne : Limas-Verlag a fait la même offre que Kindler. Pouvez-vous demander à Mrs Currey de bien vouloir travailler en liaison avec mon agent français Odette Armand ? J'aime beaucoup Odette. Elle m'est d'un grand secours.

Gallimard organise ce soir une réception en mon honneur – chez *Maxim's* (plutôt olé-olé, non ?). Savez-vous que Random House n'a jamais organisé la moindre réception pour moi, ni chez *Horn & Hardarts*, ni ailleurs ? Bon, d'accord, nul n'est prophète en son pays.

Il fait très froid ici, très pluvieux. Je crains fort qu'il fasse le même temps en Corse. J'y pars dans une semaine.

Je serre mon bon ange de Phyllis dans mes bras. Affection à tous.

T

[Collection Columbia University Library]

À BENNETT CERF

Calvi, Corse
Prochaine adresse : Poste restante, Palamos,
Espagne
26 avril [1962]

Cher B.,

Comme je l'ai écrit à Mrs Currey, l'expérience corse est désastreuse. Je pars donc dimanche et, en désespoir de cause, retourne en Espagne à l'adresse ci-dessus. Ce n'est pas de gaieté de cœur, mais je suis sûr de pouvoir y travailler activement, et c'est la seule chose qui compte.

J'espère d'ici Noël avoir écrit quatre-vingts pour cent de mon livre. Si j'y parviens, je regagnerai l'Amérique pour de bon (plus ou moins). Je m'arrangerai pour finir le livre là-bas. De toute façon, il faut que je me rapproche du Kansas. J'ai vraiment le mal du pays, croyez-moi. Ce livre mis à part, rien ne justifie une telle solitude. Faites, Seigneur Dieu, que ce soit un chef-d'œuvre !

En ce qui concerne *Morceaux choisis*, j'aimerais y faire figurer une autre nouvelle, écrite en 1946 : *L'Épervier sans tête*. Est-ce possible ? Quand les étudiants m'écrivent, ils me parlent toujours de cette nouvelle-là. Et je l'aime bien.

Je vous ai demandé il y a un an de faire parvenir la collection complète de votre Bibliothèque moderne à Patrick Guinness, 10, avenue de la Gare, Lausanne. La lettre s'est-elle perdue ? Il n'a jamais rien reçu et il tient beaucoup à avoir ces livres. Et à les payer, bien entendu. Pouvez-vous les lui faire envoyer ?

Toute mon affection à la chère Phyllis. Vous me manquez tant, tous les deux. En dépit des circonstances, je continue à travailler courageusement. J'espère qu'un jour vous serez fiers de moi.

À vous, fidèlement.

T

[Collection Columbia University Library]

À BENNETT CERF

[Palamos, Espagne]
28 avril 1962

Cher B.,

Je vous ai écrit ce matin, et je reçois un mot de vous à propos de Mark Schorer (j'en suis ravi) et de la maquette du livre. En ce qui concerne ce dernier point :

1) Je voudrais une reliure noire.

2) La jaquette : vous souvenez-vous de celle de *Couleur locale*, que j'avais dessinée ? Elle était assez frappante et j'aimerais la reprendre, dans les mêmes couleurs.

3) Ma petite préface : je vous l'enverrai le 1er juin. Je suis actuellement plongé dans un passage très difficile (et assez passionnant) de *De sang-froid*. Et c'est également difficile de garder son calme à Palamos quand on a pour voisin le Monstre Ruark en personne ! Beurk !

La Cour suprême du Kansas a définitivement rejeté l'appel en révision du procès et les juges doivent se réunir la première semaine de juillet pour fixer une nouvelle date d'exécution de la sentence. Il reste toujours aux condamnés la possibilité de se retourner vers les cours fédérales, mais j'ai cru comprendre que l'avocat de la défense abandonnait l'affaire. J'ignore donc ce qui va se passer. L'opinion la plus répandue est que la décision définitive sera prise dans les douze prochains mois.

J'ai reçu une lettre tout à fait incroyable de Perry Smith. Près de 50 pages. Il a réussi à convaincre un gardien de la faire sortir de Lansing et de la poster.

Affection à vous deux.

T

P.-S. Si vous avez la moindre objection concernant la jaquette, dites-le-moi.

P.-P.-S. J'ai rencontré Styron à Paris. Je l'aime beaucoup, je l'ai toujours aimé, et j'espère qu'il rentrera sain et sauf aux États-Unis (il boit vraiment trop). Il vous aime beaucoup, Phyllis et vous. Mais pas autant que moi. Qui en serait capable ?

[Collection Columbia University Library]

À ALVIN ET MARIE DEWEY

Palamos, Espagne
5 mai 1962

Chers vous tous,

Profondément soulagé d'en avoir fini avec la Corse (comme a dû se le dire Napoléon, croyez-moi !). Pour couronner le tout, quelqu'un à l'hôtel où nous étions descendus m'a barboté une enveloppe contenant 500 dollars en liquide (mon argent « de secours ») qui était dans mon porte-documents, et je ne m'en suis aperçu qu'une fois embarqué. Quel dommage que notre Renard Rusé ne puisse pas venir enquêter sur place...

Je me retrouve donc en Espagne et j'y travaille, la seule chose qui compte.

Je suis sans nouvelles de vous depuis je ne sais combien de temps. Alvin est très occupé, je m'en doute, à provoquer des attaques cardiaques chez les anciens gouverneurs qui n'ont pas été réélus. Quant à vous, Marie, mon ange, le cher Clifford Hope vous fait-il toujours enrager ?

Aucune nouvelle non plus de Nelle – j'ai lu dans la presse qu'elle avait « repris le collier » et travaillait à un nouveau roman.

Que Dale Corley se porte candidat au poste de gouverneur m'excite beaucoup, et je souhaite qu'il triomphe, mais j'imagine les difficultés.

Le Kansas (le Kansas occidental) doit être en ce moment d'une extrême beauté – un printemps éclatant, le blé déjà haut (?). La prochaine fois que je viendrai, ce sera j'espère le temps des moissons.

Marie, vos parents aiment-ils leur nouvelle maison ? Je le souhaite. C'était la meilleure solution. Faites-leur mes amitiés et assurez Mrs Dewey mère de toute mon affection. J'embrasse les garçons. Ils doivent être heureux de

voir arriver la fin des classes. Je vous aime tous. Écrivez-moi.
T

[Collection New York Public Library]

À PAUL DEWEY

[*Écrit au dos d'une invitation à un dîner à la Maison-Blanche*]
[Palamos, Espagne]
5 mai 1962

Cher Paul,
Ne pouvant malheureusement pas me rendre à ce dîner, peut-être auras-tu envie de m'y remplacer ? Si ce n'est pas possible, ça t'amusera sans doute de garder cette invitation en souvenir.
Tu me manques, Dewey Jr aussi. Toute mon affection.
Truman

[Collection New York Public Library]

À BENNETT CERF

Palamos, Espagne
14 mai 1962

Cher B.,
Je ne parviens pas à écrire cette préface. J'ai essayé. J'ai perdu quatre jours à esquisser de faux départs. Pour plusieurs raisons, la plus importante étant que *De sang-froid* me tient prisonnier, et je doute qu'il me soit possible d'écrire quoi que ce soit d'autre avant d'avoir fini. C'est une vraie maladie. Je ne supporte pas de m'en

« éloigner », et j'ai souffert d'une infinie tristesse pendant ces quatre jours en sachant que j'étais tenu de Réfléchir à Autre Chose. C'est, hélas, vraiment impossible. Je suis sûr que vous comprendrez.

Je pense de toute façon qu'une Préface ajoutée à une Introduction, c'est trop (tout en comprenant l'intérêt commercial qu'elle pourrait avoir). Je propose ceci pour la jaquette :

Sélection faite par l'auteur, avec une Introduction de Mark Schorer.

Ce qui précise bien que j'ai choisi moi-même le contenu du volume.

J'embrasse Phyllis. Plein, plein, plein d'affection pour vous deux.

T

[Collection Columbia University Library]

À BENNETT CERF

[Palamos, Espagne]
14 mai 1962

Monsieur le Directeur,

Veux simplement vous informer que je viens de recevoir dix exemplaires de *L'Homme invisible* de Ralph Ellison en japonais, envoi qui a coûté à Random House la somme de 10 dollars 82. Soyez assez aimable pour me faire savoir si vous souhaitez que ces livres vous soient retournés ? Je reste malgré tout votre bien dévoué.

T. Capote
(Un magasinier grincheux)

[Collection Columbia University Library]

À BENNETT CERF

Palamos, Espagne
15 juin 1962

Cher B.,

Je reçois à l'instant votre lettre et l'Introduction de Mark Schorer. Elle me convient. Un peu courte peut-être, mais elle fait l'affaire. Et ce qu'il dit de *De sang-froid* est parfait.

Quelle sera finalement la date de publication ? Comme je vous l'ai écrit, on peut la reporter en mars. Je préfère attendre jusque-là et ne pas être noyé dans la marée d'automne.

Je veux qu'il y ait une page de dédicace. Et je veux qu'on y lise :

Pour Phyllis et Bennett

Je travaille tous les jours, sans voir personne. La Cour suprême du Kansas doit en principe fixer la semaine prochaine une nouvelle date d'exécution pour Dick et Perry, vraisemblablement le 1er octobre. Mais je suis pratiquement certain qu'ils obtiendront un nouveau report. La plupart des avocats sont persuadés qu'il est toujours en leur pouvoir de prolonger de huit à dix mois la vie de leurs clients.

N'est-ce pas merveilleux, ce mariage de Slim et de Kenneth Keith ? Un homme parfait, très beau, 45 ans à peine, grand banquier, très riche, bref, exactement ce qu'il fallait. Elle est profondément heureuse.

Vous me manquez. L'ange Phyllis également. Je vous imagine à Mount Kisco, au bord de la piscine.

Amitiés à tous les deux.

T

[Collection Columbia University Library]

À NEWTON ARVIN

[Palamos, Espagne]
27 juin 1962

Gentil petit lapin,

C'est bien. Je suis heureux d'apprendre que ton apparente négligence était involontaire. Plus heureux encore de savoir que ton livre est fini et veux savoir ce qu'en pensent les éditeurs. Je suis impatient de le lire.

En ce qui concerne le texte que je t'envoie : Random House va publier un volume assez important de *Morceaux choisis* avec l'intention de le faire figurer dans leur Bibliothèque moderne. Ils ont demandé une courte introduction à Mark Schorer. Peux-tu me dire très carrément et très honnêtement ce que tu en penses ? Crois-tu ou non qu'elle mérite d'être publiée ? Que penses-tu de la référence à *De sang-froid* ? (Random House lui a permis de lire le manuscrit, du moins la moitié qu'ils possèdent.) Crois-tu que cette référence soit une erreur ?

Pour le livre lui-même, j'ai encore un long chemin à parcourir. Un an ou deux peut-être. Oh ! il avance si lentement. Tu en comprendras, je pense, la raison quand tu le liras. Je te communiquerai le manuscrit dès mon retour à New York, quelques jours après Noël, j'espère.

J'aimerais beaucoup lire le pastiche que P. de Vries a fait de Katherine Anne Porter. Je n'ai rien vu du livre encore, à part ce qu'en ont publié les journaux.

J'espère que tu as passé quelques jours agréables avec Robert Linscott. Cet homme est pour moi une énigme, mais je l'aime profondément.

Inutile de me renvoyer le texte de Schorer. Par contre, j'aimerais beaucoup connaître très vite ta réaction.

Toute mon affection, Sign. Je te serre dans mes bras.

T

[Collection Smith College Library]

À ARCH PERSONS

Palamos, Espagne
27 juin 1962

Cher A.,

New York m'a fait suivre ta lettre, que je reçois ce matin, et j'en suis très heureux. Il est parfaitement exact que je t'ai écrit deux fois au Mississippi, une adresse que j'avais, un hôtel de Jackson, je crois, et si tu avais reçu ces deux lettres, si tu y avais répondu, nous aurions évité ce malentendu et tu ne m'accuserais pas d'ingratitude. Je t'ai toujours témoigné une affection sincère et tu as sûrement mal interprété une lettre que je t'ai écrite précédemment.

Seabon Faulk se trompe en annonçant que je rentre en juillet. J'ai l'intention de passer l'été ici, sur la Costa Brava, puis de partir pour la Suisse jusqu'après les fêtes de Noël. Une fois rentré aux États-Unis (février ou mars sans doute), ce sera pour longtemps et on trouvera sûrement l'occasion de se voir.

C'est également faux de dire que je travaille depuis sept ans à mon nouveau livre. Trois seulement, et un autre sans doute à venir. C'est un livre très long. Mes éditeurs pensent que c'est mon meilleur. Random House publie également à l'automne (ou au printemps prochain) un volume de *Morceaux choisis*. Ne t'inquiète donc pas en ce qui concerne ma carrière. Elle n'a jamais été meilleure.

Si tu me parles de l'oncle Seabon, c'est sans doute que tu as eu récemment de ses nouvelles. Comment est-il ? Il a passé de si tristes moments, connu une telle malchance…

À mon avis, tu n'as aucune raison d'être aussi pessimiste, à parler de tes amis morts, etc. Es-tu malade ?

Non. Es-tu vieux ? Non. Je ne pense pas que tu aies plus de 62 ans, et je connais des quantités d'hommes plus âgés que toi qui travaillent toute la journée et font la java toute la nuit ! Soyons sérieux. Je suis désolé que ton travail exige de tels efforts physiques. J'espère beaucoup que cette lettre te trouvera en bonne forme et plus optimiste.

Moi, je vais bien. J'étais trop maigre. En ce moment, je suis trop gros (la cuisine espagnole). Je vais donc refaire un régime. Pour que tu puisses juger toi-même, je t'envoie une photo récente publiée par un journal français.

Présente mes meilleures pensées à ton épouse.

Je te serre affectueusement dans mes bras.

T

[Collection New York Public Library]

À CECIL BEATON

[Palamos, Espagne]
6 juillet 1962

Cher cœur,

Reçois à l'instant votre si gentille lettre et m'empresse d'y répondre. Si vous préférez ne venir qu'à la fin août, n'hésitez surtout pas. Faites ce qui vous convient. Quelle que soit la date, c'est parfait.

Je vis une existence de cénobite – sans aucune nouvelle. Les Paley doivent venir quelques jours la semaine prochaine. Peut-être auront-ils quelque chose à me raconter ? On verra. Ah ! si, j'ai eu un appel téléphonique de New York (à propos, mon numéro ici : PALAMOS 45), et j'ai entendu une petite voix cassée qui cherchait à traverser l'espace : Gloria Vanderbilt. Elle voulait m'apprendre :

1) qu'elle divorçait d'avec Sidney Lumet ; 2) qu'elle venait passer un mois en Europe.

J'ai eu quelques échos concernant le banquier que Slim va épouser. Babe Paley l'a rencontré et pense que c'est un homme très bien. Mais d'autres (les Tree, par exemple) pensent le contraire. Peu importe, du moment qu'elle l'aime, elle.

Pouvez-vous m'envoyer la correspondance d'Oscar Wilde qui vient de paraître ? Pas en cadeau. C'est sûrement extrêmement cher. Je vous rembourserai en pesetas.

Vous me manquez et je vous aime.

T

P.-S. Oliver Smith m'a écrit qu'Irene Selznick était venue dîner chez lui, s'était soûlée à mort et avait dormi DIX heures d'affilée.

[Collection St. John's College, Cambridge University]

À ARCH PERSONS

[Palamos, Espagne]
11 juillet 1962

Cher A.,

Je reçois ta lettre m'informant des problèmes de l'oncle Seabon. Je l'ai toujours beaucoup aimé et si je pouvais lui venir en aide, je le ferais immédiatement. C'est malheureusement impossible. Mon argent (et j'en ai beaucoup moins que les gens ont l'air de le croire) est en francs suisses, dans des banques suisses, et, pour des raisons qui seraient trop longues à t'expliquer, si je changeais une forte somme de francs suisses en dollars, ce serait extrêmement dangereux pour moi. Je n'ai gardé qu'un petit compte bancaire en Amérique, qui couvre à peine mes besoins personnels. Joe Capote lui-même, qui, au cours des neuf dernières années, m'a extorqué plusieurs milliers de dollars, a compris que c'était désormais impossible. Je suis franchement désolé pour l'oncle Seabon et je trouve que tu es vraiment très gentil de vouloir l'aider.

J'ai reçu une adorable lettre de ma grand-mère. C'est une femme exceptionnelle : idées claires, écriture impeccable.

J'espère que tu passes un bon été. Mes meilleures pensées à ta femme, et toute mon affection.

T

[Collection New York Public Library]

À NEWTON ARVIN

[Palamos, Espagne]
18 juillet 1962

Bien cher Sign.,

Ne pourrais-tu pas t'efforcer d'être un peu moins modeste ? J'aimerais voir le compte rendu du lecteur qui a lu ton manuscrit. C'est un livre brillant, je le sais, une réussite parfaite, et je suis plus heureux pour toi que je ne saurais le dire.

Merci de m'avoir donné ton avis sur la petite Introduction de Schorer. Elle ne me satisfait pas complètement, sans savoir pourquoi, et j'ai laissé Random House la publier telle quelle.

La réflexion de Granville Hicks, estimant que tout roman est une « grande » œuvre, m'a beaucoup fait rire. C'est ton plus ancien ami, je le sais (après Dave Lilienthal), mais, de toi à moi, c'est un idiot qui n'a pas un iota de goût et de talent. Sois franc : tu es d'accord ? De toute façon, je n'ai pas lu le roman de James Baldwin dont il parlait. Je déteste les romans de Baldwin, lourdement écrits et d'un ennui vraiment casse-bonbons ! Ses essais sont parfois plus intéressants, mais pourquoi se croit-il obligé de toujours terminer sur une note d'espoir, une sorte d'hymne à l'avenir triomphant ? (Ouvres-en un, lis le dernier paragraphe, et tu comprendras ce que je veux dire.)

Même si c'est excellent pour le travail, je n'aime pas que tu passes l'été dans une telle solitude. Que devient Al Fisher ? N'est-il toujours pas remarié ? Je l'espère. Et Dan Aaron ? Ont-ils tous disparu ?

Te souviens-tu de Duncan Aswell ? Le petit garçon de Marylou ? C'est devenu un grand jeune homme de 25 ans, d'une intelligence vraiment étonnante, très séduisant, et folle perdue, bien sûr. L'hiver prochain, il enseigne à Columbia University.

Écris-moi, mon cher cœur. Toute mon affection.

T

P.-S. Ce qui n'allait pas en Corse ? Tout. Mais en premier lieu, les Corses eux-mêmes, qui cumulent les pires défauts des Français et ceux des Italiens.

[Collection Smith College Library]

À CECIL BEATON

[Palamos, Espagne]
26 juillet 1962

Bien cher C.

25 août ? Parfait. Précisez-moi le numéro du vol et l'heure d'atterrissage. Je vous enverrai une voiture.

Devinez qui est ici pour quelques jours ? Gloria Vanderbilt, flanquée d'une dame de compagnie, Tammy Grimes – qui porte des sourcils en vison et un bikini en cuir.

Les Paley sont venus la semaine dernière et nous avons été beaucoup, beaucoup plus sociables que d'habitude.

J'espère que vous vous reposez tranquillement à la campagne.

J'ai reçu la correspondance de Wilde. Mille mercis. C'est un livre incroyable. Une révélation. Nous en parlerons longuement.

Avec quelle impatience j'attends votre visite ! Je vous embrasse et je vous aime.

T

[Collection St. John's College, Cambridge University]

À ALVIN ET MARIE DEWEY

[Palamos, Espagne]
3 août 1962

Chère Famille que j'aime,

J'attendais un télégramme, ou une lettre (concernant la date), mais peut-être est-ce en route. Quand partez-vous en vacances ? Et où ? Au Colorado ?

Gloria Vanderbilt a passé quelques jours ici. Il y a un nouvel homme dans sa vie. C'est top-secret, mais je vais vous l'apprendre, car il faut absolument que j'en parle à quelqu'un : c'est tellement fantastique ! Nelson Rockefeller ! Dieu sait ce qu'il adviendra – mais s'ils finissent par se marier, ce sera vraiment quelque chose d'incroyable. Pas d'autre visite, à part Jack et Drue Heinz (oui, parfaitement, les fabricants du ketchup Heinz, 57 variétés) qui sont venus deux jours en yacht.

Changeons de chapitre. La lettre de Renard Rusé qui arrive à l'instant répond à toutes les questions du premier paragraphe. Je suis heureux d'apprendre que votre départ est proche. Un jour, et un jour pas trop lointain j'espère, vous viendrez me rejoindre à New York et nous passerons des vacances du tonnerre !

Un (vrai) renard, très féroce, rôde dans les environs, ce qui nous oblige à enfermer Diotima la nuit dans la maison, et Diotima n'est pas contente du tout.

Avez-vous des nouvelles des Tate ? Cela fait un ou deux mois que vous n'en parlez plus. Je suppose qu'ils sont au Colorado. Qu'est-il arrivé au capitaine Burtis ? Quel est son prénom, à propos ? Je ne l'ai jamais su exactement. J'aimerais lui envoyer une lettre de consolation.

J'ai mis le livre de côté pendant quelques jours pour écrire un article que m'avait demandé *McCalls*. Ce qui m'a semblé très difficile : 1) parce que je ne fais ce genre de choses que pour l'argent, et ce n'est jamais une raison suffisante pour écrire quoi que ce soit ; 2) parce que je déteste travailler à autre chose qu'à ce livre.

Très heureux que mon inspecteur préféré ait si vite résolu les deux ou trois affaires qu'il avait en cours. Marie suit-elle bien son régime ? Moi, j'ai renoncé au mien en attendant la Suisse.

Affection aux garçons. Je vous embrasse tous.

T

[Collection New York Public Library]

À NEWTON ARVIN

[Palamos, Espagne]
8 août 1962

Bien cher Sign.,

Je voulais t'écrire depuis longtemps, mais une crise de rhumatisme dans la main droite m'a empêché d'écrire quoi que ce soit. Le médecin estime du moins que c'est un rhumatisme. Quoi qu'il en soit, c'est infiniment douloureux. Ça l'était plutôt. Quelques cachets écœurants que j'ai avalés semblent en être venus à bout.

Je ne parviens pas à croire à la mort de Marilyn Monroe. Une femme d'un si grand cœur, d'une pureté absolue, qui rejoignait si parfaitement la cohorte des anges. Pauvre petite enfant. Que Dieu l'ait en sa garde.

As-tu lu l'article de John Aldridge dans le *Times Book* de juillet ? Il m'attaque, en même temps que Norman Mailer, etc. Ce qui m'a rendu furieux (inutile de le préciser) et m'a semblé totalement merdique. De vagues jugements superficiels qui ne s'appuient sur rien : « Capote est l'exemple type d'une précocité dont il a fait carrière » – ça veut dire quoi ? Si tu l'as lu, donne-moi franchement ton avis.

J'aimerais passer quelques jours avec toi, en mars ou avril. J'ai beaucoup de choses à te dire. Et je tiens à ce que tu lises mon manuscrit tant qu'il est encore modifiable.

À propos de Duncan Aswell : il donne à Columbia (département d'anglais) un cours qui a pour titre « De Homère à Dostoïevski » – vaste programme, non ? Je sais qu'il possède un appartement, mais j'en ignore l'adresse. Pourquoi aurais-tu besoin d'une lettre d'introduction ? Il se souvient parfaitement de toi. Il est devenu très brillant et très séduisant.

J'espère que tu en as terminé avec toutes tes corvées et que tu recommences à écrire.

Toute mon affection, tendre ami.

T

[Collection Smith College Library]

À ALVIN ET MARIE DEWEY

[carte postale]
[Palamos, Espagne]
8 août 1962

Chers amis de cœur,

Vécu hier une grandiose aventure : un incendie de forêt qui a tout ravagé autour de nous et a menacé de détruire notre maison. Quand les pompiers (ils étaient au moins 400) nous ont demandé d'évacuer la maison, je n'ai emporté qu'une seule chose : le livre et ce qui s'y rattache. Dieu merci, la maison a été épargnée. Je suis tellement triste pour Marilyn Monroe. C'était une femme adorable, une amie très proche. Je l'aimais.

Je vous serre dans mes bras.

T

[Collection New York Public Library]

À ALVIN ET MARIE DEWEY

[Palamos, Espagne]
16 août 1962

Chère Famille que j'aime,

Vous devez être à Cuchara aujourd'hui. J'espère qu'il y fait frais et que vous y serez heureux. Merci pour les coupures de presse – excellente, la photographie d'Alvin. Quel bonheur que Dale Corley ait posé sa candidature. J'aimerais pouvoir voter pour lui.

En ce qui concerne sa théorie par rapport à la date d'exécution de la sentence, elle me paraît parfaitement logique. Mais je vois mal un gouverneur d'État dicter sa conduite à la Cour suprême. Et je trouve déplaisant de se jouer ainsi de la politique. Quelle qu'en soit la raison, c'est vraiment trop déprimant. Novembre ! Seigneur Dieu ! On n'en verra jamais la fin ? Au moment précis où j'espérais que les choses s'accéléreraient ! Je me sens plus découragé que jamais. Essayez de savoir ce que pense Harrison, l'avocat d'Hickock. Il doit entendre toutes sortes de rumeurs à Topeka.

Aucune visite en ce moment, mais Cecil Beaton (sa photographie, etc., figure dans le livre d'Avedon : *Observations*) arrive le 25 pour une semaine. Après lui, personne (je l'espère) et je reprendrai mon livre. Dieu sait pourquoi, d'ailleurs. J'ai le sentiment que je ne parviendrai jamais à le publier.

Je vous ai raconté l'incendie de forêt qui a presque tout ravagé autour de nous. Absolument terrifiant. Si le vent s'était levé, nous aurions été prisonniers : une seule issue, la mer.

Aucune nouvelle de Gloria Vanderbilt et de Rockefeller. Elle est en Californie pour quelques semaines. Même chose pour Nelle – vraie petite canaille ! Elle a commencé un roman et je sais qu'elle travaille beaucoup. Mais, croyez-moi, elle vous aime. Vous serez les premiers à la voir ressusciter.

Je mets tout mon espoir dans l'élection de Dale Corley. Pensez-vous que ce soit possible ?

Vous me manquez et je vous aime.

T

[Collection New York Public Library]

À ALVIN ET MARIE DEWEY

[Palamos, Espagne]
23 août 1962

Chers amis de cœur,

Êtes-vous rentrés de Cuchara ? Y étiez-vous heureux ? J'aurais tant aimé vous y rejoindre.

Reçu aujourd'hui les instructions pour le renouvellement de mon permis de conduire. J'ai soigneusement rempli le formulaire, envoyé le chèque et donné comme adresse votre chère Boîte postale 4, à Green City. Quand il arrivera, il vous suffira de me le faire suivre.

J'ai également reçu la jaquette pour le volume de *Morceaux choisis* que Random House publie en mars. Elle est très, très élégante, et je suis sûr qu'elle vous plaira. Mais je préférerais de loin que ce soit celle de notre livre.

Si je pense à ce diable de gouverneur Anderson, mon sang ne fait qu'un tour. À ce propos, si l'on y réfléchit, la théorie de Dale n'était pas si logique que ça. Car, de toute façon, Hickock et Smith ne pouvaient pas être exécutés avant les élections (ç'aurait été trop beau !). Ils auraient simplement fait appel auprès des cours fédérales. Prétendre qu'Anderson désirait qu'on repousse la décision concernant la date n'a donc aucun sens. Oui ou non ? D'ailleurs, la façon dont toute cette affaire est conduite n'a jamais eu beaucoup de sens.

Les Selznick sont en Europe et viendront peut-être nous voir le mois prochain. Jennifer a décidé d'abandonner le cinéma ; car elle se prétend épuisée de veiller constamment sur sa ligne. J'ai complètement perdu la mienne, mais je suis heureux de savoir que Marie continue son régime et garde la sienne ! Je vous aime tous et vous me manquez.

Affection

T

[Collection New York Public Library]

À MARIE DEWEY

[Palamos, Espagne]
4 septembre 1962

Bien chère Marie,

Reçu aujourd'hui votre si gentille lettre et toutes les coupures de presse. J'ai honte de « paniquer » comme je l'ai fait, mais je suis totalement dévoré par ce livre, car tout mon avenir d'écrivain s'y trouve engagé, et toutes ces incertitudes concernant la réussite de mon travail me tuent littéralement. Je dois dire que vous êtes, Alvin et vous, d'une si incroyable patience envers moi, si profondément amicaux, que je vous suis reconnaissant du fond du cœur.

Ceci n'est qu'une note accompagnée d'un chèque, pour vous demander d'acheter une bouteille du scotch préféré d'Alvin et de la lui offrir de ma part pour son anniversaire.

Votre ami de toujours

T

[Collection New York Public Library]

À BENNETT CERF

[Palamos, Espagne]
10 septembre 1962

Cher B.,

Franchement, oui : je trouve la jaquette très élégante, elle ne pouvait me plaire davantage et je vous en remercie.

En ce qui concerne *De sang-froid*, j'écris toujours la troisième partie (il y en aura quatre). C'est la plus longue : 40 000 mots environ. Quand je l'aurai terminée (en février, j'espère), je rentrerai aux États-Unis. J'aurai alors écrit les trois quarts du livre et je l'achèverai sur place. N'oubliez jamais, je vous en prie, qu'il m'est impossible d'écrire la fin tant que l'affaire elle-même n'aura pas trouvé sa conclusion légale, c'est-à-dire tant que Perry et Dick n'auront pas été pendus (ce qui est la fin la plus probable), ou n'auront pas obtenu une commutation de peine (presque impossible à croire). Les différents recours en appel devant les cours fédérales ne permettent pas d'espérer quoi que ce soit avant l'été prochain.

Je pense malgré tout que vous aimerez mon travail. Vous avez trouvé la première moitié passionnante – attendez la suite ! C'est le livre le plus éprouvant que j'aie jamais écrit (Seigneur Dieu !) et une véritable torture pour moi de m'y plonger jour après jour. Mais le résultat en vaudra la peine – je le sais !

Toute mon affection à Phyllis, mais gardez-en un peu pour vous.

T

[Collection Columbia University Library]

À ALVIN DEWEY

[Palamos, Espagne]
15 septembre 1962

Cher Alvin,

Je traversais la ville en voiture quand j'ai vu le préposé du bureau de poste sortir en faisant de grands gestes, comme s'il savait avec quelle impatience (et quel plaisir) j'attendais votre télégramme. Je l'ai. Soyez-en remercié, cher Renard. Vous êtes mon ami préféré. Ainsi, c'est pour le 25 octobre. Une date, enfin ! J'ai confiance, je prie, j'espère. Mais je me demande ce qui risque de se passer. L'avocat Shyster Shultz continue-t-il son enquête ou est-il hors jeu ? Hickock et Smith vivront-ils en paix jusqu'à un âge avancé ou seront-ils enfin pendus, à la grande satisfaction de bien des gens ? Si vous voulez connaître la réponse à ces questions, et à toutes celles qui restent en suspens, écoutez demain votre émission de radio préférée : « La justice dans l'Ouest américain », sponsorisée par la Compagnie des décisions lymphatiques et mollassonnes. Producteur : État du Kansas.

Je suis heureux que les fils Dewey commencent une année d'études, de travail et de jeux.

Je quitte Palamos le 1er octobre, en route pour la Suisse (Verbier, Poste restante). Le 15, j'irai passer une semaine à Paris et à Londres. Je pense vous téléphoner de là-bas, juste pour le plaisir d'entendre vos chères, ô combien chères voix.

J'aimerais d'ici là recevoir les précisions suivantes : Votre père est-il enterré à Valley View ? Quelles sont les dates de sa naissance et de sa mort ? Quelle est l'inscription gravée sur la tombe ? C'est très important. Répondez-moi, si possible, par retour du courrier.

Affection à tous.

T

[Collection New York Public Library]

À ALVIN ET MARIE DEWEY

Verbier
8 octobre 1962

Précieux amis,

J'ai beaucoup aimé votre carte d'anniversaire. Merci à tous, et particulièrement à Pete-le-chat.

Les douleurs d'estomac d'Alvin m'inquiètent. Il a sûrement un bon médecin et j'espère qu'il se sent mieux (mais je sais que ce genre de problème peut durer longtemps).

Beaucoup de choses à vous raconter. Nous avons eu (en Espagne) un violent cyclone accompagné d'inondations – plus de mille morts ou disparus, des milliers de sans-abri, une terrible catastrophe. Nous avons échappé au pire, mais la situation était assez sinistre – pas d'électricité, routes noyées, vagues déferlant jusqu'à notre porte. MAIS, ayant survécu à l'épreuve, nous (Charlie J., Diotima, mon ami Jack Dunphy et moi) sommes aussitôt partis pour la Suisse – deux jours de voyage. À la frontière franco-espagnole, nouvelle catastrophe. *Ma carte grise** (le document qui permet à une voiture de passer d'un pays dans un autre) était périmée depuis cinq mois. Les douaniers français ont refusé de nous laisser pénétrer en France (la voiture contenait environ huit tonnes de bagages), et les douaniers espagnols nous ont prévenus que si nous la laissions en Espagne, ils la mettraient sous scellés. Quel dilemme ! Finalement, nous avons laissé la voiture à la frontière, pris un taxi jusqu'à Perpignan, la ville française d'une certaine importance qui était la plus proche, et j'ai passé deux jours d'enfer à errer d'un bureau à l'autre. On me répétait partout que je devais abandonner la voiture ou payer 1 000 dollars de droits de douane et attendre huit à dix jours une nouvelle carte grise. Mon sang n'a fait qu'un tour. J'ai décidé de montrer à ces gens-là qu'ils n'avaient pas affaire à n'importe qui. J'ai appelé Paris au téléphone, obtenu la communication avec mon ami le ministre français de l'Industrie, et trois heures plus tard, après tous ces atermoiements, je rentrais en France avec ma voiture dans un festival de courbettes, de saluts obséquieux et d'excuses à n'en plus finir. Moralité – cynique – de cette aventure : ne jamais perdre votre temps avec les subalternes – si vous en avez les moyens, adressez-vous directement aux puissants.

Nous sommes enfin à Verbier, et c'est un endroit parfait. À part un court séjour à Paris et à Londres, courant novembre, j'ai l'intention d'y travailler à NOTRE livre jusqu'au premier trimestre 1963, date à laquelle je retournerai à New York (et à Garden City).

Mon Dieu ! Vous rendez-vous compte que cette affaire dure déjà depuis trois ans ? Eh oui ! En commençant ce livre, j'étais encore un très agréable jeune homme. Aujourd'hui, je suis gras, chauve, entre deux âges – sérieusement, je descends vraiment cette pente-là.

Que les garçons travaillent si bien à l'école me rend très fier. Je les considère comme mes neveux.

L'avocat Shultz a donc disparu ? Et nous avons maintenant affaire à un inconnu, Mr Turner ? Je me demande si je ne préférais pas Shultz. On savait au moins que c'était une baudruche.

Écrivez-moi. Je vous aime tous et vous embrasse.

T

[Collection New York Public Library]

À NEWTON ARVIN

Verbier, Suisse
15 octobre 1962

Cher Sign.,

Il y a des êtres pour lesquels on éprouve l'amitié la plus attentive, la plus patiente et la plus tendre, et qui peuvent d'un seul coup sortir de votre vie pour une raison bien simple : ils appartiennent, sur le plan psychologique, à une race très particulière, ceux qui n'écrivent que si on leur écrit, ne téléphonent que si on leur téléphone. Si on ne leur écrit pas soi-même, si on ne leur téléphone pas, on reste à jamais sans nouvelles. Je connais quelques spécimens de cette race-là, et leur égocentrisme, leur mentalité œil-pour-œil, m'ont toujours fasciné. Phoebe Pierce en fait partie. Je suis sans nouvelles d'elle depuis six ans, parce qu'un jour j'ai décidé de la tester et j'ai attendu qu'elle m'appelle. Ce qu'elle n'a jamais fait. Jamais. Après seize ans de l'amitié la plus fidèle, sans l'ombre d'un nuage. Le silence. Elle doit agir, bien sûr, de la même façon avec n'importe qui. Comme je l'ai dit, c'est une race. Barbara Lawrence en est un autre exemple. Jack Dunphy également. Et toi, mon bien cher. Quand je t'ai appelé de New York, l'hiver dernier, tu m'as dit : « Je pensais justement à toi. Je me disais que je n'entendrais jamais plus parler de toi. » Pourquoi, moi, n'ai-je plus jamais entendu parler de toi ? Pourquoi, avec des gens comme toi, faut-il toujours que l'initiative vienne de l'autre ? Je pourrais être abandonné, je pourrais être malade, j'aurais pu être noyé, le mois dernier, par le cyclone qui s'est abattu sur l'Espagne (et j'étais à deux doigts de l'être), tu n'aurais pas fait le moindre effort pour t'en inquiéter. Il n'y a aucune intention critique dans ces réflexions. J'essaie seulement de comprendre pourquoi des gens comme toi, comme Phoebe, comme Jack, sont ainsi faits. Mais je suis certain que tu vas m'écrire pour me l'expliquer. Tu es toujours d'une absolue méticulosité pour répondre à ceux qui t'écrivent.

Je suis revenu à Verbier, écrasé par le poids de ce livre interminable – quatre années bientôt que j'y travaille. J'espère que tu t'es débarrassé de toutes les corvées alimentaires et que tu vas te plonger enfin dans ce mystérieux projet qui me paraît si excitant.

As-tu lu l'admirable volume de correspondance d'Oscar Wilde, édité par Rupert Hart-Davis ? Je suis incapable de dire à quel point j'ai été bouleversé. Pauvre martyr. Rien ne lui a été épargné. Rien. Je pense que le livre doit être édité, ou sur le point de l'être, en Amérique. Sinon, je peux te l'envoyer.

Fais mes amitiés à Howard Doughty quand tu lui écriras. J'ai commandé son livre et le libraire m'assure qu'il l'a mis à la poste, mais je n'ai rien reçu encore.

Avec toute mon affection, cher Sign. Je te serre dans mes bras.

T

[Collection Smith College Library]

À ALVIN ET MARIE DEWEY

[Verbier, Suisse]
Dimanche 20 octobre 1962

Bien chers cœurs,

Quelle semaine ! Presque entièrement passée à téléphoner à Mr Shawn, qui a ensuite téléphoné à l'ami Clifford

Hope, puis m'a rappelé, et je l'ai appelé une seconde fois, et de nouveau il a appelé Clifford – ainsi pendant des heures à attendre devant ce foutu appareil ! J'avais finalement décidé de prendre l'avion, acheté le billet, fait ma valise, et à l'instant où je partais, j'ai reçu trois télégrammes (l'un de Shawn, l'autre de Bennett Cerf, le troisième de Clifford) m'apprenant que la date de l'exécution était de nouveau reportée et que le voyage devenait inutile. Nous en sommes donc revenus au point de départ – eh oui ! À ceci près que je me suis offert une dépression nerveuse.

Alvin, quand ce moment arrivera enfin (que Dieu nous vienne en aide !), il faut que vous soyez présent. J'ai prévu depuis le début que vous me serviriez de témoin privilégié, et je préfère, dans un certain sens, que ce soit vous plutôt que moi. Je trouve choquant que cela puisse poser un problème. Vous êtes la seule personne à avoir une véritable raison d'y assister.

Comment s'est déroulé le match de football à Lawrence ? Je suis sûr que les garçons étaient enchantés. Vous aussi sans doute. J'espère que les problèmes d'estomac s'apaisent.

Un moment bien agréable, la semaine dernière : j'ai passé une soirée chez les Chaplin, et j'y ai fait la connaissance de leur dernier-né, un petit garçon de trois mois, leur huitième enfant ! Incroyable ! Oona a toujours l'air d'avoir 22 ans (elle en a 38), et imaginez Charlie ! 73 ans, toujours sur la brèche !

Je vous aime tous les deux, et les garçons et Pete-le-chat.

T

P.-S. J'ai découvert un nouveau vétérinaire qui semble faire le plus grand bien à Charlie J. Fatburger.

[Collection New York Public Library]

À NEWTON ARVIN

[carte postale]
Verbier
25 octobre 1962

Sign.,

Cette carte le prouve : tout est pardonné. J'irai, c'est promis, te voir au printemps prochain – pourvu que nous survivions à la crise de Cuba, à la crise de Berlin, etc. Je t'écrirai bientôt longuement et je te donnerai de vraies nouvelles.

À toi,
T

[Collection Smith College Library]

À CECIL BEATON

Verbier
30 octobre 1962

Mon très cher,

Cette lettre vous trouvera-t-elle enfin libéré – mais épuisé, bien sûr – des enivrements de l'industrie automobile de Detroit ? Je l'espère, et j'espère en même temps que vous en rapportez un chèque conséquent.

Il a neigé ici pendant trois jours – le paysage est magnifique. Mais je suis inquiet pour Charlie J. Les pilules que lui a prescrites le vétérinaire semblent heureusement lui faire du bien.

J'adorerais, c'est évident, dîner chez vous avec Edith Sitwell, June Osborn et la reine mère ! Fabuleux projet ! Nous arrivons à Paris le 16 novembre, et je m'arrangerai pour être à Londres le 25. Pourrai-je passer ces quatre ou cinq jours à Pelham ? S'il y a le moindre problème, dites-le franchement. J'irai chez Slim ou au *Connaught.*

J'ai reçu (sans aucune raison) une lettre de Saint-Subber. Si j'ai bien compris, il aurait acheté une maison au coin de la 64e Rue et de Park Avenue !!! Il produit un film et une pièce avec Tony Perkins, dont les répétitions viennent de commencer. Surprenant, non ?

Je ne sais pas encore où nous descendrons à Paris. Si c'est impossible au *Continental*, le *Vendôme.*

Je travaille avec une concentration si intense que les événements de Cuba eux-mêmes ne parviennent pas à me distraire.

Jack me charge de ses amitiés pour vous. Meilleures pensées à Eileen. Je vous serre dans mes bras.

[Collection St. John's College, Cambridge University]

À DONALD WINDHAM

Verbier
2 novembre 1962

Cher cœur,

Il est six heures du matin. Je suis levé depuis près d'une heure : brossé, baigné, étrillé pendant une demi-heure (ma gymnastique quotidienne), ai sorti Charlie J. et suis confortablement assis à ma table, dégustant un grand bol de tisane de menthe verte bouillante. Mais oui, mon cher, nous autres, montagnards, nous couchons avec les poules, nous levons aux aurores et menons une existence de spartiates.

Peux-tu m'envoyer les épreuves de ta nouvelle publiée par le *New Yorker* ? Je ne le trouve pas ici. On devrait en principe le recevoir chaque semaine, mais il n'arrive jamais

Tu m'avais annoncé, il y a plusieurs mois, que Sandy allait publier une étude consacrée à E. M. Forster. J'aimerais beaucoup la lire.

J'espère que ta nouvelle – celle qui doit te permettre de boucler ton prochain recueil – avance bien. Peut-être même est-elle terminée ?

Oui, quand nous reviendrons à New York en février, nous nous installerons au 70 Willow Street. Les peintures sont refaites.

À propos, j'ai l'impression que Sandy a décroché la meilleure place qui soit au *New Yorker*, en tant que vérificateur d'informations. J'adore ce service-là. Mr Perls m'est d'un grand secours pour mon GRAND ŒUVRE.

Savais-tu que J. R. Ackerley s'était vu décerner en Angleterre un prix littéraire très prestigieux ? J'en ai oublié le nom, mais je sais qu'il rapporte beaucoup d'argent. Il l'a obtenu pour *Tout le bien du monde*. Si tu lui écris, félicite-le de ma part.

J'étais sur le point de partir pour le Kansas la semaine dernière pour rendre visite à mes amis avant la pendaison. Au dernier moment, ils ont obtenu un nouveau délai, pour pouvoir faire appel devant les cours fédérales. Incroyable !

Les critiques anglais sont très sévères pour Katherine Anne Porter, et très injustes. Angus Wilson notamment a écrit un article parfaitement odieux.

Oui, Jared French habite toujours dans cette ville pourrie. Il écrit souvent à Jack, mais Jack ne me fait jamais lire ce qu'il lui raconte. Il prétend que je suis une pipelette !?!? Je crois que Jared subvient aux besoins d'une famille (plus exactement, c'est Margaret French qui débourse) et couche avec le père. Encore une de ces situations…

As-tu vu la pièce d'Albee : *Qui a peur de Virginia Woolf ?*

Tu me manques. Écris-moi. Toute mon amitié.

T

[Collection Beinecke Library, Yale University]

À ALVIN ET MARIE DEWEY

Verbier
5 décembre 1962

Chers amis de cœur,

Quelle joie, l'autre nuit, d'entendre vos si chères voix (c'était l'après-midi pour vous). La communication était excellente, j'avais l'impression d'être à l'hôtel *Warren*. Mais j'ai ressenti davantage, hélas, à quel point vous me manquez.

J'ai repris mon livre avec une énergie retrouvée et un œil neuf – j'étais vraiment mort de fatigue, et ce petit voyage à Paris et à Londres m'a requinqué. Je vous raconte le déjeuner royal ! Nous étions six invités. J'étais assis à côté de la reine mère, une petite femme assez boulotte, jolie, charmante. Entre autres choses, nous avons parlé du livre, de vous, de Garden City. Le déjeuner s'est prolongé jusqu'à trois heures (le dessert : une pure merveille, le meilleur gâteau que j'aie jamais mangé, une sorte de crème au chocolat fourrée de framboises fraîches). Les femmes portaient des chapeaux. Celui de la reine mère, rouge vif, immense, était épinglé d'un énorme rubis. On nous a d'abord servi des cocktails, puis trois vins différents au cours du repas, et pour finir, un cognac. En sortant, j'avais comme l'impression de tanguer. Inutile d'ajouter que j'ai bien d'autres choses à vous raconter, mais j'attends de pouvoir le faire de vive voix en sirotant nos propres cocktails.

J'ai vu que le vieux Mac avait écrit la nécrologie de Lee Andrews. Pas très intelligent, cet homme-là. Il se contredit lui-même d'une phrase à l'autre.

Je glisse un chèque dans cette enveloppe pour que vous vous offriez un cadeau de Noël qui plaise à toute la famille. Quelque chose pour la maison. Ou ce que vous voulez.

Je vous aime et vous serre dans mes bras.

T

[Collection New York Public Library]

À DONALD CULLIVAN

Verbier
11 décembre 1962

Cher Donald,

Le Brésil ? Ça vous fascinera. J'y ai été il y a une dizaine d'années. J'ai bien aimé Rio, et véritablement adoré Bahia. La région où vous allez résider est beaucoup plus sauvage, mais au bout d'un certain temps je suis sûr qu'elle se révélera passionnante. Je suis passé très rapidement à Recife – il y fait une chaleur d'enfer, et la présence d'un ingénieur sanitaire sera là-bas d'un grand secours.

En ce qui concerne Perry, et quoi qu'il arrive, il n'aura plus longtemps à attendre. Le jeune Lee Andrews, qui occupait le couloir de la mort avec Dick et Perry, a été exécuté la semaine dernière. Je viens d'envoyer un chèque à Perry en cadeau de Noël et lui ai donné de vos nouvelles. Quand mon livre sera-t-il publié ? Je l'ignore. Pas avant un an au plus tôt. Il est très long. J'en ai écrit près de 80 pour cent. J'espère que vous l'aimerez. J'en suis même pratiquement sûr.

J'ignore tout du nouveau livre qu'écrit Nelle. Un roman, assez court je crois. Elle est tellement secrète !

Don, restons en contact. Je vous tiendrai au courant des événements. J'espère que cette aventure brésilienne sera d'un grand profit pour votre famille et vous-même.

Fidèlement

Truman

[Collection Donald Cullivan]

À MABEL PURCELL

[Verbier, Suisse]
14 décembre 1962

Bien chère Grand-Maman,

Comme tu peux le constater, je suis encore à Verbier, mais je compte regagner New York début mars. J'espère que l'oncle John et sa femme vont bien et que vous passerez tous ensemble un joyeux Noël.

En ce qui concerne Arch, et la façon dont il se plaint de mon indifférence, je t'explique : j'avais engagé avec lui au printemps dernier un très amical échange de correspondance. Je lui ai écrit une lettre très affectueuse qui contenait quelques photographies de moi. Sans faire la moindre référence au ton personnel de ma lettre, sans même parler des photographies, il m'a répondu une interminable lettre d'affaires, m'enjoignant de lui envoyer un chèque de 10 000 dollars à l'ordre de l'oncle Seabon Faulk (pour lui permettre de reprendre sa place sur le marché du travail, car il avait de graves difficultés financières). J'ai répondu, courtoisement, qu'il m'était impossible de renflouer l'oncle Seabon. Arch ne m'a plus jamais écrit.

Tu m'as appris un peu plus tard qu'Arch avait lui-même des problèmes d'argent. S'il m'avait directement demandé de lui en envoyer, je l'aurais sans doute fait. Mais il n'a pas du tout agi de cette façon.

Étant donné ce que je viens de t'expliquer, je ne pense pas qu'on puisse me reprocher de ne pas avoir avec lui ce qu'il appelle des relations « normales ».

Quoi qu'il en soit, toute cette histoire m'a profondément blessé et si j'ai tenu à t'écrire, c'est pour que tu sois au courant.

Toute mon affection.

Truman

P.-S. J'étais à Londres la semaine dernière. La reine m'a invité à déjeuner ! Elle est très charmante, très jolie et très intelligente !

[Collection Gerald Clarke]

À ALVIN ET MARIE DEWEY

[Verbier, Suisse]
22 décembre 1962

Bien chers Tous,

Votre colis vient d'arriver. J'ai décidé de ne pas attendre le matin de Noël pour l'ouvrir. J'ADORE cette chemise ! Elle s'harmonise admirablement avec le reste de ma collection excentrique. C'est si gentil à vous. Mille et mille mercis.

Devinez qui vient d'arriver ? Le ménage Selznick. Ils vous envoient leurs amitiés et leurs meilleurs vœux de Nouvel An. Jennifer est superbe – difficile de croire qu'elle a un fils de vingt-deux ans. Il faut dire qu'elle prend fantastiquement soin de son apparence. Ils repartent le 5 janvier pour la Californie.

J'ai reçu une carte virulente de Myrt Clare. Comme elle n'est plus postière à Holcomb, elle se répand en accusations diffamatoires sur celui qui l'a remplacée. Reçu également une carte de Josie Meier, qui m'apprend que les autorités du Kansas ont demandé à son mari d'assister à l'exécution de Dick et Perry. Pourquoi diable souhaitent-elles la présence de Wendle Meier et pas celle d'Alvin Dewey ? Informez-moi le plus vite possible de ce que vous apprendrez concernant la Cour suprême. J'ai rencontré Byron White, qui est un intime du président Kennedy, et vient d'être nommé à la Cour suprême des États-Unis. S'il peut donc intervenir en quoi que ce soit...

J'ai eu confirmation par télégramme que les peintures de notre appartement avaient bien été refaites et que tout était prêt pour nous recevoir. J'aimerais partir maintenant – il neige depuis cinq jours et les congères sont si hautes que le pauvre Charlie J. ne peut même plus franchir la porte pour faire (comme disent les gens bien élevés) ses petits besoins. Et ses gros !

Heureux que vous n'ayez pas coupé en quatre mon cadeau de Noël. Qu'auriez-vous fait de 12 dollars 50 chacun ? C'est une bien meilleure idée d'avoir tout englouti au *Broadmoor*.

Bonne et heureuse année, mes bien chers. Écrivez-moi vite une de vos tendres lettres pleines d'affection.

Je vous serre dans mes bras.

T

[Collection New York Public Library]

À WILLIAM SHAWN

[Verbier, Suisse]
26 décembre 1962

Cher Mr Shawn,

Random House va publier à la fin du mois prochain un volume de *Morceaux choisis* tirés de mes livres – qui mêlera la fiction et la non-fiction. Il comprendra notamment mon portrait de Marlon Brando et mon reportage en Russie. C'est un livre qui m'a demandé beaucoup de soins et de travail. Il comporte une Introduction de Mark Schorer. Je me permets de vous le signaler personnellement pour éviter d'être blessé (ce qui ne manquerait pas d'arriver) si votre magazine me traitait comme il m'a toujours traité : de façon insultante. Si le *New Yorker* estime impossible de faire de ce livre un compte rendu sérieux (je ne dis pas favorable, je dis sérieux), je vous demande de veiller à ce qu'on n'en parle pas du tout.

Mon travail sur le Kansas avance bien. J'en suis satisfait – bien que mort de fatigue. En ce qui concerne le Kansas lui-même, les derniers échos que j'en ai laissent espérer que la fin est proche.

Je ne sais pas encore si je vous envoie la troisième partie par la poste, ou si je vous la remettrai moi-même. Je ne suis plus très loin de l'avoir terminée. Oh ! Dieu...

Mes meilleurs vœux de Nouvel An.

À vous,

Truman C.

[Collection inconnue]

À ALVIN ET MARIE DEWEY

[Verbier, Suisse]
6 janvier 1963

Chers tendres cœurs,

Quel joyeux Noël vous avez passé ! Moi, savez-vous ce que j'ai fait ? Travaillé. Travaillé également la veille du Jour de l'An. Il le fallait. Sinon, je n'atteindrai jamais le point que je me suis promis d'atteindre avant mon départ. Je me couche à dix heures et me lève à quatre, jour après jour.

Merci pour la coupure de presse concernant la tombe des Clutter. J'avais envoyé ma contribution il y a plus d'un an et je pensais qu'elle devait être terminée. D'après ce que je lis, ce sera très beau.

Oui, vous devriez parler du Colorado avec le juge Tate et Lester McCoy. Connaissez-vous un endroit appelé Steamboat Springs ?

J'espère avoir bientôt des nouvelles de la Cour suprême. Avez-vous remarqué, à ce sujet, que Perry lui-même n'a jamais fait le moindre appel ? C'est toujours Hickock. Sans doute une sorte de ruse pour faire durer les choses deux fois plus longtemps. J'ai demandé à l'ami Clifford d'enquêter.

J'ai l'intention de revenir par avion. Pourvu que Swissair me permette de garder Charlie J. avec moi. Il est beaucoup trop fragile et nerveux pour voyager dans la soute. Dieu ! quel voyage en perspective – avec Charlie J., Diotima et un million de dollars de supplément de bagages !

Avez-vous reçu les *Morceaux choisis* ? Lisez *Une maison des hauteurs*. C'est le 70 Willow Street. Mark Schorer, qui a écrit l'introduction, dirige le département de langue anglaise à l'université de Californie.

Il est sept heures du soir. Je vais m'offrir un petit martini bien tassé. J'en ai sacrément besoin.

Qui vous aime ?

T (en tête de liste)

[Collection New York Public Library]

À NEWTON ARVIN

[Verbier, Suisse]
11 janvier 1963

Pauvre cher Sign.,

Quelle tristesse, ce diabète ! Personnellement, je supporterais mal d'être obligé de ne plus boire. Cela dit, je me croyais incapable d'arrêter de fumer. Je l'ai fait et n'en souffre absolument pas. Je suis si profondément navré, mon bien cher. J'espère que tu te sens mieux depuis que tu te soignes sérieusement.

J'attends impatiemment ton livre sur Longfellow. Pourvu que les journaux cessent leur grève avant sa parution ! Il aura, j'en suis sûr, de merveilleuses critiques.

J'ai presque écrit les trois quarts du mien (ce qui représente environ 100 000 mots), et je n'ai qu'un désir : m'en aller d'ici. Avant la fin du mois prochain, quoi qu'il arrive. Je vois rouge quand j'entends les mots : neige, montagnes, solitude – et ces bon Dieu de Suisses, d'une laideur qui dépasse tout ! La plus sinistre des petites rues américaines va me sembler un paradis.

Je t'aime profondément et te serre dans mes bras.

T

[Collection Smith College Library]

À BENNETT CERF

[Verbier, Suisse]
14 janvier 1963

Bien cher Bennett,

J'espère que ce mot vous parviendra avant votre départ pour la Barbade. (Oh ! Seigneur, comme j'aimerais vous y accompagner !) Quand vous reviendrez, je vous ferai lire la troisième partie de mon livre (dans les 40 000 mots), et croyez-moi, c'est une sacrée émotion en perspective. Mais, avant, je vous demanderai de relire les deux premières. La quatrième (à laquelle je travaille en ce moment) sera un livre à elle seule, mais j'aperçois le bout de la route.

Merci d'avoir envoyé les exemplaires des *Morceaux choisis* que je voulais offrir en cadeau.

J'aimerais, pour des raisons fiscales, toucher 12 000 dollars d'à-valoir sur *De sang-froid*. En deux chèques distincts, de 6 000 dollars chacun, envoyés ici, à Verbier. *Mucho gracias !* [*sic*]

J'espère que ma bien chère Phyllis, vos amis Arthur et Leonora Hornblow (faites-leur mes amitiés) et vous-même passerez de merveilleuses vacances.

Fidèlement,

T

[Collection Columbia University Library]

À ALVIN ET MARIE DEWEY

[Verbier, Suisse]
16 janvier 1963

Chers amis de cœur,

Je m'arrête à l'instant de travailler. J'ai tapé à la machine pendant sept heures d'affilée. Il est bientôt six heures et demie, l'heure du cocktail. Je vous écris en sirotant un martini on the rocks, et c'est un parfait amalgame de deux activités bien agréables.

Merci pour les coupures de presse et pour l'adorable lettre de Marie. Je crains de m'être mal expliqué : *Une maison des hauteurs* est le titre de l'un des textes de *Morceaux choisis*. J'ai demandé qu'on vous l'envoie. Il doit être sûrement arrivé. Il a été posté à New York et non ici. Il sera en librairie le 18 février. J'espère donc que les journaux new-yorkais ne seront plus en grève – pour permettre les comptes rendus et les placards publicitaires.

J'ai été obsédé, tous ces derniers jours, par l'idée que j'allais recevoir d'un moment à l'autre un télégramme concernant H et S et le verdict de la Cour suprême. J'avais demandé à l'ami Clifford de me télégraphier. Mais il est tellement pingre dès qu'il s'agit de télégraphe, et je ne comprends pas pourquoi – c'est mon argent, pas le sien. Hier, le 15, il devait en principe contacter deux personnes à Topeka et régler une fois pour toutes la question de ma présence aux adieux de H et S. Pourquoi ne m'a-t-il pas encore télégraphié ?

Alvin, j'estime que vous ne devez en aucun cas renoncer à votre régime. Vous allez être loin de chez vous et l'idée que vous risquez d'être malade m'inquiète beaucoup.

Marie m'écrit : si on ne vous permet pas de garder Charlie J. avec vous en avion, prenez le train. Mais, ma bien chère, comment un train pourrait-il traverser l'Océan ? Pauvre petit Charlie J. Il a vraiment souffert d'une mauvaise bronchite.

Amitiés aux enfants, à Mrs Dewey mère, et à la chère famille de La Nouvelle-Orléans.

Je vous serre tous dans mes bras.

T

[Collection New York Public Library]

À NEWTON ARVIN

[carte postale représentant Capote dans la neige de Verbier, tenant son petit bouledogue dans les bras]
[19 janvier 1963]

FORCE DE DISSUASION DE CAPOTE

Gare à toi, cher Sign., mon ami Charlie J. va s'occuper de toi. Il a appris à mordre les critiques littéraires ! Plus particulièrement un certain Kazin.

J'espère que tu te sens mieux. Comme tu peux le voir, je suis devenu nettement ventripotent.

Ton livre n'est pas encore arrivé.

Toute mon affection.

T

[Collection Smith College Library]

À ALVIN DEWEY

[Verbier, Suisse]
22 janvier 1963

Bien cher Alvin,

Ça y est ! J'ai enfin appris par Clifford le résultat de ses démarches à Topeka pour qu'on m'accorde le droit d'assister à l'exécution de H et S. La réponse est : Non. (Raison invoquée : il y a trop de demandes, alors que je suis pratiquement le premier à la faire, et par l'intermédiaire d'un avocat !) Quoi qu'il en soit, je n'accepte pas cette réponse. Attendons la suite. Mais le plus important, c'est vous. Croyez-moi, commencez vos démarches sans attendre. Renseignez-vous. Si ça va de mal en pis, j'ai l'intention de soudoyer Hickock pour qu'il me désigne comme témoin. D'après ce que je sais, il a le droit d'en avoir deux. Peut-être obtiendrai-je qu'il nous désigne tous les deux (l'argent ira à sa mère).

Alvin, j'espère que vos malaises ont disparu. Je veux vous trouver en bonne santé quand nous nous reverrons – ce qui, grâce à Dieu, est de plus en plus proche.

Toute mon affection à tous.

T

[Collection New York Public Library]

À CECIL BEATON

[Verbier, Suisse]
4 février 1963

Cecil, mon bien cher,

Je me lève chaque matin entre 3 et 4 heures pour travailler – il est actuellement 4 heures. Mais hier j'ai terminé la troisième partie ! Jamais de toute ma vie je n'avais autant travaillé. Mais c'est fait – et je sais que vous en serez enchanté. C'est exactement comme je voulais que ce soit – ce qui est très important. Mais je suis épuisé, aussi tendu que les cordes d'une douzaine de pianos qu'on vient tout juste d'accorder. Je ne sais pas si j'aurai la force d'écrire la quatrième et dernière partie – qui risque de me prendre encore plus d'un an. Si je pouvais, pour un moment, me vider entièrement le cœur, la tête et l'âme…

Toujours sans nouvelles du Kansas, mais quoi qu'il arrive, je pars d'ici à la fin du mois. À ce sujet, quand pourrai-je vous voir ? Pourquoi pas en Californie ? Au moment où je séjournerai au Kansas, vous serez sans doute à Hollywood pour *My Fair Lady*. Je pourrai simplement vous y rejoindre puis regagner New York par avion. Ou alors, pourquoi ne pas nous offrir un petit week-end à San Francisco ?

Ce que vous m'écrivez du froid et du manque de confort me paraît bien triste. Mais c'est un peu partout pareil. Ici, ça « pince » vraiment. Impossible de mettre le nez dehors après le coucher du soleil.

Je ne comprends pas Rudolf Noureev. Quel genre de vie sexuelle a-t-il ? Serait-il amoureux d'Erik Bruhn ? Personnellement je le trouve (Noureev) plutôt repoussant, mais nous n'avons jamais été d'accord sur ce sujet (l'essence de la séduction).

Jack skie. Charlie J. aboie. Diotima hiberne – Nous sommes tous désolés que vous ne puissiez pas venir ici l'an prochain ! Envoyez-moi un petit mot. Toute mon affection.

T

[Collection St. John's College, Cambridge University]

À NEWTON ARVIN

[Verbier, Suisse]
10 février 1963

Bien cher Sign.,

Reçu un mot de Little Brown m'indiquant qu'ils m'ont envoyé, il y a près de trois semaines, « *Longfellow, sa vie, son œuvre*, par Newton Arvin ». Il devrait donc arriver très vite et j'en suis extrêmement impatient. J'ai demandé à Random House de t'envoyer mes *Morceaux choisis* – qui est finalement un très joli petit livre. Quelle tristesse que nos livres paraissent pendant cette grève des journaux – nous ne pourrons simplement pas en vouloir à nos éditeurs s'ils s'abstiennent de toute publicité.

Cet hiver est le plus froid que la Suisse ait connu depuis 1875 – chaque nuit, entre moins vingt et moins quarante. Les stations de ski (la nôtre en particulier) sont désertes. Il fait simplement trop froid pour skier. Mais je sens aujourd'hui comme une vague promesse de dégel, et j'imagine que le soleil attend simplement que je sois parti pour se montrer. Ce sera finalement le 3 mars. Retour au 70 Willow Street, Brooklyn. Et, bien entendu, je prends aussitôt contact avec toi.

J'ai reçu l'autre jour un petit mot d'Andrew Lyndon (presque personne ne m'écrit – normal, quand on disparaît pendant des années). Il m'apprend qu'il a rencontré un très charmant jeune homme (dont il omet de dire le nom) qui aurait écrit un article sur ton livre dans *The Reporter* – livre qu'il trouve « extrêmement brillant et de premier ordre ». Andrew a une réelle affection pour toi, mais il fait simplement partie de ces gens qu'on appelle lunatiques.

Je remarque (dans cette lettre, mais aussi dans mes travaux d'écriture plus élaborés) que j'emploie sans arrêt le mot « simplement ». Sans doute l'influence du Kansas. Mon oreille s'est complètement adaptée à leurs cadences paysannes.

J'espère que tu as reçu ma photographie tenant Charlie J. dans les bras. Il est incroyablement drôle. Et adorable.

Toi aussi. Adorable, j'entends. Je t'aime, Sign.

*Mille tendresses**

T

[Collection Smith College Library]

À BENNETT CERF

[Verbier, Suisse]
14 février 1963

Cher Bennett,

Bienvenue aux voyageurs ! J'espère que vos vacances à Shady Lane ont été une joie pour Phyllis et vous.

Je viens de terminer la troisième partie – et j'ai pleuré pendant deux jours sans pouvoir m'arrêter. C'était une telle tension nerveuse ! Shawn m'a télégraphié un véritable chapelet de compliments dithyrambiques et j'ai hâte de connaître votre réaction. Mais, avant, je vous demande de relire les deux premières. Commencez sans attendre, car j'arrive le 3 mars et ne bougerai plus de New York (sauf pour aller au Kansas).

Vous m'avez tellement manqué, Phyllis et vous. Je vous aime profondément tous les deux.

À très vite.

T

[Collection Columbia University Library]

À ALVIN ET MARIE DEWEY

[Verbier, Suisse]
15 février 1963

Chers amis de cœur,

J'espère que vous avez passé d'agréables moments à Broadmoor – mais désolé qu'ils aient été si brefs.

J'ai eu Dale au téléphone, puis Clifford, et nous nous sommes mis d'accord pour qu'ils ne fassent rien avant que je revienne au Kansas.

À propos, j'ai écrit l'autre jour au capitaine Burtis pour qu'il tienne à ma disposition une Chevrolet Corvette 63 quand j'arriverai à Garden City. Car il me faut une voiture portant les plaques minéralogiques du Kansas pour aller avec mon permis du Kansas. Sinon, j'aurais des plaques de New York, ce qui m'obligerait à passer un permis new-yorkais (et, comme vous le savez, je n'ai jamais passé l'examen). J'ai besoin en outre de me rendre un peu partout dans la région pour faire quelques visites. Connaissez-vous ces Corvette 63 ? Je les trouve sensationnelles – beaucoup plus belles qu'aucune voiture de sport européenne – même une Ferrari. J'ai demandé au capitaine Burtis de m'écrire s'il peut m'avoir cette voiture pour le 20 mars – mais j'ai réfléchi entre-temps que j'étais sur le point de partir d'ici. Pouvez-vous donc lui demander de me télégraphier ? S'il ne peut pas me procurer cette voiture, j'ai un ami qui m'en achètera une en Californie et je viendrai à Garden City avec (je dois me rendre en Californie d'abord). Oh ! pauvres chers amis, je n'arrête pas de vous demander des services – mais dites bien au capitaine Burtis qu'il me télégraphie soit oui soit non.

Je pense que notre amie Nelle me rejoindra à Garden City. Elle s'est hélas complètement impliquée dans la publicité du film tiré de *Ne tirez pas sur l'oiseau moqueur*, ce qui s'explique parce qu'elle touche un pourcentage. Je trouve malgré tout profondément indigne pour un artiste véritable d'accepter qu'on l'exploite ainsi.

Nous partons d'ici le 3 mars. Swissair a accordé à Charlie J. l'autorisation exceptionnelle de voyager avec des Humains. À Diotima également. Je vous écrirai avant mon départ.

Plein, plein, plein d'affection.

T

P.-S. J'ai envoyé la semaine dernière la troisième partie du livre à Mr Shawn. Il m'a télégraphié : « Un chef-d'œuvre stop Une œuvre d'art qu'on lira encore dans deux cents ans. » Vous voyez. Non seulement vous serez célèbres – mais immortels ! Et ce n'est pas une plaisanterie !

[Collection New York Public Library]

À NEWTON ARVIN

[Verbier, Suisse]
18 février 1963

Bien cher Sign.,

J'ai reçu ton livre. J'ai passé deux jours entiers à le lire. Je termine à l'instant. Toutes mes félicitations, Sign. C'est très intelligent, très beau, un livre fascinant, une œuvre d'art, une vraie. J'en suis bouleversé, et je sais qu'il fera sensation. J'aime son aspect extérieur – sa jaquette, merveilleusement dessinée, son élégante typographie. Van Wyck Brooks peut être fier de la dédicace. Moi, mon si cher ami, je suis très fier de toi.

Affection fidèle.

T

[Collection Smith College Library]

À MARIE DEWEY

[Verbier, Suisse]
23 février 1963

Chère, si chère Marie,

Cette attaque cardiaque d'Alvin m'a terriblement inquiété. J'ai prié pour lui. Je l'admire. Je lui suis entièrement dévoué. J'espère du fond du cœur qu'il se sent mieux et qu'il sera très vite complètement guéri. Je suis émerveillé par la dignité avec laquelle vous supportez l'épreuve, et je vous suis très reconnaissant et profondément ému d'avoir trouvé le temps de me prévenir. Je voulais vous téléphoner, mais c'est trop difficile dans cette petite ville. Je vous appellerai dès mon arrivée à New York (si, du moins, le téléphone est branché, j'ai bien peur de trouver un terrifiant désordre dans l'appartement).

Ne vous étonnez pas si vous recevez cette lettre un matin et m'entendez le lendemain au téléphone.

Ma plus profonde affection pour Alvin et pour les garçons. Je vous serre de toutes mes forces dans mes bras, précieuse Marie.

T

[Collection New York Public Library]

À NEWTON ARVIN

[Verbier, Suisse]
27 février 1963

Bien cher Sign.,

Je suis très, très triste d'apprendre que tu as été si malade, hospitalisé si longtemps. C'est très gentil à ta sœur de m'avoir écrit, et c'est sûrement pour toi un grand réconfort de l'avoir à tes côtés. Je lui téléphonerai la semaine prochaine en arrivant à New York. J'espère qu'à ce moment-là tu auras quitté l'hôpital. Je dois en principe me rendre au Kansas, mais je reculerai mon voyage pour aller te voir. Si tu n'es pas encore en état de recevoir des visites, je viendrai plus tard (après le Kansas).

Que Dieu te garde. À toi, toujours.

T

[Collection Smith College Library]

À CECIL BEATON

28 février 1963

Bien cher cœur,

Nous partons demain – si Dieu le veut : le passeport de Jack est périmé (depuis un an) et, en dépit d'appels désespérés au vétérinaire, les papiers concernant nos animaux ne sont pas encore arrivés – sans oublier toutes sortes d'autres complications. Je garde malgré tout l'espoir que nous atteindrons Willow Street en bonne forme (je fais de grands efforts pour tracer ce nom de rue sans que ma main tremble). Oh ! Regardez-moi ça ! Je fais des taches d'encre partout.

J'ai appris que *Turandot* débutait ce soir au Met. *Bon fortune**. Je suis sûr qu'il n'y aura que des ovations pour votre travail et pour vous. Quelle tristesse de rater ça !

Êtes-vous très malheureux à Hollywood ? Ou trop occupé pour vous en apercevoir ? Je vais de toute façon venir vous voir. J'ai fait la plus grande des extravagances : je me suis offert une voiture de sport ultrasophistiquée, une Corvette 63 (à côté, une Jaguar, et même une Ferrari, ressemblent à des jouets d'enfant). Soyons francs : je n'en ai pas les moyens. Mais après toutes ces années de travail harassant à ne pas lever le nez de ma page, j'ai senti la révolte gronder en moi et j'ai acheté cette voiture. On doit me la livrer au Kansas. Elle me permettra donc de vous rejoindre en Californie. Nous pouvons nous retrouver à Las Vegas pour un week-end, puis je vous reconduirais dans ma divine voiture. Et nous passerions le week-end suivant à San Francisco. Croyez-moi, ça mérite réflexion ! De toute façon, j'ai absolument besoin de me reposer de mon livre.

Mon cher inspecteur (Alvin Dewey) est à l'hôpital après deux attaques coronariennes. Et mon cher ami Newton Arvin n'en a plus que pour quelques semaines à vivre (cancer). Les choses arrivent ainsi l'une après l'autre – sauf celles qu'on attend.

Toute mon affection, bien cher ami. Faites-moi savoir par un petit mot si vous êtes toujours au même hôtel. Sinon, où vous appeler ?

Jack vous fait ses amitiés. Charlie J. aussi – il a finalement survécu à l'hiver. Diotima semble en parfaite santé – même un peu grassouillette.

Je vous serre à pleins bras.

T

[Collection St. John's College, Cambridge University]

À ALVIN ET MARIE DEWEY

[Bridgehampton, N.Y.]
[20 juillet 1963]

Chers amis de cœur,

Je vous téléphonerai avant votre départ pour Cuchara ; mais en attendant – ce mot.

Pauvre Dewey Jr. Je suis sûr que tout ce travail de terrassement sera excellent pour sa ligne. Peut-être devrais-je essayer ce genre d'exercice. J'espère que ses mains se sont endurcies, et suis sûr, également, qu'Alvin a moins « mal au dos ».

Savez-vous quoi ? L'avocat de Perry Smith, Robert Bingham, m'a téléphoné pour savoir si j'acceptais d'assister à l'audience concernant la demande d'Habeas Corpus, et de dire que le procès de H et S ne s'était pas déroulé de façon équitable ! Imaginez ce que j'ai répondu. D'après ce que je comprends, cette audience n'aura pas lieu avant septembre. Dieu du ciel !

Avez-vous vu la page 61 du dernier *Newsweek* (22 juillet) ? Cela ne vous a-t-il pas fait sourire ?

J'irai finalement en Californie aux environs du 20 octobre et ferai, en revenant, un petit détour par Garden City.

J'ai eu hier une longue conversation avec Miss Harper Lee. Elle m'a dit qu'elle devait vous appeler. Peut-être l'a-t-elle fait. Elle est à New York, de toute façon, où ils supportent une vague de chaleur et une terrible humidité.

Alvin, puisque vous êtes en train de tester les systèmes d'alarme des banques, pourquoi ne pas imaginer une façon astucieuse d'en dévaliser une ? Je pourrais vous aider.

Vous me manquez et vous m'êtes très chers.

T

P.-S. Ci-inclus une récompense pour les ampoules que Paul s'est faites en jardinant. Il peut la dépenser à Cuchara jusqu'au dernier penny.

[Collection New York Public Library]

À PERRY SMITH

[Bridgehampton, N.Y.]
7 août 1963

Cher Perry,

Voici de nouveau les mêmes photographies – celles du moins qui pouvaient être réduites au format exigé. Les plus petites sont de Richard Avedon. Je les ai soigneusement mesurées et j'espère, cette fois, qu'on vous les remettra.

J'ai eu Nelle au téléphone tout à l'heure. Elle m'a dit qu'elle allait vous écrire.

J'ai retrouvé la première strophe du poème que vous m'avez demandé. Je suis sûr qu'il y en a une seconde, mais, pour une raison que j'ai oubliée (il y a si longtemps de ça), je n'ai recopié que celle-ci dans un carnet et j'ignore ce qu'est devenue la seconde. Perdue, peut-être. Désolé.

Il existe une race d'hommes qui ne s'intègrent pas aux
[autres,
Une race d'hommes incapables de se fixer
Qui déchirent le cœur des êtres qui les aiment
Et s'en vont découvrir le monde.
Ils traversent les champs, enjambent les rivières,
Se hissent au sommet des montagnes.

La malédiction des Gitans leur enflamme le sang
Et s'ils voulaient se reposer, ils ne sauraient le faire
Ils pourraient aller loin s'ils suivaient des voies rectilignes
Car ce sont des hommes solides, sincères et courageux,
Mais ils se lassent vite de la réalité des choses
Et ne cherchent jamais que l'inconnu et le bizarre.

Fidèlement
Truman Capote
Boîte postale 501
Bridgehampton, N.Y.

[Collection Gerald Clarke]

À MARIE DEWEY

[Bridgehampton, N.Y.]
[8 septembre 1963]

Bien chère amie,

Reçu ce matin votre (toujours adorable) lettre. Je vous envoie de quoi offrir à Alvin un cadeau d'anniversaire : achetez-lui de ma part une bouteille de son scotch préféré et un steak conséquent.

J'ai passé quelques jours à New York – pour que mon tailleur renouvelle ma garde-robe d'hiver (quelque chose que je puisse porter au *Brown Palace* de Denver), ce qui peut paraître curieux – mais je pense beaucoup à l'avenir. J'ai déjeuné samedi dernier avec Anne Ford. Elle m'a appris qu'elle était décidée à divorcer d'avec Henry – et ce ne sera pas une grande perte car Henry est l'ennui même, c'est-à-dire tout ce qu'elle n'est pas. Elle compte sur une transaction qui dépasserait les 10 000 000 – et je ne parle pas de boîtes de conserve.

Je serai à Los Angeles (logé chez Audrey Hepburn) du 5 au 15 novembre, puis je prends un avion pour venir vous voir. Toute mon affection, ma bien chère amie.
T

[Collection New York Public Library]

À ALVIN ET MARIE DEWEY

[Bridgehampton, N.Y.]
[11 septembre 1963]

Chers amis de cœur,
Je vous envoie la coupure de presse dont je vous ai parlé. Ainsi qu'une lettre qui vous touchera beaucoup, je le sais : la réponse de Jackie Kennedy à la lettre de condoléances que je lui avais envoyée après la mort de Patrick, son dernier-né (inutile de dire que je vous l'envoie en toute confidentialité). Je vous téléphonerai demain. Je me contente d'ajouter :
avec ma fidèle affection
Truman

P.-S. Pouvez-vous me renvoyer la coupure de presse et la lettre de Jackie ?

[Collection New York Public Library]

À BENNETT ET PHYLLIS CERF

[télégramme]
Southampton, N.Y.
17 septembre 1963

POUR VOTRE VINGT-CINQUIÈME ANNIVERSAIRE ESPÈRE VOUS OFFRIR YACHT DE SAM SPIEGEL. RECEVEZ EN ATTENDANT

EMBRASSADES ET QUANTITÉS AFFECTUEUX ET DÉLICIEUX BISOUS DU SEUL ET UNIQUE TRUMAN CAPOTE.

[Collection Columbia University Library]

À CECIL BEATON

Bridgehampton, N.Y.
17 septembre 1963

Mon bien cher,

Reçu aujourd'hui votre gentille lettre : adoré le passage concernant votre partie de campagne avec le charmant Kin pêchant sur les rochers. J'imagine que cela valait le coup d'œil.

Je suis encore au bord de la mer – qui est assez triste et venteuse. J'ai toujours le sentiment que nous y arrivons trop tôt et y restons trop longtemps. Je pense malgré tout n'en partir que le mois prochain. J'arriverai à Los Angeles le 10 novembre. Je n'assisterai donc pas, malheureusement, aux prises de vue des courses d'Ascot et du Bal – mais j'ai de sérieux problèmes avec mon livre qui me retiennent ici. D'ailleurs, peu importe ce que je verrai ou non de *My Fair Lady*. C'est le dernier de mes soucis. Ce que je veux, c'est passer un moment avec vous, point final.

Je vis dans un état de tension et d'anxiété atroces. Dick et Perry se sont pourvus en appel auprès de la cour fédérale pour une révision du procès. S'ils obtiennent gain de cause (un nouveau procès), j'aurai sûrement une dépression nerveuse. L'audience est fixée au 9 octobre et l'arrêt doit être rendu le 15. Je ne pense pas qu'on puisse annuler le procès. Mais on ne sait jamais. Si tout se passe bien, j'espère terminer mon livre au printemps. Si je tiens le coup jusque-là...

Je n'ai vu personne – à part un week-end chez les Paley, où j'ai rencontré C. Z. Guest, tellement enceinte qu'elle en devient grotesque et qu'on devrait lui interdire de paraître en public. Jack va bien – il a fait quelques portraits de Diotima qui sont très charmants. Mes amitiés à Isherwood et à Don Bachardy.

Je vous serre dans mes bras, tendre ami.

T

[Collection St. John's College, Cambridge University]

À PERRY SMITH

70 Willow Street
Brooklyn, New York
15 décembre 1963

Cher Perry,

Je me suis réveillé en sursaut l'autre nuit, et je me suis dit : Perry prétend qu'il ne sait rien de moi, pratiquement rien. Je suis resté couché en y réfléchissant et j'ai compris à quel point c'était vrai. Vous ignorez jusqu'aux données premières de ma vie, qui ont une certaine similitude avec les vôtres. Je suis fils unique, très petit pour mon âge. J'ai toujours été le plus petit garçon de l'école. Mon père et ma mère ont divorcé quand j'avais trois ans. Mon père (qui s'est remarié cinq fois depuis) était voyageur de commerce, et j'ai passé une grande partie de mon enfance à parcourir le Sud avec lui. Il était gentil avec moi, mais je ne l'aimais pas, et je continue à ne pas l'aimer. (Je ne le vois jamais. Il vit actuellement à La Nouvelle-Orléans.) Ma mère, qui n'avait que seize ans à ma naissance, était extrêmement belle. Elle a épousé en secondes noces un homme assez riche, un Cubain, et, à l'âge de dix ans, j'ai été vivre avec eux (le plus souvent à New York). Malheureusement, ma mère, qui a fait plusieurs fausses couches (ce qui a provoqué chez elle de graves troubles mentaux), est devenue alcoolique et m'a rendu la vie impossible. Elle a fini par se suicider (barbituriques). J'avais seize ans lorsque j'ai quitté l'école et me suis pris en charge. J'ai trouvé un emploi dans un magazine littéraire (j'avais commencé à écrire dès mon plus jeune âge). J'ai toujours été précoce sur le plan artistique et sur le plan intellectuel – mais complètement immature sur le plan émotionnel. Et j'ai toujours eu des problèmes d'ordre émotionnel – essentiellement à cause de cette « question d'ordre intime » que vous avez fini par me poser lors de notre dernière rencontre, à laquelle j'ai répondu en toute sincérité (comme si cette réponse n'était pas évidente !).

Ce résumé n'est qu'une esquisse. Mais il n'est pas dans ma nature de faire ce genre de confidences. Je n'ai cependant ressenti aucune gêne à tout vous avouer.

Fidèlement,

Truman

[Collection inconnue]

À ALVIN ET MARIE DEWEY

12 Indian Creek Island
[Miami Beach, Floride]
18 janvier 1964

Chers amis de cœur,

Je reçois à l'instant le « réconfortant » communiqué que m'envoie Alvin – et c'est vraiment très aimable à lui d'y avoir pensé. Je me sens très déprimé et profondément amer. C'est au-delà de ce qu'on pouvait croire. Seigneur Dieu ! Pourquoi ne pas les lâcher tout simplement dans la nature et qu'on en finisse ! Je n'ai jamais été à ce point stupéfait. C'est vraiment idiot de ne pas avoir tout prévu par écrit dès le départ. Je n'ai rien dit à Random House et au *New Yorker*. Je n'en ai pas le courage. Je sais que je n'y suis pour rien, mais ils vont m'en vouloir – à bon droit, peut-être, car je leur avais donné toutes les assurances possibles. Mais quoi ? Que faire ? Sinon supporter une année encore cette absurde et inutile torture ?

Ici, le temps est très variable – très chaud un jour, glacial le lendemain. Mais la maison de mes amis Gardner et Jan est superbe, et Charlie J. l'aime beaucoup. Il s'est dégoté une petite amie – un énorme boxer.

Quand j'irai en ville, la semaine prochaine, je vous enverrai une corbeille de fruits. Ici, sur l'île, il n'y a rien d'autre qu'un club de golf. Aucun magasin, je veux dire.

Toute mon affection aux garçons et à Pete-le-chat.

Je vous embrasse.

T

P.-S. Comme vous pouvez le voir par l'extrait du *Sunday Times*, nos problèmes n'ont rien de secret des deux côtés de l'Atlantique.

[Collection New York Public Library]

À ALVIN ET MARIE DEWEY

Gemini
Boynton Beach, Floride
[4 février 1964]

Chers amis,

Voici une photographie de l'endroit où je suis – d'une petite partie de cet endroit. Il y a vingt-deux domestiques et un parcours de golf privé. Nous avons, Charlie J. et moi, un bungalow de plage pour nous seuls et un serviteur à notre dévotion. Sacrément chouette, non ? Comme mon ami Guinness possède un jet personnel (avec hôtesse), nous allons demain à Nassau – juste pour déjeuner. Si donc je suis condamné à souffrir un jour, je préférerais de loin souffrir ici.

Vous ai envoyé une corbeille de pamplemousses, mais pas d'avocats – ils n'en ont pas.

Vous téléphonerai au début de la semaine prochaine. Vous me manquez et je vous aime.

T

[Collection New York Public Library]

À ALVIN ET MARIE DEWEY

Gemini
Boynton Beach, Floride
14 février 1964

Chers amis de cœur,

Suite à notre conversation téléphonique de l'autre soir : c'est très sérieux. J'adorerais vous inviter à San Francisco pour vos vacances de printemps. J'y ai des quantités d'amis très charmants et je sais que nous y serions très heureux. Nous pouvons résider une semaine au *St. Francis* (ou au *Mark Hopkins*) et de là gagner Hollywood où les Selznick donneront une soirée en notre honneur. Au lieu d'aller à New York, Violet Tate acceptera peut-être de nous accompagner. Mi-avril serait le meilleur moment. Réfléchissez-y et répondez-moi le plus vite possible.

Nous sommes seuls, Charlie J. et moi – les vingt-deux domestiques mis à part (sans oublier deux chefs français et une armée de jardiniers). Donc, profitons-en !

Marie, j'y pense, n'en veuillez pas à Nelle de son silence. Elle est ainsi et l'a toujours été. Mais cela ne signifie rien. Elle vous adore tous les deux.

J'ai oublié de vous remercier pour la charmante carte de Saint-Valentin. Je l'aime beaucoup.

Je vous serre dans mes bras.

T

[Collection New York Public Library]

À ALVIN ET MARIE DEWEY

Gemini
Boynton Beach, Floride
28 février 1964

Bien chers amis,

Reçu aujourd'hui la charmante lettre de Marie. Les Guinness sont revenus de Mexico et nous faisons de grandes balades en avion. Nous avons assisté à la rencontre Sonny Liston-Cassius Clay – passionnante (mais plutôt assourdissante). Mrs Rose Kennedy et Jackie sont venues dîner l'autre soir – Jackie terriblement triste et maigre, mais s'efforçant quand même de sourire. Nous partons mardi pour New York, Charlie J. et moi, et je vous appellerai (dès que nous serons arrivés).

En ce qui concerne San Francisco, l'invitation comprend bien évidemment les billets d'avion (pour quel hôte me prenez-vous ?). Vous pouvez embarquer à Denver. Venez. Laissez-vous convaincre. Cela ne vous coûtera rien. Continuez d'y réfléchir. À propos, si vous renoncez à ce voyage, n'en dites rien à Violet Tate. Je l'aime beaucoup, et je serais heureux de la distraire de son veuvage, mais je ne voudrais pas qu'elle se trouve sous ma seule responsabilité.

Je vous serre dans mes bras.

T

[Collection New York Public Library]

À ALVIN ET MARIE DEWEY

[Brooklyn, N.Y.]
28 mars 1964

Chers amis,

Le mieux serait d'écrire à Violet Tate pour l'informer de notre programme et mettre en accord nos calendriers. Voici une partie de ce qui est prévu :

Samedi 18 avril : Chambres réservées au *St. Francis Hotel.* Ne pas arriver après 6 heures du soir.

Soir du 18 avril : Dîner chez Whitney Warren, 8 heures. Warren est un célibataire (et un excellent parti), sûrement l'homme le plus élégant et vraisemblablement le plus riche de Californie.

Dimanche 19 avril : Déjeuner au Fisherman's Wharf.

Le soir : Réception donnée en notre honneur par Mr et Mrs Herbert Caen. Un couple jeune et très gai. Lui est rédacteur en chef du *San Francisco Chronicle*, elle, une célèbre beauté mexicaine.

Lundi 20 avril : Déjeuner, rien de prévu.

Le soir : Dîner à Chinatown avec Kenneth Hoitsma.

Mardi 21 avril : Déjeuner chez Mr et Mrs Barnaby Conrad, Très Haute Société.

Le soir : Dîner avec Mr et Mrs William Wallace. Très Haute Société également. Lui est l'avocat le plus célèbre de San Francisco, elle s'appelait autrefois Ina Claire.

Mercredi 22 avril : Départ pour Los Angeles. Chambres réservées au *Bel Air Hotel*, Beverly Hills.

Le soir : Réception organisée par les Selznick. Beaucoup de gens de cinéma.

Jeudi 23 avril : Dîner offert par Mr et Mrs Irving Lazar : lui, l'un des agents les plus importants d'Hollywood.

Etc. Je vous joins un chèque pour les billets d'avion Denver-San Francisco. Et je vous appelle très vite.

Affection

T

[Collection New York Public Library]

À MARIE DEWEY

Bridgehampton, N.Y.
8 mai 1964

Très chère Marie,

Pardonnez-moi de laisser de côté votre demande, mais votre lettre arrivée ce matin exige une réponse immédiate. Ceci avant tout : je savais que vous ne vous sentiez pas très bien à ce moment-là, mais je n'avais pas la moindre idée de cette tension nerveuse dont vous souffriez. Vous paraissiez, comme toujours, si douce et tendre et chaleureuse et pleine de joie de vivre. Vous ne pouviez pas me « séduire » davantage : je vous croyais en excellente forme, et tous mes amis l'ont cru comme moi. Je suis profondément désespéré d'apprendre que ce n'était pas vrai. Il y a en vous une sorte de gaieté et d'assurance si naturelles qu'il ne m'est pas venu à l'esprit que vous aviez besoin vous aussi de ces petites attentions que je prodiguais à Violet Tate, parce qu'elle se trouvait seule et n'était pas (comme Alvin et vous) une amie intime pour moi. Je suis navré. J'aurais dû être plus perspicace. Croyez-moi, Marie, il m'est impossible d'être plus attaché à quelqu'un qu'à vous. Impossible d'être plus fier de vous que je ne l'étais. Voilà l'absolue vérité. Le reste n'est qu'un triste malentendu.

J'espère m'être clairement exprimé. Peut-être pas, malgré tout, car je sors de chez le Dr March et je suis bouleversé. Il semblerait que le petit problème que j'ai à la lèvre supérieure soit d'origine cancéreuse. Le Dr March ne saura pas avant vendredi le genre de traitement que je dois subir – soit une opération (et je serai défiguré), soit des rayons X. Il ignore encore l'exact degré de gravité de ce mal, mais vous pouvez comprendre à quel point je suis angoissé. Je vous appellerai dès que je connaîtrai le résultat. Surtout, n'en parlez à personne.

Chère Marie, partagez toute mon affection avec Alvin.

Votre ami qui vous aime

T

[Collection New York Public Library]

À ALVIN ET MARIE DEWEY

[New York]
Lundi
[18 mai 1964]

Chers amis de cœur,

Juste un mot pour vous dire que tout est okay ! Le Dr March s'est trompé – et je l'aurais volontiers tué pour m'avoir plongé dans une telle angoisse. La biopsie est négative. C'est peut-être grave, mais ce n'est pas cancéreux. Ah ! Seigneur Dieu, ces soi-disant spécialistes !!!

J'avais donc bien meilleur moral pour passer le week-end avec Jackie Kennedy. Elle semblait elle-même mieux que d'habitude et tout s'est agréablement passé.

Je regagne vendredi ma plage de Bridgehampton.

J'espère que tout va bien pour vous. Avec toute mon affection.

T

P.-S. J'ai croisé Dominick Dunne dans la rue. Il m'a dit qu'ils avaient reçu, Lynne et lui, une adorable lettre de vous.

[Collection New York Public Library]

À ALVIN ET MARIE DEWEY

Bridgehampton, N.Y.
23 mai 1964

Chers amis de cœur,

Je voulais vous téléphoner ce soir, mais il y a un problème avec le téléphone – ils ont mis en service un nouveau système d'appel, et on a l'impression que toutes les lignes sont mélangées. À propos, mon numéro a changé : c'est le 516 5370507. Donc attendons le prochain week-end. Peut-être aurons-nous des nouvelles de l'audience. De toute façon, la cour ne prendra sûrement aucune décision avant la semaine prochaine. Je ne sais pas comment j'arrive à supporter un tel suspense.

J'ai passé la semaine dernière à New York, et je me suis laissé piéger par Mr Duane West et sa femme. Nous avons eu la mauvaise idée, Nelle et moi (pour nos péchés), de les emmener voir *Hello Dolly* – beurk ! Je savais plus ou moins que c'était un individu déplaisant, mais sa femme est pire ! Quel couple ! Jamais plus. Terminé. J'ai rencontré Patricia Lawford. Elle vous fait ses amitiés et m'a chargé de vous dire qu'elle avait enfin trouvé un appartement (à New York) et qu'elle y donnerait une soirée en votre honneur quand vous serez là. La cérémonie d'intronisation des nouveaux membres de l'Institut national des arts et lettres a été très impressionnante (ci-joint les coupures de presse). Quel dommage que vous n'ayez pas pu me voir trônant sur l'estrade en essayant d'avoir l'air distingué ! Ha, ha, ha ! Je vous aime et vous me manquez.

L'Impétrant

[Collection New York Public Library]

À DEWEY Jr.

[Bridgehampton, N.Y.]
25 mai 1964

Cher Dewey Jr.,

Tu as un vrai talent – qui mérite d'être cultivé et développé. C'est très rare que je dise cela à quelqu'un, car le monde est encombré d'artistes frustrés (et mal orientés).

True Blue est un texte intéressant, qui laisse deviner les premiers frémissements d'un réel talent littéraire – faibles encore mais évidents. Mais ce n'est pas une pièce de théâtre, pas même un premier acte. Techniquement, c'est une esquisse, pas complètement aboutie. Le théâtre de l'absurde (qui n'est rien d'autre qu'une mode passagère) représente un piège dangereux pour les apprentis écrivains – car ce qu'il met en œuvre est tellement arbitraire, tellement anarchique, et tellement facile à atteindre. Rien n'est plus facile en effet, pour quelqu'un d'obscur et de prétentieux, gonflé de bla-bla-bla, que d'avoir l'air profond et intelligent. Je ne dis pas cela de tous ses représentants (Beckett est véritablement doué, Ionesco aussi, à un degré moindre), mais c'est inutile et malsain pour un jeune écrivain de vouloir les imiter.

Il n'y a pas d'école pour apprendre à écrire. On apprend en écrivant. Et en lisant. En lisant de bons livres écrits par de véritables artistes et en s'efforçant de comprendre pourquoi ce sont de bons livres. Voici quelques titres que j'aimerais que tu trouves à la bibliothèque. Je les ai choisis parce que je pense que tu les aimeras, et parce qu'ils représentent ce que doit être la vraie littérature. 1) *L'Insigne du courage*, de Stephen Crane, 2) *Mon Antonia*, de Willa Cather, 3) *Une dame perdue*, de Willa Cather, 4) un recueil de nouvelles de Katherine Mansfield, 5) *Le cœur est un chasseur solitaire*, de Carson McCullers.

Certains trouveront cette liste bizarre, mais j'ai mes raisons. Ce n'est qu'un début, de toute façon, et quand tu auras lu ces livres je t'enverrai une autre liste. Si tu ne les trouves pas à la bibliothèque, dis-le-moi. Je m'arrangerai pour te les procurer.

Très important : oublie les éditeurs. Tu as beaucoup de temps devant toi, un long chemin à parcourir. Mais ce que je connais de ta sensibilité et de ton imagination me laisse penser que tu y parviendras. Et je t'aiderai autant que je pourrai.

Mon affection à Paul, à Pete-le-chat, à ton père, à ta mère, et à TOI.

Truman

[Collection New York Public Library]

À CHRISTOPHER ISHERWOOD

Bridgehampton, N.Y.
18 juin 1964

Cher Christopher,

J'ai lu hier, d'un trait, *Un homme au singulier*. Aujourd'hui, incapable de penser à autre chose, j'en ai relu plusieurs passages. C'est votre livre le plus beau et le plus impressionnant. Un *tour de force** stylistique d'une extrême élégance – mais, ah ! tellement plus encore ! Combien de fois l'exactitude et la franchise de votre clairvoyance font rire et trembler en même temps. C'est un thème déchirant et pourtant tellement drôle, mais qui reste toujours,

toujours, profondément émouvant. Ce qui éclate dans ce livre, c'est la grande noblesse de votre esprit et de votre art. Je suis très fier de vous – et atrocement jaloux.

Comme j'ai perdu mon carnet d'adresses, je vous écris chez votre éditeur. J'espère que ce mot vous trouvera en bonne forme et au travail. Je travaille moi-même – sans trop savoir pourquoi, car l'espoir de terminer mon livre et de le voir édité est de plus en plus incertain. Amitiés à Don Bachardy. Pour vous : je vous salue bien bas et vous embrasse.

Truman

[Collection Henry E. Huntington Library]

À DEWEY Jr.

[Bridgehampton, N.Y.]
1er juillet 1964

Cher Dewey Jr.,

Pardonne-moi d'avoir mis si longtemps à te répondre, mais j'en ai été empêché par toute cette agitation judiciaire – devrais-je dire ce manque d'agitation ?

Ce qui m'intéresse avant tout, c'est ta réaction à la lecture de *Mon Antonia*. Tu m'écris que tu étais trop passionné pour en « apprendre » quoi que ce soit. Mais on ne peut rien « apprendre » d'un livre, sur un plan artistique, si on n'est pas d'abord passionné. Le processus n'est jamais conscient – du moins, c'est extrêmement rare. Seul ce qui vous émeut vous apprend quelque chose. Si un roman ou une nouvelle vous ennuie, il vaut mieux l'abandonner. Au point où tu en es, tout ce que je te demande, c'est d'essayer d'apprendre à distinguer instinctivement ce qui est bien écrit de ce qui est mal écrit. Ça vient tout seul, tu verras. À propos, qu'as-tu pensé de *Le cœur est un chasseur solitaire* ?

Voici quatre autres livres que je te demande de lire :
L'Adieu aux armes, d'Hemingway.
La Ferme africaine, d'Isak Dinesen.
Winesburg-en-Ohio, de Sherwood Anderson.
Un choix de poèmes de Robert Frost.
Toute mon affection,
Truman

[Collection New York Public Library]

À DEWEY Jr.

[Bridgehampton, N.Y.]
4 juillet 1964

Cher Dewey Jr.,

J'ai beaucoup aimé ta lettre. Voici quelques réponses à tes questions : oui, Holly Golightly existe réellement, mais les péripéties du roman, la plupart d'entre elles du moins, sont fictives. Je travaille souvent à partir de personnages « réels » autour desquels j'invente une histoire. Presque tous les personnages du roman d'Harper Lee ont des modèles « vivants ». Ma nouvelle *Un souvenir de Noël* est entièrement autobiographique.

En ce qui concerne *Les Domaines hantés* – c'est un livre très difficile. Tout d'abord, ce n'est pas un roman véritable – un long poème en prose, plutôt. Son « secret », sa signification profonde (il en a une) se trouve dissimulée dans les toutes dernières pages. Je n'ai pas l'intention de te la dévoiler. Tu la découvriras toi-même un jour. Pour le moment, tu ne connais pas assez de choses de la vie.

Tu me parles des nouvelles d'Evan Hunter. C'est un écrivain extrêmement médiocre. Cela dit, c'est tout à fait normal qu'on puisse se laisser prendre par une mauvaise écriture (je suis très attaché moi-même à un certain nombre d'écrivains atroces : Agatha Christie, Ian Fleming, etc.). L'important, c'est de savoir que ce sont de mauvais écrivains. Tu ne pourras le découvrir qu'en avançant dans tes lectures, et ton goût se développera instinctivement.

Il faut que tu prennes l'habitude d'écrire – ne serait-ce qu'un paragraphe par jour. Essaie de tenir un journal. S'obliger à décrire avec exactitude, en une ou deux pages, une scène ou un personnage qui t'ont frappé est un excellent exercice. Je m'y appliquais religieusement quand j'avais ton âge. Tu y puises des forces, comme un pianiste qui fait ses gammes. Au point où tu en es, ne cherche pas à écrire une nouvelle entière. Écris uniquement sur ce que tu connais.

Je vais t'envoyer le livre *Écrivains au travail*. Je pense qu'il te sera utile.

Non, le personnage de Joe Bell, dans *Tiffany*, ne m'a pas été inspiré par le Biff Bannon de Carson McCullers.

As-tu lu *L'Ange exilé*, de Thomas Wolfe ? Je fais les plus grandes réserves sur ce livre, mais je crois finalement que tu devrais le lire. Et *L'Attrape-Cœur*, bien sûr – mais tu l'as peut-être déjà fait.

Sois gentil de remettre cette coupure de presse à tes parents.

Amitiés à tous.

T

[Collection New York Public Library]

À DEWEY Jr.

[Bridgehampton, N.Y.]
16 juillet 1964

Cher Dewey Jr.,

Ton « esquisse » est intéressante – mais par trop désordonnée. Comme je te l'ai écrit précédemment, limite-toi actuellement à des exercices. Décris Pete-le-chat, en un ou deux paragraphes de phrases très simples et très claires. Décris les gens avec qui tu travailles. Quel air ils ont, ce qu'ils mangent, ce dont ils parlent – note leurs conversations. Décris ta ferme. Reste au plus près des choses simples que tu connais. Cette sorte de matériau ne t'inspirera peut-être pas beaucoup – au début du moins, mais il te donnera d'excellentes leçons d'écriture. Je te demande de m'envoyer tous tes exercices et je t'en ferai la critique détaillée. Je suis incapable de critiquer cette esquisse que tu m'as envoyée, car elle ne s'appuie sur rien de vrai ou de réel. J'ai l'intention, comme tu le vois, d'être sincère avec toi, brutal même.

J'ai commandé quelques livres à ton intention, mais ils ne sont pas encore arrivés.

Toute mon affection pour toi, pour Paul, pour votre adorable mère et pour le Grand Inspecteur (le seul et l'unique !).

T

[Collection New York Public Library]

À ALVIN ET MARIE DEWEY

[*Avant même que* De sang-froid *soit achevé, le réalisateur Billy Wilder voulait l'adapter au cinéma. Comme tous les personnages du livre étaient « réels », il fallait obtenir leur accord pour qu'on se serve de leur nom. Bobby Rupp, dont il est question dans la lettre suivante, était le fiancé de Nancy Clutter. C'est finalement Richard Brooks qui tournera le film en 1967.*]

[Bridgehampton, N.Y.]
Mardi
[28 juillet 1964]

Chers amis de cœur,

Je viens à l'instant de discuter avec l'ami Clifford Hope du problème posé par Bobby Rupp. Billy Wilder attend avec une extrême impatience que Bobby signe l'autorisation demandée et ne cesse de faire pression sur moi. Alvin pourrait-il expliquer à Bobby que Billy Wilder a lu le manuscrit, que ce manuscrit est d'une parfaite gentillesse à son égard (Dieu sait s'il est gentil lui-même !) et que rien ne pourra le gêner ? Peut-être alors se laissera-t-il convaincre et renoncera-t-il à ce caprice enfantin ? Alvin préférera peut-être ne pas intervenir et je le comprendrais. Mais s'il accepte, qu'il appelle Clifford pour qu'il lui remette deux formulaires d'autorisation. Le premier est l'original. Le second est un peu différent. Bobby a dit à Clifford qu'il acceptait que son personnage intervienne, à condition qu'il porte un autre nom. Ce second formulaire est donc un compromis qui tient compte de cette remarque. On pourrait le lui proposer s'il s'entêtait à ne pas signer le premier. Je suis au désespoir de vous ennuyer avec ce problème et de solliciter cette faveur, mais c'est devenu très urgent. Je vous appellerai samedi prochain du New Hampshire où je vais passer une semaine chez les Paley, au bord du lac.

Dites à Dewey Jr. que j'ai reçu ses exercices et qu'ils font preuve de grands progrès. Il est sur la bonne voie et il faut qu'il continue. Je lui écrirai directement bientôt.

Vous me manquez, bien chère Marie. Vous me manquez tous les deux. Je vous embrasse.

T

[Collection New York Public Library]

À DEWEY Jr.

[Bridgehampton, N.Y.]
30 juillet 1964

Cher Dewey Jr.,

Tes exercices prouvent que tu es en grands progrès. Ta perception visuelle est d'une très bonne acuité. Il faut que tu l'accompagnes de faits précis. Le lecteur se demande : cet homme est-il marié, quel âge a-t-il, quels sont ses revenus, a-t-il des enfants ? Je ne dis pas que ces précisions sont toujours nécessaires. Tout dépend de ton propre jugement.

D'autre part, renonce à utiliser des mots savants ou sophistiqués, lorsque les plus simples suffisent. Beaucoup de jeunes auteurs font cette erreur – s'imaginant sans doute que bien écrire c'est écrire avec recherche. Ce qui est faux. Apprends à être simple. Un mot usuel, banal, est souvent celui qui convient le mieux. Ce qui compte, c'est la façon dont tu t'en sers. Je te propose un exercice : fais le portrait de quelqu'un que tu aimes profondément et de quelqu'un que tu détestes aussi profondément.

Je t'envoie un court roman de John Fowles : *L'Obsédé*. Ce n'est pas un chef-d'œuvre, mais c'est assez bien écrit et je pense qu'il t'amusera.

Sincèrement : tu es en progrès. Tu me parles de Simenon. Je le connais un peu et je me garderais de dire que c'est un homme malheureux. C'est l'écrivain le plus riche du monde !

Affection

T

[Collection New York Public Library]

À BENNETT CERF

Bridgehampton, N.Y.
22 août 1964

Cher Bennett,

Pourquoi ne pas inclure mes *Morceaux choisis* dans votre Bibliothèque moderne, comme vous me l'aviez promis ? C'était même la véritable raison de ce volume, rappelez-vous, et j'estime que les délais sont largement dépassés. Essayez de comprendre à quel point c'est blessant pour moi de voir tant de mes contemporains figurer dans cette collection (Mailer, Salinger, Bernard Malamud, etc. – dont aucun n'est publié par Random House), alors que ce même éditeur semble ignorer ceux qui lui appartiennent. C'est injuste – à la fois sur le plan humain et pour ma réputation littéraire. Dernière raison qui devrait vous conduire à publier dans votre Bibliothèque non seulement mes *Morceaux choisis* mais *Les Domaines hantés* (que Penguin va publier cet automne dans sa série des classiques américains). J'ai toujours été loyal envers Random House, heureux sur tous les plans et ami avec tout le monde, vous le savez, et j'ai l'intention de m'y tenir. Mais la loyauté se doit d'être réciproque. C'est profondément déloyal de la part de Random House et incompréhensible sur le plan de sa politique éditoriale, de mépriser mon œuvre tout en faisant la promotion de Mailer, Malamud, etc. C'est pour moi une question sérieuse, un sérieux sujet de plainte, et je sais que vous en tiendrez sérieusement compte, car vous en comprendrez sûrement la légitimité.

De sang-froid est pratiquement terminé. Je le laisse de côté quelques semaines pour esquisser les *grandes lignes* du roman que je compte écrire cet hiver. Je vous les ferai lire.

Avec toute mon affection

[Collection Columbia University Library]

À DEWEY Jr.

[Bridgehampton, N.Y.]
25 août 1964

Cher Dewey Jr.,

Le Pari et *La Cabane* sont très réussis. *John Howard* également – et ces textes prouvent que tu fais de réels progrès. Nous les étudierons cet automne en détail, quand je viendrai à Garden City. C'est pour moi la seule façon de t'expliquer pourquoi j'estime que quelque chose est bon ou pas.

Je suis très heureux que tu consacres autant de temps à percer les secrets de l'écriture. Il faut que tu écrives tous les jours, quoi qu'il arrive. C'est une bonne habitude à prendre. Il faut également que tu apprennes à retravailler certains textes. À les polir. Si tu pouvais suivre cet hiver des cours de dactylographie, ça te rendrait de grands services !

Amitiés à tous.

T

Évite les points de suspension (...). Utilise les tirets (–). Je t'envoie un très court, mais merveilleux, traité de ponctuation et de locutions courantes. Je veux que tu l'apprennes par cœur.

[Collection New York Public Library]

À ALVIN ET MARIE DEWEY

[Bridgehampton, N.Y.]
1er septembre 1964

Chers amis de cœur,

Pourquoi pas le vendredi 23 octobre ? On pourrait se retrouver à Denver et rejoindre Garden City le dimanche. Je pars le 8 pour la Californie et pense y rester une quinzaine de jours. Si vous êtes d'accord, la gentille Marie pourrait-elle réserver des chambres au *Brown Palace* pour nous quatre (je compte Violet Tate car elle voudra sûrement vous accompagner).

Je vais passer le week-end de la Fête du Travail chez les Cerf, à Mount Kisco. Je vous aurais volontiers téléphoné, mais quand je suis invité, je n'aime pas trop utiliser le téléphone de mes hôtes. De toute façon, je vous appelle la semaine prochaine.

Je vous envoie sous pli séparé une interminable (88 pages) et incroyable lettre qu'Hickock vient d'écrire à la Cour suprême. Il me l'a envoyée pour que je la lui corrige !!! et je l'ai postée après l'avoir recopiée. Alvin, par grâce, ne la montrez à personne. Mettez-la de côté et je la reprendrai quand je serai à Garden City.

Vous me manquez et je vous serre dans mes bras.

T

[Collection New York Public Library]

À MARY LOUISE ASWELL

[Bridgehampton, N.Y.]
22 novembre 1964

Bien chère Marylou,

Comme ta lettre est tendre, précieuse amie. J'ai adoré notre petite virée à Denver. Tu as été un ange de venir te joindre à ces « bouseux » (comme les appelle Perry Smith). Ils sont fous de toi. Si tu lisais les lettres qu'ils m'ont écrites ! C'est si gentil d'avoir envoyé ces cadeaux à Marie – tu n'imagines pas le plaisir que tu lui as fait.

Pratiquement passé tout le mois de novembre au bord de la mer. Je regagne New York demain, avant tout pour être près de Jackie Kennedy la semaine prochaine. Les cérémonies prévues pour l'anniversaire de l'attentat la rendent extrêmement nerveuse, abattue, épuisée. Quand on pense que cela fait tout juste un an ! J'ai l'impression que c'est beaucoup plus éloigné.

Que tu aimes mon livre est une telle émotion et une telle récompense. La perspective de te le faire lire me rendait malade – car si je m'abusais moi-même, si je me trompais gravement (quant aux possibilités artistiques du reportage), tu aurais été incapable de me mentir (avec succès, j'entends), et je le savais.

En principe, nous partons pour la Suisse le 20 décembre. Je n'en ai pas très envie. Peut-être n'irai-je pas. Mais il me faut un endroit pour travailler – pour achever les trente ou quarante dernières pages. J'aimerais beaucoup rester ici, à Long Island, mais je ne veux pas m'y trouver seul. Et c'est pratiquement impossible d'obtenir de Jack qu'il renonce à ses montagnes. De toute façon, je suis absolument décidé à aller vous voir, Aggie et toi, aux environs du mois d'avril.

Je t'aime. Plus que jamais (ce qui veut dire *mucho*).

Amitiés à Aggie. Amitiés de Jack.

Ton ami fidèle.

(Petit) T

Écris-moi !

[Collection Famille Aswell]

À PETER OWEN

[Brooklyn, N.Y.]
[23 novembre 1964]

Cher Mr Owen,

Vous m'avez demandé de parler du livre de Jane Bowles : *Deux dames sérieuses*. Voici ma réponse :

« Le seul reproche que je puisse adresser à Mrs Bowles est de publier trop rarement. On aimerait savourer plus souvent son étrange, subtile et spirituelle perspicacité. Elle compte de toute évidence parmi nos prosateurs les plus originaux, comme peut en témoigner tout lecteur des *Deux dames sérieuses*. »

À vous,

Truman Capote

[Collection University of Texas, Austin]

À SANDY CAMPBELL ET DONALD WINDHAM

[carte postale]
[Verbier, Suisse]
[23 décembre 1964]

Bien chers vous deux,

Arrivé en bon état. Suis calfeutré dans mon igloo, mais n'ai pas encore repris suffisamment mon souffle pour vous écrire. Surveillez attentivement, chaque mardi, dans le *New York Times* les décisions de la Cour suprême.

À vous,
Truman

[Collection Beinecke Library, Yale University]

À ALVIN ET MARIE DEWEY

[Verbier, Suisse]
28 décembre 1964

Chers amis de cœur,

Passé un très calme Noël – à travailler. Et j'espère faire de même le jour du Nouvel An (et celui de la Saint-Sylvestre). Je suis heureux et soulagé d'être loin de tout ce chaos. Si du moins Charlie J. voulait se calmer ! L'air de la montagne lui fait toujours tourner la tête – il est terriblement exubérant et me harcèle constamment.

Jackie Kennedy est partie pour Aspen avec sa belle-famille (Patricia Lawford, Bobby Kennedy, Jean Kennedy-Smith) et leur ribambelle d'enfants. J'ai dit à Pat qu'Aspen n'était pas très loin de chez vous et elle m'a promis de vous appeler. Je n'ai qu'une chose à dire : je suis profondément soulagé de ne pas être à Aspen.

Aucune nouvelle de H et S depuis mon arrivée ici. Peut-être n'en aurai-je jamais plus s'ils ont lu l'article de *Newsweek* [rendant compte de la lecture d'un passage de *De sang-froid* faite par Capote au Centre de poésie de New York]. Dick n'acceptera sûrement pas avec sérénité d'être traité de « monstre exemplaire » ! Ho ! Ho !

Je mène une vie spartiate : lever 5 heures, travail toute la journée, cocktail 6 h 30, dîner 8 heures, coucher 9 heures. Vous me manquez terriblement et je regrette que les communications téléphoniques coûtent si cher (sans parler du décalage horaire).

Je sors demain de ma retraite pour passer une semaine chez les Chaplin. Vous savez à quel point j'aime Oona et je suis impatient de la revoir après si longtemps.

Vous aussi, je vous aime. Tous, Pete-le-chat inclus. Écrivez-moi. Je vous serre sur mon cœur.

T

[Collection New York Public Library]

À ALVIN ET MARIE DEWEY

[Verbier, Suisse]
9 janvier 1965

Mais dites-moi, mes gentils agneaux, quelles fêtes de Noël ! Elles ont dû vous épuiser ! Un passage de l'adorable lettre de Marie m'a fait courir un petit frisson dans le dos. Je sais bien qu'après avoir bu un ou deux scotches (ou cinquante, ha, ha !) je suis tout à fait capable d'inviter quelqu'un à faire le tour du monde, mais jamais, au grand jamais, je n'ai invité les Maxfield à venir à New York. Et, si je l'avais fait, à quel moment ? Je n'ai pas d'autre part l'ombre d'un souvenir concernant Kay Wells et Los Angeles ?!?! Ce qui est vrai, par contre (ceci, strictement entre nous), c'est que Violet Tate s'est mis en tête que je serai à New York en mars quand elle reviendra de croisière. Je ne lui ai pourtant jamais dit que j'y serais et je ne vois pas comment ce serait possible. La seule chose possible est une rencontre à Rome. Je dois y aller fin février, ce qui coïncidera plus ou moins je crois avec l'escale qu'elle doit y faire. J'ai beaucoup d'amis merveilleux là-bas, et je pense qu'elle sera très heureuse et me pardonnera de ne pas être à ce rendez-vous new-yorkais. C'est le maximum de ce que je peux faire. De toute façon, le rendez-vous new-yorkais (et le tapis rouge déployé), je vous le réserve à vous seuls.

Sandy Campbell m'a envoyé les photographies qu'il a prises quand il m'a accompagné à Garden City. Ci-joint celle que Marie a faite de nous et qu'il ne vous a pas envoyée (le pingre !). Vous a-t-il envoyé celle où nous sommes tous réunis autour du cheval à bascule ? C'est celle que je préfère.

Reçu de longues lettres, très amicales, de H et S. Ils n'ont donc pas lu l'article de *Newsweek*. Ils sont de plus en plus engagés dans leurs trafics de procédure, et le jugement rendu en faveur de Caril Fugate (dont vous m'avez envoyé la coupure de presse) leur donne de grands espoirs. Je pense qu'au moment où vous recevrez cette lettre la Cour suprême aura rendu son verdict concernant leur pourvoi en appel.

Pas de chance pour le job. Mais qui sait : peut-être n'avez-vous plus besoin d'un job. Je veux dire : les miracles sont toujours possibles. Et, en toute justice, n'est-ce pas votre tour ? Affection aux garçons. Je vous serre très fort dans mes bras.

T

[Collection New York Public Library]

À SANDY CAMPBELL

[Verbier, Suisse]
[13 janvier 1965]

Cher Sandy,

Je trouve tes photographies excellentes. Many *gracias, señor*. Les Dewey sont ravis, eux aussi. Violet Tate fait une croisière autour du monde. Rien de neuf concernant Dick et Perry. Ils attendent toujours le verdict de la Cour suprême.

Moi aussi. Alors, écoute bien : la cour prend ses vacances en février et ne recommence à siéger qu'en mars. Ce qui veut dire qu'elle n'a plus que deux lundis de janvier, le 18 et le 25, pour rendre son verdict. Achète le *New York Times* ces deux jours-là, et télégraphie-moi simplement : « Appel rejeté » ou « Appel accepté ». Ou : « rien », s'il n'y a rien. Je te le demande en grâce, car quelle que soit la réponse, je n'en peux plus de ce suspense.

J'espère que tout va bien. Tu me manques. Amitiés à Donald *et vous**.

T

[Collection Beinecke Library, Yale University]

À SANDY CAMPBELL

[carte postale]
[Verbier, Suisse]
19 janvier 1965

Sandy,

Reçu ton télégramme : Appel rejeté. Mille mercis. À partir de maintenant, croisons tout : les genoux, les yeux, les mains et les doigts. Affection à Donald *et vous**.

T

[Collection Beinecke Library, Yale University]

À PERRY SMITH

[Verbier, Suisse]
24 janvier 1965

Cher Perry,

J'apprends que la Cour suprême a rejeté votre demande. J'en suis désolé. Mais ce n'est pas la première fois, rappelez-vous. Pouvez-vous m'envoyer l'adresse de votre avocat, Robert Bingham, que je n'ai pas ici, et son numéro de téléphone ?

Nelle est à l'hôpital à la suite d'un grave accident. Elle s'est brûlé les mains en faisant la cuisine chez elle, en Alabama – la droite surtout. D'après ce que je sais, une casserole aurait pris feu et aurait explosé.

Vous me demandez quelles sont mes croyances religieuses. Nous en avons déjà parlé, mais vous avez dû l'oublier. Je n'appartiens à aucune Église. Je ne suis pas « croyant » dans le sens exact du terme. J'ai été extrêmement attiré, à un moment de ma vie, par les religions orientales. J'ai senti alors, et je continue d'une certaine façon de sentir, que je pourrais me convertir au bouddhisme – parce que c'est au-delà d'une simple religion.

La religion catholique est la seule qu'on puisse prendre au sérieux, car elle offre à ses fidèles l'espérance d'une possible identification avec Dieu lui-même, et leur apporte un véritable réconfort (par le biais de la confession) s'ils échouent à y parvenir. Pour moi, je me contente de suivre sans l'aide de personne la voie qui est la mienne.

Affectueusement
Truman

[Collection inconnue]

À CECIL BEATON

[Verbier, Suisse]
27 janvier 1965

Bien cher cœur,

Comme de bien entendu, je suis au lit avec la grippe. J'ai l'impression qu'elle me poursuit presque sans interruption depuis septembre. Heureusement, votre lettre est un rayon de joie dans ma trop peu joyeuse existence. Je travaille huit à neuf heures par jour – non pas sur le scénario du film, inutile de le préciser : sur les dernières pages de mon livre. Il faut absolument que je m'en débarrasse quoi qu'il arrive. Et qu'il arrive n'importe quoi, je n'en ai rien à foutre. Ma santé mentale est menacée – ce n'est pas une phrase en l'air. Ah ! qu'ils aillent tous au diable ! Comment puis-je écrire d'aussi lugubres conneries – même à un ami aussi intime que vous ?

Je lis par moments les journaux anglais, et le triomphe, votre triomphe, de *My Fair Lady* m'enchante. J'ai particulièrement aimé le compte rendu d'Isabel Quigly dans *The Spectator*.

Oui, c'est exact, j'ai parlé des *Jeunes Filles de Gainsborough* à quelqu'un qui paraît très intéressé : Fred Kohlman, un très charmant producteur de la 20th Century Fox. Il trouve que ce serait un excellent projet à soumettre à S. M. Behrman, qui est l'un de ses intimes. C'est pour Fred Kohlman que je suis censé écrire ce scénario – si jamais j'y parviens. Le premier script que je lui ai soumis ne lui plaît pas – il a sûrement raison. Je n'arrive pas à comprendre ce que vous me dites de Lazar – j'entends par là que ce n'est pas clair, et j'aimerais beaucoup que ce le soit, car le chèque qu'il m'a envoyé est inférieur de 12 000 dollars à la somme convenue.

Jack va bien. Comme Diotima. Comme mon adorable Charlie J., acheté chez Harrods, souvenez-vous. Amitiés à Kin. *Mille tendresses**.

T

Soyez gentil, écrivez-moi.

[Collection St. John's College, Cambridge University]

À SANDY CAMPBELL

Le Beau Rivage
Lausanne
2 février 1965

Cher Sandy,

Une nouvelle date vient d'être fixée : 18 février. Tout permet de penser que ce sera la bonne. Je n'entre pas dans les détails, mais j'ai décidé de ne pas assister à l'exécution. Ceci simplement : sur le strict plan littéraire, c'est devenu inutile.

Alvin y assistera à ma place – si j'ose dire. Le jeudi 18 février au matin, il t'appellera à ton bureau et te lira le récit de l'exécution publié par le *Kansas City Star*. Je te demande de le prendre par écrit et de me le télégraphier mot pour mot (aux frais du *New Yorker*, bien sûr). J'aurai moi-même parlé à Alvin un peu avant.

Tout cela te paraît peut-être aberrant, mais vu la façon dont mon livre est construit, je serai en mesure de mettre un point final au manuscrit quelques heures après avoir reçu ton télégramme.

Continuons à tout croiser.

Affection.

T

[Collection Beinecke Library, Yale University]

À SANDY CAMPBELL

[carte postale]
[Verbier, Suisse]
7 février 1965

Cher Sandy,

Imagines-tu ça ? La Cour suprême vient de nouveau de reporter la date d'exécution. Quel pays ! Quel système judiciaire ! Nous ne saurons rien avant mars ou avril. Affection à Donald *et vous**.

T

[Collection Beinecke Library, Yale University]

À ALVIN ET MARIE DEWEY

[Verbier, Suisse]
9 février 1965

Chers amis de cœur,

J'espère ne pas avoir eu l'air trop bouleversé au téléphone, mais les nouvelles avaient de quoi vous ruiner le moral. J'ai été heureux malgré tout d'entendre vos chères voix.

Hier, j'ai voulu savoir ce que Joseph Jenkins, l'avocat des condamnés, avait exactement en tête. Nous avons eu une longue conversation (200 dollars environ). Il m'a dit qu'il avait fait parvenir à la Cour suprême une nouvelle liste d'allégations (sans préciser lesquelles), et qu'il avait envoyé une copie de cette lettre à chacun des juges. (« Je veux être absolument sûr qu'ils soient tous au courant, pas seulement Byron White et un ou deux greffiers. Parce que ce cauchemar a suffisamment duré. ») Il m'a dit que l'Association du barreau du Kansas « lui apportait un soutien inconditionnel », ce qui m'a étonné. Je croyais qu'ils avaient battu en retraite. Puis Jenkins m'a dit : « Je suis persuadé qu'on nous accordera un nouveau procès. Et dans ce cas-là, ils seront dans l'impossibilité de condamner nos deux clients à mort. Peut-être seront-ils remis en liberté. » J'ai pensé en moi-même : d'accord, espèce de saligaud, et j'espère que tu seras le premier à qui ils trancheront la gorge. Je me suis contenté de demander : « Est-ce donc là votre idée de la justice ? Qu'après avoir assassiné quatre personnes, ils puissent se promener librement dans les rues ? N'y a-t-il rien qui vous trouble là-dedans ? » Il m'a fait la grâce d'admettre qu'il était en effet troublé. Ces avocats ! Quels hypocrites ! Bon, assez là-dessus. Il n'arrivera rien avant mars. Si tant est qu'il arrive quelque chose !

Je crois que Nelle va beaucoup mieux. Vous avez été adorables de lui téléphoner. Je n'ai jamais reçu les exercices de Dewey Jr. dont vous me parlez, et je ne comprends pas pourquoi. J'étais sur le point de lui passer un sérieux savon. Navrant qu'il n'ait pas réussi son épreuve orale, mais ne doit-il pas, de toute façon, être diplômé au printemps ? Cette histoire du 18 février a bouleversé mes projets, mais je pense maintenant pouvoir partir pour l'Italie à la fin du mois (j'ai reçu un mot de Violet, posté à Hong Kong, qui espère me rejoindre à Rome quelques jours).

Y reviendrai plus tard. Pour le moment, affections, bisous, à plein bras.

T

[Collection New York Public Library]

À DONALD WINDHAM ET SANDY CAMPBELL

[carte postale]
[Verbier, Suisse]
[18 février 1965]

Bien chers,

À une ou deux pages près, qui sont essentielles, j'ai terminé *De sang-froid* aujourd'hui – le 18 février, quelle

ironie ! Suis épuisé. Serai à New York dans trois semaines. Vous aime tous les deux. Me manquez *mucho*.
T

[Collection Beinecke Library, Yale University]

À BENNETT CERF

[Verbier, Suisse]
20 février 1965

Bien cher B.,

J'ai fini mon livre hier – à quelques paragraphes près ; je dis bien : paragraphes. J'envoie le manuscrit à Joe Fox chez Random House mais je vous demande de ne pas le lire avant que j'y aie mis le point final.

La Cour suprême avait rejeté pour la seconde fois le pourvoi en appel et l'exécution était fixée au 18 février. Mais ils ont obtenu un nouveau délai. Je pense malgré tout que ce jour tant attendu n'est plus très éloigné.

Merci d'avoir publié mes *Morceaux choisis* dans votre Bibliothèque moderne. Je trouve l'édition très élégante et j'en suis très content.

Je serai à New York dans trois semaines, avec une très grande impatience de vous voir. Toute mon amitié à la précieuse Phyllis. Affection.

Truman

[Collection Columbia University Library]

À SANDY CAMPBELL

[Verbier, Suisse]
20 février 1965

Cher Sandy,

Alvin vient de m'écrire. Il est extrêmement perturbé par les 52 questions que tu lui poses après avoir relu le manuscrit pour le compte du *New Yorker*. Sa santé, comme tu le sais, n'est pas très bonne. Le Kansas Bureau of Investigation le surcharge de travail. Il n'a pas le temps de répondre à tes questions – sinon à celles dont il connaît la réponse immédiate. Il lui est impossible de faire faire de nouvelles recherches pour une simple raison : son supérieur hiérarchique, Logan Sanford, serait furieux. Alvin a déjà failli perdre deux fois sa place à cause de moi. Pourrais-tu lui téléphoner (BRidge 6-3563) et l'apaiser en lui disant de ne faire que ce qu'il peut faire, sans chercher plus loin ? Sandy, je te remercie du fond du cœur de tout ce travail de relecture que tu fais pour moi, mais l'idée que je puisse causer des ennuis à Alvin m'est insupportable. Toutes mes amitiés pour Donald et toi.

T

[Collection Beinecke Library, Yale University]

À ALVIN ET MARIE DEWEY

[Verbier, Suisse]
[20 février 1965]

Chers amis de cœur,

J'ai été très heureux de recevoir aujourd'hui la lettre d'Alvin. J'ai beaucoup aimé sa photographie dans la lettre précédente. Elle est là, sur mon bureau.

J'ai malheureusement reçu par le même courrier une lettre du directeur de la Kansas State Penal Institution (que je vous envoie) ne m'apprenant que des nouvelles consternantes (que j'ai inutilement soulignées). Si ce qu'il dit est exact, et s'ils retournent devant les cours fédérales, ils pourront de nouveau se pourvoir en appel devant la Cour suprême. Mais je ne suis pas sûr que ce soit exact. Une action judiciaire de cette sorte est d'ordre civil, et le juge du Département d'État n'est pas compétent pour statuer (je le crois, du moins). Je vois mal, de toute façon, comment un juge du comté de Finney, quel qu'il soit, pourrait se charger de l'affaire si c'est hors de sa compétence. Oh ! Seigneur Jésus ! tout ceci m'épuise et me rend malade. Et je sais combien vous l'êtes, vous aussi.

Alvin, je vous en prie, cessez d'être perturbé par les questions de Sandy. Je vous en conjure. Je ne supporte pas l'idée de vous faire perdre votre temps. Vous avez été si attentif, et patient, et généreux. J'ai écrit à Sandy. Je lui ai expliqué que vous ne pouviez pas faire davantage. Un jour, je vous offrirai une compensation. Soyez-en absolument sûr.

J'ai en effet fini mon livre, à part quelques paragraphes essentiels. La quatrième partie compte 140 pages. Shawn m'a télégraphié : « Incomparable ! Authentique chef-d'œuvre ! » En tout cas, il existe – mais reste encore sous le manteau.

Chère Marie, j'ai adoré votre carte de la Saint-Valentin. En avez-vous reçu une d'un « Bel Étranger aux Cheveux Noirs » ? Ces chocolats ont-ils fini par arriver ?

Pour essayer de me changer les idées, je vais passer quelques jours à Rome. Violet Tate risque d'être déçue car je ne suis pas d'humeur à organiser beaucoup de rencontres amicales. Je suis si content malgré tout de m'en aller une semaine ! Je reviens ici le 5 mars et pars pour New York aux environs du 20. Toute mon affection.

T

[Collection New York Public Library]

À CECIL BEATON

[Verbier, Suisse]
20 mars 1965

Cecil, mon bien cher,

Fini le livre. Me suis senti si triste et déprimé que j'ai passé une semaine à Rome, où j'ai rapidement succombé à la grippe asiatique. À peine remis sur pied, suis parti pour Saint-Moritz avec les Agnelli – on aurait cru que tous les potentats de ce monde s'y étaient donné rendez-vous : les communistes n'avaient plus qu'à bombarder le Corviglia Club. Rencontré Figi (invitée par Niarchos). Vu également Brandolini, qui m'a donné de vos récentes nouvelles.

C'était extrêmement distrayant, mais comme tous ces gens sont médiocres. Je pars demain pour New York. Jack doit s'arrêter une dizaine de jours à Paris.

Je vous envoie sous ce pli une coupure du *Time* qui vous fera sourire. Saint-Subber tient un nouveau triomphe avec une pièce de Neil Simon : *Drôle de couple*. Je dois me rendre en Californie à la fin du printemps pour cette stupide histoire de film. Je reparlerai à Fred Kohlman des *Jeunes Filles de Gainsborough.*

Tous vos amis que j'ai rencontrés à Rome et à Saint-Moritz m'ont parlé de Kin, m'ont dit à quel point ils l'aimaient. Parmi eux, Lady Diana Cooper. Son visage n'a pratiquement pas changé, mais le corps commence à avouer son âge. Pauvre Judy Montagu : elle a l'air d'un fantôme. Avec tête de mort !

Comme je vous envie de pouvoir séjourner si longtemps à Broadchalke. Dès mon arrivée en Amérique, je m'installerai dans ma maison de Long Island, qui n'est malheureusement pas entièrement meublée – mais je ne peux absolument rien acheter en ce moment. Si je pouvais connaître la date de parution de mon livre !

Charlie J. et Diotima semblent avoir survécu à l'hiver. Je les garde avec moi dans l'avion. Jack vous fait ses amitiés. Mes meilleures pensées à Kin. Et à la chère Eileen.

*Mille tendresses**

T

[Collection St. John's College, Cambridge University]

À DEWEY Jr

[Verbier, Suisse]
[Probablement 22 mars 1965]

Cher Dewey Jr,

Une fois encore, je trouve que tes phrases s'enchaînent de mieux en mieux, que tes personnages commencent à exister vraiment, que la ligne de ton récit se tient jusqu'au bout. Mais l'idée générale est assez banale et la chute très faible. Peut-être n'est-ce qu'un premier jet que tu t'es senti obligé d'envoyer à quelqu'un qui t'adresse de sévères cartes postales. Ne te décourage pas. Il faut écrire parfois cinquante ou cent nouvelles avant que l'écriture, le sujet et la technique narrative en viennent à s'accorder brusquement – exactement comme on apprend à nager.

Pardonne-moi d'être si bref. Je pars pour New York.

Affection

T

[Collection New York Public Library]

À CECIL BEATON

[Brooklyn, N.Y.]
19 avril 1965

Cecil, mon bien cher,

C'est juste un griffonnage de quelqu'un d'épuisé (de toute façon vous me devez une lettre), mais je voulais vous informer, Kin et vous, que l'affaire Clutter est définitivement close et que mon livre doit paraître en janvier prochain. Perry et Dick ont été pendus mardi dernier. J'étais là parce qu'ils me l'avaient demandé. Ce fut une épreuve atroce. Dont je ne me remettrai jamais complètement. Je vous en parlerai un jour, si vous pouvez le supporter.

Il fait encore froid à Brooklyn, mais j'apprends par les journaux que vous avez droit à un beau printemps. Toute mon affection pour vous, pour Kin, pour Eileen.

Je vous serre dans mes bras.

T

P.-S. Jack va bien. Diotima aussi. Charlie J. est comme toujours à moitié invalide. Ma maison en bord de plage devient peu à peu charmante, et toute simple.

P.-P.-S. N'ai vu aucune pièce de théâtre à part *Drôle de couple* – que j'ai trouvée très drôle. Saint-Subber va devenir insupportablement riche.

[Collection St. John's College, Cambridge University]

À CECIL BEATON

Bridgehampton, N.Y.
16 juin 1965

Cecil, mon bien cher,

Achevé il y a trois jours les dernières pages de mon livre. Dieu soit loué ! Mais c'est effarant de se sentir soudain si libre (relativement) après tant et tant d'années de tension et d'épuisement. Actuellement, je suis à la dérive. Mais soulagé. Jamais plus !

Votre nouvel atelier doit être merveilleux. Je suis si heureux que vous ayez trouvé le temps nécessaire pour recommencer à peindre. J'imagine que ce doit être d'une difficulté extrême, mais tellement exaltant.

Je passe par Londres les 12 et 13 juillet, avant de me rendre à Athènes, où j'embarque pour une croisière au long cours : Istanbul, la côte turque, Rhodes, la Crète, etc. Premières vraies vacances que je m'offre depuis près de six ans – délivré de cette monstrueuse obsession. Serez-vous à Londres ces deux jours-là ? Je crains que non. Envoyez-moi un mot. Je ne sais pas encore où je descendrai, mais je vous le ferai savoir. Je rentrerai ici le 12 août.

Jack va bien. Diotima capture sa ration habituelle d'oiseaux. Charlie J. s'occupe de la sienne. Amitiés à Kin et Eileen. *Mille tendresses**.

T

[Collection St. John's College, Cambridge University]

À JACK DUNPHY

[Spetsopoula, Grèce]
22 juillet 1965

Mon Jack,

Reçu ton mot si tendre et si drôle au moment où je quittais l'hôtel d'Athènes. Notre jardinier, impayable !

Le père de Marella Agnelli est mort subitement. Elle a regagné l'Italie en avion. Je me trouve donc seul à bord avec Katharine Graham. Imagine ! Un yacht immense pour nous deux !

Les Agnelli et d'autres invités doivent nous rejoindre à Rhodes le 26. Nous évitons Istanbul et faisons directement route vers Smyrne.

Spetsopoula est une petite île privée qui appartient à Niarchos. D'une beauté ! Fantastique ! Viens d'y passer deux jours mais repars ce matin.

J'espère que tout va bien avec Charlie J. et Diotima. Je t'aime, mon préféré, et tu me manques.

T

[Collection Gerald Clarke]

À CECIL BEATON

[Brooklyn ou Bridgehampton, N.Y.]
20 septembre 1965

Cecil, mon bien cher,

Ces quelques jours ont été frénétiques. Le *New Yorker* commence cette semaine la publication du livre. Difficile d'y croire après tant d'années. C'est d'une telle angoisse pour moi, d'une telle tension nerveuse, qu'il faut que je m'en aille. Je pars quinze jours pour le Nouveau-Mexique – seul.

J'ai été à Boston la semaine dernière. J'en ai profité pour voir la nouvelle comédie musicale de Lerner et Lane, qui a de très mauvaises critiques. Le premier acte est assez charmant, avec deux très bonnes chansons, et Barbara Harris excellente. Mais le deuxième est complètement raté, inutile, lugubre. Les décors d'Oliver Smith d'une laideur offensante. Le spectacle aura peut-être un certain succès, mais comme vous avez eu raison de ne pas vous y engager. J'ai également vu une autre comédie musicale : *Hot September*, de Leland Hayward (adaptée de *Picnic*). Très mauvaises critiques là encore, mais j'ai beaucoup aimé.

Reçu votre carte de Venise et savouré avec plaisir son ton extrêmement joyeux. J'espère que vous avez pu regagner votre campagne pour travailler à de nouvelles toiles. Celles que j'ai vues m'ont profondément impressionné – si originales, vigoureuses, vivantes. De la vraie peinture. Merveilleux départ qui ne peut aller qu'en s'enrichissant.

Jack va bien. Charlie J. vit sa vie. Diotima est égale à elle-même. Vous me manquez et je vous aime.

T

P.-S. Comment osez-vous rire des rumeurs concernant les Réjouissances Publiques qui doivent accompagner la visite imminente de Lord Snowdon et de la princesse Margaret ? Quel manque de respect !

[Collection St. John's College, Cambridge University]

À KATHARINE GRAHAM

[New York]
[23 novembre 1965]

Précieuse KayKay,

Soyez bénie pour l'accueil que vous nous avez réservé. Mes amis du Kansas en étaient éblouis et surexcités – moi aussi. Vous êtes un ange, si gentille, attentive, généreuse, et je me souviendrai à jamais de ce moment, avec un immense plaisir et une reconnaissance infinie.

Affection et *mille tendresses**.

Tru-*baby*

[Collection Katharine Graham Estate]

À ALVIN ET MARIE DEWEY

[Verbier, Suisse]
15 février 1966

Chers amis de cœur,

J'ai passé ma première semaine dans une chambre d'hôpital à lutter contre je ne sais quel virus. Je trouve enfin la force de prendre la plume. Cela mis à part, j'ai trouvé tout le monde en bonne forme. Diotima en parfaite santé et l'asthme de Charlie J. pas plus grave que d'habitude.

J'espère que vous avez reçu mon télégramme pour la Saint-Valentin. J'ai été très touché par la carte de Marie.

J'ai reçu un mot de Violet, qui semble enchantée de sa croisière.

J'ai l'impression que mon écriture est un peu tremblotante – qu'importe ?

C'est très gentil à vous d'avoir reçu le reporter du *London Mirror*, mais je ne comprends pas pourquoi vous vous êtes crus obligés de le faire. Envoyez tous ces gens au diable ! Qu'ils se débrouillent eux-mêmes. Ils vont tous vous sauter dessus dans les jours à venir – ce qui peut avoir un côté amusant, intéressant même. Méfiez-vous surtout des fumistes !

Le livre paraît en Angleterre le 14 mars. Je vous enverrai les critiques – qui, d'après ce qu'on me dit, seront excellentes – meilleures même qu'en Amérique.

Je rentre aux environs du 20 mars. Peut-être avant. Pourquoi ne pas passer ensemble, à Broadmoor, le week-end qui suivra ma conférence à la Kansas University ? Réfléchissez-y.

Je vous aime tous les deux. J'aime Paul. J'aime Dewey Jr. Vous me manquez tous et je vous serre dans mes bras.

T

(Collection New York Public Library)

À JACK DUNPHY

[De sang-froid *venait d'être traduit en français et Capote était à Paris pour en faire la promotion.*]
[Hôtel Ritz]
[Place Vendôme, Paris]
[27 juillet 1966]

Jack chéri,

Tout est incroyablement mouvementé, mais sûrement efficace. Mon arrivée à l'aéroport rappelait celle de

Lindbergh. J'ai même eu droit aux caméras de télévision. Je pars dimanche pour le Portugal. Mon adresse, jusqu'au 8 août :

c/o Radziwill
Quinta da Commenda
Setubal

J'aurais aimé que tu m'appelles de Beach Haven. J'avais besoin d'entendre ta voix avant de partir. À Washington, tout s'est très bien passé.

Tu me manques, cher petit. Je t'aime tant. Tout va bien, j'espère. Embrasse Charlie J. et Diotima.

*Mille tendresses**

T

[Collection Gerald Clarke]

1966-1984

PRIÈRES :
EXAUCÉES ET NON EXAUCÉES

« On est désormais en droit d'affirmer que Truman Capote est tout-puissant », titrait un journal à la fin des années soixante. La haute société internationale, avec laquelle il flirtait depuis le début des années cinquante, se battait pour le recevoir. C'était à qui l'aurait sur son yacht, dans sa propriété, dans son palazzo. Une soirée new-yorkaise, pour être réussie, ne pouvait se passer de ses brillants éclats de rire, malicieux et contagieux. Comme il commençait à gagner beaucoup d'argent, il quitta Brooklyn et s'installa, avec Jack Dunphy, dans un très bel appartement de Manhattan, surplombant l'East River, et voisin du siège des Nations unies. Pour fuir la canicule d'été, ils se réfugiaient à Long Island où chacun avait sa maison, voisine de l'autre, et passaient l'hiver dans les Alpes suisses, à Verbier. Ayant à peine quarante-deux ans lors des triomphes de 1966, Capote semblait avoir atteint tout ce qu'un écrivain, ou qui que ce soit d'autre, pouvait désirer.

Il avoua souvent que ces années harassantes d'enquête et d'écriture l'avaient définitivement transformé. « Personne ne saura jamais ce que m'a coûté *De sang-froid*. J'en ai été rongé jusqu'à la moelle des os. » Il avait sans doute raison. Sous ses apparences désinvoltes, Capote était, en vérité, un écrivain d'une rigoureuse et inflexible discipline. Romans, nouvelles, récits de voyage, portraits, pièces de théâtre, scénarios de films – il s'est plié à ces différentes formes d'écriture. Il a connu des échecs, au théâtre notamment, mais a toujours fait preuve d'un talent manifeste et d'un profond respect du métier d'écrivain.

Il est évident malgré tout, et pour lui-même en premier lieu, qu'en abordant les années soixante-dix il ne sait plus où il en est. Il travaille pour la télévision, écrit des scénarios qui ne seront jamais tournés, un script de film qui lui est refusé, fait des pieds et des mains, contre toute logique, pour essayer de transformer Lee Radziwill, la sœur de Jackie Kennedy, en star de cinéma. Il boit beaucoup trop, s'initie aux drogues de l'époque. Il reconnaît lui-même être alcoolique, fait de fréquents et inutiles séjours dans des cliniques de désintoxication.

Jack Dunphy reste son compagnon fidèle – « la seule personne au monde, dira Capote, en qui j'ai une totale confiance » – mais ils vivent de plus en plus souvent séparés. Trop angoissé pour demeurer longtemps en place, Capote semble toujours entre deux voyages. Dunphy s'enfonce, par contre, dans une sorte de routine : l'été à Long Island, l'automne à Manhattan, l'hiver en Suisse. Pour Capote, qui a écrit la plus grande partie de *De sang-froid* à Verbier, leur maison dans les Alpes ressemble à une prison. Il cherche à convaincre Dunphy de s'installer à Palm Springs. Face à cette oasis, perdue au milieu du désert (et qu'il baptise « Mort aride »), Dunphy renâcle et regagne aussitôt Verbier.

La liste de ses amis aurait pu remplir un annuaire téléphonique, mais Capote se sent pourtant de plus en plus seul. Il se lance dans des liaisons avec des hommes mariés ou divorcés. Le dernier, qui occupera une place importante, s'appelle John O'Shea. Père de quatre enfants, il appartient à la petite bourgeoisie de Wantagh, dans la banlieue de New York. Chacune des ruptures, qui suivent inévitablement ce genre de liaisons, laisse Capote blessé et bouleversé, se jurant d'obtenir sa revanche et l'obtenant parfois.

Il continue malgré tout à écrire et à bien écrire. Ivre mort ou à jeun, il a toujours su faire la différence entre la mauvaise, la bonne et l'excellente littérature, et il n'a jamais permis à qui que ce soit de lire une phrase de lui qui ne répondait pas à la hauteur de ses exigences. Depuis plusieurs années déjà, il parlait d'un livre qui devait être son chef-d'œuvre, l'équivalent de la *Recherche* pour Proust, et qu'il appelait *Prières exaucées*. À l'automne 1975, il en publie un chapitre dans *Esquire* intitulé *La Côte basque, 1965. La Côte basque* était un célèbre restaurant de Manhattan où devait se dérouler l'essentiel du roman. Il avait pris pour modèles de ses répugnants personnages ses amis richissimes. Leur réaction fut immédiate. Ils avaient cru pouvoir lui faire confiance en lui avouant leurs plus troubles secrets. Capote les avait trahis en les révélant dans son livre. Ils lui tournèrent le dos avec mépris, comme s'il n'était qu'un médiocre voyeur agenouillé devant le trou de leur serrure. Et Capote cessa d'être tout-puissant.

Il publiera d'autres chapitres de *Prières exaucées*, un recueil d'articles et de nouvelles : *Musique pour caméléons*. Sa correspondance se borne désormais à quelques cartes postales et télégrammes – s'il avait quelque chose à dire, il décrochait son téléphone –, ce qui enlève tout charme et tout éclat à ses dernières lettres. « Il vaut beaucoup mieux une *Mort à Venise* qu'une vie à Hollywood », écrivait-il en 1947, lors de son premier voyage en Californie. Par une ironie singulière, qu'il aurait lui-même trouvée savoureuse, c'est à Hollywood que meurt Truman Capote, le 25 août 1984, sans doute d'une overdose.

À ALVIN ET MARIE DEWEY

[carte postale]
[Verbier, Suisse]
[31 janvier 1967]

Chers amis de cœur,

Revenu hier du Maroc. Ai trouvé votre charmante lettre. Vous écrirai ou vous téléphonerai en fin de semaine. Je vous serre dans mes bras.

T

[Collection New York Public Library]

À ALVIN ET MARIE DEWEY

[carte postale]
[Capri, Italie]
[Début février 1967]

Suis ici avec les Paley, qui vous envoient leurs amitiés. Ravissante maison. Reçu la lettre d'Alvin et les coupures de presse concernant le cyclone. Seigneur Dieu ! Vraiment pas un endroit pour vivre tranquille – à tous points de vue. Vous me manquez *mucho*. Toute mon affection.

T

[Collection New York Public Library]

À DONALD WINDHAM ET SANDY CAMPBELL

[carte postale]
[Verbier, Suisse]
[23 février 1967]

Mes bien chers,

M'avez beaucoup manqué. Fait un voyage fascinant au Sahara. Revenu ici, attrapé la grippe. Rentre début mars. Mon affection à tous les deux.

T

[Collection Beinecke Library, Yale University]

À KATHARINE GRAHAM

La Cerrada
[Palm Springs, Californie]
[Début janvier 1968]

Kay chérie,

Quel caviar ! J'ai dévoré le pot entier le jour de Noël – que j'ai passé seul à Palm Springs. Je l'ai mangé avec trois pommes de terre au four. Cela m'a presque consolé de mon cambriolage de Long Island. Je vous remercie et vous bénis.

J'adore ma maison. Très jolie. C'est ici que vous devriez passer vos vacances d'hiver. Quel climat !

Vous me manquez et je vous aime.

Truman

P.-S. Ai conduit moi-même pendant tout le voyage. Épuisant – mais quand même assez drôle. Ça m'a pris six jours.

[Collection Katharine Graham Estate]

À JACK DUNPHY

[télégramme]
[Palm Springs, Californie]
[17 janvier 1968]

JOYEUSE PENSÉE POUR PUBLICATION DU ROMAN TRÈS CHER JACK AVEC AFFECTION DE TRUMAN ET CHARLIE J. AUSSI HEUREUX.

[Collection Gerald Clarke]

À CECIL BEATON

[*Sous le titre* The Best of Beaton, *les éditions Weidenfeld & Nicolson préparaient un recueil de ses photographies, dont Capote avait écrit la préface.*]
[New York]
[Printemps 1968]

Cecil, mon bien cher,

Vu aujourd'hui les épreuves de votre recueil de photographies – et c'est vraiment le meilleur de Beaton. Une sélection parfaite, la composition, la mise en page – tout est top niveau. Comme je vous l'ai télégraphié, j'accepte d'avance tout ce que vous souhaitez faire comme prépublication dans les magazines.

J'ai beaucoup et uniquement travaillé, mais c'est trop fragmentaire : mon livre d'un côté, plus le scénario très compliqué d'un film documentaire (que j'écris seul). S'y ajoute la Tragédie [Vietnam, agitation étudiante, assassinat de Martin Luther King] qui bouleverse nos vies américaines. J'ai l'impression d'un immense puzzle indéchiffrable. Jack va bien. Diotima est assise sur une chaise à côté de moi. Le pauvre Charlie se maintient. Vous me manquez et je vous aime.

T

[Collection St. John's College, Cambridge University]

À CECIL BEATON

[Bridgehampton, N.Y.]
[Automne 1968]

Cecil, mon ami aimé,

J'ai respiré hier (chez un fleuriste) une senteur de tubéreuse – et cette nuit j'ai rêvé de vous. Je pense si souvent à vous, avec un tel amour et une telle affection – qui sont deux choses fort différentes, la seconde engageant le respect. Je me dis souvent : il faut que j'écrive à Cecil, mais le travail que me demande *Prières exaucées* me rend de moins en moins capable d'écrire quoi que ce soit. Ma vie de toute façon n'a aucun intérêt. J'ai fini par acheter cette maison de Palm Springs – vidée de fond en comble et entièrement remeublée. Vous n'aimez pas l'endroit, je sais, mais la maison est devenue extrêmement agréable.

Charlie J. est toujours vivant – et sacrément vivant. Diotima aussi, plus élégante que jamais. Jack de même. Nous sommes tous sur la plage de Long Island. Jack refuse, quoi qu'il arrive, de retourner en Californie. Cher Jack, toujours le même !

J'irai voir votre exposition la semaine prochaine. C'est ici « l'événement » – il fait grand bruit et on l'acclame.

Étant tout entier attaché à mon livre, je n'ai actuellement aucun projet de voyage vers Londres et l'Europe cette année.

Pardonnez-moi cette lettre assez sotte. Je voulais simplement vous dire que vous me manquez et que je vous aime. Je vous serre dans mes bras. *Mille tendresses**.

T

[Collection St. John's College, Cambridge University]

À JACK DUNPHY

[Palm Springs, Californie]
12 janvier 1969

Précieux Jack que j'aime,

Enfin reçu tes lettres, adressées à New York, qu'on m'a fait suivre ici. Je les ai lues et relues – parce que tu me manques terriblement. Je pense à toi toute la journée.

Tout est très calme ici. J'aime le jardin, la piscine, le soleil. Je travaille assez bien. Je me couche vers neuf heures et demie, me lève à sept heures et demie. Charlie J. partage mon grand lit. Il ne vomit pas trop, en ce moment.

Non, je n'ai partagé aucun souper « aux chandelles » avec ma propriétaire. Elle me prépare un jour sur deux un pâté de viande que je mange le soir. Annie ne vient faire le ménage qu'une fois par semaine.

Je suis heureux que tu te sois offert un bon tourne-disque. J'ai transporté ici le Columbia qu'on t'avait volé – il fonctionne parfaitement.

Je t'en prie, Jack : fais installer le téléphone. Je t'en conjure. Ici, j'ai un nouveau numéro : 714 (code de la région) 325 6682. Appelle-moi. Charlie J. aimerait tellement entendre ta voix. Moi aussi. Toute ma tendresse, mon bien-aimé.

T

[Collection Gerald Clarke]

À JOHN MALCOLM BRINNIN

[*Capote venait d'acheter un nouveau bouledogue : Maggie. Il conduisait sa Jaguar sur les routes de Palm Springs quand Maggie a voulu sauter par la portière. Dans sa panique, Capote a confondu le frein et l'accélérateur. La voiture s'est encastrée dans un arbre. Projeté à travers le pare-brise, Capote a perdu connaissance. La Jaguar est bonne pour la casse. Le bouledogue est sain et sauf.*]

[New York]
[Novembre 1969]

Cher Malcolm,

Oui, c'est exact. J'ai failli être tué. Je sors à peine de l'hôpital. Il suffit maintenant d'attendre qu'on m'enlève mes points de suture. As-tu reçu la lettre que je t'ai écrite au Yucatán, je crois ? – je ne sais plus l'endroit exact. J'ai acheté une maison à Palm Springs (eh ! oui, ce lieu-là entre tous !) et j'aimerais que tu viennes m'y voir. C'est très agréable à vivre – si on aime le désert. J'y serai jusqu'au 1er décembre et t'y accueillir serait un plaisir. Amitiés à Bill Read. À toi aussi, bien sûr.

T

[Collection University of Delaware Library]

À JACK DUNPHY

[New York]
[Début 1970]

Précieux petit garçon que j'aime,

Je m'asseyais pour t'écrire au moment où le courrier est arrivé avec ton petit mot – qui me parle du si mauvais temps, et de ton humeur si maussade et anxieuse. Tu prends toujours les choses avec un tel sérieux ! Pourquoi n'irais-tu pas passer quelques jours au *Ritz*, à Paris, et te ménager une petite pause ? Quand on a un appartement en Europe, c'est trop bête de ne pas en profiter pour faire de petites virées çà et là. Diotima elle-même adore le *Ritz*. Je suis ravi, de toute façon, que tu te consacres si complètement à ton livre – quant à ne pas savoir encore ce qu'il va être, crois-tu vraiment qu'on puisse avoir pleine conscience de ce qu'on écrit ? Si c'est bon ou non ?

Rassure-toi. Nous n'allons pas avoir un élevage de bouledogues. Maggie va bien et s'entend parfaitement avec Charlie J., qui adore jouer avec elle et prend lui-même l'initiative de l'entraîner.

Je souffre à nouveau d'hémorroïdes. Il n'y a qu'une solution : opérer (douloureux, mais sans gravité), et je pense que je vais finir par m'y résigner, mais bigre… À ton avis ?

Oh ! Seigneur Dieu ! Comme j'aimerais que tu fasses installer le téléphone pour que je puisse te parler !

Je m'aperçois que certaines factures (celles de la pension pour animaux, par exemple) arrivent régulièrement, mois après mois. Ne les as-tu pas encore réglées ?

Je t'embrasse et te serre dans mes bras avec tout l'amour du monde.

T

[Collection Gerald Clarke]

À JACK DUNPHY

Cela Fe La Horta
Majorque, Espagne
Juillet 1970

Petit Jacksie

Le lieu est simplement sublime – donnant directement sur la mer et d'admirables grottes – complètement isolé, le village le plus proche (une poignée de maisons) est à

8 miles, Palma, qui ressemble à une Barcelone miniature, à trois heures de route. J'ai donc droit à une vie tout à fait tranquille et salubre. Je me sens nettement mieux. Quel soulagement d'être libéré un moment de tous mes ennuis – les impôts, les tribunaux de Californie, toutes les complications créées par la 20th Century Fox. Ici, je ne pense plus à rien. J'aimerais tellement passer un an entier à faire le tour du monde. Impossible, hélas ! Je pars pour Verbier mardi prochain. J'y resterai une semaine si je m'y sens bien, puis je reviendrai ici ou je rejoindrai les Brandolini (sœur de Gianni Agnelli) à Venise. Je te préviendrai de toute façon pour que tu puisses inviter des amis si tu en as envie.

J'espère que Charlie J. n'éternue plus, que Diotima reste sagement à la maison et que Maggie n'est pas trop exubérante.

Tu me manques, mon précieux enfant. Toute mon affection.

T

[Collection Gerald Clarke]

À JACK DUNPHY

Verbier
5 août 1970

Mon Jack,

J'ai loué une voiture pour arriver jusqu'ici. C'est extrêmement beau – les montagnes enneigées, des fleurs dans les champs. On a hélas construit un nouveau chalet à côté du nôtre. Ce sera le dernier car il n'y a plus de terrain vacant.

J'ai vu tout le monde. Mme Guinnard a un peu de linge repassé pour toi. J'ai dit que je m'en chargerais. Mme [*illisible*], très élégante, en très grande forme, a paru heureuse de me voir. Je déjeune tout à l'heure avec le ménage Cortley. Je pense rester ici jusqu'au week-end. Ensuite Turin (chez les Agnelli), puis Venise (c/o comte Brandolini, Palazzo Brandolini, Venise) et je reviendrai quelques jours ici avant de reprendre l'avion.

J'ai vu Mme Michieli. Elle va bien et l'appartement est en parfait état. Un endroit charmant, vraiment confortable, les tapis très beaux, surtout ne t'inquiète de rien. Je laisserai tout nickel !

J'ai su par les journaux qu'il y avait une vague de chaleur à New York. J'espère que vous ne souffrez pas trop, ni Maggie ni toi. Je t'aime. *À bientôt**.

T

[Collection Gerald Clarke]

À JACK DUNPHY

[Palazzo Brandolini]
[Venise]
15 août 1970

Bon anniversaire, Jack, mon ange !

Arrivé hier soir après une très reposante semaine à Verbier. J'aime vraiment notre petit chalet.

J'occupe ici un vaste appartement dans le plus somptueux des palais. Je pense y rester jusqu'à la fin de la semaine prochaine, rejoindre Verbier quelques jours, puis prendre un avion pour Londres et passer un moment avec les Radziwill. Je serai donc de retour dans deux semaines et demie. J'ai vraiment savouré ces petites vacances. C'est la première fois que je peux voyager en toute liberté, sans l'ombre d'une obligation. J'en serai d'autant plus heureux de retrouver ceux que j'aime.

J'ai été à la banque à Lausanne (Crédit Suisse). Nous y avons 18 000 dollars. Auxquels je n'ai pas touché.

Je me suis fait faire deux costumes chez Cecconi. J'ai retrouvé mon poids normal, car j'ai fait beaucoup de marche à pied à Verbier.

Je t'aime.

T

[Collection Gerald Clarke]

À MARIE RUDISILL

[Bridgehampton, N.Y.]
[25 septembre 1970]

Chère Tante Tiny,

Je suis bien triste de te savoir malade. J'ai été absent tout l'été et je rentre à l'instant.

À propos du prêt que tu me demandes, je ne tournerai pas plus longtemps autour du pot : je ne peux pas te l'accorder. Les fluctuations boursières ont beaucoup compliqué mon année, et j'ai engagé de grosses sommes dans une nouvelle production qui va commencer en Californie. Je t'ai toujours aidée quand tu en as eu besoin, tu le sais, et peut-être pourrai-je m'arranger au début de l'année prochaine, quand je connaîtrai le montant exact de mes revenus.

Je reste ici pendant tous ces mois qui viennent. Ma réponse va sûrement te décevoir et j'en suis navré. Je t'aime sincèrement et j'espère de tout cœur que ta santé se rétablira.

T

[Collection Edmond Miller]

À JACK DUNPHY

Hôtel Ritz 15, place Vendôme Paris
[22 juillet 1971]

Jack chéri,

Voyage parfait, mais je me sens bien seul dans notre petit nid douillet, où tu n'es pas là pour me réveiller le matin, me secouer et m'offrir un pamplemousse au miel. Je serai sans doute rentré avant que tu reçoives ce mot. J'espère que tu as passé un agréable moment chez ta sœur Gloria. J'embrasse tout le monde. Je t'aime.

T

[Collection Gerald Clarke]

À KATHARINE GRAHAM

[carte postale]
Verbier, Suisse
[10 février 1972]

Kay,

Ici, tout est glace et silence. Mais je sens peu à peu comme un recul de ces mauvaises vibrations qui m'ont harcelé ces trois dernières années. Vous me manquez. Toute mon affection.

T

P.-S. Pense être ici jusqu'en avril.

[Collection Katharine Graham Estate]

À JACK DUNPHY

[New York ou Bridgehampton]
5 juillet 1972

Jack chéri,

J'ai fini de lire l'essai de William Hazlitt, je me suis endormi, et j'ai éprouvé en me réveillant un profond sentiment de reconnaissance et d'amour à ton égard. Tu es la seule chose heureuse qui me soit jamais arrivée. Je t'admire et te respecte à un point que tu n'imagines pas. Ce qui est plus important, je crois, que d'aimer. On peut aimer pour de si mauvaises et superficielles raisons. Je t'aime pour les meilleures.

T

P.-S. Ceci n'est pas mon cadeau d'anniversaire. J'avais simplement l'impérieux besoin de te le dire sans plus attendre.

[Collection Gerald Clarke]

À LOUIS NIZER

[*Au cours d'une célèbre émission de télévision, le* Johnny Carson's Show, *Capote avait tourné en dérision l'écrivain Jacqueline Susann en la décrivant comme « un camionneur travesti ». Jacqueline Susann avait répondu quelques jours plus tard dans la même émission. D'où une série de menaces de procès, qui a pris fin avec cette lettre de Capote à l'avocat de Jacqueline Susann.*]
New York
16 mai 1973

Quel profond plaisir de recevoir une lettre de l'admirable Maître Nizer – même si c'est une lettre agressive. Mais d'une telle élégance stylistique ! Quel dommage que votre cliente, Miss Susann (orthographe ?), ne la partage pas. En ce qui concerne cet « outrage » dont vous m'accusez, soyons clairs. Il m'a été rapporté que, sur les conseils de leur avocat, Miss Susann et son mari s'étaient fait remettre, il y a déjà quelque temps, l'enregistrement du *Carson's Show* auquel j'avais participé (je présume que vous êtes l'avocat en question, bien qu'ayant lu dans je ne sais quel journal que vous étiez leur conseiller juridique). Peut-être s'agit-il alors de l'un des membres de votre étude ? Ou peut-être est-ce une information erronée ? Quoi qu'il en soit, j'admets votre position et je vous présente mes excuses.

Cela étant fait, je comprends mal en quoi vous trouvez « diffamatoire » le fait de comparer votre cliente à « un camionneur travesti ». C'est pour moi une comparaison purement esthétique, une réflexion instinctive. Une rosserie, d'accord ; pas un délit.

Je n'éprouve aucune malveillance envers votre cliente. J'ai pour elle au contraire le respect que l'on doit à une véritable professionnelle, qui sait exactement ce qu'elle fait et comment le faire.

Je vous conseillerais en contrepartie de prendre en considération les quelques réflexions que Miss Susann a faites à mon sujet – notamment dans l'interview accordée il y a trois semaines au *Los Angeles Times*. Elle se complaît à répéter que je suis homosexuel (tu parles d'un scoop !) et que je suis bassement jaloux de son travail. Je ne verrais aucun inconvénient à ce qu'elle obtienne le prix Nobel – Pearl Buck l'a bien eu…

Je vous suis infiniment reconnaissant, de toute façon, d'avoir attiré mon attention sur le magazine *After Hours* (*Dark* ?). L'interview à laquelle vous vous référez a été accordée en automne dernier à La Nouvelle-Orléans et publiée par le *N.O. Times Picayune.*

J'écris rarement (pas plus d'une dizaine de lettres) et réponds plus rarement encore. Conservez donc pieusement celle-ci. Peut-être deviendrai-je célèbre un jour, ce qui permettra à vos petits-enfants de la mettre aux enchères chez Sotheby's. Mais qui ne se ferait un devoir de répondre à quelqu'un qui vous laisse si aimablement entendre qu'il pourrait vous traîner devant les tribunaux ?

Truman C.

À KATHARINE GRAHAM

The Broadmoor
Colorado Springs, Colorado
Début mars 1974

Kaysie chérie,

Passé ici une semaine de convalescence après mon épreuve hospitalière. Me sens beaucoup mieux et vous remercie pour les fleurs.

Étrange, la façon dont évoluent les choses. Cette broncho-pneumonie que j'attrape, et le procès que je devais suivre pour le *Washington Post* qui est retardé de six mois ! Bien que je n'aie aucune envie de me replonger dans ce genre d'horreur.

Vous êtes inquiète à mon sujet, je le sais, pour plusieurs raisons. C'est inutile.

J'espère regagner New York très vite et passer un long moment avec vous. Vous êtes l'une des très rares amies sur lesquelles j'ai encore le droit de compter – mais quand je poserai ma tête sur votre épaule, je crois qu'elle vous paraîtra moins lourde.

Je vous aime.

T

[Collection Katharine Graham Estate]

À JACK DUNPHY

Denver
Mars 1974

Quel hiver ! Je ne supporte pas la mort de Diotima. Je pense à elle chaque jour. J'imagine à quel point elle te manque. À moi aussi. Toi aussi tu me manques. Et Maggie. Mais ce ne sera plus très long.

Je suis toujours à l'hôpital de Denver. J'en sors dans cinq jours, complètement désintoxiqué, d'alcool et de drogues. Ça a été extrêmement difficile et je n'y serais pas parvenu sans une assistance médicale attentive et remarquablement qualifiée. J'ai rencontré ici des quantités de gens et, mis à part quelques zombies, je les ai tous trouvés attachants.

J'ai vendu la maison de Palm Springs ! Je n'en ai pas tiré un bon prix, mais c'est un grand pas de fait vers la simplification d'un train de vie excessivement compliqué.

J'ai tout abandonné pour écrire un court roman – environ 60 000 mots. Je suis peut-être trop optimiste, mais le plus important c'est d'arriver à travailler et à terminer quelque chose. Oui, vraiment, tout a été si difficile – broncho-pneumonie, opération, et au-delà de tout privation complète de tous ces composés chimiques. Mais, d'une certaine façon, je pense en avoir triomphé.

Une fois réglés mes problèmes de Palm Springs, je prendrai la route de New York – sans trop savoir comment j'y parviendrai avec ces restrictions d'essence et le reste, mais, quoi qu'il arrive, je serai là début avril.

Oh ! je m'imagine déjà devant la cheminée, près d'une belle flambée, dans ta si accueillante maison. Jack, chéri, comment te dire à quel point tu me manques ? Je t'envoie toute mon affection.

T

P.-S. L'acte notarié de la maison de Palm Springs est-il dans ton coffre ? Si oui, où est la clef ? Réponds-moi au 853 Paseo El Mirador, Palm Springs.

Je te serre dans mes bras.

T

[Collection Gerald Clarke]

À LEO LERMAN

[*lettre dactylographiée sur papier à en-tête portant l'inscription imprimée :*]
Bayouboys Limited
3445 Stephen Lane
Wantagh, L.I., N.Y.
17 avril 1974

Cher Leo,

Puis-je te demander une faveur ? Les myriades de détails concernant mon travail sont devenues si imposantes qu'il m'est de plus en plus difficile d'assurer « mes affaires courantes ».

Comme je multiplie mes voyages, beaucoup d'entre vous se sont aperçus qu'il était très difficile de me joindre – souvent même impossible. Pour simplifier nos relations, j'ai demandé à mon associé, John O'Shea, d'être à la fois mon administrateur, mon agent, mon secrétaire et mon conseiller.

Mr O'Shea est parfaitement et constamment au courant des nouveaux projets auxquels je m'intéresse et de mes possibilités à y faire face, et connaît en détail l'état de mes affaires actuelles. Il est capable, à ma demande, de traiter avec autorité de tous les problèmes évoqués plus haut.

Au cas où l'un de ces problèmes exigerait une réponse immédiate, je te demande de nous appeler ou de nous écrire au numéro de téléphone ou à l'adresse indiquée en en-tête de cette lettre. Il sera toujours possible à cette adresse-là de savoir où nous sommes.

Peux-tu faire circuler cette information parmi ceux qui peuvent être concernés ?

Je t'en remercie de tout cœur.

Cordialement
Truman Capote
[*Signature suivie du nom dactylographié*]

[Collection Columbia University Library]

À DORIS ROBERTS GOYEN

[*Pour fêter le vingt-cinquième anniversaire de la publication de* La Maison d'haleine, *la femme de William Goyen avait demandé à Capote un article d'hommage.*]
[Après le 9 janvier 1975]

Chère Mrs Goyen,
Ayez donc l'amabilité de faire relire à votre « mari » l'article qu'il a consacré à *Petit Déjeuner chez Tiffany*. Vous comprendrez alors à quel point votre démarche est ridicule. J'ai été plein d'attentions et de gentillesse pour lui au début de sa carrière. Sa réaction (exactement celle qu'il a eue envers Katherine Anne Porter et son ex-amant Stephen Spender) est le symbole même de la trahison.
Je profite de cette occasion pour vous dire que je vous considère comme une très bonne comédienne.
Sincèrement
T. Capote

[Collection inconnue]

À JACK DUNPHY

[Key West, Floride]
2 mars 1975

Bien cher Jack,
As-tu reçu ma lettre de Cozumel (Mexique) ? Quel horrible endroit ! Gloria et Loel Guinness sont venus m'en délivrer et m'ont transporté en avion jusqu'à Nassau. Je suis resté deux jours chez les Paley. Puis je suis venu à Key West, où David Wolkolsky m'a prêté sa charmante petite maison en échange d'une semaine qu'il

passe dans notre appartement de Manhattan. C'est très tranquille, très confortable. J'ai terminé ma nouvelle *Mojave*, qu'*Esquire* a achetée 10 000 dollars et qui doit paraître en juin. C'est, pour moi, l'une des meilleures que j'ai écrites. Entre le 18 mars et le 18 avril, je vais donner une série de conférences dans plusieurs universités. Je marche beaucoup, nage beaucoup, et suis en assez bonne forme. Mon adresse : Pier House, Key West, Floride. C'est très aéré, beaucoup moins humide que le reste de cet État si déplaisant. Tu ne dois plus être très loin de Paris, j'imagine. J'ai l'impression d'avoir recouvré toute mon énergie créatrice et je passe de longues heures à faire du bon travail. D'après ce que je sais, l'hiver n'a pas été trop rude à Long Island, et nos maisons (croisons les doigts) n'ont peut-être pas trop souffert. J'espère que Maggie va bien, et que, de ton côté, tu travailles. Je te serre dans mes bras avec toute mon affection. Tu me manques.

T

[Collection Gerald Clarke]

À WILLIAM STYRON

[Beverly Hills, Californie]
9 janvier 1976

Cher Bill,

J'ai beaucoup apprécié ce que vous m'écrivez à propos du chapitre de *Prières exaucées*, qu'*Esquire* vient de publier. Les nombreuses réactions qui m'arrivent de tous côtés semblent hésiter entre la démence et l'homicide. L'estime de quelques lecteurs sincères, tels que vous (mais qui n'ont pas l'air très nombreux), m'aidera à continuer. La prochaine livraison (40 000 mots environ) est prévue pour le numéro de mai. Son titre : *Des monstres à l'état pur*. Ha ! ha ! Toutes mes amitiés à Rose et à vous-même.

Truman

[Collection Perkins Library, Duke University]

À JACK DUNPHY

[Beverly Hills, Californie]
11 janvier 1976

Cher Jack, chère Maggie,

J'espère que votre vol s'est bien passé et que vous avez trouvé notre bon vieux Verbier bien emmitouflé dans la neige. J'ai passé quatre jours à Long Island, où j'ai nettoyé ma maison qui en avait grand besoin. Il faisait assez frais, mais le ciel était très beau, très bleu, très clair. J'ai regagné New York en voiture, et je l'ai laissée au garage du *Carlton* pour que Mr Bailey la récupère.

Je suis ici depuis hier. J'y resterai jusqu'au 15 février, date à laquelle je dois commencer ma tournée des universités (elle débute par celle de l'Oklahoma). J'ai essayé de l'annuler, mais cela m'entraînait dans une véritable bagarre juridique. Je m'arrangerai malgré tout pour l'écourter légèrement.

J'espère que tu as une bonne paire de lunettes de soleil. Je suis sûr que c'est le soleil qui t'abîme les yeux.

Je travaille à *Prières exaucées*. La prochaine parution est prévue en mai.

Écris-moi ici le plus vite possible. Toi aussi, Maggie. Des tonnes d'affection.

T

[Collection Gerald Clarke]

À JACK DUNPHY

[Beverly Hills, Californie]
[2 février 1976]

Mon Jack,

Tes deux lettres viennent enfin d'arriver dans cet endroit à perdre la tête et je suis heureux que tout se soit bien passé pour Maggie et toi, surtout que vous n'ayez pas raté le bus pour Verbier. En ce moment, chaque centime importe. À ce sujet, je t'envoie quelques chèques pour régler les dépenses de Verbier, etc.

Le prochain chapitre de mon livre (40 000 mots environ) est prévu pour mai dans *Esquire*, qui doit mettre en couverture une grande photo de moi (coiffé d'un borsalino noir).

Je ne pourrai pas t'envoyer l'adresse de ton éditeur de *John Fury* avant d'être rentré à New York – c'est-à-dire le 20 février. Pourquoi ne la demandes-tu pas au bureau de Candida Donadio ?

J'ai déjà refusé plusieurs fois des rôles au cinéma, mais il y en a un qui m'intéresserait beaucoup. Ken Russell, qui prépare un film sur Nijinski avec Rudolf Noureev, me propose de jouer Diaghilev. Ça ferait enrager Lincoln Kirstein !!!

Je vais envoyer un os à Maggie.

Je suis vraiment navré pour ce pauvre Moret. On se croirait en plein roman de Simenon.

J'espère que tu travailles et que tu chausses de temps en temps tes chaussures de ski toutes neuves. D'énormes bisous à Maggie. À toi, toute mon affection.

T

Ta lettre arrive à l'instant. Je t'envoie un chèque de 1 500 dollars. Je ne comprends pas pourquoi tu empruntes de l'argent à ta sœur. Quand tu as besoin d'approvisionner ton compte en banque, dis-le-moi. Je te serre dans mes bras.

[Collection Gerald Clarke]

À JACK DUNPHY

[Beverly Hills, Californie]
3 février 1976

Mon Jack,

Je reviens de Palm Springs. Myrtle Bennett est morte. On l'a enterrée dans un endroit admirablement calme, une oasis encerclée de montagnes, au milieu du désert. Je ne pense plus y retourner jamais.

J'ai exactement trouvé le genre d'os qu'aime Maggie. Je le lui envoie aujourd'hui. Le temps est très doux. J'espère que l'enneigement de Verbier s'est amélioré.

Je passerai quelques jours à New York aux environs du 20 février, puis une semaine entière après le 1er mars. La tournée de conférences s'achève mi-avril. Je n'en ferai jamais d'autre.

Esquire a finalement décidé de consacrer la totalité de son numéro de mai à mon chapitre de 40 000 mots. On verra le résultat.

J'espère que tu as trouvé l'adresse de l'éditeur de *John Fury*. Et que tu as bien reçu ma lettre avec le chèque. Si tu as brusquement besoin de quoi que ce soit pendant ma tournée, télégraphie à Joe Fox, Random House, 201, 50e Rue Est.

J'ai vu un très beau film français : *Adèle H.* Tu adoreras, crois-moi. Va le voir.

Pourquoi ne téléphones-tu pas à Oona Chaplin ? Elle est sûrement très seule et serait ravie de te voir. Son numéro : Vevey 51-03-51. J'aimerais également que tu écrives à Cecil Beaton (8 Pelham Place, Londres). Ce serait extrêmement gentil de ta part. J'ai reçu deux lettres de lui. Il s'est remis de son attaque. L'écriture est encore un peu chancelante, mais le cerveau reste intact.

J'ai eu quelques petits problèmes à Wainscott parce que Mr Pulver refusait de remplir ton réservoir de fuel – ce qui voulait dire : risque de gel dans les tuyauteries, etc. J'ai tout arrangé (par téléphone) avec Dayton. Ne t'inquiète pas. On prendra soin de tout.

Amitiés à Mme Micheli.

Mucho caresses à Maggie et mon affection à tous les deux.

Namurt Etopac

[Collection Gerald Clarke]

À WILLIAM STYRON

[Hôtel Fontainebleau]
[Miami, Floride]
6 septembre 1976

Cher Bill,

Le chapitre extrait du *Choix de Sophie*, dans le dernier *Esquire*, est un profond plaisir – tant pour l'oreille que pour le cœur – et, par-dessus le marché, d'une irrésistible drôlerie. L'intelligence de votre travail, sa force émotionnelle, me redonnent toujours du courage. Vous devez vous demander ce que je fais dans cet endroit désert, caniculaire et d'une laideur atroce : Miami. Je cherchais un endroit où être seul, vraiment seul, pour fignoler les derniers chapitres de mon livre. J'ai donc pensé à cet hôtel hideux, qui, d'une certaine façon, fait parfaitement l'affaire. J'ai perdu plus de 15 kilos depuis votre soirée d'anniversaire et je suis l'image même de la bonne santé. J'ai complètement arrêté de boire et j'en suis vraiment heureux. Mes amitiés à Rose.

Affectueusement
Truman

[Collection Perkins Library, Duke University]

À JOHN MALCOLM BRINNIN

[Bridgehampton, N.Y.]
[21 septembre 1976]

Bien cher cœur,

Gerald Clarke, mon biographe, est un bon écrivain et un homme charmant. Vous l'aimerez beaucoup, Bill et toi. Dis-lui tout ce que tu voudras. Dieu sait que les autres ne s'en sont pas privés. J'ai perdu 15 kilos, me suis offert un million de dollars de travaux dentaires. On me donnerait seize ans.

Amitiés
T

[Collection University of Delaware Library]

À JACK DUNPHY

[carte postale]
[New York]
[28 janvier 1978]

Cher Jack et chère Maggie,

Je vous avais envoyé une carte postale en oubliant de la timbrer. En voici donc une autre. Je vais bien. Suis d'une sagesse exemplaire. Pars demain pour la Martinique et n'emporte pour toute lecture que les œuvres complètes de Simone Weil. Elle a intérêt à être aussi passionnante que tu le prétends. Toute mon affection à vous deux.

T

[Collection Gerald Clarke]

À JACK DUNPHY

En route pour la Martinique
En plein ciel
29 janvier 1978

Mon cœur,

Impossible de dormir la nuit dernière. Ai donc relu certaines de tes lettres. Si triste, cette histoire de Moret. On se croirait dans Simenon.

Rassure-toi. Je prends très régulièrement mon cachet d'antabuse, fais de la gymnastique et vais consulter le Dr Potter (mais je ne continuerai à le voir que s'il baisse ses honoraires – très, très élevés !). Je me sens optimiste, d'excellente humeur. N'arrête pas de faire brûler des cierges pour moi.

J'ai dîné avec Gerald Clarke. Pourquoi ne lui écris-tu pas un mot ? Quand je lui ai demandé s'il avait de tes nouvelles, il m'a répondu non, avec une certaine mélancolie.

Les travaux de l'appartement avancent lentement. On doit enlever la moquette le 15 février. Quand les parquets auront été soigneusement poncés, j'aurai une idée plus claire de la suite.

Aucune nouvelle de Long Island, en dehors d'O'Shea qui prétend avoir déjà dépensé tout l'argent et ne plus pouvoir payer quoi que ce soit. Il a recommencé à boire et appelle mes amis à 4 ou 5 heures du matin pour leur dire que tous ses problèmes seraient résolus si je mourais subitement. Oh ! toutes ces histoires me fatiguent !

P.-S. J'espère me reposer vraiment à la Martinique. J'ai eu un hiver difficile. Tu m'as manqué, Maggie aussi. Jack, mon cœur, tu es le seul grand amour de ma vie. Tu es ma vie.

[Collection Gerald Clarke]

À LEO LERMAN

[carte postale]
[Schoelcher, Martinique]
3 février 1978

Bien chère Myrt,

Le livre auquel je travaille se présente fort bien. Il s'appellera *Musique pour caméléons*. Je vais bien, minci, bronzé, en pleine santé. Amitiés à Gray. À toi aussi, bien sûr.

Marge

[Collection Columbia University Library]

À JACK DUNPHY

[carte postale où Capote s'est amusé à se dessiner lui-même]
[Martinique]
3 février 1978

Es-tu intéressé par un dessin original de Capote ? Me voici en train d'écrire sous un palmier. Ils ont ici une fabuleuse boisson non alcoolisée appelée UNE CARESSE ! Certains y ajoutent du rhum. Pas moi. Affection à Maggie. Je te serre sur mon cœur.

T

[Collection Gerald Clarke]

À MAGGIE

[carte postale]
[Martinique]
[9 février 1978]

Maggie chérie,

Il y a beaucoup de chiens ici, mais tu ne les aimerais pas. Ce sont de pauvres créatures efflanquées. Tu me manques. Je t'aime.

T

[Collection Gerald Clarke]

À JACK DUNPHY

[carte postale]
[Clinique de désintoxication Hazelden]
[Minneapolis]
2 août 1978

Bien cher Jack,

Je passe des moments merveilleux. J'aimerais que tu sois là. C'est faux. Ce que j'endure, je ne le souhaiterais pour rien au monde à mon meilleur ami, ce que tu es. Affection à Maggie. Je te serre dans mes bras.

T

[Collection Gerald Clarke]

À JACK DUNPHY

[The Sea View, Miami Beach, Floride]
20 janvier 1979

Jack chéri,

Cinq jours que je suis ici, en attente d'un peu de soleil. Il n'y a hélas que nuages et pluie, et je repars demain.

Malgré la pluie, j'ai beaucoup nagé, je suis sobre (ce qui te fera plaisir à entendre) et j'ai un peu écrit.

J'espère que tu as reçu mon télégramme t'informant que ton chèque avait été encaissé par La Rose des Vents. Je ne vois pas comment on pouvait leur devoir autant d'argent. Quel est le tarif mensuel d'entretien ? Ça atteint de tels sommets !...

J'ai été voir ton banquier. Il me plaît bien. Une sorte de Soupe-au-Lait, mais sévère. Et il t'adore. Il m'a montré la lettre que tu lui avais envoyée en riant, l'air de dire : « Ah ! ce Jack ! »

J'ai vu que la Sécurité sociale t'accordait généreusement 199 dollars d'argent de poche par mois. Tout juste de quoi t'acheter des cigarettes, et tu ne fumes même pas.

J'espère que vous allez bien, Maggie et toi. Mon nouveau dentiste s'est cassé la jambe en skiant. Je t'aime, mon bien tendre ami, et tu me manques. À toi, toujours.

T

P.-S. Ci-joint une photographie prise ici, où je m'envoie en l'air sur un trampoline. Tu peux donc constater à quel point je suis en bonne forme.

[Collection Gerald Clarke]

À ALAN ROSS

[Hôtel Palace]
[Madrid, Espagne]
29 mars 1979

À Alan Ross
Rédacteur en chef
London Magazine

Cher Mr Ross,

Selon toute apparence, la lettre que je vous ai écrite en août dernier ne vous est jamais parvenue. Il y était question de l'article que Dotson Rader avait consacré au livre *Lettres de Tennessee Williams à Donald Windham.* Plus précisément de certaines réflexions que Mr Rader m'attribuait et que je n'ai jamais faites. Celle-ci notamment : que Mr Williams était « furieux » parce que Mr Windham avait publié ses lettres sans l'en informer ni lui en demander l'autorisation.

Le reste de ma lettre concernait le jugement sévère que Mr Rader portait sur Mr Windham, à la fois comme écrivain et comme être humain, qu'il estimait d'un assez bas niveau – alors que c'est le contraire qui est vrai. Mr Windham jouit d'une excellente réputation en tant qu'écrivain, et tout le monde sait qu'il est d'une parfaite intégrité.

Sincèrement
Truman Capote

[Collection Beinecke Library, Yale University]

À SANDY CAMPBELL

Hôtel Palace
Madrid, Espagne
29 mars 1979

Cher Sandy,

Tu m'apprends que je viens de perdre « deux de mes meilleurs amis ». À savoir Donald et toi. Si c'est vrai, j'en suis plus navré que je ne saurais le dire. En ce qui concerne Donald, j'estime qu'il aurait pu intervenir lui-même. S'il a décidé de rompre une amitié de trente ans, une de celles auxquelles je suis profondément attaché (comme je le suis à la tienne), pourquoi ne pas m'en informer directement ?

Après une période de profonde stupeur, suivie d'une période de profonde colère, provoquée par ton appel téléphonique (j'estime, en effet, qu'une accusation injuste a toujours quelque chose d'injurieux), j'ai retrouvé suffisamment de calme pour chercher à comprendre ton point de vue. Être en procès est une épreuve coûteuse et claustrophobe (je le sais d'autant mieux qu'on m'en a fait quatre, dont deux encore pendants). On y perd le sens de la perspective. On en devient myope. Je reste donc perplexe, sans parvenir à imaginer ce que j'ai pu faire pour vous offenser. Que tu me croies ou non, j'ai écrit une lettre au *London Magazine* (et je l'ai fait alors que je suivais un traitement à la clinique Hazelden, incapable même d'écrire à ma grand-mère mourante). Quant à notre avocat commun, Alan Schwartz, ni vous ni lui ne m'avez demandé d'écrire quelque lettre que ce soit ou de fournir la moindre déclaration en ce sens.

Au cours de notre conversation, tu m'as menacé, entre autres menaces, de me « dénoncer » comme « menteur ». J'ai pensé aussitôt : tu l'as déjà fait, cher Sandy, et de façon ouvertement publique, dans les remarques qu'une journaliste du *New York Times Magazine* t'attribuait en juillet dernier. Je ne t'en ai pas parlé, ni à qui que ce soit d'autre (Dieu sait pourtant si les autres m'en ont parlé – je fais allusion à l'histoire de la maison d'Oliver Smith, etc.). Je m'en veux d'en parler aujourd'hui, mais une sorte de respect humain m'y oblige.

Sans doute est-ce le même respect humain qui a provoqué ton appel téléphonique et tes accusations. D'après ce que m'a dit incidemment Gerald Clarke, Donald se serait mis en tête que je téléphonais souvent à Dotson Rader et à Tennessee et que je les voyais beaucoup. J'ai appelé Rader quatre ou cinq fois, c'est exact. Il n'a été question de votre procès avec Tennessee qu'une seule fois au cours de nos conversations et de façon très fugitive. Quant à Tennessee lui-même, je ne l'ai vu qu'une fois au cours d'une soirée où nous n'avons échangé que quelques mots sans qu'il soit question de vous deux.

Sandy, j'espère du fond du cœur que nous resterons les amis que nous avons été. Sinon, je tiens à te remercier pour ta générosité d'autrefois – je n'oublierai jamais la profonde gentillesse dont vous avez fait preuve à mon égard, Donald et toi, quand j'étais si malade.

Je t'envoie cette lettre avec toute l'affection sincère et profonde de

Truman

P.-S. Je n'ai pas ici de machine à écrire, ni l'adresse du *London Magazine*. Peux-tu veiller à ce que la lettre que je joins à celle-ci parvienne bien à Mr Ross ?

[Collection Beinecke Library, Yale University]

À JACK DUNPHY

[New York]
15 février 1980

Bien cher Jack,

Je ne veux pas t'ennuyer avec les tortures du voyage de retour. Oublions. J'ai été profondément heureux de vous revoir, Maggie et toi. Vous êtes si beaux l'un et l'autre.

Je t'aime, Jack. Reviens vite me serrer dans tes bras.

T

[Collection Gerald Clarke]

*AUX LECTEURS D'*INTERVIEW MAGAZINE

[Avril 1980]

Amis lecteurs,

Avez-vous aimé le texte que j'ai publié dans votre numéro de décembre : *Cercueils sur mesure* ? Je l'espère. Vous serez donc heureux d'apprendre que le cinéma vient d'en acheter les droits pour une somme assez rondelette. Cette bonne nouvelle mise à part, tout n'a été pour moi que catastrophe. Je reviens de Suisse, où je me suis fait renverser par un skieur ivre mort qui pesait dans les cent vingt kilos. Que je m'en sois tiré avec une simple foulure du poignet, quelques contusions dorsales et une légère commotion cérébrale est pur miracle. Pour me remettre de cette émotion, je me suis envolé vers la Californie. J'y ai débarqué au milieu des affreuses tempêtes et des inondations de février. La maison de l'amie qui m'hébergeait risquait à tout moment d'être précipitée au bas d'une falaise. La boue avait envahi plusieurs chambres. La maison a finalement survécu – moi aussi, plus ou moins.

Je tiens dès maintenant à vous informer que ma présence dans votre magazine sera pour un moment assez irrégulière, car je m'efforce d'achever *Prières exaucées*. Je vous prépare pourtant une surprise pour septembre : un long, très long texte, une sorte de bombe confectionnée de mes propres mains. D'ici là, mes meilleures pensées.

T. C.

P.-S. Je publie en septembre un volume intitulé *Musique pour caméléons*, qui contient plusieurs de mes contributions à *Interview*.

P.-P.-S. Un mot encore : vous souvenez-vous de ma nouvelle *Une journée de travail* ? J'y parlais de Mary Sanchez, une femme de ménage que j'accompagnais pendant qu'elle travaillait dans différents appartements. Cette histoire-là va devenir un film, elle aussi. Mais nous avons le plus grand mal à trouver quelqu'un pour tenir le rôle de Mary. Ethel Waters aurait été parfaite lorsqu'elle avait 50 ans. Il nous faut une excellente actrice noire (entre 50 et 60 ans) possédant un véritable rayonnement et un sens très subtil du comique et de l'absurde. Si l'un d'entre vous avait une suggestion à nous faire, qu'il m'écrive. Je lui en serai infiniment reconnaissant.

*AUX LECTEURS D'*INTERVIEW MAGAZINE

[New York]
[Mai 1980]

Amis lecteurs,

J'apprends la mort de Cecil Beaton – mort d'autant plus prévisible qu'il avait souffert d'une grave attaque il y a quatre ans.

Nous avons beaucoup voyagé ensemble. À travers l'Europe, l'Afrique, l'Orient. C'était un merveilleux compagnon. Je déteste jouer les touristes et c'était la grande passion de Cecil. Pendant que je lézardais au soleil, il repérait à toute allure les merveilles à découvrir et les fixait sur sa pellicule pour notre plaisir à tous deux.

Pendant toutes ces années il m'a offert des centaines de clichés, mais celui que je préfère a été pris sur les rivages rocheux de Tanger.

On y voit Jane Bowles et c'est pourquoi je l'aime tant. Je n'ai jamais compris pourquoi Jane, l'une des plus originales et mystérieuses créatures qui se soient matérialisées sous nos yeux en surgissant de nulle part (elle avait pris la forme d'une jeune fille juive de l'Ohio), n'a pas accédé aux honneurs et à la gloire que méritait son singulier talent. Elle n'a écrit que trois ouvrages : *Deux dames sérieuses* (un roman), *Sa maison d'été* (une pièce de théâtre), *Plaisirs paisibles* (un recueil de nouvelles) – qui sont éclatants tous les trois, absolument incomparables à quelque autre livre que ce soit. Elle est morte il y a dix ans dans un monastère espagnol. On a publié d'elle un volume de *Morceaux choisis*. Lisez-le.

Je tiens à remercier tous ceux qui m'ont proposé des actrices pour le rôle de Mary Sanchez, cette femme de ménage qui est le principal personnage d'*Une journée de travail.* Nous allons suivre toutes les pistes. Beaucoup d'entre vous nous ont parlé d'Esther Rolle. C'est en effet une bonne actrice, mais un peu trop professionnelle. Souvenez-vous : Mary est une femme noire, dans les 50-60 ans, peut-être même 65. J'ai comme l'intuition que nous finirons par la découvrir dans l'univers du spectacle, mais pas forcément comédienne. Chanteuse, qui sait, vedette oubliée du music-hall, ou comédienne appartenant à une troupe d'amateurs. Il y a une somme incalculable de talents, de génies même, inconnus ou inexploités. Voyez Jane Bowles. Il y a, j'en suis persuadé, un grand nombre de gens qui sont profondément doués mais ignorent jusqu'à la nature de leurs dons. L'une de mes vieilles cousines, le personnage de ma nouvelle *Un souvenir de Noël*, avait du génie, mais elle l'ignorait. Et les gens autour d'elle l'ignoraient aussi. On la regardait comme une excentrique, une enfant attardée qui avait un talent surprenant pour confectionner des patchworks.

Je suis retourné en Californie (comment peut-on vivre dans un endroit pareil ? c'est insupportable) pour discuter du casting de *Cercueils sur mesure.* Mes producteurs, Lester Persky et United Artists, avaient établi plusieurs listes de noms. Sur la liste A, on pouvait lire : Jake Pepper – Robert Duvall ; Mr Quinn – Steve McQueen ; Addie Mason – Ellen Burstyn. J'ai beaucoup d'admiration pour ces trois artistes, mais je préférerais personnellement qu'on engage des gens moins connus.

Cela mis à part, je continue *Prières exaucées.*

L'autre jour, un homme m'a arrêté dans la rue pour me demander où se trouvait Chinatown. Je lui ai répondu : « C'est dans le bas de la ville. Il suffit de descendre. » Et je me suis souvenu de l'un de mes amis d'enfance, un garçon très costaud, qui a passé tout un été à creuser un trou dans son arrière-cour. J'ai fini par lui demander quel était le but de son travail.

– Arriver en Chine, m'a-t-il dit. De l'autre côté de ce trou, tu vois, c'est la Chine.

Il n'a jamais atteint la Chine, bien sûr, et peut-être n'arriverai-je jamais à finir *Prières exaucées*. Mais je continue de creuser.

Mes meilleures pensées.

T. C.

À JACK DUNPHY

[télégramme]
[New York]
[25 février 1982]

Jack Dunphy
(1936) Verbier

Tu me manques. Ai besoin de toi. Télégraphie quelle date aurai droit t'espérer. À toi. Truman.

[Collection Gerald Clarke]

UNE CHRONOLOGIE DE TRUMAN CAPOTE

1924	Il naît le 30 septembre à La Nouvelle-Orléans, de Arch Persons et Lillie Mae Faulk Persons. Il est baptisé Truman Streckfus Persons.
1930	Il est confié à deux vieilles cousines et leur frère, à Monroeville (Alabama).
1931	Sa mère s'installe à New York, change son prénom de Lillie Mae en Nina et divorce d'avec Arch le 9 novembre.
1932	Le 24 mars, sa mère épouse Joe Capote. Quelques mois plus tard, elle fait venir Truman à New York pour vivre avec eux.
1933-35	Il entre à la Trinity School, un cours privé épiscopalien du West Side, à Manhattan.
1935	Le 14 février, Joe Capote l'adopte légalement. Il ne s'appelle plus Persons mais Capote.
1936	Il entre comme pensionnaire à l'Académie militaire St. John, une école épiscopalienne d'Ossining (New York), à 30 miles de Manhattan.
1937	Revient à la Trinity School.
1939	Les Capote emménagent à Greenwich (Connecticut), une riche banlieue new-yorkaise, et Truman entre au collège de Greenwich.

1942 Les Capote regagnent New York et s'installent 1060 Park Avenue. Truman, qui n'a pas obtenu son diplôme à Greenwich, entre à la Franklin School, un cours privé du West Side, dont il sortira diplômé en 1943. Tout en suivant les cours de Franklin, il est engagé comme grouillot au *New Yorker*.

1943 Sa première nouvelle, *Les murs sont froids*, est publiée dans *Decade of Short Stories*.

1944 Deux autres nouvelles, *Son propre vison* et *L'Ombre des choses*, paraissent dans *Decade of Short Stories*.

1945 *Mademoiselle* publie *Miriam* dans son numéro de juin. C'est la première fois qu'il est publié dans un magazine de grande diffusion, et il retient aussitôt l'attention du milieu littéraire new-yorkais. D'autres nouvelles paraissent assez vite dans *Mademoiselle* et dans *Harper's Bazaar*, son principal concurrent. Le talent qui s'affirme dans *Miriam* intéresse la maison d'édition Random House qui lui signe un contrat pour son premier roman *Les Domaines hantés*.

1946 Il passe onze semaines du printemps et de l'été à Yaddo, une grande propriété située au nord de l'État de New York, qui héberge des écrivains, des artistes et des musiciens. C'est là qu'il rencontre Newton Arvin, professeur de lettres au Smith College, avec lequel il noue une longue liaison. À l'automne, les crises d'éthylisme de sa mère l'obligent à quitter l'appartement de Park Avenue. Il loue pour quelques mois deux pièces à Brooklyn.

1947 Il passe l'été à Nantucket et termine *Les Domaines hantés*.

1948 Le 19 janvier, publication des *Domaines hantés*.
Il se rend à Haïti pour *Harper's Bazaar*. Il écrira plus tard une nouvelle, *La Maison des fleurs*, qui se passe à Port-au-Prince.
Il s'embarque le 14 mai pour l'Europe, en revient début août.
En octobre, il fait la connaissance de Jack Dunphy.

1949 Il s'embarque le 26 février pour l'Europe avec Dunphy, en revient en décembre.

1950 Il s'embarque de nouveau pour l'Europe le 7 avril, s'installe avec Dunphy à Taormina (Sicile), commence à écrire *La Harpe d'herbes*.

1951 En août, il regagne New York avec Dunphy. *La Harpe d'herbes* paraît en septembre. Il commence à en écrire une adaptation théâtrale.

1952 27 mars : première à Broadway de *La Harpe d'herbes*, qui ne se joue qu'un mois.
Il repart pour Taormina avec Dunphy. En septembre, il est à Rome où David O. Selznick lui demande de travailler au scénario de *Station terminus* dont les vedettes sont Jennifer Jones, la femme de Selznick, et Montgomery Clift.

1953 Il s'installe à Ravello pour écrire, en collaboration avec John Huston, le scénario de *Plus fort que le diable* dont les vedettes sont Jennifer Jones, Humphrey Bogart, Gina Lollobrigida et Robert Morley.
En juin, il se rend à Portofino avec Dunphy pour écrire l'adaptation de sa nouvelle *La Maison des fleurs* en comédie musicale.

1954 Sa mère meurt le 4 janvier, après avoir avalé un flacon de barbituriques. Capote, qui était à Paris, regagne New York en hâte.
Le 30 décembre, première à Broadway de *La Maison des fleurs*.

1955 *La Maison des fleurs* s'arrête le 22 mai après 165 représentations.
Fin décembre, il se rend en Union soviétique avec la troupe de *Porgy and Bess*.

1956 Il loue avec Dunphy un appartement à Brooklyn Heights, qui sera leur domicile new-yorkais pour une dizaine d'années.
Le récit de son voyage en Union soviétique, *Les muses parlent*, paraît dans le *New Yorker* des 20 et 27 octobre, et Random House publie le livre en décembre.
Il part pour l'Asie, le 27 décembre, avec Cecil Beaton pour suivre le tournage du film *Sayonara* dont la vedette est Marlon Brando.

1957 Revient d'Asie à la mi-février.
Son portrait de Marlon Brando, *Le Duc en son domaine*, paraît dans le *New Yorker* du 9 novembre.

1958 Il retourne à Moscou avec l'intention d'écrire une nouvelle mais finira par y renoncer.
Le 29 mai, il s'embarque pour l'Europe avec Dunphy, passe l'été sur l'île grecque de Paros, regagne New York en octobre.
Esquire publie *Petit Déjeuner chez Tiffany*.

1959 Le 16 novembre, il lit dans le *New York Times* le récit du meurtre de la famille Clutter, et part pour le Kansas avec Harper Lee.
Le 30 décembre, Dick Hickock et Perry Smith sont arrêtés à Las Vegas et reconduits

au Kansas pour répondre à l'accusation du meurtre des Clutter.

1960 Le 29 mars, le jury déclare Hickock et Smith coupables du meurtre.

Capote loue pour le printemps et l'été une maison à Palamos en Espagne et pense écrire un livre sur ce meurtre ayant pour titre *De sang-froid*. À l'automne, il s'installe avec Dunphy à Verbier, un petit village des Alpes suisses.

1961 De nouveau, le printemps et l'été en Espagne, l'hiver en Suisse. Il écrit le scénario du film *Les Innocents*, adapté du *Tour d'écrou* d'Henry James.

1962 Il retourne aux États-Unis en janvier pour interviewer la sœur de Perry Smith, puis de nouveau passe l'été en Espagne et l'hiver à Verbier.

1963 Newton Arvin meurt d'un cancer en mars. Capote et Dunphy regagnent leur appartement de Brooklyn Heights. Ils passent l'été et l'automne à Bridgehampton, Long Island.

1964 Il achève *De sang-froid* à l'exception du dernier chapitre qu'il ne pourra écrire que lorsqu'il sera fixé sur le sort d'Hickock et de Smith.

1965 Hickock et Smith sont pendus le 14 avril.
Le *New Yorker* publie *De sang-froid* en quatre livraisons à partir du 25 septembre. Capote quitte Brooklyn et s'installe à Manhattan près du siège des Nations unies.

1966 En janvier, Random House publie *De sang-froid*, qui devient aussitôt un événement dans le domaine de l'édition.
Le 28 novembre, il donne son célèbre bal noir et blanc au *Plaza* de Manhattan.

1967 Sortie du film *De sang-froid.*

1970 Il passe l'hiver et le printemps à Palm Springs, déclarant que son nouveau roman *Prières exaucées* est à moitié terminé.

1975 *Esquire* publie en octobre le premier chapitre de *Prières exaucées* : « La Côte basque, 1965. » Furieux d'avoir été pris comme personnages à peine déguisés du roman, ses amis riches lui tournent le dos.
En novembre, il se rend à Los Angeles pour tourner comme acteur dans *Un cadavre au dessert*, film tiré d'une comédie de Neil Simon.

1976 *Un cadavre au dessert* sort en juin.

1977 Il publie *Musique pour caméléons*, recueil de nouvelles et de textes de non-fiction. Ce sera son dernier livre.

1981 Son père, Arch Persons, meurt le 7 juin.

1984 Il souffre de deux mauvaises chutes consécutives. On le soigne pour une phlébite, maladie qui se révèle parfois mortelle.
Il meurt le 25 août, à Los Angeles, un mois avant son soixantième anniversaire.

TABLE

Achevé d'imprimer sur les presses de

BUSSIÈRE

GROUPE CPI

à Saint-Amand-Montrond (Cher)
pour le compte des Éditions 10/18
en février 2007

N° d'impression : 070516/1.
Dépôt légal : mars 2007.

Imprimé en France